교회는 예수를 메시아(그리스도)로 고백한다. 우리는 네 권의 서로 다른 복음서를 통해 이 예수를 만나는데, 의식하든 하지 못하든 우리가 고백하는 예수는 서로 겹치고 어긋나는 네 권의 복음서를 읽고 복원해 낸 예수다. 물론 초월적 신앙을 역사라는 인간적 작업과 연결하는 것은 불편한 일이며 역사적인 복원의 과정도 만만치 않다. 여기에는 역사기술의 가능성에 대한 기본적인 전제뿐 아니라, 네 복음서의 문학적 성격과 역사적 신빙성, 복음서의 자료로부터 실제(역사적) 예수를 복원하는 방법론적 절차들, 더 나아가 역사와 신앙의 관계에 관한 우리의 선험적 전제들이 뒤엉켜 돌아간다. 하지만 이 물음들을 피해 예수께로 바로 가는 지름길은 존재하지 않는다. 따라서 예수가 우리에게 중요한 만큼, 이 물음들도 우리에게 중요한 것이다. 본서는 역사적 예수에 접근하는 다섯 가지 주요 관점을 선별하여 핵심 쟁점을 중심으로 각 입장을 선명하게 이해하고 비교할 수 있도록 도와준다. 이 시리즈의 다른 책들과 마찬가지로, 각자 자신의 입장을 개진하고 다른 이들이 이에 대해 논평하는 세미나 식 구성은 이 책의 논의를 더욱 흥미로운 것으로 만들어 준다. '역사적 예수 탐구'의 역사를 개관한 두 편집자의 서론과 더불어 본서는 역사적 예수 탐구를 위한 좋은 입문서가 되리라 생각한다. 특히 맹목적 신앙의 폐해가 더욱 선명해지는 요즈음, 초월적 신앙이 우리들 나름의 전제와 선택 행위를 포함하는 것임을 깨닫는 일은 그 자체로 성숙한 신앙을 위한 좋은 훈련이 되리라 생각한다. 모든 진지한 독자들에게 강력히 추천하는 바이다.

권연경 숭실대학교 기독교학과 신약학 교수

라이트(N. T. Wright)가 쓴 3권으로 된 역사적 예수에 관한 연구서, 혹은 마이어(J. P. Meier)가 쓴 4권으로 된 연구서를 필두로 하여 역사적 예수에 관한 책들은 대부분 방대하고 기술적인 대작들이다. 역사적 예수 연구의 역사와 현재 동향에 대해 어느 한쪽의 입장만이 아니라 여러 대립하는 견해를 종합적으로 소개하는 책으로서 너무 두껍지 않으면서 학문적으로도 수준이 높은 소개서를 찾는다면, 이 책이 바로 그 책이다. 여기서 소개하는 다섯 가지의 대립되는 견해들을 주장하는 학자들의 글은 역사적 예수 연구에 대해 초보적 입문을 넘어선 논의와 비판 그리고 반비판을 소개하고 있다.

김철홍 장로회신학대학교 신약학 교수

이 책은 역사적 예수 연구의 대명사처럼 불리는 세계적인 5명의 석학들 곧 로버트 M. 프라이스, 존 도미닉 크로산, 루크 티모시 존슨, 제임스 D. G. 던, 그리고 대럴 L. 복이 서로 논문을 쓰고 이에 대하여 논평을 하는 형식으로 중요 현안들을 다루고 있는 점에서 이채롭고 유익한 책이다. 이상의 5명의 석학들은 모두가 저마다 권위와 전문성을 갖추고 있는 역사적 예수 연구의 베스트셀러 작가들이며, 그 학문적인 색채가 진보적인 스펙트럼에서 중도와 보수의 원숙함에 이르기까지 다양한 분들이다. 독자들은 서로의 주장과 반박이 다양하게 교차하는 학자들의 향연을 통해서 역사적 예수의 참 실체에 접근하게 될 것이다. 지금까지 한국 신약학계에 출판된 역사적 예수 연구가 대부분 제3의 연구경향에 치우쳐 있어서 혼란스러운 상황인데, 이 책은 그 혼란스런 내용들이 어떤 모습인지 일목요연하게 정리를 해준다. 그러므로 독자들은 이 한 권의 역사적 예수 연구서를 통하여 제3의 연구경향이 어떠한 것인지 그 실체를 쉽게 이해할 수 있다는 점에서 투자할 가치가 있고 반드시 치밀한 일독을 할 것을 추천한다.

소기천 장로회신학대학교 신약학 교수

예수 연구를 주도하는 5명의 학자들이 매우 독특한 형식(한 명의 발제, 네 명의 논평)으로 역사적 예수 논쟁의 전모를 밝혀주는 본서는 '그 탐구'(the quest)의 핵심요소가 무엇인지 명확하게 설명하여 표준교과서의 기능을 멋지게 해낸다. 계몽주의가 예수 연구에 시동을 건 이후 그 열기가 식지 않은 상황에서 예수 연구의 역사적이고 신학적인 조망에 정조준 하는 본서는 끝내 종결되지 않을 것 같은 예수에 관한 토론이 최종적으로 도달해야 할 테르미누스(terminus)가 그리스도를 향한 신앙고백이라는 점을 친절하게 안내한다. 역사적 예수 탐구에 관한 모든 정보를 고스란히 제공하는 본서를 신학도와 목회자는 물론 성경을 사랑하는 모든 독자들에게 정중히 추천하면서 정독을 권해드리는 바이다.

윤철원 서울신학대학교 신학전문대학원 신약학 교수

'역사적 예수' 담론은 그 해석의 잔가지가 심한 역사적 산물인지라 그간 관점에 따라 냉정한 무관심의 대상으로, 기피해야 할 이단사설의 진앙지로, 선정적 구호의 기치로, 자의적 편취의 기호품 등으로 다양하게 유통되어왔다. 이 책은 그 다양한 관점과 해석의 소문을 그 진원지인 아카데미아의 중심에서 명료하게 요약하고 솔직하게 발표하며, 또 이에 대하여 상호간에 신랄하게 논평하는 형식으로 이 담론의 미신적 파장을 계몽하고 과잉 호들갑을 진정시키는 데 상당한 기여를 하고 있다. 역사라는 까마득한 미궁의 세계에 들어서면 우리가 알 수 없는 것에 비해 알 수 있는 것은 빙산의 일각에 불과하다. 이 책은 역사적 예수 담론의 사례에도 이 지당한 상식이 적용됨을 진지한 학문적 갑론을박 이후 소박한 결론으로 암시한다.

차정식 한일장신대학교 신학부 교수

The Historical Jesus
Five Views

Robert M. Price / John Dominic Crossan / Luke Timothy Johnson /
James D. G. Dunn / Darrell L. Bock

edited by
James K. Beilby / Paul Rhodes Eddy

역사적 예수 논쟁

예수의 역사성에 대한 다섯 가지 신학적 관점

로버트 M. 프라이스 / 존 도미닉 크로산 / 루크 티모시 존슨 /

제임스 D. G. 던 / 대럴 L. 복 지음

제임스 K. 베일비 / 폴 로즈 에디 편집

손혜숙 옮김

► 차례 ◄

역사적 예수 탐구: 서론

폴 로즈 에디, 제임스 K. 베일비

나사렛 사람 예수는 이천 년 전에 활동했던 인물이지만, 그는 오늘날에도 여전히 서구 사회에서 주목을 받고 있다. 역사상 그 어떤 인물도 예수처럼 많은 관심을 끌지는 못했다. 이는 학계에서뿐만 아니라 대중문화 속에서도 마찬가지다. 예수와 관련된 이야기는 정기적으로 텔레비전 특집 방송의 주제가 되고 있으며, 주간 잡지에까지 그의 이름이 등장한다. 「타임」(*Time*)이나 「뉴스위크」(*Newsweek*)뿐 아니라, 심지어 「파퓰러메카닉스」(*Popular Mechanics*)와 같은 전문적인 잡지의 표지에서도, 예수는 세 번째 천년기를 향한 뜨거운 논쟁의 주제가 되고 있다.[1] 오늘날 사이비 학자들이 내놓는 대중적인 예수 관련 서적들에는 도발적인 논의와 음모설이 끝없이 등장한다. 이런 책들에 의하면 예수는 십자가 위에서 죽지 않았고, 결혼을 해서(가장 빈번하게는 막달라 마리아와) 자녀를 두었으며, 오래오래 행복하게 살았다고 한다.[2] 어떤 사람은 마침내 예수의 묘지를—그리고 예

1_ Mike, Fillon, "The Real Face of Jesus: Advances in Forensic Science Reveal the Most Famous Faces in History," *Popular Mechanics*, December 2002, 68-71.

2_ Michael Baigent, *The Jesus Papers: Exposing the Greatest Cover-up in History* (San

수의 뼈를—발견했다고 주장하기도 한다.[3] 예수가 동방으로 이주하여 고대 아시아의 종교를 배우는 데 시간을 보냈으며 결국 불교의 선승과 같은 모습으로 변해서 다시 자신의 문화권으로 돌아왔다고 주장한 이도 있다.[4] 그런가 하면 어떤 이는 자기가 드디어 예수의 정체를 발견했다고 주장한다: "예수는 사실 사도 바울이었다"는 것이다![5]

오늘날 대중문화 안에 등장하는 예수에 대한 관심이, 그에 상응하는 학계의 관심에 의해 부추겨진 것이라는 점에는 의심의 여지가 없다. 21세기의 첫 10년이 다 끝나가는 지금까지도, 1980년대 이래 예수에 대한 "제3의 탐구"라고 불리는 일련의 작업이 30여 년 동안 꾸준히 진행되고 있으며, 그 흐름은 수그러들 징조가 보이지 않는다. 이 서론은 현대 학자들이 역사적 예수를 "탐구"해온 역사를 간략하게 소개하는 것으로 시작할 것이다. 이어서 현 국면—제3의 탐구—에서 다루어지는 중요한 이슈와 논쟁거리들이 무엇인지 밝힐 것이다. 마지막으로 다섯 명의 기고자를 소개하는 것으로 끝을 맺으려 한다.

역사적 예수 탐구의 간략한 역사

"역사적 예수 탐구" 라고 알려진 일련의 연구는 18세기 유럽 계몽주의의

Francisco: HarperSanFrancisco, 2006).

3_ Simcha Jacobovici and Charles Pellegrino, *The Jesus Family Tomb: The Discovery That Will Change History Forever* (London: HarperElement, 2007).

4_ Holger Kersten, *Jesus Lived in India: His Unknown Life Before and After the Crucifixion* (Rockport, Mass.: Element, 1994)

5_ Lena Einhorn, *The Jesus Mystery: Astonishing Clues to the True Identities of Jesus and Paul* (Guilford, Conn.: Lyons, 2007).

산물이다.[6] 그전에는 서구 기독교 세계에서 예수에 대한 "탐구"(quest)라는 개념 자체가 생소한 명제로 여겨졌다. 왜냐하면 네 권의 정경 복음서는 각 권 안에서 또는 상호 간에 모종의 긴장관계를 분명히 보여주기는 했지만, 그때까지만 해도 그런 긴장은 여전히 조화될 수 있는 것으로 보였고 따라서 신뢰할 만한 것으로 간주되었기 때문이다.[7] 이런 관점에서는 역사의 예수와 복음서의 예수가 하나이고 또 동일하다. 예수는 복음서 안에서 쉽게 발견될 수 있었기 때문에, 따로 역사적 예수를 탐구해야 할 필요성을 느끼지 못했다. 예수 탐구에 불을 붙인 것은 "현대"라는 시기와, 성서와 교회의 권위에 대한 "회의주의"였다.

현대 학자들의 예수 탐구 역사를 일별하기 위해 오늘날 가장 보편적

6_ 탐구사를 재구성하고 해석하는 데 도움이 되는 많은 자료 가운데 다음의 것이 있다. Charlotte Allen, *The Human Christ: The Quest for the Historical Jesus* (New York: Free Press, 1998); William Baird, *History of New Testament Research: From Deism to Tübingen* (Minneapolis: Fortress, 1992); Colin Brown, *Jesus in European Protestant Thought*, 1778-1860 (Durham, N.C.: Labyrinth, 1985); Gregory W. Dawes, ed. *The Historical Jesus Quest: Landmarks in the Search for the Jesus of History* (Louisville: Westminster John Knox, 1999); James M. Robinson, *A New Quest of the Historical Jesus* (London: SCM, 1959); Bernard Brandon Scott, "From Reimarus to Crossan: Stages in a Quest," *Currents in Research: Biblical Studies 2* (1994) 253-80; W. Barnes Tatum, *In Quest of Jesus*, rev. ed. Nashville: Abingdon, 1999); William R. Telford, "Major Trends and Interpretative Issues in the Study of Jesus," in *Studying the Historical Jesus: Evaluations of the State of Current Research*, ed. Bruce Chilton and Craig A. Evans (New York: Brill, 1994); Gerd Theissen and Annette Merz, *The Historical Jesus: A Comprehensive Guide*, trans. John Bowden (Minneapolis: Fortress, 1998[1996]); Walter P. Weaver, *The Historical Jesus in the Twentieth Century, 1900-1950* (Harrisburg, Penn.: Trinity Press International, 1999); Ben Witherington III, *The Jesus Quest: The Third Search for the Jew of Nazareth* (Downers Grove, Ill.: InterVarsity Press, 1997).

7_ 성서와 성서해석의 난해성에 대한 전근대적인 기독교의 태도에 대하여, Baird, *History*, xiii-xix; Werner Kümmel, *The New Testament: The History of the Investigation of Its Problems*, trans. S. McLean Gilmour & Howard C. Kee (Nashville: Abingdon, 1972), 13-39; Craig Blomberg, *The Historical Reliability of the Gospels*, 2nd ed. (Downers Grove, Ill.: InterVarsity Press, 2007 [1987]), 24-30을 보라.

으로 사용하는 구도는 "옛" 탐구(혹은 "제1의" 탐구) 시대, 소위 "무 탐구"(no quest) 시대, "새" 탐구(혹은 "제2의" 탐구) 시대, 그리고 가장 최근의 "제3의 탐구" 시대로 구분하는 것이다. 우리는 이들 네 가지의 연구 단계를 간단히 살펴본 후, 각 단계에서 떠오른 가장 영향력 있는 인물과 이슈를 집중적으로 소개할 것이다.

옛 탐구: 라이마루스에서 슈바이처까지(1778-1906)

1906년에 출간된 알베르트 슈바이처(Albert Schweitzer)의 (옛) 탐구에 대한 획기적인 개관(『역사적 예수 탐구』〈*The Quest of the Historical Jesus*〉) 이후로, 헤르만 라이마루스(Hermann Reimarus)의 저술이 발행된 1778년을 옛 탐구의 시작점으로 표시하는 것이 보편화되었다. 슈바이처에 따르면 라이마루스에게는 "선임자가 없다."[8] 그러나 이 말은 정확한 것이 아니다. 예수에 대한 라이마루스의 생각은 무로부터, 즉 그의 펜 끝에서 나온 것이 결코 아니다. (주로 독일의) 옛 탐구는 17세기 영국과 프랑스의 이신론(deism)에 뿌리를 두고 있으며, 최종적으로는 성서 비평을 통해 일어났다. 신의 계시와 기적의 개념에 대한 이신론자의 비평은 복음서에 대한 회의주의적 시각을 부추겼다. 베네딕트 스피노자(Benedict Spinoza), 이삭 라페이레르(Isaac La Peyrère), 리처드 사이먼(Richard Simon), 토머스 울스턴(Thomas Woolston), 피터 아넷(Peter Annet), 토머스 모건(Thomas Morgan) 같은 초기 현대 사상가들이 이런 회의주의의 기초를 놓았고, 이것이 결국에는 발전하여 역사비평적 방법으로 모습을 드러내게 되었다.[9]

8_ Albert Schweitzer, *The Quest of the Historical Jesus: A Critical Study of Its Progress from Reimarus to Wrede*, trans. W. Montgomery (New York Collier/Macmillan,1968), 26.

9_ 역사비평 방법의 출현에 대해, Baird, *History*, part 1; Brown, *Jesus*, 29-55; Roy A. Harrisville & Walter Sundberg, *The Bible in Modern Culture: Baruch Spinoza to Bre-*

라이마루스의 선구자로 가장 확실하게 거론될 수 있는 인물은, 아마도 영국의 이신론자 토머스 첩(Thomas Chubb, 1679-1746)이라고 할 수 있을 것이다.[10] 그는 1738년에 예수에 관한 책 하나를 발간했다. 그는 이 책에서 예수를 "이성과 자연 종교 간에 하나로 엮인 통옷을 걸친, 일종의 1세기 팔레스타인 이신론자"[11]로 표현했다. 그는 불행히도 기독교 교리의 많은 부분이 사도 바울에 의해 역사상의 이신론적 예수 교리에 후대에 덧붙여졌다고 주장한다.

헤르만 사무엘 라이마루스: 탐구의 시조. 선구자들이 전혀 없었던 것은 아니지만, 독일의 셈족 언어 교수인 라이마루스(1694-1768)는 현대 예수 연구에서 독창적이고 의미 있는 진전을 내디뎠으며, 그 결과 탐구의 "시조"가 되었다. 라이마루스는 유대교의 묵시 사상을 중심에 위치시킴으로써 기독교의 기원에 대한 대안적 설명을 확충한 점에서 그의 이신론적 선구자들을 넘어섰다.[12] 라이마루스는 역사상의 실제 예수와 복음서가 묘사하는 예수를 명확히 구분할 것을 주장하는 것으로 그의 논의를 시작한다.[13] 라이마루스의 관점에서 볼 때 이 역사적 예수는 누구였을까? 간단히 말해 "그는 유대인으로 태어났고 또 유대인으로 살고자 했던 사람이었

---

vard Childs, 2nd ed. (Grand Rapids: Eerdmans, 2002)를 보라.

10_ 사실 Charlotte Allen(*Human Christ*)은 그에 대해 평하기를 "아마 역사적 예수 탐구의 시조일 것"라고 했다. 탐구의 선봉자로서 예수와 그의 역할에 대한 Chubb의 견해에 대해, Allen, *Human Christ*, 76-80, 108-9; Baird, *History*, 54-56; Brown, *Jesus*, 46을 보라.

11_ Baird, *History*, 55.

12_ Reimarus에게 영향을 끼친 이신론에 대해, Henk J. De Jonge, "The Lord of Faith in the Historicity of the Gospels: Hermann S. Reimarus on John and the Synoptics," in *John and the Synoptics*, ed. Adelbert Denaux (Leuven: Leuven University Press, 1992), 409-21.

13_ Hermann S. Reimarus, *Reimarus: Fragments*, reprint ed., ed. Charles H. Talbert, trans. Ralph S. Fraser (Chico, Calif.: Scholars Press, 1985), 64.

다."[14] 더 구체적으로 예수는 "하나님 나라"를 선포한 유대인이었다. 그에 의하면 예수가 선포한 하나님 나라는 "당시 유대인들 사이에서 이 언어가 일상적으로 의미한 것", 즉 예루살렘에 중심을 둔 정치적 왕국을 가리킨다. 그 왕국은 메시아가 군사력을 통해 세우게 될 왕국이다.[15] 그리고 이런 해석 방법을 따라서, 라이마루스는 자신의 유명한 결론에 도달했다. 실제 역사상의 예수는 무력 혁명을 통해 지상 왕국을 세워 메시아와 같은 존재가 되고자 했으나, 체포되어 십자가에 처형당함으로써 그 희망이 무너져 버린 인물이라는 것이다. 그렇다면 기독교 신앙은 어떻게 발생하게 된 것인가? 라이마루스는 대담하게 답한다: 예수가 왕이 되면 받을 것이라고 기대했던 부귀와 영화를 차지할 목적으로 제자들이 예수의 시신을 훔쳐 갔으며, 그들이 부활 이야기를 꾸며내어 마침내 "모든 인류를 위해 고난 당하는 영적인 구세주 교리"를 고안했다.[16]

라이마루스는 이러한 내용을 포함한 원고 뭉치를 책상 서랍에 넣어 두었고, 그 원고는 그가 죽을 때까지 서랍 속에서 잠자고 있었다. 라이마루스는 그 글이 야기할 결과를 두려워했기 때문에 차마 그 원고를 출간할 수 없었던 것이다. 그가 죽자 그의 딸이 원고를 아버지 친구인 독일의 문학비평가 고트홀트 레싱(Gotthold Lessing)에게 주면서, 그 원고를 익명으로 발간해도 좋다고 허락하였다. 레싱은 함부르크의 볼펜뷔텔 도서관(Wolfenbüttel Library)에서 그 본문을 발견했다고 주장하면서 원고를 출간했다. 그는 1774년과 1778년 사이에 원고를 작은 단락들("단편들")로 나누어 대중에게 발표했다. 그 후 수년이 지난 다음에야 비로소 라이마루스가 저자라는 사실이 밝혀졌다.

14_ Ibid., 71.
15_ Ibid., 124.
16_ Ibid., 129.

지난 몇 세기 동안 오직 소수의 사람만이 라이마루스와 유사한 결론을 내렸다. 그들은 예수가 사실상 정치적 의도를 지닌 혁명가였다고 주장했다.[17] 예수의 제자들이 이기적인 유익을 위해 의도적으로 종교적인 사기를 쳤다는 그의 주장에 많은 사람들이 동의한 것은 아니다. 그러나 그가 사용한 방법론의 어떤 요소들은 후일 역사적 예수 탐구의 여러 단계에서 적실성이 있는 것으로 밝혀졌다. 첫째, 라이마루스가 역사상의 예수와 복음서의 그리스도 사이에 확고하게 그어놓은 선은, 역사적 예수 탐구가 이루어지던 모든 시기에 걸쳐 많은 학자들에게 의문의 여지가 없는 전제로 남아 있었다. 둘째, 라이마루스가 제기한 질문은 오늘날에도 열띤 논의를 일으키고 있다: 즉 "예수에 대한 역사적인 연구가 기독교 신앙의 맥락에서 어떤 역할을 해야만 하는가?" 이에 대한 라이마루스 자신의 대답은 명확하다.

> 역사가 교리를 통제하는 것이 아니라 교리가 역사를 통제하게 될 때에는 역사와 교리 모두 상당히 근거 없는 것이 되고 만다. 역사의 경우는 그것이 사건들 자체에서 취한 것이 아니기 때문이며…교리의 경우에는 그것이 이미 저자의 생각 속에서 왜곡된 사실, 다시 말해 단순히 조작된 거짓 사실에 근거를 두기 때문이다.[18]

끝으로 라이마루스는 예수를 유대 종말론의 세계 안에 확고히 위치시

17_ 지난 세기에 어떤 유형이든 이 모델을 채택한 학자로는, Robert Eisler, *The Messiah Jesus and John the Baptist* (London: Methuen, 1931); S. G. Brandon, *Jesus and the Zealots* (New York: Scribner, 1967); George Wesley Buchanan, *Jesus: The King and His Kingdom* (Macon, Ga.: Mercer University Press, 1984); Robert H. Eisenman, *James the Brother of Jesus: the Key to Unlocking the Secrets of Early Christianity and the Dead Sea Scrolls* (New York: Penguin, 1998).

18_ Reimarus, *Fragments*, 134.

킴으로써 오늘날까지 계속되는 논쟁에 불을 붙였다. 즉 예수가 1세기의 묵시적 종말론에 관한 견해를 어디까지 받아들였는지의 문제에 불을 붙인 것이다. 유대 종말론이 예수를 이해하는 열쇠가 된다고 믿은(비록 라이마루스가 주장하는 것과 다른 방식이기는 하지만) 슈바이처는 바로 그 점에서 라이마루스를 칭찬했다.[19]

라이마루스와 슈트라우스 사이: 옛 탐구의 초기 "생애들." 슈바이처는 자신의 『역사적 예수 탐구』(*Quest of the Historical Jesus*)에서 라이마루스의 사상을 개관한 후에, 그가 "초기 합리주의자들에 의한 예수의 생애들"이라고 명명한 시기를 일별한다.[20] 헤스(J. J. Hess), 라인하르트(F. V. Reinhard), 오피츠(E. A. Opitz) 야코비(J. A. Jakobi), 헤르더(J. G. Herder) 등이 이 시기를 주도했다. 이 연구들이 보여준 특징은 복음서 자료들에 대한 "합리주의적" 해설을 어느 정도 포용했다는 점이다.[21] 이 초기 탐구의 선구자들은 예수의 도덕적인 가르침에 강조를 두는 경향이 있었다. 또한 보다 합리적이고 "계몽적인" 시대정신에 맞추어 예수를 해석하고자 최선을 다했다.

특별히 두 학자의 연구서를 언급할 필요가 있다. 벤투리니(K. H. Venturini)는 네 권으로 구성된 저서 『나사렛의 위대한 선지자의 비초자연적 역사』(*A Non-supernatural History of the Great Prophet of Nazareth*)에서 성서에 보도된 예수의 기적들에 대해 다양한 "합리주의적" 설명을 제안했다. 예를 들어 예수의 치유 기적을 설명하면서, 그는 예수가 유능한 약초

19_ Schweitzer, *Quest*, 23.

20_ Schweitzer, *Quest*, 27-37.

21_ Ibid., 161.

상인이었으며 항상 "휴대용 약 상자"[22]를 지니고 다녔다고 언급한다. 또한 벤투리니는 사실들에 음모론을 짜깁기하여 첨가함으로써, 예수가 그의 사촌 세례 요한과 함께 에세네 공동체의 비밀 분파에서 양육되면서 훈련을 받았다고 주장한다. 그에 의하면 예수는 비록 십자가에 못 박히는 형벌을 당하기는 했지만 단지 죽은 듯이 보였을 뿐이고, 후에 에세네파 동료인 아리마대 사람 요셉의 도움으로 무덤에서 기운을 되찾았다고 한다.[23] 당시에는 아주 극소수의 사람만이 벤투리니의 이론을 진지하게 받아들였지만, 1947년 쿰란에서 사해 사본이 발견되고 나서 고대 유대교의 종파인 에세네파에 대한 관심이 폭발적으로 증가한 이후로는 벤투리니와 유사한 이론들이 다시 활력을 얻게 되었다. 그러나 그 이론들은 대개는 별난 학자나 비학문적인 음모론자들의 전유물이 되었다.[24]

우리는 파울루스(H. E. G. Paulus)의 1828년 저서 『초기 기독교의 순수한 역사 기록의 기초로서 예수의 생애』(*The Life of Jesus as the Basis of a Purely Historical Account of Early Christianity*)에서 예수에 대한 18세기 "합리주의적" 접근법의 전형을 발견한다. 여기서 파울루스는 복음서에 나오는 기적적인 요소들을 합리적으로 설명하는 데 최선을 다한 것으로 유명하다. 즉

22_ Ibid., 44.

23_ 예수가 십자가 위에서 단지 죽은 듯이 보였을 뿐이라는 생각은—후기에 "졸도"이론이라 불렸는데—1744년에 Peter Annet이 『예수의 부활에 대한 소고』(*The Resurrection of Jesus Considered*)라는 저서에서 이미 제안한 것이다.

24_ 전자와 관련해 John M. Allegro, *The Dead Sea Scrolls and the Christian Myths* (Buffalo: Prometheus, 1984); Barbara Thiering, *Jesus and the Riddle of the Dead Sea Scrolls: Unlocking the Secrets of His Life Story* (San Francisco: HarperSanFrancisco, 1992)를 보라. 후자와 관련해 예를 들어 Michael Baigent & Richard Leigh, *The Dead Sea Scrolls Deception* (New York: Summit, 1991)을 보라. 예수가 십자가 수난을 당했어도 살아남을 수 있었다는 20세기 다양한 주장들에 대한 조사와 비평에 대해 Gerald O'Collins & Daniel Kendall, "On Reissuing Venturini," *Gregorianum* 75 (1994): 241-65을 보라.

복음서에 나오는 기적적인 요소들은 사실상 예수의 생애에서 일어난 자연스러운 사건들을 제자들이 잘못 해석한 것일 뿐이었다는 것이다. 예를 들어 예수가 물위를 걸으셨다는 이야기는 시각적 환영이라고 해석한다. 예수는 갈릴리 호숫가에서 약간 떨어진 얕은 물속을 거닐고 있었는데, 제자들이 먼 거리에서 봤을 때 예수는 실제보다 더 멀리 계신 것으로 보였고 따라서 제자들은 예수가 호수 표면을 거닐고 있다고 생각했다는 것이다. 파울루스의 관점에서 볼 때, 그리고 건전한 자유주의적인 방식으로 보자면 그러한 접근 방식은 결코 예수의 업적을 훼손하는 것이 아니었다. 왜냐하면 정말로 중요한 것은 예수가 행한 기적이 아니라 그의 고매한 인격이기 때문이다.

D. F. 슈트라우스: 예수와 "신화" "옛" 탐구에서 가장 영향력 있는 인물 중 한 사람은 다비트 프리드리히 슈트라우스(David Friedrich Strauss, 1808-1874)다. 1835년에 나온 그의 저서 『비평적으로 검토한 예수의 생애』(*The Life of Jesus Critically Examined*)는 이전에 출간된 예수 연구서들 가운데 가장 극렬한 논쟁을 불러 일으킨 책이 되었다.[25] 완고한 합리주의적 선임자들처럼, 슈트라우스는 철저한 방법론적 자연주의자였다. 그렇지만 슈트라우스는, 합리주의자들이 복음서를 설명함에 있어 역사적으로 일어난 자연적인 현상을 기적으로 잘못 이해했다고 해석하는 것에 대해, 그런 시도는 복음서들의 가장 중요한 요소 중 하나를 전적으로 놓친 것이라고 생각했다.

25_ *The Life of Jesus Critically Examined*, ed. Peter C. Hodgson, trans. George Eliot (Philadelphia: Fortress, 1972). Strauss는 이어서 *A New Life of Jesus*, 2 vols. (London: Williams & Norgate, 1865)를 발표했다. 이 책은 보다 널리 대중적인 독자층을 염두에 둔 것이다. 이어서 1년이 채 지나지 않아서 그는 자신의 스승이었던 Schleiermacher의 예수 연구를 비평하는 책을 발행했다: *The Christ of Faith and the Jesus of History: A Critique of Schleiermacher's The Life of Jesus*, ed. & trans. Leander E. Keck (Philadelphia: Fortress, 1977[1866]).

즉 예수의 초기 추종자들의 강한 신앙적 상상력, 그리고 신화라는 범주 내에서 이런 상상력을 표현한 점을 놓치고 있다고 보았다. 슈트라우스는 자신의 이론을 선임자들의 이론과 비교하면서, "신화적 관점"의 유익성은 "내러티브의 실체가 공격받지 않도록 남겨두는 것"이라고 설명한다. 또한 세세한 부분들을 설명하는 모험을 감수하는 대신에, 내러티브를 전체적으로 수용하되 참된 역사로서가 아니라 신성한 전설(sacred legend)로 수용할 수 있게 하는 것도 신화적 관점이 주는 유익이라고 주장한다.[26] 슈바이처가 주목한 대로, 슈트라우스는 복음서를 이해하는 데 있어 신화 개념을 사용한 최초의 인물은 아니었다. 그러나 슈트라우스는 누구보다도 이런 해석의 틀을 보다 과감하게 일관된 방식으로 적용했다.[27]

이처럼 비평적 관점으로 무장한 슈트라우스의 예수 연구는, 주로 복음서들 속에 포함된 많은 신화적인 요소들을 드러내어 설명하는 관점에서 복음서의 다양한 내용을 분석하는 것으로 구성된다. 반복해서 말하지만, 슈트라우스는 초기 그리스도인들이 다양한 구약성서의 이야기와 개념에 기초하여 상상력을 발휘해서 예수에 대한 자료를 꾸며냈다고 결론지었다. 역사적인 관점에서 보자면 결국 스트라우스에게 남은 것이라고는 예수에 대한 꾸밈없는 사실(bare facts)이라는 보잘 것 없는 핵(core)뿐이었다.

슈트라우스에 대한 반응은 압도적으로 부정적이었다. 좀 더 보수적인 일각에서는 그가 "적그리스도"라고 주장하기까지 했다. 그러나 슈트라우스의 연구가 예수 탐구에 끼친 영향을 우리는 오늘날에도 느낄 수 있으며, 그는 여전히 복음서를 강하게 비평하고자 열망하는 자들의 수호성

26_ Strauss, *Life*, 56.

27_ Schweitzer, *Quest*, 79.

인으로 자리매김하고 있다.[28] 여러 측면에서 슈트라우스는 장차 비평적인 복음서 연구사에서 일어날 발전상을 예견하게 해주었다. 초기의 구전 예수 전승에서 작용하던 신화 만들기 과정에 대한 그의 생각은 결국 더욱 발전하고 무르익어서 거의 한 세기 이후에 양식비평(form criticism) 연구로 성장하게 되었다. 슈트라우스가 신화의 범주에 특권을 부여한 점은 20세기 들어 가장 영향력 있는 신약성서학자 루돌프 불트만이 등장하는 데 영향을 끼쳤다. 그리고 그가 비기독교 자료를 비교 종교적 목적으로 이용한 것은 19세기 말에 이르러 옛 "종교사학파"(Religions-geschichtliche Schule)에서 만개한 방법론의 전조가 되었다. 종교사학파는 빌헬름 부세(Wilhelm Bousset)와 다른 학자들로 인해 유명해졌다.

끝으로, 우리는 예수 탐구 역사에서 보기 드물게 칭찬할 만한 자질을 슈트라우스에게서 발견할 수 있다. 즉 그는 (동기 유발 면에서와 방법론 면에서) 예수에 대한 비평적 연구를 이끈 그의 종교 철학적 전제들을 명확히 진술하는 자의식을 지녔다. 슈트라우스는 자신의 예수 연구에 끼친 헤겔의 영향에 대해 늘 솔직했다. "예수의 생애에 대한 나의 비평은 그 근원에 있어 헤겔 철학과 밀접히 관련되어 있다." 또한 그는 자기 자신에 대해서도 동일하게 솔직했다. "나는 역사가가 아니다. 나의 모든 연구는 교리적(혹은 반교리적) 관심에서 행해진 것이다."[29] 슈트라우스가 자신의 역사적 예수 연구에 헤겔주의의 영향을 받아들인 점은 자주 비판을 받았다. 그러나 지적은 잘 했지만, 그를 비평한 어떤 학자도 철학적 전제나 종교적(또

28_ 예를 들어, Robert Funk와 예수 세미나는 첫 번째 중요한 발간물(*The Five Gospels: The Search for the Authentic Words of Jesus* [San Francisco: HarperSanFranscisco, 1993])을 (Galileo와 Thomas Jefferson과 더불어) Strauss에게 헌정했다. Funk의 Westar Institute도 예수 연구에 혁혁한 공을 세운 학자들을 추앙하여 "D. F. Strauss Medal"을 만들었다. 슈트라우스 메달을 받은 사람에는 성공회 감독이었던 John Shelby Spong과 John Dominic Crossan이 포함된다.

29_ Brown, *Jesus*, 204에서 인용.

는 반종교적) 편견에서 벗어나서 자유로운 탐구에 이르지는 못했다. 여기서 슈트라우스에게 배울 수 있는 것은 메타 비평적(meta-critical) 가치관과 전제들이 항상 자신의 역사기술적(historiographical) 철학과 방법에 영향을 미친다는 점이며, 또한 예수를 연구하는 모든 학자들은 이러한 영향들을 인식하는 일과 그것들을 분명하게 언급하고 옹호하는 데에 있어서 자기 자신과 동료 학자들에게 빚을 지고 있다는 점이다. 우리는 뒤에서 이 주제를 다시 다룰 것이다.

슈트라우스와 슈바이처 사이: 옛 탐구의 후기 "생애들" 슈트라우스의 저서 『예수의 생애』에 나타나는 복음서의 역사성에 대한 부정적인 평가와 그로 말미암은 회의주의는 다양한 반응을 불러일으켰다. 한편으로 브루노 바우어(Bruno Bauer)는 슈트라우스의 비평적 방법론과 신화의 개념에서 단서를 취한 후 논제를 가능한 한 최극단까지 밀고 나가서 결국 **모든 것이** 신화였고 **아무것도** 역사가 아니었다고 결론지었다.[30] 그리하여 바우어는 "그리스도-신화" 이론을 주도하는 선구자가 되었는데, 폴-루이 쿠슈(Paul-Louis Couchoud), 아르투어 드레프스(Arthur Drews), 존 로버트슨(John M. Robertson) 같은 학자들이 최후까지 그의 길을 따랐다.[31] 바우어의 그리스도-신화 이론은 학자들의 탐구에는 미미한 영향을 끼친 반면에 오히려 칼 마르크스(Karl Marx)의 시선을 사로잡았으며 결과적으로 소비에트 마르크스주의 사상의 일반적인 특징이 되었다.[32]

30_ Bruno Bauer에 대해 Schweitzer, *Quest*, 137-60과 Brown, *Jesus*, 227-31을 보라.

31_ Paul-Louis Couchoud, "The Historicity of Jesus: A Reply to Alfred Loisy," *Hibbert Journal* 37 (1938): 193-214; Arthur Drews, *The Christ Myth*, 3rd ed. trans. C. D. Burns (Amherst, N.Y.: Prometheus, 1998[1910]); John M. Robertson, *Christianity and Mythology* (London: Waters, 1900).

32_ Zvi Rosen, *Bruno Bauer and Karl Marx: The Influence of Bruno Bauer on Marx's Thought* (The Hague: Nijhoff, 1977).

반대편에서는 그러한 회의주의에 맞서 복음서의 역사적 신빙성에 대한 기초를 강화하려고 노력했다. 이러한 노력의 결과물 중 하나가 현대의 복음서 자료비평(source criticism)이다. 이 시기에 복음서의 상호 관련성을 다루는 "두 자료설"이 유명세를 타게 되었다. 즉 마가복음이 제일 먼저 기록되었으며, 마태와 누가는 각각 자신의 복음서를 저술할 때 "Q"(자료를 의미하는 독일어 단어 Quelle에서 왔음)라고 불리는 예수의 어록집과 함께 마가복음을 사용했다는 것이다.[33] 두 자료설의 매력적인 특징 중 하나는 마가복음(당황스러운 유아기 설화가 없는)과 Q(내러티브가 없으며 그래서 기적도 없는 예수의 말씀들)가 예수의 생애를 재구성하는 데 있어서 신뢰할 만한 기초를 제공할 수 있다고 보는 점이다. 비록 두 자료설에 도전하는 자들이 항상 존재하기는 했지만, 오늘날 이 학설은 잘 알려진 복잡한 "공관복음서 문제"(Synoptic Problem)[34]에 대해 가장 널리 인정받는 해결책으로 남아 있다.

옛 탐구에 대한 슈바이처의 저명한 해설은 대체로 독일에서 진행된 연구에 초점을 맞춘 것이다. 한편 다른 곳에서는 상이한 일들이 일어나고 있었다. 프랑스에서는 로마 가톨릭 신자였던 에르네스트 르낭(Ernest Renan)이 1863년에 유명한 저서 『예수의 생애』(*Life of Jesus*)를 출간했다. 이 책은 베스트셀러가 되면서 거듭 여러 판이 발행되었다. 이 책에서 르낭은 예수에 대해 묘사하기를, 하늘 아버지가 지닌 사랑의 인격을 드러내

33_ 두 자료설이 명성을 얻는 것과 관련하여, Baird, *History*, 295-311을 보라.

34_ 두 자료설을 옹호하는 것으로서, Robert Stein, *The Synoptic Problem: An Introduction* (Grand Rapids: Baker, 1987)을 보라. 최근에 두 자료설을 다른 전망에서 비평한 것으로는, Mark Goodacre and Nicholas Perrin, *Questioning Q: A Multidimensional Critique* (Downers Grove, Ill.: InterVarsity Press, 2005); A. J. McNicol, D. B. Peabody and L. Cope eds., *One Gospel from Two: Mark's Use of Matthew and Luke* (Harrisburg, Penn.: Trinity Press International, 2002); Armin D. Baum, *Der mündliche Faktor und seine Bedeutung für die synoptische Frage* (Tübingen: Francke, 2008)을 보라.

는 윤리적 원칙을 가르치는 지혜로운 교사로 시작해서, 묵시적 소망의 영감을 받아 메시아가 되려 하였으나, 결국 그런 노력 때문에 십자가에 못 박히게 된 인물로 그리고 있다. 그는 독일의 합리주의자들과 마찬가지로 예수를 재구성하면서 초자연적인 것에 대해 조금의 여지도 허용하지 않았다.

아마 독자들 가운데는 왜 초기 탐구자들의 대열 가운데 보다 보수적인 목소리가 나타나지 않았는가라는 질문을 제기하는 사람도 있을 것이다. 이에 대한 답변은 부분적으로는 다음과 같은 사실에 놓여있다. 예수에 대한 보수적인 묘사들은 주로 복음서 기사 그 자체에만 의존할 뿐, 새롭고 참신한 이론들을 제안하는 데는 소극적이었다. 예수 탐구의 역사에서, 옛 소식(old news, 예를 들어 예수에 대한 전통적인 결론들)은 자주 무소식(no news)으로 간주된다. 더 나아가 이 시기에 저술된 보수적인 많은 연구서들은 예수의 생애에 대한 독자적인 연구라기보다는 더욱 급진적인 제안들에 대한 반응으로 저술된 것들이었다. 영국의 프레드릭 파라(Frederic Farrar)와 알프레드 에더스하임(Alfred Edersheim)부터 독일의 아우구스트 네안더(August Neander)와 아우구스트 톨룩(August Tholuck)에 이르기까지, 좀 더 보수적인 목소리들이 나사렛 예수의 참된 정체성[35]에 관해 유럽에서 진행되었던 논의에서 중요한 역할을 했다.

옛 탐구의 절정: 브레데와 슈바이처. 19세기 말에 이르러서 비평적 예수 연구는 결과적으로 대단히 "자유주의적인" 예수—복음서나 정통 기독교

35_ Frederic Farrar, *The Life of Christ* (Portland, Ore.: Fountain, 1972[1874]); Alfred Edersheim, *The Life and Times of Jesu the Messiah*, 2 vols., 8th ed. (New York: Longmans, Green, 1896). Neander와 Tholuck에 관하여는 Baird, *History*, 235-42, 283-86을 보라.

로부터 기적이나 신적 권위와 같은 덜 계몽된 요소들을 제거한 예수—를 만들어내었다. 이 예수는 확실히 도덕적 개혁가이자, 하나님의 아버지 되심과 인류의 형제애 그리고 이성적이며 사랑에 기초한 순전한 종교의 교의를 보여준 교사였다. 알브레히트 리츨(Albercht Ritschl)이나 아돌프 폰 하르낙(Adolf von Harnack) 같은 신학의 거장들이 상세히 설명한 이런 예수는 계몽화 된 유럽 문화에 여전히 호소력을 지니고 있었다.

그렇지만 새로운 세기의 여명이 밝았을 때, 옛 탐구의 이성적이고 다루기 쉬운 예수 상을 그 기저부터 송두리째 부정하는 두 목소리가 등장했다. 1901년에 윌리엄 브레데(William Wrede)는 마가복음의 "메시아 비밀"(messianic secret)이라는 주제에 대한 유명한 논문을 발표했다. 그의 논문이 암시하는 내용 가운데는 당시의 자유주의적인 학자들 간의 합의에 반하는 결론이 있었다. 마가복음은 예수의 생애에 관해 대체적으로 신뢰할 만한 연대기적 틀을 제공해주지 않는다는 것이다. 비록 수많은 19세기의 탐구자들이 그것에 의존해왔음에도 불구하고 말이다. 브레데는 오히려 마가복음의 구도와 복음서의 세세한 많은 내용들이 예수에 대한 믿을 만한 전승에서 유래된 것이 아니라 부활 이후 초기 교회의 신학적 성찰을 통해 도출된 창작물로부터 온 것이라고 주장했는데, 이런 주장은 편집비평적(redaction-critical) 사조를 예견하는 움직임이었다.[36]

알베르트 슈바이처는 1906년에 유명한 저서 『역사적 예수 탐구』(*The Quest of the Historical Jesus*)를 발행했다. 이 저서가 끼친 영향은 매우 커서 이 책이 발간된 해가 옛 탐구의 종결을 의미하게 될 정도였다(비록 슈바이처가 바라거나 예상한 결과는 아니었지만). 요하네스 바이스(Johannes Weiss)의 연구를 따라, 슈바이처는 예수를 이해하기 위한 적절한 정황은 유대교의

36_ William Wrede, *The Messianic Secret*, trans. J. C. G. Greig (Greenwood, S.C.: Attic, 1971[1901]).

묵시문학적 종말론이라고 강력히 주장했다. 그러한 정황에서 예수는 단지 (자유주의적인) 사회 개혁가와 사랑의 교사로서가 아니라, 자신의 고난이 이 세상의 묵시적 절정에서 결정적인 역할을 하리라고 열렬히 믿었던 종말 시대의 열광주의자로 비쳐진다. 이와 관련하여 슈바이처의 주목할 만한 언급이 있다.

> 사방이 고요하다. 그때 세례 요한이 나타나서 외친다. "회개하라, 천국이 가까이 있다." 이어서 바로 예수가 등장한다. 예수는 자신이 장차 오실 인자(Son of Man)라는 사실을 알고서는 역사의 수레바퀴를 돌려서 모든 일상적인 역사를 종결하는 마지막 혁명을 향해 나아간다. 수레바퀴가 돌기를 거부하자 예수는 자신을 그 위에 던졌다. 그때에 수레바퀴가 돌면서 그를 짓눌렀다. 예수는 종말론적 조건들을 가지고 오는 대신에, 그것들을 파괴했다. 수레는 계속 굴러간다. 그리고 측량할 수 없이 위대한 한 인간의 짓이겨진 몸, 다시 말해 스스로를 인류의 영적 통치자로 여기고 자신의 목적을 이루기 위해 역사까지도 굽히려 할 만큼 강인했던 이의 몸은 여전히 그 수레바퀴 위에 매달려 있다. 그것이 그의 승리이며 통치다.[37]

슈바이처에게 예수는 궁극적으로 실패한 묵시적 예언자였다. 예수는 세상의 종말을 예언했다. 그러나 세상의 종말은 오지 않았다. 그렇다면 예수는 현대 기독교 신앙에 무엇을 남겨주는가? 예수의 종말론적 믿음을 유대인의 구시대적 세계관으로 치부한다고 하더라도, 우리는 여전히 예수의 가르침을 특징짓는 사랑의 메시지를 포용할 수 있다.[38]

37_ Schweitzer, *Quest*, 370-71.

38_ Ibid., 207.

(소위) "무 탐구" 시기: 슈바이처에서 케제만까지(1906-1953)

그 다음 시기를 흔히 "무 탐구"(no quest) 시기라고 지칭한다. 무 탐구라는 용어가 의미하는 바는 거의 반세기 동안 탐구가 중단되었다는 것이다. 그러나 많은 사람이 지적했듯이 이것은 사실이 아니다. 이 시기에 예수에 대한 많은 연구서가 발간되었다.[39] 그럼에도 독일의 어떤 그룹 내에서 역사적 예수 탐구가 심각한 방해를 받았는데, 그 이유는 그 영역에서 이루어진 새로운 발전 때문이었다. 이런 발전 중 두 가지를 슈바이처의 저서에서 한데 묶어볼 수 있다.

첫째, 슈바이처는 이전의 탐구자들은 자신들이 가지고 있는 자료에서 불가피하게 그들 자신의 이미지로 창조해낸 예수를—혹은 최소한 그들에게 만족을 주는 예수를—"발견했다"고 비판했다. 조지 타이렐(George Tyrrell)이 기억에 남는 비유를 통해 말한 것처럼, 학자들이 예수를 찾으려고 역사의 깊은 우물을 들여다볼 때마다 그들은 우물에 비친 자기 자신의 모습을 보고 그것을 예수로 잘못 간주할 위험이 있었다.[40] 이런 불가피한 학문적 주관성에 대한 통찰로 인해 객관적으로 예수를 묘사하는 것이 불가능하다는 회의주의가 팽배했다.

둘째, 예수에 대한 슈바이처 자신의 결론, 다시 말해 예수가 궁극적으로 비현실적인 몽상가였고, 종말을 잘못 예측한 엉터리 선지자였다는 주장은 현대 유럽인들에게 붙들고 의지할 수 있는 것을 거의 남겨주지 않는다. 슈바이처는 다음과 같이 미묘하게 표현한다.

예수의 생애에 대한 연구는 진기한 역사를 지녔다. 그의 생애에 대한 연구는

39_ Weaver, *Historical Jesus*; Dale C. Allison, "The Secularizing of the Historical Jesus," *Perspectives in Religious Studies* 27 (2000): 149-50.

40_ George Tyrrell, *Christianity at the Cross-Roads* (London: Longmans, Green & Co., 1913), 44.

역사적 예수에 대한 탐구에서부터 시작했는데, 그때만 해도 우리가 예수를 발견하면 그를 교사와 구세주로서 우리의 시간 속으로 즉시 끌어들일 수 있다고 믿었다.…그러나 예수는 머무르지 않는다. 그는 우리의 시간을 지나서 자기 자신의 시간으로 귀환한다.[41]

슈바이처의 저서가 남긴 이 두 가지 영향 외에도 최소한 두 가지 다른 요소들로 인해 탐구의 존속 가능성에 대한 의문이 생긴다. 첫 번째는 복음서 분석에 있어서 새로운 방법, 다시 말해 양식비평이 등장했다는 사실이다. 1919년과 1921년 사이에 슈미트(K. L. Schmidt), 마르틴 디벨리우스(Martin Dibelius), 루돌프 불트만(Rudolf Bultmann)의 중요한 저술들에서 신약성서 양식비평 연구가 시작되었다. 그중에 불트만의 저서 『공관복음 전승사』(*The History of the Synoptic Tradition*)는 이후 수년 동안 행해진 연구 방법의 전형으로 빠르게 자리잡았다.[42] 양식비평에서는 복음서 이전의 구전 예수 전승(pre-Gospel oral Jesus tradition)의 문제에 초점을 두는 한편, 역사적 자료로서 복음서의 신빙성에 대한 회의적 태도를 더욱 증대시킨 여러 방법론적 전제들을 (특히 불트만의 영향력 있는 방식을 따라) 도입했다. 그러한 전제 중 하나는, 복음서가 역사에 기초한 전승들과 부활 이후 신앙이 반영된 초기 기독교 신화의 혼합이었다는 확신이었다. 그래서 많은 이들은 양식비평의 역할이, 현대의 학자들을 역사상의 예수로부터 분리시킨 장본인은 바로 "거의 관통하기 어려운 신화라는 장벽"이었다는 사실을 밝

41_ Schweitzer, *Quest*, 399.

42_ Rudolf Bultmann, *The History of the Synoptic Tradition*, rev. ed. (Oxford Blackwell, 1963[1921]). 양식비평의 등장과 성격에 대해, Edgar V. McKnight, *What Is Form Criticism?* (Philadelphia: Fortress Press, 1969); Stephen Neill and N. T. Wright, "The Gospel Behind the Gospels," in *The Interpretation of the New Testament*, 1861-1986, 2nd ed. (New York: Oxford University Press , 1988), 252-312.

히는 것이라고 보았다.[43] 이런 확신에 따라 불트만은 이렇게 결론짓는다.

> 정말로 우리는 지금 예수의 생애와 인격에 대하여 거의 아무것도 알 수 없다고 생각한다. 그 이유는 초기 기독교 자료들이 그의 생애와 인격에 대해 관심을 보이지 않으며, 그나마 남아 있는 자료들은 단편적인 데다가 때로 전설적이고, 그 외에 다른 자료가 전혀 없기 때문이다.[44]

불트만의 영향으로 (주로 독일에서) 생겨난 이런 회의주의적 관점으로 인해, 역사상의 예수를 어느 정도 상세하게 복원할 수 있다는 희망이 상당히 약화되었다.

처음 세 가지 요소가 탐구에 대한 역사적 장애물을 보여준다면, 네 번째 것은 여기에 신학적 반론을 추가했다. 역사적 예수 탐구에 대한 초창기 신학적 공격의 양상이 마르틴 켈러(Martin Kähler)의 유명한 소책자 『소위 역사적 예수와 역사적으로 의미 있는 성서의 그리스도』(*The So-called Historical Jesus and the Historic Biblical Christ*, 1892)에 설명되어 있다. 켈러는 역사적 예수 탐구가 본질상 신학적으로 불필요하며, 심지어 타당하지도 않다고 주장했다. 탐구는 "막다른 골목"을 향해 가는 여정에 불과하다. 그 이유는 "현대 저자들이 제안하는 역사적 예수는 우리로 하여금 살아계신

43_ 양식비평적 분석이 이런 회의주의적 전제를 채택하지 않고서도 사용될 수 있음을 주목할 필요가 있다. 특히 Vincent Taylor, *The Formation of the Gospel Tradition* (London: Macmillan, 1953); Stein, *Synoptic Problems*, 217-28을 보라.

44_ Rudolf Bultmann, *Jesus and the Word*, trans. L. P. Smith and E. H. Lantero (New York: Scribner's Sons, 1958), 8. 비록 John Painter가 Bultmann이 낙관론을 지녔고, 자주 묘사되는 것보다 역사적 예수에 더욱 큰 관심을 지녔다고 주장하기는 하지만, "Bultmann, Archaeology and the Historical Jesus," in *Jesus and Archaeology*, ed. James H. Charlesworth (Grand Rapids: Eerdmans, 2006), 619-38을 보라.

그리스도를 보지 못하게 감추기 때문이다."[45] 켈러에 의하면 위기에 놓인 것은 바로 기독교 신앙의 성격 그 자체다. 즉 산을 옮기는 확실한 믿음은 학자들의 탐구 결과에서 오는 잠정적이고 가변적인 결론들에 의존할 수 없다. 그러므로 켈러에게 "기독교 신앙과 역사의 예수는 물과 기름처럼 서로를 배제한다."[46] 이런 켈러의 확신은 제1차 세계대전 후에 신정통주의(neo-orthodoxy)라고 하는 영향력 있는 신학 운동에서 채택되고 또 심화되었다. 여기서 20세기를 이끄는 (주로 독일의) 칼 바르트(Karl Barth), 에밀 브루너(Emil Brunner), 폴 틸리히(Paul Tillich) 등의 신학자뿐만 아니라 심지어 불트만 자신도 역사적 예수 탐구와 같은 작업에 대해 신학적으로 보류하는 입장을 표명했다. 사도 바울 자신이 이것을 입증하는 성서 본문을 제시했다. "그러므로 우리가 이제부터는 아무 사람도 육체대로 알지 아니하노라"(고후 5:16). 더욱이 신정통주의 관점에서 보면, 기독교 신앙을 객관적이고 역사적인 토대 위에 세우려는 어떤 시도도 "오직 믿음으로 의로워진다"는 종교개혁의 원칙에 명백히 위반되는 것이었다.[47] 요약하자면, 탐구에 대한 신정통주의의 평가는 인간 복제에 대한 많은 사람의 태도와 크게 다르지 않은 것 같다. "그것은 이룰 수 없는 과업이다. 그리고 설사 할 수 있다 하더라도 하지 말아야 한다."

앞서 본 것처럼, 이런 도전들에도 불구하고 역사적 예수를 (역사적으로) 추적할 수 있고 (신학적으로) 추적해야 한다는 확신이 이 시기 전반에 걸쳐

45_ Martin Kähler, *The So-called Historical Jesus and the Historic Biblical Christ*, ed. and trans. Carl E. Braaten (Philadelphia: Fortress, 1988), 46, 43.

46_ Ibid., 74. Kähler에 관한 보다 상세한 토론을 위해서는 Carl E. Braaten, *The So-called Historical Jesus*의 서론에 나오는 "Revelation, History and Faith in Martin Kähler"(1-38)을 보라.

47_ William Baird, *The Quest of the Christ of Faith: Reflection on the Bultmannian Era* (Waco, Tex.: Word, 1977); James M. Robinson, *A New Quest for the Historical Jesus* (London: SCM Press, 1959), 9-47을 보라.

지속되었다. 바로 이 수십 년 동안에 영국인 학자 맨슨(T. W. Manson)과 도드(C. H. Dodd) 등이 저술한 예수에 대한 유명한 연구서들이 출간되었다.[48] 베일리(D. M. Baillie)가 이 시기의 많은 이들의 정서를 잘 파악했다.

> 전승에 침투해서 예수의 역사적 인격성에 대한 확실한 지식에 도달하려는 모든 희망을 포기하는 자들의 패배주의에 어떤 납득할 만한 이유가 있다는 주장을 받아들일 수 없다. 확실히 그런 패배주의는 복음서 비평의 일시적인 악몽이다. 이제 우리는 역사의 예수 탐구에 있어서 보다 건전한 확신으로 깨어나고 있다.[49]

새 탐구(1953-1970년대)

역사적 예수에 대한 "새"(제2의) 탐구로 알려진 사조와 관련해서 몇 가지 역설적인 사실들이 있다. 첫 번째는 새 탐구를 불트만이 살아 있는 동안 바로 그의 제자들 가운데 한 사람이 시작했다는 점이다. 불트만의 제자들은, 이 탐구에서 중요한 위치를 차지하고 있었던 대부분의 학자들과 더불어, 역사적 자료로서의 복음서에 대해 대체로 회의적이었던 불트만의 관점을 전체적으로는 공유했다. 여기에서 의문이 생길 수 있다. 무엇이 불트만 학파로 하여금 자신들의 스승조차도 넘어설 수 없는 역사적이고 신학적인 장벽으로 여겨서 거의 포기했던, 바로 그 연구를 새로 시작하도록 자극 했는가 하는 점이다. 이 질문에 대한 대답은 1953년 독일의 마르부

48_ T. W. Manson, *The Servant-Messiah* (Cambridge: Cambridge University Press, 1966); C. H. Dodd, *Historical Tradition in the Fourth Gospel* (Cambridge: Cambridge University Press, 1963); idem, *The Founder of Christianity* (London: Macmillan, 1970)를 보라.

49_ D. M. Baillie, *God Was in Christ: An Essay on Incarnation and Atonement* (New York: Scribner's Sons, 1948), 58.

르크(Marburg) 대학교(불트만이 가르쳤던 곳)에서 일어났던 일과 연관되어 있다.

에른스트 케제만과 새 탐구의 시작. 새로운 탐구의 시작을 1953년 10월 25일이라는 매우 특정한 날로 잡는 것이 일반적이다. 이 날 에른스트 케제만(Ernst Käsemann)이 불트만과 그의 제자들이 가지는 연례 모임에서 "역사적 예수 문제"라는 제목으로 강연을 했다.[50] 케제만은 독일에서 제1의 탐구가 붕괴하게 된 역사적이고 신학적인 요소들에 주목하면서 강연을 시작했다. 이어서 케제만은 이런 장애들이 이야기의 끝은 될 수 없다고 주장했다. 흥미롭게도 그가 그렇게 말한 이유는 엄밀히 말해서 신학적인 것이었다.

> 우리가 승귀하신 주님과 지상의 주님을 동일시하지 못하는 이유는 가현설(docetism)의 오류 때문이다. 반대로 우리가 지닌 자료들이나 이전에 행한 연구로부터 얻은 통찰력이 우리로 하여금 승귀하신 주님을 역사적 예수로 대치하도록 허락하지도 않는다. 역사적 예수에 관한 논쟁은 순수하게 신학적인

50_ Ernst Käsemann, "The Problem of the Historical Jesus," in *Essays on New Testament Themes*, trans. W. J. Montague (London: SCM Press, 1964), 15-47. 새 탐구에 대한 다양한 관점에 대해, Carl E. Braaten and Roy A. Harrisville, eds., *The Historical Jesus and the Kerygmatic Christ: Essays on the New Quest of the Historical Jesus* (Nashville: Abingdon, 1964), 153-78; P. Joseph Cahill, "Rudolf Bultmann and Post-Bultmannian Tendencies," *Catholic Biblical Quarterly* 26 (1964): 153-78; Ralph P. Martin, "The New Quest of the Historical Jesus," in *Jesus of Nazareth: Savior and Lord*, ed. Carl F. H. Henry (Grand Rapids: Eerdmans, 1966), 23-45; John Reumann, "Jesus and Christology," in *The New Testament and Its Modern Interpreters*, ed. Eldon Jay Epp and Geroge W. MacRae (Philadelphia: Fortress; Atlanta: Scholars Press, 1989), 501-64; Robinson, *New Quest* 등을 보라.

것이다.[51]

그리하여 예수의 참된 인성을 부인하는 가현설이라는 고대의 이단 사상과 같은 사조가 되풀이되는 것을 피하려는 열망에서, 케제만은 신학적 필요성을 근거로 탐구의 갱신을 요청했다. 역설적이지만 옛 연구가 역사적 예수와 복음서에 표현된 그리스도 사이를 갈라놓는 심연을 드러내려는 라이마루스의 시도로 시작된 반면에, 새 연구는 그들 사이의 연속성을 입증할 필요성에 의해 고취되었다.

새 탐구의 열매들. 케제만이 탐구의 갱신을 요청한 지 3년이 지나지 않아서, 불트만의 다른 제자 귄터 보른캄(Günther Bornkamm)이 『나사렛 예수』(*Jesus of Nazareth*)[52]라는 제목의 얇은 책을 통해 그의 도전에 응했다. 그 책의 바로 첫 문장에서부터 무 탐구 시대(탐구 중단 시대)를 둘러싼 비관주의가 새로운 탐구에서도 완전히 사라진 것이 아니라는 점이 분명히 드러난다. "아무도 더 이상 예수의 생애를 기록할 입장에 있지 않다."[53] 그러나 보른캄이 역사적 예수를 "전기적(biographical), 심리학적(psychological)" 노선을 통해 이해하고 추적할 수 있는 모든 가능성을 명백히 부인하기는 했지만, 그럼에도 그는 모든 것을 다 잃은 것이 아니며 여전히 예수의 생애에서의 "일상과 사건"에 대해 말할 수 있다고 확언했다.[54] 보른캄은 계속하여 예수의 특징적인 교훈과 행위에 관련된 자료들을 재구성한다. 예수가 자신을 메시아라고 생각했는지의 여부에 대한 질문에 이르러서, 그

51_ Käsemann, "Problem," 34.

52_ Günther Bornkamm, *Jesus of Nazareth*, trans. Irene and Fraser McLuskey and James Robinson (New York: Harper & Row, 1960).

53_ Ibid., 13.

54_ Ibid., 24-25.

는 불트만의 견해와 동일하게 예수가 결코 자기 자신을 메시아로 선포한 적이 없다고 본다. 그러나 보른캄은 여기서 역사와 신앙 사이에 일종의 연속성을 견지하기 위하여 이런 진술을 덧붙인다. "예수라는 존재의 메시아적 성격은 그가 하신 말씀과 행위 속에 그리고 그의 역사적 출현의 비중재성(unmediatedness) 속에 포함되어 있다."[55]

뒤이어 다른 연구서들도 모습을 드러냈다. 비록 그것들 모두가 퇴화한 불트만의 비관주의에 의해 방해받지 않았던 것은 아니지만 말이다. 보른캄 외에 새 탐구 시대의 중요한 인물들(방법론 그리고/혹은 실행의 관점에서)로는 헤르베르트 브라운(Herbert Braun), C. H. 도드, 에른스트 푹스(Ernst Fuchs) 페르디난트 한(Ferdinand Hahn), 레안더 켁(Leander Keck), 노먼 페린(Norman Perrin), 에드바르트 스힐레벡스(Edward Schillebeeckx), 에텔베르트 슈타우퍼(Ethelbert Stauffer) 등이 포함된다.[56] 제임스 로빈슨(James Robinson)이 1959년에 『역사적 예수의 새로운 탐구』(*A New Quest of the Historical Jesus*)라는 제목의 연구 평가서를 발간했을 때, 그때를 기점으로 "새 탐구"라는 공식 명칭이 확정되었다.[57]

55_ Ibid., 178. Bultmann의 연구에 관해 비판적이면서도 수용적인 성찰에 대해, Leander E. Keck, "Bornkamm's Jesus of Nazareth Revisited," *Journal of Religion* 49 (1969): 1-17을 보라.

56_ Herbert Braun, *Jesus of Nazareth: The Man and His Time*, trans. E. R. Kalin (Philadelphia: Fortress, 1979[1969]); Dodd, *The Founder of Christianity*; Ernst Fuchs, *Studies of the Historical Jesus*, trans. A. Scobie (London: SCM, 1964[1960]), Ferdinand Hahn, *Historical Investigation and the New Testament: Two Essays*, ed. Edgar Krentz, trans. Robert Maddox (Philadelphia: Fortress, 1983[1974]); Leander Keck, *A Future for the Historical Jesus: The Place of Jesus in Preaching and Theology* (Nashville: Abingdon, 1971); Norman Perrin, *Rediscovering the Teaching of Jesus* (New York: Harper & Row, 1976); Edward Schillebeeckx, *Jesus: An Experiment in Christology*, trans. Hubert Hoskins (New York: Seabury, 1979[1974]); Ethelbert Stauffer, *Jesus and His Story*, trans. Dorothea M. Barton (London: SCM, 1960[1957]).

57_ James M. Robinson, *A New Quest of the Historical Jesus* (London: SCM, 1959).

이 시기에 복음서 연구에 많은 새로운 발전이 일어났다. 첫째, 1950년에 편집비평(redaction criticism)이 발흥했다.[58] 복음서 저자들이 초기 전승을 단순히 수집한 것이 아니라 오히려 그 자신의 문학적이고 신학적인 경향에 따라서 복음서 본문을 형성했다는 확신으로 말미암아 편집비평적 접근법을 수용한 연구가 활기를 띠게 되었다. 이런 흐름의 결과 중 하나는 복음서의 독자와 역사적 예수를 분리하는 새로운 편집상의 층위(layer)를 상정하는 것이었다. 이 층위는 복음서 저자들 자신의 문학적 창의력으로 만들어진 요소다. 둘째, 이 시기에 Q 문서가 새로운 중요성을 띠게 되었다. 불트만 계열 학파의 많은 이들이 그 문서를 단지 보충적인 말씀 기록으로서가 아니라, 그 자체로서 독립된 문서의 권리를 갖는 만개된 "복음서"(Gospel)로 바라보게 되었다.[59] 장차 이런 두 가지 발전이 서로 융합될 것이며, Q 문서 자체에서 감지된 편집 층에 대한 편집비평적 분석이 진행 중이었다.[60] 오늘날에도 여전히 다수의 학자들이 Q 문서의 가설화된 각 층위의 배후에 있는 초기 기독교 공동체들과 사회학적 세력들을 밝히려는 시도에 집중하고 있다.[61]

끝으로, 복음서 자료의 역사적 진정성을 결정하려고 고안된 기준들이 보다 공식적으로 평가되고 사용된 것이 바로 이 새 탐구의 시기였다.[62] 이

58_ Norman Perrin, *What Is Redactional Criticism?* (Philadelphia: Fortress, 1969).

59_ 이런 방향에서의 움직임을 반영하는 최초의 논문은 1956년에 Heinz Tödt가 쓴 것인데 후에 이 논문은 다음과 같은 제목의 책으로 발간되었다. *The Son of Man in the Synoptic Tradition*, trans. D. M. Barton (Philadelphia: Westminster Press, 1965[1959]).

60_ 여기서 가장 영향력 있는 것은 John Kloppenborg의 다음 저술이다: *The Foundation of Q: Trajectories in Ancient Wisdom Collections* (Philadelphia: Fortress Press, 1987).

61_ 예를 들어, Burton Mack, *The Lost Gospel: The Book of Q and Christian Origins* (San Francisco: HarperSanFrancisco, 1993)를 보라.

62_ Dennis Polkow가 1980년대를 통해 그때까지 학자들이 사용한 20개의 다른 기준을 조사한 것에 대해, "Method and Criteria for Historical Jesus Research," *Society of Biblical Literature Seminar Papers* 26 (1987): 336-56을 보라.

들 진정성 기준(authenticity criteria) 가운데 가장 악명이 높은 것은 "(이중의) 비유사성"[(double) dissimilarity] 기준으로, 다음과 같은 것이다.

> 우리가 도달할 수 있는 가장 이른 형태의 말씀에서 고대 유대교와 초기 기독교 양편의 특징적인 강조점들과의 비유사성을 발견할 수 있다면, 우리는 그 말씀의 진정성을 인정할 수 있을 것이다.[63]

새 탐구의 종결. 옛 탐구나 무 탐구 시기의 종결점과는 달리, 새 탐구 시기가 끝나고 "제3의 탐구"가 시작되는 시점에 대해서는 일반적으로 의견이 일치하지 않는다. 가장 공통적인 평가는 새 탐구 시기가 1970년대에 이르러 서서히 멈추었다는 것이다.[64] 새 탐구가 끝나게 된 다양한 이유가 있었는데, 이중 대부분이 새 탐구 내에서 불트만 계열의 경향들에 대한 반응—찬성이든 반대이든—과 관련되어 있었다. 어떤 이들은 슈베르트 오그덴(Schubert Ogden)처럼, 불트만 자신의 보다 비관적인 전망을 상기하는 방향으로 후퇴했다.[65] 다른 이들은 새 탐구를 "불트만의 정원 주변을 어슬렁거리며"[66] 벌이는 운동에 불과한 것으로 보면서 새 탐구의 방법론, 빈약한 결과들, 혹은 그 둘 다에 도전했다.[67] 도대체 새 탐구가 정말로 "새

63_ Perrin, *Rediscovering*, 39. 이 기준에 대한 역사와 비판을 위해, Gerd Theissen and Dagmar Winter, *The Quest for the Plausible Jesus: The Question of Criteria*, trans. M. Eugene Boring (Louisville: Westminster John Knox, 2002), 1-171을 보라.

64_ 1974년까지 어떤 이들이 "새 탐구 이후 시기"에 대해 말했다. 예를 들어 John Reumann, "Lives of Jesus' During the Great Quest for the Historical Jesus," *Indian Journal of Theology* 23 (1974): 53을 보라

65_ Schubert M. Ogden, *The Point of Christology* (Dallas: SCM Press, 1982).

66_ Walter P. Weaver, "Forward: Reflections on the Continuing Quest for Jesus," in *Images of Jesus Today*, ed. James H. Charlesworth and Walter P. Weaver (Valley Forge, Penn.: Trinity Press International, 1994), xiii.

67_ 예를 들어 Raymond. E. Brown, "After Bultmann, What? - An Introduction to the

로운"(new) 것이었는지 여부에 대한 질문도 제기되었다.[68] 어떤 경우든 간에 1980년대 초기까지 점차 명확해진 것은 무언가 새 연구 자체보다 "더 새로운 것"이 진행 중이며, 또한 "제3의 탐구"(third quest)가 탄생했다는 것이었다.

제3의 탐구(1980년대-현재)

"제3의 탐구"라는 용어는 N. T. 라이트(N. T. Wright)가 1982년에 쓴 논문에서 처음 만들어낸 것이다.[69] 그 표현이 오늘날 널리 사용되고 있는 것은 사실이지만, 그 용어가 정확히 무엇을 의미하는지, 그리고 제3의 탐구라는 것이 과연 존재하는지에 대한 논의는 아직까지 계속되고 있다. 일부 학자들은 이 용어가 별로 도움이 되지 않으며 "옛 탐구", "무 탐구", "새 탐구", "제3의 탐구"라는 뚜렷한 구분이 오히려 탐구의 역사 전체를 관통하는 연속성을 간과하도록 오도하고 있다고 주장한다.[70] 그들은 특히 "제3의

Post-Bultmannians," *Catholic Biblical Quarterly* 26 (1964): 1-30; John G. Gager, "The Gospel and Jesus: Some Doubts about Method," *Journal of Religion* 54 (1974): 244-72; James MacDonald, "New Quest - Dead End? So What about the Historical Jesus," in *Studia Biblica* 1978, vol. 2: *Papers on the Gospels*, ed. E. A. Livingstone (Sheffield: JSOT Press, 1980), 151-70.

68_ 예를 들어 Van A. Harvey and Schubert M. Ogden, "How New is the 'New Quest of the Historical Jesus,'" in *The Historical Jesus and the Kerygmatic Christ*, ed. Carl E. Braaten and Roy A. Harrisville (Nashville: Abingdon, 1964), 197-242.

69_ N. T. Wright, "Toward a Third 'Quest'? Jesus Then and Now," ARC (Montreal, Quebec) 10 (1982): 20-27. 다른 이들이 예수 탐구의 현 단계에 대해 다른 규정을 제안한 반면에—예를 들어 "후기 탐구"(Tatum, *In Quest*, 102) 또는 "예수 리서치"(J. H. Charlesworth, *Jesus within Judaism* [New York: Doubleday, 1988], 26)—Wright의 "제3의 탐구"라는 용어가 오늘날 지배적이 되었다.

70_ 예를 들어 Allison, "Secularizing," 141-45; Stanley E. Porter, *The Criteria for Authenticity in Historical-Jesus Research: Previous discussion and New Proposals* (Sheffield: Sheffield Academic Press, 2000), 56, 239-42; Tom Holmén, "A Theologically Disinterested Quest? On the Origins of the 'Third Quest' for the Historical Jesus," *Studia*

탐구"라는 것이 단순히 "새 탐구"의 재현(revitalization)일 뿐이라고 말한다.[71] 심지어 "제3의 탐구"라는 분류를 수용하는 자들 중에서도 그 용어를 정의하는 방식에 있어서는 여전히 심각한 불일치를 보여주고 있다. 라이트는 본래 그 용어를 공시적 방식(synchronic fashion)으로, 즉 뚜렷한 연대기적 시기를 표시하는 것이 아니라 새로운 방법론의 유입을 가리키기 위해 사용했다. 따라서 라이트와 몇몇 학자들은 새로운(정확히는 "보다 더 새로운" 혹은 "갱신된") 탐구와 "제3의" 탐구가 오늘날 동시에 진행되고 있으며, 각각 고유한 방법론적 접근법을 통해 평행 궤도를 달리고 있다고 주장한다(전자는 Bultmann, 그리고 그보다 앞서 Wrede가 남긴 드넓은 회의주의적 각성 속에서 계속되고, 후자는 그러한 영향에서 벗어나 본질적으로 점차 Schweitzer를 닮아가고 있다).[72] 그렇지만 다른 이들은 라이트의 독창적인 정의를 거절하고 대신에 "제3의 탐구"라는 용어를 연대기적 단계—1970년대 후반에서 80년대 초반에 이르는 포괄적인 단계—를 지칭하는 통시적(diachronic) 의미로 사용한다.[73] 오늘날 대다수의 학자들은 "제3의 탐구"라는 용어를 연대

Theologica 55 (2001): 189. Weaver(*Historical Jesus*, xi-xii)는 일반적인 탐구의 4단계 유형이 지나치게 폭이 좁고 제한된 독일의 전망에 기인한다고 간주하고 그 적절성에 의혹을 제기한다.

71_ 예를 들어 Telford, "Major Trends," 60-61.

72_ N. T. Wright, "Quest for the Historical Jesus," in *Anchor Bible Dictionary*, 6 vols. ed. David N. Freedman (New York: Doubleday, 1999), 3:799-800; Idem, *Jesus and the Victory of God* (Minneapolis: Fortress, 1996) chaps 2-3. Wright의 공시적 접근법을 따르는 것으로 보이는 자들로는 Pieter Craffert, "Historical-Anthropological Jesus Research: The Status of Authentic Pictures beyond Authentic Material," *Hervormde Teologiese Studies* 58 (2002): 440-71; Craig Evans, "Assessing Progress in the Third Quest of the Historical Jesus," *Journal for the Study of the Historical Jesus* 4 (2006): 54; Robert Funk, *Honest to Jesus: Jesus for a New Millennium* (San Francisco: HarperSanFrancisco, 1996), 62-76 등이 포함된다(비록 Funk는 Wright의 "제3의 탐구자들"을 "탐구자인 체 하는 자들"로 재분류하지만 말이다).

73_ 예를 들어 Colin Brown, "Quest of Historical Jesus," in *Dictionary of Jesus and the Gospels*, eds. Joel B. Green, Scot McKnight and I. Howard Marshall (Downers

기적 방식에서 사용하는 것으로 보이며 이 책에서도 동일한 방식으로 이 용어를 사용할 것이다.

탐구의 다른 단계들과 달리, 제3의 탐구는 어느 특정 연도에 시작되었다고 구체적으로 말하기가 어렵다. 편의상 어떤 이들은 1985년을 제3의 탐구가 공식적으로 시작된 연도로 제안했다. 그 이유는 이 해에 E. P. 샌더스(E. P. Sanders)의 획기적인 저서 『예수와 유대교』(*Jesus and Judaism*)가 출간되었고 동시에 예수 세미나가 출범했기 때문이다.[74] 그러나 이 문제가 그처럼 깔끔하고 간단한 것은 아니다. 다른 이들은 제3의 탐구의 기원을 1970년대 후기로 거슬러 올라가 벤 메이어(Ben Meyer)의 『예수의 목적』(*The Aims of Jesus*) 같은 저작에서 찾고자 한다.[75] 어쨌거나 제3의 탐구가 시작된 정확한 연도에 대한 불일치에도 불구하고, 탐구의 새 단계가 메이어, 샌더스, 앤서니 하비(Anthony Harvey), 존 리치스(John Riches), 게자 베르메스(Geza Vermes), 마커스 보그(Marcus Borg), 존 도미닉 크로산, 로버트 펑크(Robert Funk, 그의 예수 세미나의 출범과 함께)와 같은 학자의 저술들과 더불어 1970년대와 1980년도 초반에 걸쳐 점증적으로 출범했다는 견해가 일반적이다.[76] 그 후 지난 30여 년 동안에 예수에 대한 학자들의 연

Grove, Ill.: InterVarsity Press, 1992), 337; John Dominic Crossan, "What Victory? What God? A Review Debate with N. T. Wright on Jesus and the Victory of God," *Scottish Journal of Theology* 50 (1997): 346-47; Donald L. Denton, *Historiography and Hermeneutics in Jesus Studies: An Examination of the Work of John Dominic Crossan and Ben F. Meyer* (New York: T & T Clark, 2004), 4-8; Theissen and Merz, *Historical Jesus*, 7-12; Witherington, *Jesus Quest*, 11-12.

74_ E. G. David Gowler, *What are They Saying about the Historical Jesus?* (Mahwah, N.J.: Paulist, 2007), 27.

75_ Ben F. Meyer, *The Aims of Jesus* (London: SCM Press, 1979).

76_ Meyer, Aims; E. P. Sanders, *Jesus and Judaism* (Philadelphia: Fortress, 1985); Marcus Borg, *Conflict, Holiness, and Politics in the Teaching of Jesus* (New York: Mellen, 1984); John Dominic Crossan, *In Fragments: The Aphorisms of Jesus* (San Francisco: Harper & Row, 1983); Robert Funk, "The Issue of Jesus," *Forum* 1 (1985):

구서가 홍수처럼 쏟아졌다. 이 연구서 가운데 존 마이어(John Meier)와 N. T. 라이트의 저서 같은 여러 권의 기획도서,[77] 크로산의 『역사적 예수』(*The Historical Jesus*)와 제임스 던의 『예수와 기독교의 기원』(*Jesus Remembered*) 같은 표지석이 되는 작품(이 두 사람은 바로 이 책의 기고자다),[78] 그리고 마크 앨런 파월(Mark Allan Powell)의 『역사 속의 인물 예수』(*Jesus as a Figure in History*), 타이센(Theissen)과 메르츠(Merz)의 『역사적 예수』(*The Historical Jesus*)와 벤 위더링턴 3세(Ben Witherington III)의 『예수 탐구』(*The Jesus Quest*)[79] 같은 통찰력 넘치는 연구가 있다. 또한 대럴 복(Darrell Bock, 역시 이 책의 기고자다)의 저술 등 많은 유용한 참고 서적, 현황 자료, 자료 안내서 등이 있다.[80]

7-12; Anthony Harvey, *Jesus and the Constrains of History* (Philadelphia: Westminster Press, 1982); John Riches, *Jesus and the Transformation of Judaism* (London: Darton, Longman, & Todd, 1980); Geza Vermes, *Jesus the Jews: A Historian's Reading of the Gospels* (New York: Macmillan, 1973); Idem, *Jesus and the World of Judaism* (Philadelphia: Fortress, 1984).

77_ John Meier, *A Marginal Jew: Rethinking the Historical Jesus*, vol. 1: *The Roots of the Problem and the Person* (New York: Doubleday, 1991), vol. 2: *Mentor, Message and Miracles* (New York: Doubleday, 1994), vol. 3: *Companions and Competitors* (New York : Doubleday, 2001), vol. 4: *Law and Love* (New York: Doubleday, 2009). N. T. Wright, *Christian Origins and the Question of God*, vol. 1: *The New Testament and the People of God* (Minneapolis: Fortress, 1992); vol. 2: *Jesus and the Victory of God* (Minneapolis: Fortress, 1996); vol. 3: *The Resurrection of the Son of God* (Minneapolis: Fortress, 2003).

78_ John Dominic Crossan, *The Historical Jesus: The Life of Mediterranean Jewish Peasant* (San Francisco: HarperSanFrancisco, 1991); James D. G. Dunn, *Jesus Remembered* (Grand Rapids: Eerdmans, 2003, 『예수와 기독교의 기원』, 새물결플러스, 2012). 마찬가지로 Martin Hengel and Anna Maria Schwemer, *Geschichte des Frühen Christentums*, vol. 1: *Jesus und das Judentum* (Tübingen: Mohr Siebeck, 2007).

79_ Mark Allan Powell, *Jesus as a Figure in History* (Louisville, Ky.: Westminster John Knox, 1998); Theissen and Merz, *Historical Jesus* (1998); Witherington, *Jesus Quest* (1995).

80_ Darrell L. Bock, *Studying the Historical Jesus: A Guide to Sources and Methods*

제3의 탐구의 현황: 형세와 질문들

이 장의 나머지 부분에서는 제3의 탐구의 현재 상황을 특징짓는 대략적인 윤곽과 중요한 몇 가지 질문을 검토할 것이다. 첫째, 방법론적 이슈의 범위를 언급할 것이다. 우리는 탐구 자체의 존속 가능성에 대한 질문으로 시작하겠다. 그로부터 용어 문제, 역사기술 철학과 역사 방법에 관련된 사안, 현행 탐구의 학제간적(interdisciplinary) 성격, 예수에 대한 고대 문헌 자료들의 문제로 옮겨갈 것이다. 마지막으로 현행 탐구의 "결과들"을 고려할 것이다. 여기서 학자들이 제안한 많은 역사적 예수의 초상들을 숙고하면서 예수의 유대적 성격과 예수와 묵시적 종말론에 대한 질문을 다룰 것이다.

방법론과 그 연관 이슈들

오늘날 행해지는 탐구의 두드러진 특징 중 하나는 역사적 방법론의 중요성에 대해 학자들이 널리 자각하고 있다는 점이다. 크로산은 이렇게 말했다, "방법, 방법, 그리고 또 다시 방법이다."[81] 방법론적 이슈를 둘러싼 복

(Grand Rapids: Baker Academic, 2002); Darrell Bock and Gregory J. Herrick, eds., *Jesus in Context: Background Reading for Gospel Study* (Grand Rapids: Baker Academic, 2005); Chilton and Evans, eds., *Studying the Historical Jesus*; James D. G. Dunn and Scot McKnight, eds., *The Historical Jesus in Recent Research* (Winona Lake, Ind.: Eisenbrauns, 2005). 또한 Craig A. Evans, ed., *Encyclopedia of the Historical Jesus* (New York: Routledge, 2008); Joel B. Green, Scot McKnight and I. Howard Marshall, eds., *Dictionary of Jesus and the Gospels* (Downers Grove, Ill.: InterVarsity Press, 1992); Amy-Jill Levine, Dale C. Allison and John Dominic Crossan, eds., *The Historical Jesus in Context* (Princeton, N.J.: Princeton University Press, 2006)를 보라. 그리고 특별히 Tom Holmén and Stanley E. Porter, eds., *The Handbook of the Study of the Historical Jesus*, 4 vols. (Boston: Brill, forthcoming).

81_ Crossan, "Historical Jesus as Risen Lord," in John Dominic Crossan, Luke Timothy Johnson and Werner Kelber, *The Jesus Controversy: Perspective in Conflict* (Harris-

잡성에 대한 자각은 "무 탐구" 입장을 되돌아보게 하였고 몇몇 학자들로 하여금 탐구 자체의 가능성에 의문을 갖게 하였다.

탐구의 타당성에 대한 질문. 오늘날 탐구 자체의 타당성에 대해 질문하는 여러 가지 방식과 양식들이 있다. 어떤 이들은 불트만의 기본 정서를 따른다. 그들은 자신들의 노력에 충분한 보상이 주어질 것인지 확인하기 위하여 복음서 전승을 예수 자신에게 소급해서 설득력 있게 추적하는 것이 충분히 가능한지에 대해 질문한다.[82] 예를 들어 윌리엄 해밀턴(William Hamilton)은 불트만과 폴 틸리히를 받아들이면서, "예수는 역사적 수단들로 접근할 수 없다"고 단호하게 말한다. 그리고 "포스트-역사적 예수(Post-Historical Jesus) 탐구"를 제안한다.[83] 다른 이들은 역사기술에 대한 후기구조주의(poststructuralist)의 일반적인 거부 입장에서 시작하여, 현대 학자들이 이 문제에 있어서 지속적으로 불협화음을 낼 뿐만 아니라 때로는 상호 배타적인 역사적 예수에 도달하는 것을 목격하고서, 탐구 자체가 "실패한 기획"(failing enterprise)이라고 결론 내렸다.[84] 그리고 또 다른 이들도 탐구를 가망이 없는 것(nonstarter)으로 보는데, 그 이유가 역사적

---

burg, Penn.: Trinity Press International, 1999), 5.

82_ 실제로 이것은 Helmut Koester의 관점이라고 할 수 있다. Helmut Koester, "The Historical Jesus and the Historical Situation of the Quest: An Epilogue," in *Studying the Historical Jesus: Evaluations of the State of Current Research*, ed. Bruce Chilton and Craig A. Evans (New York: Brill, 1994), 535-45.

83_ William Hamilton, *A Quest for the Post-Historical Jesus* (New York: Continuum, 1994), 19. 유사한 계열을 따르는 것으로 Thomas J. J. Altizer, *The Contemporary Jesus* (Albany: SUNY Press, 1997); Dieter Georgi, "The Interest in Life of Jesus Theology as a Paradigm for the Social History of Biblical Criticism," *Harvard Theological Review* 85 (1992): 51-83을 보라.

84_ Jacob Neusner, "Who Needs the 'Historical Jesus'? A Review Essay," in *Bulletin for Biblical Research* 4 (1994): 119. 또한 Hal Childs, *The Myth of the Historical Jesus and the Evolution of Consciousness* (Atlanta: Scholars Press, 2000)를 보라.

난제들 때문이라기보다는 오히려 순전히 역사적 관심이나 적절성의 결핍 때문이라고 주장한다. 윌리엄 아날(William Arnal)은 새로운 무 탐구 시기야말로 우리가 이어받을 최상의 학문적인 노선이라고 제시하면서 이런 정서를 포착한다.

> 아마도 역사적 예수 탐구를 다시 한 번 포기해야 할지도 모른다. 학자들이 역사적 예수를 재구성하는 데 일치하지 못해서도 아니고 더욱이 우리가 지닌 자료의 결핍으로 합리적인 결론을 내리는 것이 불가능하기 때문도 아니다. 오히려 궁극적으로 우리가 과거를 이해하는 데나 현대를 이해하는 데 있어서 역사적 예수가 문제시되지 않기 때문이다. 우리 시대의 담론에서 중요한 예수는 역사상의 예수가 아니라 상징으로서의 예수다.[85]

마지막으로, 오늘날 어떤 학자들에게 제3의 탐구는 출발점에서가 아니라 뒤늦게 깨닫게 된 위기에 직면하고 있다. 그들은 옛 탐구의 브루노 바우어(Bruno Bauer)와 유사하게, 예수에 대한 역사적 탐색에 참여한 후에 나사렛 예수라는 이름을 가진 사람이 결코 존재하지 않았다라고 결론을 내렸다.[86] 그리하여 오늘날 가장 도발적인 그리스도-신화(Christ-Myth) 이론가 중 한 사람인 로버트 프라이스(Robert Price, 역시 이 책의 기고자다)는

85_ William E. Arnal, *The Symbolic Jesus: Historical Scholarship, Judaism and the Construction of Contemporary Identity* (Oakville, Conn.: Equinox, 2005), 77. 이런 정서가 Jonathan Z. Smith와 Burton Mack을 따라 초기 기독교 운동을 사회적 형성과 실험을 위한 신화 만들기에 불과한 것으로 치부하는 데 가장 관심을 보이는 학자들의 무리를 특징짓는 것처럼 보인다. Mack, "The Historical Jesus Hoopla," in *The Christian Myth: Origins, Logics and Legacy* (New York: Continuum, 2003), 25-40을 보라.

86_ Robert M. Price, *Deconstructioning Jesus* (Amherst, N.Y.: Prometheus, 2000); idem, *The Incredible Shrinking Son of Man* (Amherst, N.Y.: Prometheus, 2003); Earl Doherty, *The Jesus Puzzle: Did Christianity Begin with a Mythical Christ?* (Ottawa: Canadian Humanist, 1999).

비판적인 연구 끝에 "역사적 예수"가 사실상 "소실점(vanishing point)으로 움츠러들었음을 발견한다"고 결론 내린다.[87]

어떤 이들이 탐구를 거부한 이유가 역사적인 문제라면, 다른 이들에게는 신학적인 문제가 비판의 대상이 되었다. 라이마루스 이래 탐구의 초창기부터 기독교 신앙 내에서 예수에 대한 역사적 연구의 적절한 역할이 무엇인가라는 문제가 대두되어왔다. 오늘날 어떤 이들은 마르틴 켈러의 노선을 따라서, 역사적 예수 탐구가 기독교 신자들의 신앙생활에 실제로 아무런 영향도 미치지 않는다고 결론을 내렸다. 근년에 로마 가톨릭 신약학자 루크 티모시 존슨(Luke Timothy Johnson, 역시 이 책의 기고자다)보다 이런 입장을 더욱 강력히 진술한 사람은 없다. 존슨에 의하면, 어떤 방식에서든간에 역사적으로 재구성한 예수에게 기독교 신앙을 의존하는 것은 불가능하다. 왜냐하면 역사적 제안이란 언제나 불확정적이고, 개정의 여지를 가지고 있으며, 기독교 공동체가 시간의 경과를 배제하고 그들 자신의 정체성의 근거로 삼기에는 불가능한 유형의 것이기 때문이다.[88] 존슨에 의하면 이러한 제안 중에 어떤 것도 신자들을 혼란스럽게 만들지 말아야 하는데, 왜냐하면 "역사적 연구는 기독교 신앙과 직접적인 상관관계가 없기" 때문이다.[89] 기독교 신앙의 초점은 학자들이 역사적으로 재구성한 과거의 부활 이전의 오래된 예수가 아니라, 오히려 지금 살아서 역사하고 계시는 부활하신 주님이다. 따라서 존슨은 이렇게 말한다.

87_ Price, *Incredible Shrinking*, 354.

88_ Luke Timothy Johnson, "The Real Jesus: The Challenge of Current Scholarship and the Truth of the Gospels," in *The Historical Jesus through Catholic and Jewish Eyes*, ed. Bryan F. LeBeau et al. (Harrisburg, Penn.: Trinity Press International, 2000) 57. 그의 일관된 입장을 보려면 idem, *The Real Jesus: The Misguided Quest for the Historical Jesus and the Truth of the Traditional Gospels* (San Francisco: HarperSanFrancisco, 1996)를 참조하라.

89_ Johnson, "Real Jesus," 59.

그리스도인의 신앙은 예수라는 역사적 인물이 아니라 살아계신 주님이신 예수를 향한 것이다. 그렇다. 그들은 역사적 예수와 신앙의 예수 사이에 연속성을 주장한다. 그러나 그리스도인의 신앙은 과거의 사실들을 입증함으로써가 아니라 현재 실재하는 그리스도의 능력을 통해 확증된다.[90]

새 탐구 자체를 불러일으키고 진행시킨 것이 신학적 동기, 다시 말해 현대 기독교가 새로운 유형의 가현설(docetism)에 빠지지 말아야 한다는 확신이었다는 점을 상기시키는 자들을 향하여, 존슨은 성서 자체의 전승 속에 오류에 대항하는 방어벽 역할을 할 수 있는 자료들이 있다는 점을 지적한다.[91]

존슨 혼자만 이런 관점을 가진 것은 아니다. 현대의 개신교 복음주의 학자들 일부가 유사한 결론에 이르렀다. 예를 들어 프랑크 틸만(Frank Thielman)은 존슨에게서 온 단서를 취하면서 동료 복음주의자들에게 탐구가 "신학적으로 불필요할 뿐만 아니라" 사실상 "신학적으로 무분별한 것"이라는 점을 설득시키고자 한다.[92] 유대인 학자인 제이콥 뉴스너(Jacob Neusner)마저도 탐구의 결과들을 역사적 기독교 신앙에 너무 밀접히 관

90_ "Real Jesus", 142-43. 이에 대해 유사하면서도 보다 온건한 입장으로는 Robert Morgan, "Christian Faith and Historical Jesus Research: A Reply to James Dunn," *Expository Times* 116 (2003): 217-23을 보라.

91_ Johnson, "The Humanity of Jesus: What's at Stake in the Quest for the Historical Jesus?" in John Dominic Crossan Luke Timothy Johnson and Werner Kelber, *The Jesus Controversy: Perspective in Conflict* (Harrisburg, Penn.: Trinity Press International, 1999), 61-66.

92_ Frank Thielman, "Evangelicals and the Jesus Quest: Some Problems of Historical and Theological Method," *Churchman* 115 (2001): 70-71. 다음 책들에는 복음주의자들이 역사비평적 방법들을 사용하는 데 대해 가지는 폭넓은 관심이 표현되어 있다: Eta Linnemann, *Historical Criticism of the Bible: Methodology or Ideology?* (Grand Rapids: Baker, 1990); Robert Thomas and David Farnell, *The Jesus Crisis: The Inroads of Historical Criticism into Evangelical Scholarship* (Grand Rapids: Kregel, 1998).

련시키는 위험에 대해 그리스도인들에게 경고했다. "도대체 언제부터 사실의 문제가 신앙의 진리에 영향을 끼치기 시작했는가?"[93]

탐구에 대한 변호. 탐구의 유익에 대한 토론에 참여했던 대부분의 학자들이, 앞에서 살펴본 보다 회의적인 전망들과는 상당히 다른 결론에 도달했다는 것은 그리 놀랄 일이 아니다. 현대 역사기술학의 도전과 여러 가지 제한성에도 불구하고, 대부분의 학자들에게 탐구는 생명력 있는 역사적 과업으로 받아들여진다. 또한 대부분의 탐구자들이 개인의 신학적 성향이 역사적 결론들을 미리 결정하거나 왜곡시키는 위험성을 인정하면서도 대부분의 학자는 스스로를 "그리스도인"으로 여기는 가운데, 예수에 대한 역사적 연구가 신자에게 허락되는 활동일 뿐 아니라 사실상 "중요한 활동"이라는 확신을 견지하고 있다.[94] 이것은 중요한 사실이다. 왜냐하면 어떤 이들은 일반적으로 제3의 탐구의 독특성이 신학적 공정성이라고 주장하는 한편, 다른 이들은 이런 주장에 심각하게 의문을 제기했기 때문이다.[95]

93_ Neusner, "Who Needs," 121.

94_ 예를 들어 John Dominic Crossan, "Why Is Historical Jesus Research Necessary?" in *Jesus Two Thousands Years Later*, ed. James H. Charlesworth and Walter P. Weaver (Harrisburg, Penn.: Trinity Press International, 2000), 7-37; Dunn, *Jesus Remembered*, 99-136; Craig Evans, "The Historical Jesus and Christian Faith: A Critical Assessments of a Scholarly Problems," *Christian Scholar's Review* 18 (1988): 48-63; Werner H. Kelber, "The Quest for the Historical Jesus for the Perspectives of Medieval, Modern and Post-Enlightenment Readings, and in View of Ancient, Oral Aesthetics," in John Dominic Crossan, Luke Timothy Johnson and Werner Kelber, *The Jesus Controversy: Perspective in Conflict* (Harrisburg, Penn.: Trinity, 1999), 75-155; Meier, *Marginal Jews*, 1:4; Powell, *Jesus*, 182-84; Wright, *Jesus*, 13-16, 25-26, 660-62.

95_ 예를 들어 Theissen and Winter, *Quest for the Plausible*, 142-43; Holmén, "Theologically Disinterested Quest?"를 각각 보라. 물론 탐구에 대한 신학적 "관심"이 소수의 어떤 이에게는 반신학적으로 유발된 것일 수 있다. 예를 들어 Paul Hollenbach가 탐구의 가치는 "'기독교라 불리는 잘못을'...전복시킬" 필요성에 매어 있다고 주장하는 것을 보라; "The Historical Jesus Question in North America Today," *Biblical Theology Bulletin* 19

레안더 켁은 1971년에 내놓은 저서 『역사적 예수의 미래』(*A Future for the Historical Jesus*)에서, "무 탐구" 시기를 특징지은 반론들에 맞서 탐구의 신학적 타당성을 방어하고 있다. 오늘날 이 탐구에 참여하는 다양한 특성을 지닌 많은 기독교 학자들은 그가 지닌 관심사에 동조하고 있다. 그러므로 여기서 그의 입장을 요약할 필요가 있다. (1) 만일 "예수에 대한 주장들이 실제적으로 뒷받침될 수 없고 단지 설득을 위해서만 유용하다면", 기독교 설교의 진실성—결국 설교자 자신의 진실성—이 위기에 처하게 된다. (2) 예수에 대한 역사적 연구는 예수와 그의 메시지에 대한 현대의 "이념적 왜곡"에 맞서는 "주요 방어벽"으로서 기능할 수 있다. (3) 책임 있는 역사적 예수 연구는 교회에서 건실하고 온전한 기독론을 유지하도록 도울 수 있다. 이러한 온전한 기독론은 한편으로 새로운 유형의 "가현설"로부터 교회를 지켜준다. 다른 한편으로는, 좋은 뜻이기는 하지만 부적절한 "자기-승인적인"(self-validating) 신앙주의로부터 교회를 보호해준다. (4) 마지막으로, 서구 세계에서 "기독교 세계의 소멸"과 "사고의 다원론적인 시장"(그것 자체는 초기 교회의 배경과 매우 유사하다)이라는 상황에 처한 현대 신앙인은, 진지한 역사적 숙고와 분리된 신앙이 주변 문화 속에서 지적인 소외를 가져온다는 것을 발견한다. 그리하여 그 신앙은 다른 이들에게 호기심 정도는 일으키겠지만, 궁극적으로 근대 이전의 과거에서 온 부적절한 신앙 체계의 흔적에 불과한 것처럼 보이게 된다.[96]

계속하여 켁은 일단 기독교 "신앙"에 대한 바른 관점—관계적 "신뢰"로서의 신앙, 그리하여 인간 이성과 역사적 증거가 서로 대립되는 것이 아니라 상호 보완적인 관계 속에 있을 수 있다는 관점—이 자리 잡으면 탐

(1989): 19.

96_ Keck, *Future*, 36-39.

구에 대한 많은 신학적 저항이 사라진다고 제안한다.[97] 더욱이 켁은 이렇게 지적한다. "모든 신자가 믿기 위해 비판적인 역사가가 되어야 하는 것"은 아니지만, 그럼에도 모든 신자에게 "예수에 대한 역사적 연구는 중요한 문제다. 이것은 마치 모든 부류의 시민이 과학자, 경제학자, 정치학자가 하는 일을 이해하거나 알 수는 없다 하더라도, 그 일들이 시민의 생활에 중요한 역할을 하는 것과 마찬가지다."[98]

예수의 지상 생애에 대한 역사적 연구를 기독론 연구의 중심 주제로 다루는 이들 가운데 제3세계 신학자가 다수 포함되어 있다는 점은 주목할 만하다. 그들에게 예수의 생애는 현대 그리스도인들로 하여금 인류의 해방을 위한 예수의 헌신을 모방하도록 요청하는 데 있어서 역사적으로 견고한 지지를 받는 동시에 성경적으로 정당성을 인정받은 모델이다.[99] 요약하면 기독교 신앙과 연관이 있는 많은 탐구자들이—자신을 복음주의 그리스도인으로 고백하는 많은 이들을 포함해—이 탐구가 기독교 신앙에 거의 부적절하다고 주장하는 켈러와 존슨의 전통을 따라 이 사안을 대할 것이다.[100] 반면에 다른 많은 이들이 로널드 프레스톤(Ronald Preston)의 다음 진술에 공감할 것이다. "성육신을 믿는 종교는 비판적이고 역사적인

97_ Ibid., chap. 2.

98_ Ibid., 39.

99_ 예를 들어 Jon Sobrino, *Jesus the Liberator: A Historical-theological Reading of Jesus of Nazareth*, trans. Paul Burns and Francis McDonagh (Maryknoll, N.Y.: Orbis, 1993); Leonardo Boff, *Jesus Christ Liberator: A Critical Christology of Our Time*, trans. Patrick Hughes (Maryknoll, N.Y.: Orbis, 1978)을 보라.

100_ 복음주의 진영에서 탐구에 참여하는 것을 변호하는 대표적인 두 개의 진술로는, Colin Brown, "Christology and the Quest of the Historical Jesus," in *Doing Theology for the People of God: Studies in Honour of J. I. Packer*, ed. Donald Lewis and Alister McGrath (Downers Grove, Ill.: InterVarsity Press, 1996), 67-83; Michael Bird, "Shouldn't Evangelicals Participate in the 'Third Quest for the Historical Jesus?'" *Themelios* 29, no. 2 (2004): 5-14을 보라.

질문의 위험에 대해 스스로를 열어두지 않을 수 없다."[101]

용어 문제. 어느 연구 분야에서나 용어의 모호성과 혼란이 문제를 만들어낸다. 역사적 예수 연구에서는 해가 지날수록 그에 대한 공감이 커지고 있다. "역사상의 예수"(Jesus of history)와 "신앙의 그리스도"(Christ of faith)를 본격적으로 구분한 것은 켈러였다. 또는 그의 유명한 저서 제목을 빌어 표현하자면, "역사적 예수"(historical Jesus)와 "역사적으로 의미 있는, 성서적 그리스도"(historic, biblical Christ)를 구분한다. 어떤 이들은 이 동일한 구분을 표현하기 위해 다른 명칭들을 사용하기도 했다: "부활 이전 예수"와 "부활 이후 예수", "역사적 예수"와 "신앙의 예수"(Jesus of piety), "역사의 예수"와 "이야기의 예수"(Jesus of story), "역사적 예수"와 "진정한 예수"(real Jesus).[102] 존 마이어(John Meier)는 이 마지막 조합—"역사적 예수"와 "진정한 예수"—으로 다른 용어들을 대체할 것을 제안했다. 여기서 "역사적 예수" 혹은 "역사의 예수"는 현대 역사적 연구라는 과학적(학문적) 도구들을 사용함으로써 조사할 수 있고 "발견할 수 있는" 예수를 가리킨다.[103] 또한 마이어가 "진정한 예수"라는 표현으로 의미하는 것은 실제 예수의 총합과 같은 무엇이다. 그런데 그 진정한 예수에 대한 대부분의 자료가 시간이라는 모래 속으로 영원히 상실되었다. 그러므로 마이어는 이

101_ Ronald Preston, "The Presuppositions of Christian Theology," in *Vindications: Essays on the Historical Basis of Christianity*, ed. Anthony Hanson (New York: Morehouse-Barlow, 1966), 15.

102_ Marcus Borg, *Jesus in Contemporary Scholarship* (Valley Forge, Penn.: Trinity Press International, 1994), 195; Elisabeth Schüssler Fiorenza, "The Jesus of Piety and the Historical Jesus," *Catholic Theological Society of America Proceedings* 49 (1994): 90-99; Powell, *Jesus*, 8-9; Meier, *Marginal Jew*, 1:21-26.

103_ Meier, *Marginal Jew*, 1:25. Meier는 다음 논문에서도 자신의 의견을 제시했다: "The Historical Jesus: Rethinking Some Concepts," *Theological Studies* 51 (1990): 3-24.

렇게 경고한다.

> 진정한 예수를 알기 원하는 독자는 바로 이 책을 덮어야 한다. 왜냐하면 역사적 예수는 진정한 예수가 아니며, 그에게로 향하는 쉬운 길도 아니기 때문이다. 우리는 지금 진정한 예수를 만날 수 없으며 또 앞으로도 결코 만날 수 없을 것이다. 이것은 사실이다. 그리고 그 이유는 예수가 존재하지 않았기 때문이 아니라—그는 확실히 존재하셨다—오히려 남아 있는 자료들이 예수가 공적인 사역에서 하신 말씀이나 행동의 전부 혹은 대부분을 기록하지 않았거나 결코 기록하려 의도하지도 않았기 때문이다.[104]

어떤 학자들은 마이어가 제안한 용어를 수용하는가 하면 다른 학자들은 이를 보류한다.[105] 그럼에도 오늘날 이 분야에 종사하는 대부분의 학자들은 그가 어떤 용어를 사용하든지 간에, 현대의 역사적 예수 연구를 통해 재구성된 산물로서의 예수와 1세기 팔레스타인에서 대략 33년 동안 살았던 나사렛 사람 예수라는 총체적인 실재를 서로 혼동하지 말아야 한다는 확신을 표현한다.

역사기술 철학과 역사적 방법. 오늘날의 탐구에는 재밌는 역설이 있다. 그 역설이란, 한편으로는 역사적 방법론의 문제에 (탐구의 이전 단계들과 비교해) 엄청난 주의를 기울이면서도, 다른 한편으로는 지금까지 바로 그 사안들에 대해 거의 관심을 쏟지 못했다고 흔히 주장한다는 점이다.[106] 벤

104_ Meier, *Marginal Jew*, 1:22.

105_ 다양한 이유로 Meier의 용어를 문제 삼는 자들로는 C. Stephen Evans, *The Historical Christ and the Jesus of Faith: The Incarnational Narrative as History* (Oxford: Clarendon, 1996), 8-11; Witherington, *Jesus Quest*, 199 등이 있다.

106_ Denton, *Historiography*; Evans, *Historical Christ*; Robert J. Miller, "Historical Meth-

메이어가 1979년에 쓴 『예수의 목적』 이후 제3의 탐구에 속한 많은 유명한 저작들에는 역사적 예수를 추적하기에 적절한 역사적 방법에 관한 중요한 자기 성찰적 진술이 포함되었다.[107] 이따금씩 우리는 예수에 대해 연구하는 어떤 학자가 역사적 방법론의 실제적 요소들을 넘어서 자의식적인 역사기술 철학과 그것의 종교 철학적 지주들(예를 들어 인식론, 형이상학)에 내재한 방법론들의 이론적인 근거들에까지 소급해가고 있다는 증거를 발견할 수 있다.[108] 라이트가 주목한 것처럼, 오늘날 예수 연구에서 나타나는 많은 불일치는 "논의되지 않은 형이상학을 투사"한 결과다.[109] 그러나 학자들은 점차 더 많이 예수에 관한 역사적 기술을 결정하는 데 있어 필연적으로 영향을 끼치는, 종종 숨겨진 세계관적 전제들(worldview presuppositions)을 "명확히 하기" 위해 상호 간에 또 스스로에게 도전을

---

od and the Historical Jesus," in *The Jesus Seminar and Its Critics* (Santa Rosa, Calif.: Polebridge, 1999), 27-46.

107_ 아마 가장 주목할 만한 저술은 Wright의 첫 번째 책 *The New Testament and the People of God*일 것이다. 이 저서는 인식론에 관한 논의에서 출발해 주로 방법론적 이슈들을 다루고 있다. 또한 Crossan, *Historical Jesus*, xxvii-xxxiv; Dunn, *Jesus Remembered*, chaps. 6-10; idem, *A New Perspective on Jesus: What the Quest for the Historical Jesus Missed* (Grand Rapids: Baker Academic, 2005); Meier, *Marginal Jew*, vol. 1, part 1; Meyer, *Aims of Jesus*, part 1; Sanders, *Jesus and Judaism*, 1-58 등을 보라.

108_ Wright는 괄목할 만한 예외 중 하나다: *New Testament*, part 2를 보라. 후기-불트만 전통에 속한 많은 학자들이 이 점에 있어서 Van Harvey의 연구에 계속 의존하는 것으로 보인다.: Van Harvey, *The Historian and the Believer: The Morality of Historical Knowledge and Christian Belief* (Philadelphia: Westminster Press, 1966)을 보라. Harvey의 연구는 다른 대체적 관점들의 비판의 대상이 되었다: Evans, *Historical Christ*, 184-202; Paul Rhodes Eddy and Gregory A. Boyd, *The Jesus Legend: A Case for the Historical Reliability of the Synoptic Jesus Tradition* (Grand Rapids: Baker Academic, 2007) chap. 1. 현대의 역사기술 철학에 대한 탁월한 저술로는 Aviezer Tucker, *Our Knowledge of the Past: A Philosophy of Historiography* (Cambridge: Cambridge University Press, 2004)을 보라.

109_ Wright, *New Testament*, 31.

가한다.[110] 윌리엄 라이언즈(William Lyons)는 이렇게 관찰했다.

> 오직 자신의 광범위한 전제들에 대한 분명한 인식을 통해서만 그런 결정이 일관성을 획득할 수 있다. 또한 오직 광범위한 논제들을 어느 정도 해결해야만 그런 결정에 대한 합의점에 도달할 수 있다.[111]

"세계관에 내제된 전제들"이라는 이슈가 예수 연구에 직접적 함의를 지닌 부분 중 하나는 예수의 기적에 대한 역사적 결정과 관련된 것이다. 이전의 탐구 시기와는 반대로, 오늘날 이 분야에서 모든 사람이 실제로 인정하는 것은, 예수의 동시대 사람들이 그를 귀신 쫓는 자(exorcist)와 기적을 행하는 자(worker of miracles)로 간주했다는 관점이다.[112] 그러나 기적들의 전승 자체에 대한 역사적 평가에 이르면 그 합의는 삽시간에 깨진다. 어떤 이들은 불트만의 발자취를 따라서, 기적이라는 개념 자체를 선험적으로 배제시켜버리는 명백한 방법론적 자연주의를 수용한다.[113] 다

110_ Mark Allan Powell, "Authorial Intent and Historical Reporting: Putting Spong's Literalization Thesis to the Test," *Journal for the Study of the Historical Jesus* 1 (2003): 248.

111_ William John Lyons, "The Hermeneutics of Fictional Black and Factual Red: The Markan Simon of Cyrene and the Quest for the Historical Jesus," *Journal for the Study of the Historical Jesus* 4 (2006): 154. 또한 Eddy and Boyd, *Jesus Legend*, 21-24을 보라.

112_ 복음주의 영역에서부터 예수 세미나에 이르기까지 모든 학자가 이 점에 동의한다. 예를 들어 Graham H. Twelftree, *Jesus the Miracle Worker: A Historical and Theological Study* (Downers Grove, Ill.: InterVarsity Press, 1999); Robert W. Funk and the Jesus Seminar, *The Acts of Jesus: The Search for the Authentic Deeds of Jesus* (San Francisco: HarperSanFrancisco, 1998) 566. Meier는 기적을 행하는 자로서의 예수에 대한 일치된 견해가 제3의 탐구에서 얻은 "7가지 유명한 소득"(461) 중에 하나라고 간주한다: John Meier, "The Present State of the 'Third Quest' for the Historical Jesus: Loss and Gain," *Biblica* 80 (1999): 477-83을 보라.

113_ 기적을 거부하는 Bultmann의 유명한 진술로는 Rudolf Bultmann, "Is Exegesis with-

른 이들은 이론적 차원에서는 기적의 논리적 가능성을 옹호하면서도, 실제로는 기능적 방법론적 자연주의(functional methodological naturalism)를 유지한다. 그리하여 기적이 일어났다는 것에 동의하는 역사적 판단을 정당화할 어떤 증거도 결코 얻을 수 없으리라는 입장을 유지한다.[114] 또 다른 이들은 완고한 방법론적 자연주의는 보증할 수 없는 형이상학적 자연주의를 반영한다고 의심한다. 그들은 그런 선험적 회의주의가 보증되지 않을 뿐만 아니라, 예수 전승 안에 있는 기적의 역사성에 대해 열려 있거나, 심지어는 그것을 명백하게 옹호한다는 사실을 발견한다.[115]

오늘날 예수 연구에서 대두되고 있는 또 다른 방법론적 이슈를 우리는 "원자론"(atomism) 대 "전체론"(holism) 논쟁이라고 명명할 수 있다. 여기서 다루어야 할 문제는 예수 자료들에 대해 (불트만의 전통을 따라) 역사적으로 진정성 있는 조각들(단편들)을 분리하는 것에서 시작한 후에 역사적 예수를 구체화하기 위해 외향적으로 작업을 진행하는 것(예를 들어 원자론)이 더 좋은지, 아니면 반대로 대규모의 구체화된 예수 가설들에서 시작하고 그 후에 시험을 통해 진정성 있는 자료와 진정성 없는 자료를 확증하는 것("전체론")이 더 좋은지를 결정하는 것이다. 예수 세미나의 방법론적 접근들(예를 들어, 예수 전승의 작은 단편들을 우선적으로 다루는 것)과 크로

out Presuppositions Possible?" in *Existence and Faith*, trans. S. M. Ogden (Cleveland: Meridian / New York: World, 1966), 291-92; idem, "The Problem of Miracle," *Religion in Life* 27 (1958): 63-75을 보라. 예를 들어 Robert Funk는 기적에 대한 Bultmann의 선험적 유예(*a priori moratorium*)를 수용하고 유지한다. "Twenty-one Theses," *Fourth R*, July-August (1998): 8을 보라.

114_ 예를 들어 Miller, *Jesus Seminar*, 39; Price, *Incredible Shrinking*, 19-20을 보라.

115_ 예를 들어 Barry L. Blackburn, "The Miracles of Jesus," in *Studying the Historical Jesus: Evaluations of the State of Current Research*, ed. Bruce Chilton and Craig A. Evans (New York: Brill, 1944), 353-94; Eddy and Boyd, "Miracles and Method," in *Jesus Legend*, 39-90; Meier, *Marginal Jews* 2:509-32; Twelftree, *Jesus the Miracle Worker*, 241-77; Wright, *New Testament*, 92-98.

산과 마이어는 전형적인 원자론적 접근법을 사용했다. 반면에 샌더스와 라이트, 던의 접근법은 보다 "전체론적" 방법을 사용한 본보기다.[116] 이것과 관련된 토론 주제가 있는데, 곧 역사적 예수를 재구성함에 있어 우선적으로 그의 말씀에 초점을 두어야 하는지, 아니면 그의 행동/활동에 초점을 두어야 하는지를 논하는 것이다.[117]

오늘날 탐구에서 지속적인 논의가 이어지고 있는 역사적 방법론의 마지막 이슈는 전통적으로 "진정성의 기준"이라고 알려진, 예수 전승을 평가하는 역사적 기준에 대한 문제다.[118] 이러한 기준 가운데 가장 논란의 여지가 있는 것은 이중적 비유사성의 기준(double dissimilarity criterion)이라 불리는 것이다. 앞에서 본 것처럼, 이 기준은 새 탐구에 속한 많은 이에게 중요한 역할을 했다. 일부 학자들은 예수에게서 실제로 기원된 자료와 초기 교회가 임의로 구성한 자료를 구분하는 데 있어서, 오늘날에도 여전히 그 기준이 필수적인 도구라고 본다.[119] 그렇지만 대부분의 학자는 이 기준을 단호하게 거절했다. 여러 이유가 있었지만, 가장 큰 이유는 이

116_ Funk and the Jesus Seminar, *Five Gospels*; Crossan, *Historical Jesus*, xxvii-xxxiv; Meier, *Marginal Jews*, 1:167-95; Sanders, *Jesus and Judaism*, 3-22; Wright, *New Testament*, 98-118; Dunn, *New Perspective on Jesus*, 57-58. Crossan과 Ben Meyer를 각각의 모델로 하는 원자론과 전체주의에 대한 유익한 논의로는 Denton, *Historiography*를 보라.

117_ 각각 Lane C. McGaughy, "Words before Deeds: Why Start with the Sayings," *Forum* (n.s.) 1 (1998): 387-98; Sanders, *Jesus and Judaism*, 3-18을 보라.

118_ 기준에 대한 중요한 진술들이 다음 저서에 포함되어 있다: Bruce Chilton and Craig A. Evans, eds., *Authenticating the Activities of Jesus* (Boston: Brill, 1999); Bruce Chilton and Craig A. Evans, eds., *Authenticating the Words of Jesus* (Boston: Brill, 2002); Porter, *Criteria for Authenticity*; Theissen and Winter, *Quest for the Plausible*; Wright, *New Testament*, 99-109.

119_ 예를 들어 Price, *Incredible Shrinking*, 16-19. Robert Funk와 예수 세미나가 예수의 "독특한 담화"를 분리해서 다루는 일의 중요성을 논할 때 이런 유형의 기준을 사용하는 것으로 보인다. Robert Funk and Jesus Seminar, *Five Gospels*, 30-32.

중적 비유사성의 기준이 예수를 그의 유대적 맥락에서 멀어지게 하는 경향이 있다는 사실 때문이다. 1세기 유대교 맥락에서 예수를 바로 이해해야 한다는 것은 오늘날 거의 일치된 합의사항이다. 그렇지만 이 기준을 따르면 최소한 "유대교와의 비유사성"을 보여주는 측면이 광범위하게 포기되어야 한다는 것이다.[120] 다른 학자들은 "초기 기독교와의 비유사성"—이중적 비유사성의 나머지 하나—에도 도전했다. 여기에는 "연속선상의 예수"(Jesus in Continuum) 프로젝트를 최근에 출범시킨 이들이 포함된다. 그들은 "유대적 정황에 들어맞을 뿐만 아니라 초기 기독교 입장에도 폭넓게 관련을 맺고 있는 예수를 발견하려고 추구한다."[121]

이외에도 또 다른 역사적/진정성 기준들이 계속해서 논의되고 평가되며 제안되고 있다. 그중 일반적으로 더 설득력이 있는 것에는 "복수의 독립된 증언"(multiple independent attestation, 즉 하나의 자료에서 발견된 예수 전승의 요소가 그 자료와 관련이 없는 다른 자료들에서도 발견된다면 그 요소는 예수에게서 기원했을 가능성이 매우 크다는 것) 기준과[122] "당혹성"(embarrassment, 즉, 초기 교회에 당혹감을 주는 예수 전승의 어떤 요소는 필시 초기 교회에서 조작한 것이 아니라 예수에게로 소급되는 요소라는 것) 기준이 있다.[123] 보다 최근

120_ 예를 들어 Dunn, *Jesus Remembered*, 82-83; Tom Holmén, "Doubts about Double Dissimilarity: Restructuring the Main Criterion of Jesus-of-History Research," in *Authenticating the Words of Jesus*, ed. Bruce Chilton and Craig A. Evans (Boston: Brill, 2002), 47-80; Sanders, *Jesus and Judaism*, 16-17; Wright, *Jesus*, 131-32. 또한 특별히 Theissen and Winter, *Quest for the Plausible*, parts 1-2을 보라.

121_ Tom Holmén, "An Introduction to the Continuum Approach" in *Jesus from Judaism to Christianity: "Continuum" Approaches to the Historical Jesus*, ed. Tom Holmén (New York: T & T Clark, 2007), 1-2.

122_ 예를 들어 Crossan에게는 이것이 지배적인 기준이어서 그는 "비록 전승의 제1층(예를 들어 매우 초기의 본문) 내에 있더라도 단 한 번만 발견되는 예수 전승의 어떤 단위도 철저하게 거부할 것"을 주장한다. *Historical Jesus*, xxxii.

123_ 예를 들어 Meier에게는 이것이 "주요 기준들" 중에 첫 번째 것이다. Meier, *Marginal Jew*, 1:168-71. 또한 Funk, *Honest to Jesus*, 138을 보라.

에 제안된(그리고 때로 특이한) 기준에는 라이트의 "유사성과 비유사성의 이중 기준"이 포함된다.[124] 또한 타이센과 윈터(Winter)의 "역사적 타당성"(historical plausibility) 기준과[125] 던의 "특징적 예수"(characteristic Jesus) 기준[126]이 포함된다.

학제간 탐구. 버나드 브랜던 스코트(Bernard Brandon Scott)는 "역사적 예수에 대한 역사적 탐구는 끝났다. 그리고 역사적 예수에 대한 학제간 연구가 방금 시작되었다"[127]라고 말했다. 그리고 많은 사람들은 이 사실을 제3의 탐구가 가진 가장 독특하고 성과 있는 특징 중의 하나로 본다. 이 탐구의 물줄기 속으로 뛰어드는 사람들은 단순히 신약성서학자들과 역사가들만이 아니다. 모든 분야의 학제간 연구자들이 예수와 복음서의 역사적 연구에 각기 독특한 방법들과 도구들과 통찰들을 제공한다. 예를 들어 최근 들어 다양한 철학자들과 철학적 신학자들이 관련 주제들에 몸을 담그는 것을 볼 수 있다.[128] 심지어 오늘날에는 예수와 1세기 팔레스타인의 정황을 탐구하는 데 있어 신약학자들과 고고학자들 간의 상호작용이 더

124_ Wright, *Jesus*, 131-33, 613-14.

125_ Theissen and Winter, *Quest for the Plausible*, part 3.

126_ Dunn, *Jesus Remembered*, 332-33; idem, *New Perspective on Jesus*, 57-58. 이 점에서는 Keck(*Future*, 33)이 Dunn의 선구자다.

127_ Marcus Borg, "A Renaissance in Jesus Studies," *Theology Today* 45 (1988): 284에서 인용.

128_ 다음의 저술들에 실린 관련 논문들을 보라: Craig Bartholomew et al., eds., *"Behind" the Text: History and Biblical Interpretation* (Grand Rapids: Zondervan, 2003); Gregory A. Boyd, *Cynic, Sage or Son of God?* (Wheaton: Bridgepoint, 1995); Evans, *Historical Christ*; Raymond Martin, *The Elusive Messiah: A Philosophical Overview of the Quest for the Historical Jesus* (Boulder, Colo.: Westview, 1999); essays by Gary Habermas and William Lane Craig in *Jesus Under Fire*, eds. Michael J. Wilkins and J. P. Moreland (Grand Rapids: Zondervan, 1995).

욱 광범위하게 이뤄지고 있다.[129] 고고학자들과 관련 학문 분야의 도움으로 이제 우리는 1세기 갈릴리 지역의 종교적인 성격에서부터 예수 시대 팔레스타인의 도시와 시골을 특징짓는 사회 경제적 조건들에 이르기까지 모든 것을 예전보다 훨씬 더 잘 알고 있다.[130] 아직 논의가 계속되는 분야는 1세기 팔레스타인이 어느 정도로 "헬라화"되었느냐 하는 것이다. 또한 지중해 연안의 광범위한 문화적인 힘이 고대 유대인들과 종교에 어떤 영향을 미쳤는지에 대해서도 뜨거운 토론이 벌어지고 있다.[131]

129_ 예를 들어 Mark Alan Chancey, *Greco-Roman Culture and the Galilee of Jesus* (Cambridge: Cambridge University Press, 2005); J. H. Charlesworth, ed., *Jesus and Archaeology*; John Dominic Crossan and Jonathan L. Reed, *Excavating Jesus: Beneath the Stones, Behind the Texts* (San Francisco: HarperSanFrancisco, 2001); Douglas R. Edwards and C. T. McCollough, eds., *Archaeology and the Galilee: Texts and Contexts in the Greco-Roman and Byzantine Periods* (Atlanta: Scholars Press, 1997); Sean Freyne, *Galilee and Gospel: Collected Essay* (Tübingen: Mohr Siebeck, 2000); Lee I. Levine, ed., *The Galilee in Late Antiquity* (New York: Jewish Theological Seminary of America, 1992).

130_ 역사적 예수 연구 내에서 "본문"에 대한 연구와 "유물"에 대한 연구 사이에 긴장이 있을 수 있고 실제로 긴장이 있음을 주시해야 한다. Dunn, "On the Relation of Text and Artifice: Some Cautionary Tales," in *Text and Artifact in the Religions of Mediterranean Antiquity: Essay in Honour of Peter Richardson*, ed. S. G. Wilson and M. Desjardins (Walterloo, Ont.: Wilfrid Laurier University Press, 2000) 192-206; D. E. Groh, "The Clash between Literary and Archaeological Models of Provincial Palestine," in *Archaeology and the Galilee: Texts and Contexts in the Greco-Roman and Byzantine Periods*, ed. Douglas E. Edwards and C. T. McCollough (Atlanta: Scholars Press, 1997), 29-37.

131_ 고대 세계에 만연했던 유대인들의 헬라화에 대한 Martin Hengel의 선구자적인 저서 이래 해석학적으로 봉인된 유대교와 같은 것을 주장하는 학자는 거의 없다. Hengel, *Judaism and Hellenism: Studies in their Encounter in Palestine during the Eearly Hellenistic Period*, 2 vols., trans. John Bowden (Philadelphia: Fortress, 1974[1973]); Idem, *The Hellenization of Judea in the First Century after Christ*, trans. John Bowden (Philadelphia: Trinity Press International, 1989). 그러나 Hengel마저도 그들의 종교적 세계관에 이를 때 예수 시대에 팔레스타인 유대인들이 일반적으로 그들의 영향력의 범주 내에서 "이교도 주의"를 묵인하는 것을 거절하고 토라의 진리를 수호하는 방향으로 나아갔다는 주장에 동의한다. Hengel, *'Hellenization' of Judea*, 54; idem, "Juda-

세 번째 학제간 대화는 예수 연구와 사회 과학 분야(예를 들어 인류학, 사회학, 사회경제학 등) 간에 일어나고 있다.[132] 이 영역에서는 두 갈래의 광범위한 경향을 발견할 수 있다. 한편으로 오늘날 탐구 내에 광범위한—그리고 상대적으로 논란의 여지가 적은—사회학적 역사 서술(social history and description)이 있으며, 다른 한편으로는 덜 일반화되어 있고 논란의 여지가 많으면서도 큰 영향력을 지닌, 초기 예수 전승의 해석에 대한 사회학적 모델들과 방법들의 적용이 있다. 후자의 경향과 관련하여 오늘날 가장 영향력 있는 인물 중 하나가 존 도미닉 크로산이다. 예를 들어 범지중해적 정황에 대한 그의 통찰—게르하르트 렌스키(Gerhard Lenski)의 사회 계층론 같은 사회학적 자료의 도움을 받은—과 그 맥락 속에 예수를 위치시킨 것은 찬사와 비난을 동시에 불러일으켰다.[133] 피터 크래퍼트(Peter Craffert)는 예수에 대한 "인류학적-역사적" 접근법이 이제까지 탐구를 끌고 온 지배적인 "역사비평적" 방법을 의미심장한 방식으로 대치해야 한다고 주장하는 데까지 나아갔다.[134] 다른 이들은 사회 과학(예를 들어

ism and Hellenism Revisited," in *Hellenism in the Land of Israel*, ed. John J. Collins and Gregory E. Sterling (Notre Dame, Ind.: University of Notre Dame Press, 2001), 6-37.

132_ 도움이 되는 지침으로 다음 저서들이 포함된다. John H. Elliot, *What is Social-Scientific Criticism?* (Minneapolis: Fortress, 1993); K. C. Hanson and Douglas E. Oakman, *Palestine in the Time of Jesus: Social Structure and Social Conflict* (Minneapolis: Fortress, 1998); Richard Horsley, Sociology and the Jesus Movement (New York: Crossroad, 1989); Howard C. Kee, *Christian Origins in Sociological Perspective: Methods and Resources* (Philadelphia: Westminster Press, 1980); Gerd Theissen, *The Sociology of Early Palestinian Christianity*, trans. John Bowden (Philadelphia: Fortress, 1978[1977]); idem, *Social Reality and the Early Christians*, trans. M. Kohl (Minneapolis: Fortress, 1992[1977]).

133_ Crossan, *Historical Jesus*를 보라. 대조적인 관점으로는, Sean Freyne, "Galilean Questions to Crossan's Mediterranean Jesus," in *Galilee and Gospels*, 208-29을 보라.

134_ Craffert, "Historical-Anthropological," idem, *The Life of a Galilean Shaman: Jesus of Nazareth in Anthropological-Historical Perspective* (Eugene, Ore.: Cascade,

사회 서술)이 탐구에 가져올 수 있는 어떤 양상들을 충분히 인식하면서도, 예수 전승의 자료들에 사회학적 모델을 부과하는 것이 이념적으로 결정론적이고 환원주의적인 결론을 초래할 것을 염려한다.[135]

오늘날 학제간 탐구의 마지막 중요한 영역은 현대 구술전승/구전성 연구와 예수/복음서 연구 간의 상호영향(crossfertilization)에 관한 것이다. 논의에서 중요한 목소리를 내는 사람들로는 케네스 베일리(Kenneth Bailey), 리처드 보캄(Richard Bauckham), 존 도미닉 크로산, 조너선 드레이퍼(Jonathan Draper), 제임스 던, 리처드 호슬리(Richard Horsley), 베르너 켈버(Werner Kelber) 등이 포함된다.[136] 여기서 최소한 두 가지 분리된 논제가 전면에 나타난다. 첫째는 초기 구전 예수 전승의 성격과, 결과적으로 그 전승이 예수를 역사적으로 재구성하는 데 있어 어떤 의미를 가지는가라는 논제다.[137] 둘째는 복음서들이 (다른 모든 고대 본문들처럼) "구어 감

2008), part 1.

135_ 다양한 종류의 관심사들을 다룬 책으로는 Dunn, "Testing the Foundations: Current Trends in New Testament Study," Inaugural Lecture, February 9, 1984 (Durham, U.K.: University of Durham, 1984), 8-10; Johnson, "Humanity of Jesus," 57, 65-66; Ben Meyer, "Master Builder and Copestone of the Portal: Images of the Mission of Jesus," *Toronto Journal of Theology* 9 (1993): 187-209; Jens Schröter, "New Horizons," 77-83을 보라.

136_ Kenneth Bailey, "Informal, Controlled Oral Tradition and the Synoptic Gospels," *Asia Journal of Theology* 5 (1991): 34-54; Richard Bauckham, *Jesus and the Eyewitnesses: The Gospels as Eyewitness Testimony* (Grand Rapids: Eerdmans, 2006); John Dominic Crossan, *The Birth of Christianity* (San Francisco: HarperSanFrancisco, 1998), part 2; Dunn, *Jesus Remembered*, chap. 8; Richard Horsley with Jonathan Draper, *Whoever Hears You Hears Me: Prophets, Performance, and Tradition in Q* (Harrisburg, Penn.: Trinity Press International, 1999); Werner Kelber, *The Oral and the Written Gospel: The Hermeneutics of Speaking and Writings in the Synoptic Tradition, Mark, Paul, and Q* (Philadelphia: Fortress, 1983).

137_ 초기 예수 전승의 역사적 신빙성에 대해 전승/구전성 연구가 갖는 의미에 대해서는 현재 학자들 간에 합의점을 찾지 못하고 있다. 두 가지 대조적인 관점으로는 Crossan, *Birth of Christianity*, part 2; Eddy and Boyd, *Jesus Legend*, chaps. 6-10을 보라.

각"(oral sensibility)을 담은 문체로 기록되었다는(예를 들어 구술적이고 청각적인 특징을 유지한 채 기록되었다는) 사실이 가져오는—해석과 역사적 재구성 두 가지 모두에 영향을 끼치는—여파를 탐색하는 것을 포함한다.[138] 이것은 사회적/집합적 기억 연구들과 더불어 현재 진행 중인 예수/복음서 연구의 가장 활발한 영역 중 하나다.[139]

문헌 자료들의 문제. 마지막 방법론적 이슈는 확실히 매우 중요한 것인데, 바로 자료의 문제다. 이 사안은 예수의 배경과 1세기 팔레스타인, 그리고 보다 넓은 지중해 세계를 이해하는 데 중요하며, 예수를 역사적으로 재구성하는 데 있어서도 중요하다.[140] 탐구의 역사 전반에 걸쳐 대부분의

138_ 구전성이 지배하는 환경 내에서 "기록된" 본문이 구전적 감각을 갖는다는 점을 보여준 중요한 학제간 연구로는 Mark Amodio, *Writing the Oral Tradition: Oral Poetics and Literate Culture in Medieval England* (Notre Dame, Ind.: University of Notre Dame Press, 2004); E. J. Bakker, "How Oral is Oral Composition?," in *Signs of Orality: The Oral Tradition and Its Influence in the Greek and Roman World*, ed. E. A MacKay (Boston: Brill, 1999), 29-37; John Miles Foley, "Oral Tradition into Textuality," in *Texts and Textuality: Textual Instability, Theory and Interpretation*, ed. P. Cohen (New York: Garland, 1997), 1-24; idem, "What's in a Sign?" in *Signs of Orality: The Oral Tradition and Its Influence in the Greek and Romans World*, ed. E. A. MacKay (Boston: Brill, 1999): 1-27; Amin Sweeney, *A Full Hearing: Orality and Literacy in the Malay World* (Berkeley: University of California Press, 1987), Rosalind Thomas, *Literacy and Orality in Ancient Greece* (New York: Cambridge University Press, 1992).

139_ 예를 들어 Stephen C. Barton, Loren T. Stuchenbruck and Benjamin G. Wold, eds., *Memory in the Bible and Antiquity* (Tübingen: Mohr Siebeck, 2007); Richard Horsley, Jonathan Draper and John Miller Foley, eds., *Performing the Gospel: Orality, Memory and Mark, Essays Dedicated to Werner Kelber* (Minneapolis: Fortress, 2006); Alan Kirk and Tom Thatcher, eds., *Memory, Tradition, and Text: Uses of the Past in Early Christianity* (Atlanta: SBL Press, 2005).

140_ 고대 문헌 자료의 문제에는 불가피하게 본문비평이라는 주제가 포함된다. 예수 연구에 도움이 되는 성찰로는 Michael F. Bird, "Textual Criticism and the Historical Jesus," *Journal for the Study of the Historical Jesus* 6 (2008): 133-56.

예수 연구 학자들이 역사적 재구성을 위해 참고한 일차적 자료는 정경의 사복음서였다.[141] 19세기에 많은 이들이 요한복음을 신뢰할 만한 역사적 자료로 사용하는 것이 부적절하다고 여기게 되었을 때, 세 권의 "공관"복음서(마태복음, 마가복음, 누가복음)가 연구의 초점이 되었다. 그리하여 오늘날까지 대부분의 학자들에게 "공관복음서의" 예수가 역사적 탐구의 명백한 출발점으로 남아 있다. 그런데 한편에서는 많은 사람들이 요한복음을 계속 변두리로 밀어내는 반면에, 다른 편에서는 이런 방법론적 수정에 항의하면서 의미심장한 방식으로 요한복음이 독립적인 자료이며 예수에 관해 역사적으로 중요한 증언이라고 주장한다.[142] 폴 앤더슨(Paul Anderson)에 따르면, 너무 일반화된 "요한복음의 비역사화"와 "예수의 비요한복음화"에 대해 재평가를 요청하는 것은 이미 한물간 일이 되어버렸다. 그는 요한복음과 공관복음 자료들 간의 화해(rapprochement)가 바로 "예수에

141_ 오늘날 대다수의 탐구자들이 여기에 해당한다. James H. Charlesworth, "The Historical Jesus Sources and a Sketch," in *Jesus Two Thousand Years Later*, ed. James H. Charlesworth and Walter P. Weaver (Harrisburg, Penn.: Trinity Press International, 2000), 87-88을 보라.

142_ 일찍부터 요한복음을 이런 측면에서 다룰 것을 요청한 학자로는 C. H. Dodd(*Historical Tradition in the Fourth Gospel* [Cambridge: Cambridge University press, 1963])과 John A. T. Robinson(*The Priority of John* [London: SCM Press, 1985])이 있다. 요한복음의 역사적 가능성에 대한 최근의 긍정적인 일련의 평가로는 Paul N. Anderson, *The Fourth Gospel and the Quest for Jesus: Modern Foundations Reconsidered* (New York: T & T Clark, 2006); Craig Blomberg, *The Historical Reliability of John's Gospel: Issues and Commentary* (Downers Grove, Ill.: InterVarsity Press, 2001); Peter W. Ensor, *Jesus and His "Works": The Johannine Sayings in Historical Perspective* (Tübingen: Mohr Siebeck, 1996); Francis J. Moloney, "The Fourth Gospel and the Jesus of History," *New Testament Studies* 46 (2000): 42-48; Marianne Meye Thompson, "The Historical Jesus and the Johannine Christ," in *Exploring the Gospel of John: In Honor of D. Moody Smith*, ed. R. Alan Culpepper and C. Clifton Black (Louisville, KY.: Westminster John Knox , 1996), 21-42 등을 보라.

대한 제4의 탐구로 이어질 것"이라고 생각한다.[143] 정경 복음서를 자료로 사용하는 문제에 있어서 어떠한 결정을 내리든 간에, 우리가 반드시 맞닥뜨리게 될 문제 하나는 "복음서" 장르(genre)의 성격에 관한 것이다. 이와 관련해 현재 제안되는 장르에는 그리스-로마 전기(널리 인정받는 견해), 고대 역사 기록, 로맨스 소설, 호메로스에게서 영감을 받은 창작물, 유대교의 미드라쉬/페쉐르(pesher), 마지막으로 독자적인 장르라는 의견도 포함된다.[144] 분명한 사실은 복음서의 장르 문제에 관하여 내리는 결정이 예수의 재구성을 위한 복음서의 역사적 가치를 평가하는 데도 중대한 영향을 미칠 것이라는 점이다. 비교해서 말하자면, 신약성서의 나머지 23권의 문서는 예수의 생애를 재구성하는 데 있어서 복음서보다 덜 가치 있는 자료다. 대부분의 학자들은 신약의 나머지 서신에서, 특별히 바울 서신에서 예수 전승의 요소들이 발견되기는 하지만, 그 요소들이 복음서에서 이미 발견된 것을 뛰어넘을 정도로 새로운 것을 더해주지는 않는다고 결론 지었다.[145]

탐구의 역사를 통틀어 많은 학자들에게 역사적 예수를 효과적으로 복원하는 데 있어 중요한 일차적인 자료는 정경 복음서만으로도 충분했다.[146] 그러나 오늘날 어떤 학자들에게 이 복음서들은 단지 시작일 뿐이다. 제3의 탐구에서 일어난 독특한 발전 중 하나는 예수와 그의 정황을 재구

143_ Anderson, *Fourth Gospel*, 191, 192.

144_ 보다 일반적인 제안들에 대한 최근의 조사와 평가(역사성에 관한 질문을 포함하여)에 대해 Eddy and Boyd, *Jesus Legend*, 8장을 보라.

145_ 바울에게서 발견되는 예수 전승에 대해 James D. G. Dunn, "Jesus-tradition in Paul," in *Studying the Historical Jesus: Evaluation of the State of Current Research*, ed. Bruce Chilton and Craig A. Evans (New York: Brill, 1994), 155-78; Michael Thompson, *Clothed with Christ: The Example and Teaching of Jesus in Romans 12:1-15:13* (Sheffield: Sheffield Academic Press, 1991) 등을 보라.

146_ 이런 결론에 도달한 현대의 영향력 있는 탐구가들로는 Meier, *Marginal Jew*, 1:139-41; idem, "Present State," 464-66; Wright, *Jesus* 등이 있다.

성하는 데 새로운 자료를 광범위하게 사용한다는 점이다.[147] 먼저 제3의 탐구 시기에 속하는 학자들은 1940년대에 발견된 놀라운 두 가지 본문인 나그함마디 문헌(Nag Hammadi Library, 1945)과 사해 사본(Dead Sea Scrolls, 1947)을 중요하게 사용한다. 특별히 제3의 탐구 시기 중 불트만 이후 흐름에 속한 자들 내에서는 정경 외의 어떤 복음서들이 역사적 예수 연구를 "공관복음서의 예수라는 횡포"로부터 해방시키는 데 중요한 역할을 한다.[148] 그중 가장 중요한 것으로는 소위 Q 복음서(so-called Q Gospel)와[149] 도마복음서(Gospel of Thomas, 나그함마디 수집물에 포함된)가 있다.[150] 오늘날 일부 학자들의 연구에서 나름의 역할을 하는 다른 복음서에는 "마가의 비밀 복음서"(The Secret Gospel of Mark)와 베드로복음서가 있다.[151]

비기독교 자료 중에는 플라비우스 요세푸스(Flavius Josephus, 주후 37-100)의 저서 『유대고대사』와 『유대전쟁사』가 예수가 살았던 1세기 팔

147_ Theissen and Merz, *Historical Jesus*, 11; Weaver, "Forward: Reflection," xiii-xiv.

148_ Charles W. Hedrick, "Introduction: The Tyranny of the Synoptic Jesus," *Semeia* 44 (1988): 1-8. 영어로 번역된 경외 복음서들의 발췌로는 Robert J. Miller, ed., *The Complete Gospels*, rev. ed. (San Francisco: HarperSanFrancisco, 1994[1992])을 보라.

149_ Arland Jacobson, *The First Gospel: An Introduction to Q* (Sonoma, Calif.: Polebridge, 1992); Mack, *Lost Gospel*; John S. Kloppenborg Verbin, *Excavating Q: The History and Setting of the Saying Gospel* (Minneapolis: Fortress, 2000)을 보라.

150_ 도마복음서의 영어 번역으로는 Miller, ed., *Complete Gospels*, 301-29을 보라. Robert Funk와 예수 세미나는 도마복음서를 정경 사복음서와 대등하게 취급한다. 이런 입장은 그들의 첫 번째 주요 저서의 제목이 『다섯 권의 복음서』(*The Five Gospels*)라는 데서도 분명히 드러난다. 또한 Stephen J. Patterson, *The Gospel of Thomas and Jesus* (Sonoma, Calif.: Polebridge, 1993); Marvin Meyer, *The Gospel of Thomas: The Hidden Sayings of Jesus* (San Francisco: HarperSanFrancisco, 1992)를 보라. 다른 이들은 다양한 관점에서 도마복음서가 주로 정경 복음서에 의존하는 보다 후기의 문서이므로 탐구에 많은 도움이 되지 않는다고 주장한다. Meier, *Marginal Jew*, 1:123-41; Nicholas Perrin, *Thomas and Tatian: The Relationship between the Gospel of Thomas and Diatessaron* (Boston: Brill, 2002); Wright, *New Testament*, 442-43을 보라.

151_ 각각의 영어 번역본은 Miller, ed., *Complete Gospels*, part 4에서 찾아볼 수 있다.

레스타인 정황을 재구성하는 데 있어서 다른 모든 자료보다 더 중요하다.[152] 더 나아가 요세푸스의 『유대고대사』 본문에는 예수를 직접 언급하는 논란의 중심에 선 구절 두 개가 포함되어 있다. 사실상 대부분의 학자들이 이 두 구절 중에 더 길고 유명한, "플라비우스의 증언"(*Testimonium Flavianum*, 『유대고대사』 18.3.3)으로 알려진 구절에 그리스도인 필사자가 첨가한 요소가 포함되었다는 주장에 동의하지만, 그럼에도 대부분의 학자들은 요세푸스의 (보다 짧은) 원문에서도 예수의 이름이 명시적으로 언급되었다고 결론 내렸다.[153] 다른 많은 고대 비기독교인 저자들 역시 예수에 대해 언급했다. 예를 들어, 타키투스(Tacitus), 수에토니우스(Suetonius), 사모사타의 루키아누스(Lucian of Samosata), 탈루스(Thallus) 등이다. 그리스도-신화설의 옹호자들은 하나같이 이런 보도들의 신빙성과 진정성에 도전한다. 반면에 다른 이들은 위의 기록들 중에 어떤 것은 진정성 있는 것일 뿐만 아니라 기독교의 입소문으로부터 독립된 (객관적) 자료라고 주장한다.[154]

결과들: 제3의 탐구 속의 역사적 예수의 모습들

존 도미닉 크로산은 특유의 솔직함으로, "역사적 예수 연구는 학자들 사이에서 난감한 문제(bad joke)로 간주된다"라는 진술로 그의 대표적인 저서(*Historical Jesus*)를 시작한다. 그는 가장 큰 이유가 "유능하고 심지어 유명하기까지 한 많은 학자들이 예수의 모습을 서로 매우 다르게 제시하기"

152_ 영어 번역으로는 William Whiston, trans., *The Works of Josephus, Complete and Unbridged* (Peabody, Mass.: Hendrickson, 1987)를 보라.

153_ Josephus의 원문 재구성에 대해 Meier, *Marginal Jew*, 1:61을 보라. 그런 재구성의 진정성에 대한 최근의 방어에 대해 Eddy and Boyd, *Jesus Legend*, 190-99을 보라. 예수의 이름은 『유대고대사』 20.9.1의 유명한 "James passage"에서도 언급된다.

154_ Eddy and Boyd, *Jesus Legend*, chap. 4.

때문이라고 지적한다.[155] 혹자들에게는 역사적 예수 연구가 이처럼 극단적인 분화 현상을 보이는 것은 결국 탐구가 막다른 곳에 이르렀음을 시사한다.[156] 그렇지만 많은 사람들은 이처럼 다양한 예수의 모습들이 더욱 심대한 방법론적 성찰과 더욱 세심한 역사적 연구와 더 깊은 학제간 대화로의 참여를 위한 흥미진진한 기회라고 생각한다.

오늘날 예수 연구에서 합의점을 찾는 일이 쉽지는 않지만 그렇다고 합의점이 전혀 없는 것은 아니다. 예를 들어 예수가 요한에게 세례를 받았다는 것, 예수가 갈릴리에서 가르치고 설교했다는 것, 예수의 주변에 추종자들이 모였다는 것, 예수가 영향력 있는 기적 수행자와 축귀사로 알려졌다는 것, 예수가 유월절을 보내기 위해 예루살렘으로 마지막 여행을 떠났으며 또 성전 경내에서 일어난 사건에 연루되어 체포되었다는 것, 빌라도의 판결로 예수가 십자가형에 처해졌다는 것 등에는 (전적으로는 아니지만) 상당한 의견의 일치를 보이고 있다.

보기 드문 합의: 예수가 유대인이라는 사실. 오늘날 제3의 탐구 진영에서 발견되는 압도적인 공통점 하나는 예수가 유대인이라는 점(Jewishness of Jesus)을 진지하게 받아들인다는 것이다.[157] 존 마이어는 이렇게 평가한다.

> 비록 제3의 탐구가 현대 기독론에 별다른 영향을 끼치지는 못했지만 예수가 유대인이라는 점을 재천명한 것 하나만으로도 그 탐구 전체가 가치를 지닌

155_ Crossan, *Historical Jesus*, xxvii.

156_ Neusner, "Who Needs," 119.

157_ 예를 들어 James H. Charlesworth, "Jesus Research Expands with Chaotic Creativity," in *Image of Jesus Today*, ed. James H. Charlesworth and Walter P. Weaver (Valley Forge, Penn.: Trinity, 1994), 5, 9; Meier, "The Present State," 483-86; Theissen and Merz, *Historical Jesus*, 10-11을 보라.

다. 그들은 오래 지속될 수 있는 무언가를 획득한 것이다.[158]

이런 강조는 다음과 같은 여러 요소로 인해 가속화되었다. (1) 독일의 나치주의자들이 예수를 아리아인이라고 주장한 사건(Aryanizing)의 비극을 이야기해야 할 절박한 필요성에 대한 깨달음. (2) "예수"와 "유대교"가 지난 이천 년 동안 서로를 비난해온 방식—가령, 유대교가 위선적이고 생명력이 없는 율법적 행위종교이며, 예수와 기독교 전통은 은총과 믿음과 사랑이라는 상이한(반유대적인) 메시지를 통해 그로부터 해방된 것이라는—에 대한 점증하는 자각. (3) 1세기 팔레스타인에서 분리된 예수는 역사의 예수가 될 수 없다는 당연한 역사적 사실에 대한 보편적 인식.[159] 그러므로 제3의 탐구와, 베르메스의 『유대인 예수』(*Jesus the Jew*)나 샌더스의 『예수와 유대교』(*Jesus and Judaism*) 같은 획기적인 저작들은 그 출발점에서부터 예수의 유대인 됨을 회복하는 것을 연구의 지표(hallmark)로 삼았다.[160] 오늘날 학자들이 받을 수 있는 가장 뼈아픈 비판 중 하나는 예수

158_ Meier, "Present State," 486.

159_ 나치 독일에서 예수를 아리아인으로 간주한 것에 대해 Peter M. Head, "The Nazi Quest for the Aryan Jesus," *Journal for the Study of the Historical Jesus* 2 (2004): 55-89을 보라. 수세기에 거쳐 유대교를 예수 또는 초기 기독교와 대비하여 부정적으로 풍자하고 오도한 것에 대해 Paula Fredriksen, "What You See is What You Get: Contact and Content in Current Research on Historical Jesus," *Theology Today* 52 (1995): 75-79; Paula Fredriksen and Adele Reinhartz, eds., *Jesus, Judaism, and Christian Anti-Judaism: Reading the New Testament after the Holocaust* (Louisville: Westminster John Knox, 2002)를 보라. 예수와 그의 배경이 유대적이라는 사실을 심각하게 취할 필요성을 강조한 최근의 대표적인 진술로는 James H. Charlesworth, ed., *Jesus' Jewishness: Exploring the Place of Jesus within Early Judaism* (New York: Crossroad, 1996); Tom Holmén, "The Jewishness of Jesus in the 'Third Quest,'" in *Jesus, Mark and Q: The Teaching of Jesus and Its Earliest Records*, ed. Michael Labahn and Andreas Schmidt (Sheffield: Sheffield Academic Press, 2001), 143-62; Sanders, *Jesus and Judaism* 등을 보라.

160_ 이러한 회복의 노력에 대한 간단한 역사적 조망으로는 Dunn, *Jesus Remembered*,

가 유대인이라는 것을 무시하거나 과소평가했다는 것이다.[161] 그런 비평에 대한 일반적인 반응 중 하나는 1세기 유대교 내에 존재했던 폭넓은 다양성에 호소하는 것이다. 그리고 여기서 유대인 예수에 대한 신학적 일치가 실제적으로 균열하기 시작하는 지점—고대 세계의 다양한 유대 종파들(sects)과 표현 방식들을 한데 묶는 "공통 유대교"(common Judaism) 같은 것이 존재하는가에 대한 논의—에 다다른다.[162] 예를 들어 윌리엄 아날은 "공통 유대교" 논제를 거절한다. 그는 "유대인 예수"(Jewish Jesus) 논의가 "훈제 청어"(red herring)에 대한 논의보다 더 나은 것이 없다고 공언한다. 그 이유는 극도로 다변화된 유대교 내에서, 예수가 외형적으로 어떤 극단적인 모습을 띠든지 간에 잠재적으로는 여전히 "유대인"으로 간주될 수 있기 때문이다.[163]

합의되지 않은 "합의": 묵시적 예수. 제3의 탐구 진영에서 "합의"를 주장하는 일은 흔치 않은데, 예수와 유대교의 묵시적 종말론의 관계에 대한 질문과 관련해서 반복적으로 "합의"에 이르렀다는 주장이 제기되었다. 그

86-92을 보라.

161_ Freyne, "Galilean Questions to Crossan's," 91; E. P. Sanders, "Jesus, Ancient Judaism, and Modern Christianity: The Quest Continues," in *Jesus, Judaism, and Christian Anti-Judaism: Reading the New Testament after the Holocaust*, ed. Paula Fredriksen and Adele Reinhartz (Louisville: Westminster John Knox, 2002), 31-35; Wright, *New Testament*, 437 등을 보라.

162_ "공통 유대교"를 규범적인 요소들과 동일시하려는 이들로는 Dunn, *Jesus Remembered*, 280-81; Meier, "Present State," 468; E. P. Sanders, *Judaism: Practice and Belief, 63 BCE-66 CE* (Philadelphia: Trinity Press International, 1992); Wright, *New Testament*, part 3 등이 포함된다. 이런 주장에 대항하는 관점들로는 Arnal, *Symbolic Jesus*; Jacob Neusner, William Scott Green and Ernest S. Frerichs, eds., *Judaism and Their Messiah at the Turn of the Christian Era* (Cambridge: Cambridge University Press, 1987)을 보라.

163_ Arnal, *Symbolic Jesus*, 20.

러나 아이러니한 것은, 이 문제에 대해 서로 의견을 달리하는 양편 모두가 그런 "합의"를 주장한다는 것이다! 예를 들어 제임스 찰스워스(James Charlesworth)는 이렇게 말한다.

> 신약성서 연구에서 가장 강력한 합의들 중에 하나는 예수의 사역이 하나님의 통치, 곧 하나님 나라의 여명을 선포했다는 것이다. 마가복음 9:1에 대한 연구에서 사실상 모든 전문가들이 예수의 가르침이 분명하게 묵시적이요 종말론적이었음을 확신했다.[164]

그럼에도 마커스 보그는—로버트 펑크와 예수 세미나와 함께—바로 이 점을 확실하게 부인한다. 보그는 이렇게 주장한다.

> 예수가 종말론적 예언자로서 임박한 세상의 종말을 선포했다는 옛 합의(예를 들어 제3의 탐구 이전)의 주장은 사라졌다.…[그리고] 예수 연구에 종사하는 대다수 북미 학자들은 더 이상 이 입장을 표명하지 않는다.[165]

옛 탐구 시대 이래로 묵시적 유대 사상과 예수의 관계—그리고 자연계를 향한 하나님의 임박한 도래와 관련된 묵시론적 확신의 본질—는 늘 논쟁의 중심점이 되어왔으며, 이는 오늘날에도 마찬가지다. "합의"에 대한 서로 다른 주장들에도 불구하고, 지금도 학자들이 이 사안과 관련하여 심각하게 분열하고 있는 것이 현실이다.[166] 이 문제는, 묵시적 유대교 내

164_ Charlesworth, "Jesus Research Expands," 10.

165_ Borg, "Renaissance," 285. 유사하게 Funk와 예수 세미나(*Five Gospels*, 4)는 현대 예수 연구와 관련해 "학문적인 지혜의 일곱 기둥" 중에 하나는 이전의 잘못된 "묵시적 예수" 패러다임으로부터 "비종말론적 예수를 해방시키는 것"이라고 주장했다.

166_ 최근에 논의에 뛰어든 학자들로는 Robert J. Miller, ed., *The Apocalyptic Jesus: A De-*

에서 종말 대망(end-time expectations)이 어떤 성격을 띠는지에 대해서조차 논의가 진행 중이라는 사실 때문에 더욱 복잡해진다. 그래서 어떤 이들은, 예수 이전의 세례 요한과 예수 이후의 초기 교회는 묵시적 세계관을 포용한 반면에 예수 자신은 이런 관점을 거부했다고 주장한다.[167] 다른 이들은 예수가 종말론적 세계관을 포용했다는 점은 인정하면서도, 유대교 종말론에서 자신들의 확신을 표현하는 고도의 은유적이고 우주지향적인 방식들에도 불구하고 그 대망들은 시공간적인 우주 자체의 문자적 파멸을 함의하지는 않았다는 입장을 고수한다.[168] 마지막으로 다른 이들은, 예수 시대의 유대 묵시 사상이 실상은 우주적 대화재(conflagration)와 재창조를 포함하는 우주 질서의 문자적 변혁(transformation)을 대망하는 것이라는 입장을 고수한다.[169] 슈바이처의 시대로부터 이 논의의 배후에는 논란의 불씨가 되는 질문이 숨겨져 있었다. 과연 예수는 "종말"의 시기를 잘못 이해했던 실패한 예언자인가라는 질문이다. 이 질문에 어떤 이들은 슈바이처에 동조하여 단순히 "그렇다"라고 결론지었다.[170] 어떤 이들은 라이트와 같이 예수의 종말론적 예언은 주후 70년에 일어난 예루살렘의 멸

bate (Sonoma, Calif.: Polebridge, 2001)를 보라.

167_ John Dominic Crossan은 이런 관점의 대표적인 주창자다. 이 책에 실린 그의 논문 "예수와 공동 종말론의 도전"(Jesus and the Challenge of Collaborative Eschatology)을 보라.

168_ 가장 잘 알려진 대표자는 N. T. Wright다. *New Testament*, 280-99을 보라.

169_ 예를 들어 Dale C. Allison, *Jesus of Nazareth: Millenarian Prophet* (Minneapolis: Fortress, 1998); Bart Ehrman, *Jesus: Apocalyptic Prophet of the New Millennium* (New York: Oxford University Press, 2001). Edward Adams는 1세기 유대교가 (신약성서와 마찬가지로) "두 가지 독특한 우주적-종말론 구도…파괴와 새로운 창조와 비파괴적인 변형"을 포함한다고 최근에 주장했다. Edward Adams, *The Stars Will Fall from Heaven: Cosmic Catastrophe in the New Testament and its World* (New York: T & T Clark, 2007), 257.

170_ 예를 들어 Allison, *Jesus*.

망에서 실제로 성취되었다고 주장하면서 이런 결론을 피했다.[171] 다른 이들은 미래 성취를 여전히 허용하는 예수의 종말론의 핵심에 있는 "이미 그러나 아직"(already-not yet)의 역동성을 인정하면서 이런 결론을 피한다.[172] 그리고 다른 이들은 앞에서 살펴본 것처럼 여전히 종말론적인 예수를 전적으로 부인함으로써 이 질문을 회피한다.

예수의 목적과 의도에 대한 탐구. 옛 탐구의 실패와 불트만의 회의주의라는 그림자 속에 서 있던 20세기의 많은 탐구자들은, 예수의 내적 사고 세계와 같은 어떤 것을 복구하려는 모든 희망을 포기했다. 슈바이처 자신은 옛 탐구 진영에서 예수를 심리학적으로 묘사하려는 부질없는 노력들을 비판했다.[173] 헨리 캐드버리(Henry Cadbury)는 이런 관심을 확장시켰다. 그리고 예수의 통일된 목적이나 의도 따위를 복구하려고 할 때 불가피하게 발생하는 시대착오적인 예수의 "현대화"(modernizing)에 대해 경고했다.[174] 새 탐구의 시작과 함께 예수의 "의도"에 대한 대화가 다시 활기를 얻게 되었다. 그러나 곧 그것은 불트만 이후 연구에 불을 지폈던 20세기 실존주의 범주들과 동일시되었는데, 그러한 실존주의 범주들은 대부분의 현대 예수 연구 학자들에게는 더 이상 관심을 끌지 못한다. 그리하여 오늘날 많은 학자들에게 있어 여전히 예수의 내적 목표나 "자의식" 에 대한

171_ Wright, *Jesus*, chap. 8. 이 질문과 관련하여 Wright에 대한 Allison의 도전에 대해 "Jesus and the Victory of Apocalyptic," in *Jesus and the Restoration of Israel: A Critical Assessment of N. T. Wright's Jesus and the Victory of God*, ed. Carey C. Newman (Downers Grove, Ill.: InterVarisity Press, 1999) 126-41을 보라. 그리고 같은 책에 실린 Wright의 대답에 대해 "In Grateful Dialogue: A Response," 262-63을 보라.

172_ 예를 들어 Witherington, *Jesus Quest*, 209-10을 보라.

173_ Albert Schweitzer, *The Psychiatric Study of Jesus: Exposition and Criticism*, trans. C. R. Joy (Boston: Beacon, 1958[1911]).

174_ Henry Cadbury, *The Peril of Modernizing Jesus* (New York: Macmillan, 1937), 148, 152.

연구는 고려할 가치가 없는 것으로 남아 있다. 예를 들어 타이센과 윈터는 예수의 "목적들"(aims)에 대한 질문이 학자들의 "역사적 사실성"에 대한 탐구의 일부분이 될 수 없다고 주장한다.[175]

그러나 점점 많은 학자들이, 옛 탐구의 순진한 태도는 지양하되 예수의 "목적"과 "의도", 심지어 "자의식"에 관해 질문을 던지는 것을 역사 기술학의 타당한 측면으로 인정한다.[176] 제3의 탐구에서 예수의 "목적"이라는 개념을 라이트만큼 철저히 옹호하고 탐구한 학자는 없었다.[177] 라이트는 역사기술 연구에 있어서 본질적인 것은 바로 "목적, 의도, 동기에 대한 연구"라고 주장한다.[178] 찰스워스도 이에 동의한다. "예수 연구에 관심 있는 주석가는 예수의 자기 이해에 대해 성찰해야 할 의무가 있다."[179] 이런 맥락 속에서 많은 이들이 예수가 메시아적 자기 이해를 가지고 있었다고 주장한다.[180] 어떤 이는 예수를 이해하는 데 있어서 한쪽으로는 대규모의

175_ *Quest for the Plausible*, 150. 예수의 자기 의식을 복원하는 데 있어서 유사한 회의주의는 Stephen Fowl, "Reconstructing and Deconstructing the Quest of the Historical Jesus," *Scottish Journal of Theology* 42 (1989): 331에서 찾을 수 있다.

176_ 제3의 탐구의 정점에서 Ben Meyer는 이 점을 전면에 내세웠으며 1979년 자신의 저서 제목(*The Aims of Jesus*)으로 삼았다. 그런 노력에 대한 최근의 긍정적인 진술들에 대해 Denton, *Historiography*, 107-13; Evans, "Assessing Progress," 43-49을 보라. 어떤 이들은 심지어 예수에 대한 "심리학적" 조사를 공공연하게 재개했다. John W. Miller, *Jesus at Thirty: A Psychological and Historical Portrait* (Minneapolis: Fortress, 1997).

177_ 이런 노력에 대한 그의 방법론적 옹호에 대해 *New Testament*, 109-12, 125-26을 보라.

178_ Wright, *New Testament*, 111.

179_ Charlesworth, *Jesus within Judaism*, 131. 이런 이슈에 대한 그의 탐색에 관해 ibid., chap. 6을 보라.

180_ Markus Bockmuehl, *This Jesus: Martyr, Lord, and Messiah* (Edinburgh: T & T Clark, 1994); Ragnar Leivestad, *Jesus in His Own Perspective: An Examination of His Sayings, Action and Eschatological Titles*, trans. David E. Aune (Minneapolis: Fortress, 1987[1982]), Martin Hengel and Anna Maria Schwemer, *Jesus und das Judentum* (Tübingen: Mohr Siebeck, 2007); Martin Hengel, "Jesus, The Messiah of Israel," in *Studies in Early Christology* (Edinburgh: T & T clark, 1995), 1-72; Wright, *Jesus*, chap. 11.

사회 과학 모델들을 사용하는 반면에, 다른 쪽으로는 예수 자신의 개인적이고 독특한 목적과 의도를 탐구하는 것이 본질적으로 긴장관계를 초래한다고 생각할 수도 있다. 그러나 도널드 덴턴(Donald Denton)이 바르게 주장한 대로 실제 탐구 과정에서 이런 잠재적인 긴장이 반드시 구체화되는 것은 아니다.

> 의도적 행동이라는 특수성을 사회 과학 모델 같은 좀 더 큰 범주들로 환원시키는 위험성은 실제로 존재한다. 그러나 우리는 반대 방향으로의 "환원"(reduction)이 가져오는 위험에 대해서도 주의해야 한다.…어느 한편을 배타적으로 수용하는 것보다는 양방향에서의 상호 연관성을 상정하는 것이 가장 적절한 태도일 것이다.[181]

제3의 탐구 내에서 예수의 모델들. 물론 어느 탐구자에게나 궁극적인 목표는 나사렛 예수에 관해 역사적으로 책임 있는, 그래서 다른 학자들이 수긍하거나 더 나아가서 역사기술학적으로 타당하다고 동의할 만한 재구성을 제시하는 것이다. 지난 수십 년에 걸쳐서 진행된 제3의 탐구에서 학자들은 역사적 예수에 대해, 크로산의 표현을 빌자면, 당혹스러울 정도로 다양한 종류의 학문적 재구성들을 소개해왔다. 특별한 순서 없이 나열하자면, 그는 종말론적 예언자, 갈릴리의 성자, 주술사, 혁신적 랍비, 황홀경을 일으키는 심리치료사, 유대 현자, 정치적 혁명가, 에세네 일파, 순회 축귀사, 역사화 된 신화, 원조 해방신학자, 시골 목수, 토라를 준수하는 바리새인, 견유철학자, 자칭 종말론적 대리인, 사회경제적 개혁가, 역설적인 메시아 주창자, 그리고 마지막으로 자신을 야웨-하나님의 화신으로 보았

181_ Denton, *Historiography*, 113.

던 인물 등으로 소개되었다. 제3의 탐구에 속한 많은 이들의 견해는 하나의 단색적인 모델로는 역사의 예수를 포착할 수 없다는 것이다. 따라서 촘촘히 짜인 다차원적인 인물상을 표현하기 위해 종종 둘 혹은 보다 많은 심상들을 결합한다. 이런 많은 심상 중에 모든 사람들이 다 받아들이는 것은 없다. 다만 어떤 심상들은 좀 더 많은 사람들에게 받아들여진다. 각각의 심상들이 적어도 어느 한 사람에게는 역사적 예수에 대한 개연성 있는 재구성으로서 받아들여진다.

역사적 예수: 다섯 관점. 이 책에서는 제3의 탐구 진영에 속한 주목받는 다섯 명의 학자가 역사적 예수에 관해 서로의 의견을 주고받는다. 로버트 M. 프라이스, 존 도미닉 크로산, 루크 티모시 존슨, 제임스 D. G. 던, 대럴 L. 복이 역사적 예수에 관한 자신의 관점을 피력할 것이다. 각 기고자는 이 주제에 관한 여러 책들을 출간했었다.[182] 그중 몇몇 기고자들과의 논쟁을 중점적으로 다룬 책이나 학술지 논문을 집필한 학자들도 있다.[183] 그들은 각자 상이한 방법론적 도구와 틀을 가지고 대화에 임하는데, 그리하여 다른 사람들과는 다른 역사적 예수의 재구성에 도달한다.

182_ 예를 들어 Price, *Deconstructing Jesus*; idem, *Incredible Shrinking*; Crossan, *Historical Jesus*; idem, *Jesus: A Revolutionary Biography* (San Francisco: HarperSanFrancisco, 1994); Johnson, *Real Jesus*; idem, *Living Jesus: Learning the Heart of the Gospel* (San Francisco: HarperSanFrancisco, 1999); Dunn, *Jesus Remembered*; idem, *New Perspective on Jesus*; Bock, *Studying the Historical Jesus*; idem, *Blasphemy and Exaltation in Judaism: The Charge against Jesus in Mark* 14:53-65 (Grand Rapids: Baker Academic, 2000).

183_ 예를 들어 Jeffrey Carlson and Robert A. Ludwig, eds., *Jesus and Faith: A Conversation on the Work of John Dominic Crossan* (Maryknoll, N.Y.: Orbis, 1994); Craig A. Evans, Adela Yarbro Collins, Walter Wink and Luke Timothy Johnson, "The 'Real Jesus' in Debate," *Bulletin for Biblical Research* 7 (1997): 225-54; Robert B. Stewart, ed., *Memories of Jesus: A Critical Assessment of James D. G. Dunn's Quest of the Historical Jesus* (Nashville: B & H Academic, forthcoming).

다섯 개의 주요 논문은 각각 역사적 방법론과 관련된 이슈들뿐 아니라 나름대로 역사적 예수를 재구성하는(혹은 한 명의 경우에 해체하는) 문제도 다룰 것이다. 각 논문에 이어서 다른 네 명의 학자가 그 글에 대한 논평을 제시할 것이다. 이 글을 읽는 독자는 그들의 대화가 생생하면서도 교훈적이라는 사실을 발견하리라 믿는다.

이 책을 기획하는 데 귀중한 역할을 맡아준 다섯 명의 기고자에게 감사드리고 싶다. 그리고 진행 과정 내내 보여준 그들의 변함없는 동료애에 찬사를 보낸다. 그들과 함께 작업하는 것은 영광스러운 일이었다. 이 기획의 처음부터 끝까지 지속적으로 지원해준 것에 대해 IVP의 댄 리드(Dan Reid)에게 감사한다. 편집자들의 아내인 켈리 에디(Kelly Eddy)와 미셸 베일비(Michelle Beilby)에게, 우리의 학문적 모험을 변함없이 응원해준 것에 대해 끝없는 감사를 보낸다. 마지막으로 우리가 일하는 베델 대학교 학과장 마이클 홈즈(Michael Holmes)에게 감사를 표현하고 싶다. 마이크는 우리의 직업적 소명을 돕는 충실한 후원자였을 뿐 아니라, 기독교 학자의 전형을 보여주는 본보기였다. 마이크에게 이 책을 바친다.

1

소실점에 선 예수

_로버트 프라이스

논란의 여지가 많은 주제에 대한 발제를 시작하면서, 독자들이 나의 의견을 진부한 고정관념에 비추어 무시해버리고자 하는 유혹을 떨쳐버리는 데 도움이 되도록 몇 마디 말을 덧붙이고 싶다. 이 글에서 나는 역사적 예수가 결코 존재하지 않았을 가능성이 매우 높다고 주장하려고 한다. 어떤 이들은 반사적으로 내가 이 글에서, 누군가가 그렇게 했던 것처럼, "대중적인 무신론자"를 옹호하고 있다고 추측할 것이다. 하지만 나 역시 역사적 예수 탐구를 시작할 때만 해도 열성적인 변증가가 되려는 의도를 가지고서 출발했었다는 사실을 독자들이 고려해주기를 바란다. 결국 나는 처음 의도와는 달리 나 자신이 소위 "우리의" 주장이라고 부르는 이론들에 환멸을 느끼고 있음을 발견했다. 그리고 더 나아가 나는 불트만의 입장과 다소 유사한 비평적 입장의 본류를 수용하게 되었다. 나를 더욱 놀라게 했던 것은, 이전에는 극단적이고 괴상하게 여겨졌던 이론들에서 흠결을 찾아내는 일이 시간이 흐를수록 점점 더 어려워졌다는 사실이다. 마침내 그리고 아이러니하게도 나는 곧이어 지적할 몇 가지 이유 때문에 그 이론들을 지지하는 데까지 갔다. 이 모든 과정에서 나는 알베르트 슈바이처가 "변증론의 왜곡되고 나약한 생각"[1]이라 부른 것에 대해 경

1_ Albert Schweitzer, *Out of My Life and Thought: An Autography*, trans. C. T. Campion (New York: Mentor, New American Library, 1953), 185-186: "나는 기독교에 대해 깊은 애정을 가지고 있으며, 충성심과 신실함으로 기독교를 섬기려고 노력하고 있다. 나는 기

멸하는 어조로 글을 썼다는 점은 기꺼이 인정하지만, 결코 기독교를 경멸하는 데까지는 치닫지 않았다는 점을 지적하고 싶다. 실제로 나는 6년 동안 침례교회의 목사였으며 지금은 행복한 감독교회 회원이다. 나는 매주 성만찬에 참석하기를 즐겨하고, 신앙적인 위대한 찬송을 부르기를 기뻐한다. 나에게는 "신앙의 그리스도"가 가장 중요하다 왜냐하면 그 외에는 다른 그리스도가 없다는 것이 거의 확실하기 때문이다.

방법론적 전제들

역사가에게 가장 큰 계명은 무엇인가? 첫째이자 가장 큰 계명은 유사성의 원칙(principle of analogy)이다. 많은 이들이 복음서 연구에서 이것을 "반초자연주의적 편견"(antisupernaturalist bias)이나 "자연주의적 전제들"(naturalistic presuppositions)이라고 비난하는 것은 이 중요한 공리를 잘못 이해했기 때문인 것 같다. 역사가에게는 웰스(H. G. Wells)의 타임머신이 없기 때문에 과거에 대해서 그것을 교리화 할 수 있을 정도로 풍부한 지식을 얻는 것이 불가능하다. 우리는 오직 개연성만을 다룬다. 그럼 우리는 어떤 기준으로 과거에 무슨 일이 "일어났을 수 있다"거나 혹은 "일어났을 리가 없다"라고 판단하는가? 우리는 고대의 기록을 살펴보면서 우리 자신의, 또는 우리가 신뢰할 만한 동시대인(철학적, 종교적 신념에 상관없이 관찰력이 있고 정직한 인물)의 체험과의 유사성에 따라서 그 기록의 신빙성을 판단해야 한다. 다른 대안이 없다. 다시 말하지만, 우리는 그 자리

독교 변증가들의 왜곡되고 나약한 사고를 가지고 무분별하게 기독교를 옹호하지는 않겠다. 하지만 나는 기독교 자체가 과거의 역사와 사상에 대해 신실한 정신으로 올바른 입장에 서기를 희망한다. 그렇게 함으로써 기독교는 그 참된 성격을 바르게 인식할 수 있을 것이다."

에 존재하지 않았다. 그러므로 자연의 법칙이 옛날에도 지금처럼 작용했는지("과학적 창조주의자"에 의해 비난받는 "동일과정론") 알 수 없다. 그러나 그렇지 않았을 것이라고 생각해야 할 특별한 이유도 없다. 게다가 만일 우리가 과거와 현재 간의 자연법적 유비를 전제하지 않으면 우리는 아무런 기준도 가질 수 없다. 그렇게 되면 우리는 전투에서 승리하기 위해 마법을 써서 늑대 인간으로 변신하고 또 납을 금으로 바꾸는 사람들에 관한 옛날이야기에 좌우될 것이다. 그러나 만일 우리가 오늘날의 체험을 통해, 침략군들을 무찌르기 위해서는 아군 전체를 동원해야만 한다는 사실을 알고 있다면, 우리는 각개 병사 혼자서 적군 전체를 무찌른다는 옛 이야기를 불가능한 것이라고 판단할 것이다. 그 밖에 다른 무엇을 할 수 있는가? 그러므로 우리는 현재의 체험에서 유사성을 찾지 못한다면 그 내용을 불가능한 것으로 판단해야 할 것이다. 예를 들어 복음서와 관련해서, 우리는 예수가 병자를 치유하고 귀신을 축출한 이야기들을 즉시 거절할 필요는 없다. 우리가 그들을 위해 의학적인 후속 조치를 취할 수는 없지만, 그러한 장면들이 오늘날 우리 세계에서도 발견될 수 있다는 점은 알고 있다. 따라서 그런 기사들은 역사적 예수 연구에 장애물이 되지는 않는다. 불트만조차도 예수가 그 당시 자신과 동시대 사람들이 기적이라고 여겼던 일들을 행했을 것이라는 점을 인정한다.[2] (물론 그것을 의심할 다른 이유가 있겠지만, 유사성의 원칙을 위반하기 때문은 아니다.)

다른 한편으로 역사가는 오늘날의 체험과 유사성을 지니지 않은 고대 기사가 전설 혹은 신화와 유사성을 띠지는 않는지를 살펴보아야 한다.

2_ Rudolf Bultmann, *Jesus and the Word*, 2nd ed., trans. Louise Pettibone Smith and Erminie Huntress Lantero (New York : Scribner's, 1958), 173: "예수가 자신과 동료들의 생각에 기적으로 간주되는 일들을 행했다는 점에는 의심의 여지가 없다.…의심의 여지없이 예수는 병자를 치유했으며 마귀를 쫓아냈다."

만일 고대 기사가 입증 가능한 현대의 체험보다는 전설과 유사성을 보인다면 우리는 뭐라고 결론을 내릴 수 있겠는가? 물위를 걷는 예수의 이야기가 헤르메스, 피타고라스, 석가모니와 같은 자들이 물위를 걷는 고대 이야기와 강한 유사성을 지녔다면, 우리는 예수의 경우에서도 전설을 다루고 있는 것이라고 결론지어야 하지 않겠는가? 물론 우리는 거기에 있지 않았기 때문에 알 수가 없다. 그러나 우리는 헤라클레스 신화에 대해서도 동일한 말을 할 수 있다는 사실을 염두에 두어야 한다. 단지 누군가 그렇게 말했다는 이유 하나 때문에 제우스의 아들이 히드라를 죽였다고 인정해야 한단 말인가?

유사성의 원칙이란 사회학자, 미래학자, 기상학자의 방법처럼 "현재의 기본적인 흐름이 미래에도 지속될 것으로 전제하는 연구방법"(surprise-free method)[3]이다. 이 세 분야의 전문가들은 현재의 흐름에 기초하여 어떤 결과가 나타날 것인가를 예측한다. 물론 예측이 틀리는 경우도 종종 있다. 왜냐하면 때때로 그들이 보지 못한 어떤 요소들이 작용하기 때문이다. 그러나 그들이 무엇을 할 수 있겠는가? 우리는 그들을 비난하지 않는다. 왜냐하면 그들의 작업은 정확히 어떤 일이 일어날 것인가를 예언하는 신탁이 아니기 때문이다. 마찬가지로 역사가는, 루돌프 슈타이너(Rudolf Steiner)가 했던 것처럼, 과거에 대한 천리안적 지식을 주장하지 않는다. 말하자면, 역사가는 추적 가능한 요인들과 유비에 기초하여 "사후 구술"을 한다(postdicts). 그러나 그것은 전부 개연성의 문제다. 바로 이것이 복음서

3_ Herman Kahn and Anthony J. Wiener, *The Year 2000—A Framework for Speculation on the Next Thirty-Three Years* (New York: Macmillan, 1967), cited in Peter L. Berger, *A Rumor of Angels: Modern Society and the Rediscovery of the Sacred* (Garden City, N.J.: Doubleday Anchor, 1970), 16-19. B. B. Warfield는 그의 *Counterfeit Miracles* (1918; reprint, London: Banner of Truth Trust, 1972)에서 가톨릭적이고 은사주의적이며 이교적인 기적 이야기를 다루면서 자연스럽게 이런 "방법론적 무신론"을 채용했다.

비평가들이 예수가 행한 것으로 간주되는 굉장한 기적들을 거부하는 이유다. 그들은 복음서의 그런 보도를 개연성이 없는 것으로 본다. 혹자는 그럼에도 불구하고 이들의 결론과 상관없이 기적의 존재를 믿기로 결정할 수도 있다. 그러나 그것은 신앙의 문제, 곧 믿고자 하는 의지의 문제이지 역사적 판단의 문제가 아니다. 우리는 이 둘 사이를 혼동하지 말아야 한다.

나는 여기서 잠시, 어째서 유사성의 원칙이 역사적 예수 문제를 판단하는 데 있어서 훨씬 더 강력한 동인이 되어야 하는지를 논할 것이다. 그 전에 주목해야 할 사실이 있다. 유사성의 원칙은 말씀 전승을 평가하기 위한 기준을 선택하는 데 있어서도 중요하다는 것이다. 유사성의 원칙은 바로 뒤에 설명할 비유사성의 원칙의 기저가 될 뿐만 아니라, 또한 말씀 자료의 전승을 어떻게 평가할 것인가 하는 문제와도 관련된다. 잘 알려진 대로 하랄트 리젠펠트(Harald Riesenfeld)와 비르예르 에르핫손(Birger Gerhardsson)[4]은 비평가들이 예수 말씀의 구두 전달(oral transmission)을, "물 한 방울도 잃지 않도록 봉해진 수조"(Avot 2.11)처럼 스승의 가르침 중에서 한 단어도 잃지 않으려고 노력했던 타나(미쉬나 시기의 현자)들의 구두 전승(oral tradition)과 유사한 것으로 간주하도록 촉구했다. 확실히 그것은 서로 밀접하게 관련된 역사-문화적 환경으로 말미암아 통용되는 타당한 유비다. 또 하나의 유비가 있다. 이슬람교도들은 마호메트의 하디스

4_ Harald Riesenfeld, *The Gospel Tradition and Its Beginnings: A Study in the Limits of "Formgeschichte"* (London: Mowbray, 1957); Birger Gerhardsson, *Memory and Manuscript: Oral Transmission in Rabbinic Judaism and Early Christianity*, trans. Eric J. Sharpe (Uppsala, Sweden: Almqvist & Wiksells, 1961). 나는 보다 최근의 Jacob Neusner의 연구에 비추어, 랍비적인 모델이 정확히 Riesenfeld와 Gerhardsson이 제시하는 것과 정반대의 방향을 가리킨다고 믿는다. Robert Price, "Messiah as Mishnah: The Problem of the Jesus-Attributed Saying," in Jacob Neusner, *Approaches to Ancient Judaism*, New Series 13, University of South Florida Studies in the History of Judaism 164 (Atlanta: Scholars Press, 1998), 1-19.

(hadith)가 전달되는 과정에서 그것이 암처럼 자라나서, 급기야 마호메트 사후 단 1세기만에 수천 개의 가짜 말씀들과 선례들이 떠돌아다닌다는 사실을 발견하게 되었다. 이슬람교도 알-부크하리(Al-Bukhari)와 다른 이들이 그것들을 선별하는 작업을 수행한 후에도 상당량의 말씀들과 선례들이 남겨졌는데, 오늘날 서구의 비평적인 하디스 연구가들에 따르면 마호메트 가르침을 재구성한다는 측면에서는 남겨진 자료 거의 전체가 가짜라고 주장한다.[5] 이것은 초기 이슬람교 학자들은 내용이 가치 있는 것이라면 하디스를 조작해도 괜찮다고 여겼다는 것을 의미한다.[6] 이런 현상은 『신앙의 지혜』(*Pistis Sophia*)를 창작한 자들과 나그함마디 복음서들이 방대한 양의 가르침을 꾸며내어 예수의 것으로 돌렸던 것과 별반 다르지 않을 것이다.[7] 그렇다면 복음서 기록자들은 랍비와 그의 제자들을 따랐을까, 아니면 이슬람의 하디스 교사나 나그함마디 작가들의 방식을 따랐을까? 다양한 말씀들을 상세히 검토하지 않고서는 이 질문에 대답할 수 없다. 어떤 선험적인 결정도 비평적 과정을 생략한 채 내려질 수는 없다. 자료들이 진짜인지 가짜인지를 미리 결정해놓고서 복음서 연구를 진행해서

5_ Henri Lammens, "The Koran and Tradition: How the Life of Muhammad Was Composed," trans. Ibn Warraq, in *The Quest for the Historical Muhammad*, ed. Ibn Warraq (Amherst, N.Y.: Prometheus, 2000), 169-87.

6_ Ignaz Goldziher, *Etudes sur la Tradition Islamique*, trans. L. Bercher (Paris: Adrien-Maisonneuve, 1952), 58-59, 195, cited in Robert D. Smith, *Comparative Miracles* (New York: B. Herder, 1965), 128-32. Ignaz Goldziher, *Introduction to Islamic Theology and Law*, trans. Andras and Ruth Hamori, *Modern Classics in Near Eastern Studies* (Princeton, N.J.: Princeton University Press, 1981), 43-44. 또한 Alfred Guillaume, *The Tradition of Islam: An Introduction to the Study of the Hadith Literature* (New York: Oxford University Press, 1924), 52-53, 78-79을 보라.

7_ Christopher Tuckett, *Nag Hammadi and the Gospel Tradition: Synoptic Tradition in the Nag Hammadi Library*, Studies of the New Testament and Its World (Edinburgh: T & T Clark, 1986). Majella Franzmann, *Jesus in the Nag Hammadi Writings* (Edinburgh: T & T Clark, 1996).

는 절대 안 된다.

역사기술에서 첫 번째 계명이 유사성의 원칙이라면, 두 번째 계명은 비유사성의 기준(criterion of dissimilarity)이다. 노먼 페린(Norman Perrin)은 이 공리를 가장 분명하게 공식화했다(Perrin 자신이 지적했듯이 이 기준은 전혀 새로운 것이 아니지만). 비유사성의 기준이란 예수의 입에서 나온 것이라고 주장되는 말씀에 대한 평행 본문이 유대교나 초기 기독교에서의 작품에서도 발견된다면 그 말씀은 진정한 예수의 말씀이 아니라는 것이다. 물론 페린은 예수가 동료 유대인들을 가르쳤기 때문에 그의 견해들은 종종 다른 유대인들의 가르침과 중첩될 수밖에 없으며, 또한 예수가 새로운 운동을 창설했기 때문에 (의도적이 아니더라도) 그 운동에 가담한 구성원들이 예수의 사상을 재현했을 것이라는 사실을 잘 이해하고 있었다.[8] 페린은 옳았다. 심지어 랍비 문헌 내에서조차도 명백히 동일한 말씀이 다른 여러 랍비들의 것으로 돌려졌다(Jacob Neusner는 이것을 더욱 분명히 밝혔다).[9] 이런 상황은 예수에게도 동일하게 적용될 수 있을 것이다. 어떤 사람이 출처를 정확히 알지 못하는 유대교의 말씀을 듣고서, 그 말씀을 자연스럽게 예수의 것으로 돌리는 일은 충분히 가능했다. 이런 주장은 초기 기독교에서 발견할 수 있는 유대적 경향을 고려할 때 더욱 신빙성이 있다. 그리고 초기 교회에서 종말론, 이혼, 금식, 이방인과 사마리아인에게 복음을 전해야 하는가 하는 문제 등과 관련해 복음서들 사이에 존재하는 모순은, 교회의 각 분파들이 자신들의 다양한 관점들을 합당한 추론(혹은 부활하신 주님으로부터의 계시)으로 간주한 다음 그 관점들이 예수에게서 나

8_ Norman Perrin, *Rediscovering the Teaching of Jesus* (New York: Harper & Row, 1976).

9_ Jacob Neusner, *In Search of Talmudic Biography: The Problem of the Attributed Saying*, Brown Judaism Studies 70 (Chico, Calif.: Scholars Press, 1984).

온 것으로 돌렸다는 것으로 가장 잘 설명될 수 있다.

하지만 페린의 제안을 따르다 보면 남아 있는 자료가 너무 적어져서 연구 자체를 진행하기가 어렵다는 반발이 일어날 수 있다. 그렇다면 게임의 법칙을 바꾸지 못할 이유가 무엇인가? 사실 나는 페린 자신이 적용한 비유사성의 기준이 선별적인 데다 일관성이 없다고 생각한다. 더 큰 문제는 비유사성이라는 기준이 양식비평의 핵심 신조로 말미암아 지극히 파괴적이 될 수 있다는 사실을 페린이 파악하지 못했다는 점이다. 양식비평의 핵심 신조는 복음서의 모든 단화(pericope)가 전승되기 위해서는 반드시 실제적인 활용 가치가 있어야 한다는 것이다. 전적으로 자연스러운 이런 가정하에 양식비평가들은 많은 공을 들여서 복음서 안의 모든 단화들에 대해 각각의 삶의 정황(Sitz im Leben)을 재구성하려고 노력했고, 또 큰 성공을 거두었다. (다시 말하지만 이 모든 것은 개연성의 문제이고, 사변에 불과한 것이다. 하지만 그보다 더 나은 것을 제시할 여지가 있는가?) 그러나 페린은, 복음서의 모든 부분과 조각들이 초기 기독교 내에서 만들어진 것이며 초기 교회에 속해 있다는 사실(복음서가 불교 신자에 의해 기록되지 않았다는 사실은 놀라운 이야기가 아니다) 때문에, 복음서의 모든 말씀은 비유사성의 기준에 의하면 예수의 것으로 간주될 수 없다는 결론에 이른다는 사실을 간파하지 못한 것 같다. 예수의 말씀은 그 적합성 때문에 보존되었을 수도 있지만, 더 간단하게는 (적합하게) 창작되었을 수도 있다. 실제로 여러 경우를 살펴보았을 때 후자의 경우를 가정하는 것이 더 타당하게 여겨진다. 바우어(F. C. Baur)가 말한 대로, 모든 것이 다 가능하지만 그러나 어느 것이 더 개연적인가 하는 것이 문제다. 만일 비유사성의 기준이 타당한 것이라면 우리는 그 기준이 이끄는 방향으로 담대하게 나아가야 할 것이다. 하지만 나는 많은 사람이 이 지점에 이르러서는 나의 견해를 반박하면서, 내가 그 기준을 지나치리만큼 모호하게 환원시킴으로써 자신도 모르는 사이에 그 기준이 얼마나 잘못된 방향으로 나아가고 있는지를 스스로 증명해주고 있다고 주장하리라는 것을 알고 있다. 하지만 그렇지 않다. 이것은 어려운 문제를 제쳐두고 도망치는 꼴이다. 퍼즐 조각을 충분히 남겨두지 않을 만큼 기준이 너무 엄격하다고 해서 그 기준을 반대하게 되면, 곧이어 불가지론이 신앙주의의 탈을 쓰게 된다. 그와 같은 반대는 역사적 예수가 실재했으며 따라서 우리는 그를 발견할 수 있어야 한다는 결론을 전제한다.

세 번째 계명은 이상적 유형(ideal type)이 의미하는 것을 기억하는 것이다. 많은 사람들이 이것을 망각하고서, 신비 종교,[10] 신적 인간(*theios aner*),[11] 죽었다가 살아나는 신들(dying-and-rising gods),[12] 그리고 가장 최근에는 영지주의(Gnosticism)[13]가 역사적 예수 탐구에서 가지는 중요성을 무시했다. 이상적 유형이란 현재 다루어지는 현상에서 공통적이고 규칙적으로 나타나는 특징들에 대한 교과서적 정의다. 이상적 유형은 부분을 구성하는 현상의 독특성을 간과하지 않으며, 또한 투사된 범주의 모든 구성 요소들 사이에 절대적 유사성을 전제하거나 요구하지도 않는다. 오히려 이 개념은, 만일 구별된 현상들이 충분한 양의 공통분모를 가지고 있다면 그 공통분모로부터 하나의 척도(yardstick)를 추출할 수 있을 것이며, 그런 다음에는 그 척도를 통해 각각의 현상들을 적절하게 측정하고 보다

10_ Helmut Koester, *Introduction to the New Testament: History and Culture and Religion of the Hellenistic Age* (Berlin: Walter de Gruyter, 1987).

11_ Jack Dean Kingsbury, *The Christology of Mark's Gospel* (Minneapolis: Fortress, 1989), 33-37.

12_ Jonathan Z. Smith, "Dying and Rising Gods," in *The Encyclopedia of Religion*, ed. Mircea Eliade (New York: Macmillan, 1987), 4:521-27. Smith에 대한 나의 논박에 대해 Robert Price, *Deconstructing Jesus* (Amherst: Prometheus, 2000), 88-91을 보라.

13_ Michael Allen Williams, *Rethinking "Gnosticism": An Argument for Dismantling a Dubious Category* (Princeton, N.J.: Princeton University Press, 1996). Karen L. King, *What Is Gnosticism?* (Cambridge, Mass.: Belknap Press, 2003). 영지주의와 같은 것이 없다면 불교나 장로교도 존재할 수 없을 것이다.

잘 이해할 수 있으리라는 생각이다. "종교"의 이상적 유형이 "초인적 존재들에 대한 믿음"이라는 특징을 포함한다 하더라도, 그것 때문에 우리는 불교는 종교가 전혀 아니라고 쉽사리 결론을 내리지는 않는다. 오히려 우리는 방향을 바꿔, 이 특별한 예외를 더욱 잘 이해하기 위해 종교에 관해 일반적으로 진리라고 받아들여지는 척도를 사용한다.

또한 우리는 제안된 범주의 각 구성 요소가 모든 면에서 다 조화를 이루지 못한다고 해서 그런 범주 자체가 존재하지 않는다고 결론을 내리지도 않는다. 이 주제는 자연적인 범위에서의 변이(variations)를 허용하는데, 이상적 유형은 단지 주제를 폭넓게 설명할 뿐이다. 또한 우리는 모든 전형적인 특징들이 매 경우마다 전부 나타날 것이라고 기대하지도 않는다. 우리가 기적 이야기 양식과 같은 것이 존재한다는 사실을 부인하는 이유는, 단지 그러한 이야기들이 구경꾼들의 회의주의적 태도라는 요소를 포함해야 함에도 불구하고 그렇지 않기 때문만은 아니다.

네 번째로는, "합의는 기준이 아니다"(consensus is no criterion)라는 것을 유념해야 한다. 진리는 중도에 있는 것도 아니고 다수 편에 있는 것도 아니다. 모든 이론과 주장들은 그 자체로서 평가되어야 한다. 만일 우리가 그렇게 하지 않는 대신에 "널리 수용되는 견해"나 "학자들의 합의"에 호소한다면, 우리는 스스로의 책임을 포기하는 것이요, 마찬가지로 "다수에 대한 호소"라는 오류를 범하는 것이다. 감히 말하건대, 우리가 널리 수용되는 견해에 동의하는 것으로 만족했다면 우리 중 어느 누구도 신약학 분야에 뛰어들지 않았을 것이다. 이 점에서 나는 파울 파이어아벤트(Paul Feyerabend)의 금언을 받아들인다. 그것은 연구를 방해하지 않는 유일한 공리는 "무엇이든 허용된다"(anything goes)[14]는 것이며, 다만 "어디까지인

14_ Paul Feyerabend, *Against Method*, rev. ed. (New York: Verso, 1988), 14. 또한 chap. 33 "counterinduction," 24-32.

지"(how far)가 문제일 뿐이라는 것이다. 어느 특정한 가설이 다수의 패러다임이나 혹은 자기 자신의 다른 가설들과 쉽게 조화를 이루느냐의 여부는 중요하지 않다. 어쨌든 모든 주장은 잠정적인 제안일 뿐이기 때문에 우리는 증거를 따라가야 한다. 어떤 경우에도 증거가 우리를 이끄는 대로 나아가야 한다. "규범적 학문"(normative science)의 옹호자들이 자기 나름의 패러다임이라는 성벽을 사수하기 위해 최선의 노력을 기울이는 동안에, 새로운 패러다임은 비교 검증 과정을 통해 자신의 가치를 증명하려 할 것이고, 마침내 지배적인 패러다임이 전복되거나 대치되는 것으로 결론이 날 수도 있다.[15]

같은 맥락에서, 다섯 번째 계명은 학술적인 "결론들"이 잠정적이고 제안적이며 수정 가능하다는 점을 기억하는 것이다. 우리의 목표는 이런 저런 패러다임/가설을 시도해보고 그중 어느 것이 주어진 증거의 의미를 군더더기 없이 가장 자연스럽게 표현하는지를 보는 것이다. 전체 구도를 거스르는 증거를 주어진 틀에 맞추려는 시도는 적을수록 좋다.

전통적인 그리스도-신화 이론

실제적으로 그리스도-신화 이론을 지지하는 모든 사람은 단 하나의 질문에 큰 주안점을 둔다: 왜 세속 자료들에는 예수가 행한 기적에 대한 언급이 없는가? "플라비우스의 증언"(*Testimonium Flavianum*)이 신뢰할 만한 것인지에 대한 진부한 논의는 건너뛰자. 나는 그것이 유세비우스가 조작한

15_ Thomas S. Kuhn, *The Structure of Scientific Revolutions* (Chicago: University of Chicago Press, 1962), 65.

것이며,[16] "증언"의 10세기 아라비아어 번역[17]은 유세비우스 원본의 축약판을 반영하는 것이지, 초기의 순수한 "증언"을 반영하는 것이 아니라고 생각한다. 내 생각에 존 마이어와 다른 이들은 나쁜 본문을 수정하여 그것을 증거 구절로 재활용하려 하는 것 같은데,[18] 그러나 그것이 무슨 의미가 있겠는가? 모두 미완의 과제일 뿐이다. 침묵하고 있는 자료에 근거한 논쟁은 기껏해야 역사적 예수에 대한 불트만 학파의 견해를 암시할 뿐이다. 불트만 학파에 의하면 예수는 축귀사와 믿음 치유자로서 비교적 평범한 활동을 보여주었으며, 오늘날 세속 언론이 페터 포포브(Peter Popov)에게 쏟는 것 이상의 관심을 끌지 못했을 것이다. 그것은 역사적 예수가 아예 존재하지 않았다는 것을 의미하지는 않는다. (죽음을 당할 메시아라는 중간 선택지를 배제한 채 현실적인 초인 혹은 신화적 초인이 존재했는지를 논하는 것은 순환논리일 뿐이다.)

전통적인 그리스도-신화를 지지하는 세 기둥 중 두 번째 것은 "복음서보다 이른 시기에 기록된 서신서들이 새로운 역사적 예수(recent historical Jesus)에 대해 증언하지 않는다"는 것이다. 요한복음(예수가 "본디오 빌라도 앞에서 진술한" 내용을 자세히 담고 있는 유일한 복음서)을[19] 참조했으리라고 추정되는 매우 늦은 시기의 디모데전서를 제외하면, 우리는 서신서들로부터 예수가 어떤 특별한 역사적, 정치적 맥락에서 죽었는지를 추측할 수

16_ Solomon Zeitlin, *Josephus on Jesus: With Particular Reference to the Slavonic Josephus and the Hebrew Josippon* (Philadelphia: Dropsie College for Hebrew and Cognate Learning, 1931), chap. 7 "The Christ Passage in Josephus," 61-70.

17_ Shlomo Pines, *An Arabic Version of the Testimonium Flavianum and Its Implications* (Jerusalem: Israel Academy of Sciences and Humanities, 1971).

18_ Robert E. Van Voorst, *Jesus Outside the New Testament: An Introduction to the Ancient Evidence* (Grand Rapids: Eerdmans, 2000), 88-104.

19_ Robert M. Price, "Schleiermacher's Dormant Discovery," *Journal of Higher Criticism* 9, no. 2 (2002): 203-16.

있는 자료를 얻을 수 없다. 서신서들이 알려주는 것이라고는, 타락한 천사들(골 2:15), 곧 이 시대의 지배자들은 자기들이 예수에게 행한 일들을 통해서 스스로를 파멸의 길로 내몰고 있다(고전 2:6-8)는 것을 전혀 깨닫지 못한 채 그런 일을 행했다는 사실 뿐이다. 로마서 13:3과 베드로전서 2:13-14(여기서는 로마 관리들이 악한 자만을 처벌한다고 말한다)의 저자들이, 예수가 본디오 빌라도의 명령으로 죽었다는 것을 믿었으리라고는 생각하기가 어렵다. 서신들이 기적에 대해 전혀 언급하지 않기 때문에, 예수가 단 하나의 기적이라도 행했는지 질문할 수조차 없다. 바울은 예수가 교사였다고 생각했는가? 우리는 알 수 없다. 왜냐하면 바울이 심중에 품고 있던 "주님의 계명"(고전 7:10, 참조. 25절; 9:14)은, Q 자료와 같은 것에서 인용된 구절들일 수도 있지만, 구약 율법서에 나오는 주님의 계명(commands of Adonai)에 대한 미드라쉬적 적용이거나 혹은 부활하신 이(Risen One)의 예언적 명령일 수도 있기 때문이다.

고린도전서 11장에 따르면 바울은 예수가 제자들과 함께한 최후의 만찬에 대해 알았으며 그것을 성찬식으로 제도화한 것으로 드러나는데(고전 11:23-26), 사실 이것은 논란의 여지를 가진 본문이다. 어떤 학자들은 그리스도-신화 이론과는 무관한 이유로 이 단락을 삽입 본문으로 취급한다.[20]

20_ Jean Magne, "Les paroles sur la coupe," in *Logia: Les paroles de Jesus—The Saying of Jesus: Memorial Joseph Coppens*, ed. Joel Delobel, Bibliotheca ephemeridum theologicarum lovaniensum 59 (Leuven: Peeters/Leuven University Press, 1982), 485-90. idem, *From Christianity to Gnosis and From Gnosis to Christianity: An Itinerary through the Texts To and From the Tree of Paradise*, trans. A. F. W. Armstrong, Brown Judaic Studies 286 (Atlanta: Scholars Press, 1993), 33, cited in William O. Walker Jr., *Interpolations in the Pauline Letters*, Journal for the Study of the New Testament Supplement Series 213 (London: Sheffield Academic Press, 2001), 19. cf. G. A. Wells, *The Jesus of the Early Christians: A Study in Christian Origins* (London: Pemberton Books, 1971), 270: "바울은 22절과 33절에서 신실한 자들이 단정하고 세련된 방식으로 음식을 나눌 것을 촉구하고 있다. 반면에 23-32절에서는 이런 윤리적 문제에 대

다른 학자들은 바울이 그것을 기록했다고 추정한다. 하이엄 매코비(Hyam Maccoby)는 고린도전서 11:23에서 바울이 자신을 모세와 비교하고 있다고 주장했다. 모세는 주님(Adonai)으로부터 직접 자료(이 경우에 제의법)를 받아서 동료 인간들에게 전달해준 사람이다. 달리 말해 바울은 이 전승을 당시의 다른 인물이나 혹은 그들의 계승자에게서 받은 것이 아니며, 사람의 말로 표현하자면, 최후의 만찬 담화는 바울 자신에게서 시작되었다고 말할 수 있다는 것이다. 바울은 아마도 환상 속에서 처음 그것을 감지했을 것인데,[21] 이는 19세기에 안나 카테리나 에머리치(Anna Katherina Emmerich)[22]가 "잊혀진 일화들"이 포함된 일련의 "우리 주 예수 그리스도의 슬픈 수난" 환상을 본 것과 매우 유사하다. 이 "잊혀진 일화들"은 후에 멜 깁슨(Mel Gibson)이 제작한 영화 〈패션 오브 크라이스트〉에 등장한다. 매코비의 매우 그럴듯한 해석에 의하면 우리는 여기서 그리스도 역사화(historicization of Christ figure)의 시작을 보고 있는 것이다.

마지막으로, 비록 서신서들이 구세주 예수의 이름을 거명하기는 하지만, 폴 쿠슈(Paul Couchoud)가 오래전에 제시했듯이[23] 서신서들은 구세주가 오직 그의 죽음 이후의 승귀(exaltation)와 관련해서만 예수라는 영광스러운 칭호를 얻었다고 하는 기독교 초기 단계의 신앙을 반영할 가능성

해 말하지 않고 주님의 몸의 신비적 특질에 대해 말한다. 그러므로 어떤 이들은 23-32절을 삽입으로 간주했다"(그러나 Wells 자신은 그것을 삽입으로 간주하지 않는다).

21_ Hyam Maccoby, *Paul and Hellenism* (Philadelphia: Trinity Press International, 1991), 92-93.

22_ Emmerich와 그의 소설에 대한 논의로는 Albert Schweitzer, *The Quest of the Historical Jesus: A Critical Study of its Progress from Reimarus to Wrede*, trans. W. Montgomery (New York: Macmillan, 1961), 108-10을 보라.

23_ Paul L. Couchoud, "The Historicity of Jesus: A Reply to Alfred Loisy," *Hibbert Journal* 37, no. 2 (1938): 193-214; idem, *The Creation of Christ: An Outline of the Beginnings of Christianity*, trans. C. Bradslaugh Bonner (London: Watts & Co., 1939), 438.

이 높다. 신학적인 당혹감을 배제한 채 빌립보서 2:9-11을 읽으면, 이 본문은 구세주가 받은 것이 퀴리오스(주님)라는 칭호가 아니라 모든 다른 이름들 위에 높여진 예수라는 이름이었다고 말하는 것처럼 보인다. 모든 목소리가 그를 주님(Lord)으로 찬양한다는 구절과 또 모든 무릎이 그 앞에 꿇는다는 구절은 모두 그에게 주어진 새로운 이름인 예수라는 이름을 언급하면서 등장한다.

모든 서신서들은 공통적으로, 인류의 죄를 위해 희생 제물로 죽으시고 하나님에 의해 다시 살아나셔서 하늘의 보좌에 앉으신, 하나님의 아들이신 예수 그리스도를 알고 있는 것처럼 보인다. 웰스(G. A. Wells)[24]나 알바 엘레가드(Alvar Ellegard)[25] 같은 신비주의자들은 초기 그리스도인들이 예수에 대해서 그가 가까운 과거에 살았던 인물이라기보다는, 평범한 그리스 사람들이 헤라클레스와 아킬레우스가 과거 어느 시점에 실제로 살았다고 믿는 것과 유사한 방식으로 예수를 역사적 인물로 여겼다고 주장했다.[26] 얼 도허티(Earl Doherty)[27] 같은 다른 이들은, 초창기 기독론에서 말하는 예수는 지상 위에 결코 나타난 적도 없으며(신자들에게 주어진 환상을 제외하고는), 천사들의 무리 사이에서 그가 희생적인 죽음을 당한 사건은 하층천들 중 하나에서 발생했다고 주장한다(고대 신앙에서는 천사들이 하층천에 위

24_ Wells, *Jesus of the Early Christians*; idem. *Who Was Jesus?* (London: Elek/Pemberton, 1975); idem, *The Historical Evidence for Jesus* (Amherst, N.Y.: Prometheus, 1988); idem, *Who Was Jesus? A Critique of the New Testament Record* (LaSalle, Ill.: Open Court, 1989).

25_ Alvar Ellegard, *Jesus One Hundred Years Before Christ: A Study in Creative Mythology* (London: Century, 1999).

26_ Paul Veyne, *Did the Greeks Believe in Their Myths? An Essay on the Constitutive Imagination*, trans. Paula Wissing (Chicago: University of Chicago Press, 1988), 17-18, 88.

27_ Earl Doherty, *The Jesus Puzzle: Did Christianity Begin with a Mythical Christ?* (Ottawa: Canadian Humanist Publications, 1999), 120-22.

치한다고 여겼다). 다른 한편으로 인자(Son of Man)로서 예수의 죽음은 리그베다(10:90)의 "원인 푸루샤"(primal man Purusha)의 원시적 죽음과 유사하다. 리그베다를 보면, 하늘에서 푸루샤의 자기희생이 창조를 일으켰다.[28]

그러나 바울이 "주의 형제 야고보"(갈 1:19)라고 부른 자에 대해서 우리는 뭐라고 할 것인가? 바울은 야고보를 만났다고 말한다. 그러므로 바울이 예수를 동시대의 역사적 인물로 이해했다고 봐야 하지 않겠는가? 그것이 자연스러운 해석이다. 그러나 유일한 해석은 아니다. 웰스는 "주의 형제"(고전 9:5)라는 표현이 요한 서신에서처럼 동역적 형제관계를 뜻하며,[29] 문자적으로 주님의 형제를 의미할 필요는 없다고 주장한다. 이것은 고린도전서 3:9에서 "주님의 동역자"라는 표현이 바울과 아볼로가 하나님으로부터 "주님의 동료들"이라는 직임을 받았음을 뜻하는 것 이상의 의미를 갖지 않는 것과 같은 이치다. 어쨌거나 바울은 "야고보, 곧 예수의 형제"라고 말하지는 않는데, 아마도 그는 "주의 형제"라는 표현을 통해 야고보가 단순히 순회 전도자 중 한 사람이라는 것을 밝히려고 했을 뿐인 것 같다. 웰스의 이론은, 갈라디아서 1:19에서 바울이 "사도들"(바울이 그 가운데 야고보도 있다고 보는)이라는 표현으로 의미한 것이 단순한 "순회 설교자"였을 것이라는 발터 슈미탈스(Walter Schmithals)의 주장에 비추어보면[30] 더욱 확실해진다. 이 설교자들의 중심지는 예루살렘이었는데, 그들 대부분은 바울이 예루살렘을 방문했을 때 순회 설교 사역 중이었고 따라서 바울은 마침 당시 예루살렘에 남아 있던 게바와 야고보 두 사람만 만날 수 있었던 것이다.

28_ Wendy Doniger O'Flaherty, ed. and trans., *The Rig Veda: An Anthology* (Baltimore: Penguin Books, 1981), 29-32.

29_ Wells, *Jesus of the Early Christianity*, 141-42.

30_ Walter Schmithals, *The Office of Apostle in the Early Church*, trans. John E. Steely (Nashville: Abingdon, 1969), 82-87.

19세기에 "타이핑 메시아 홍 퀴우쿠안"(Taiping Messiah Hong Xiuquan)[31] 이라는 혁명가가 있었다. 그는 자신을 "예수의 동생"이라고 선언했다. 이것은 분명 그가 고대 나사렛 예수의 혈족이었음을 의미하지 않는다. 홍 퀴우쿠안이 역사적 예수의 존재를 믿었다는 점에는 의심의 여지가 없다. 하지만 그가 "예수의 동생"이라는 말로써 의미하고자 했던 것은, 자신이 하나님의 두 번째 아들의 본체(second heavenly Son-hypostasis)로부터 말미암은 성육신이라는 것이다. 주의 형제 야고보라는 명칭은 그와 유사한 무언가를 암시하는데, 그것은 영지주의자들이 예수를 살과 피를 가진 실제 인간으로 여기지 않으면서도 도마를 예수의 쌍둥이라고 부를 때에 의미하는 것과 매우 흡사하다.

예수: 송신자인가, 수신자인가?

웰스와 다른 이들은 역사적 예수에 관한 일반적인 이해에 비추어볼 때 어째서 서신서들이 예수를 한 번도 인용하지 않는지 정말로 불가사의한 일이라고 주장한다. 확실히 서신서들은 복음서에서 예수가 했던 말씀의 변화된 형태로 간주할 수 있는 많은 흔적들을 가지고 있다. 그러나 서신서 저자들은 그중에 어느 것도 명시적으로 예수의 말씀으로 돌리지 않는다. 제임스 D. G. 던은, 바울과 야고보가 한편으로는 독자들이 그런 구절을 주님의 말씀(dominical *logia*)으로 감지하도록 요청하는 한편, 다른 한편으로는 들을 귀가 있는 자들만 알아챌 수 있도록 은근한 암시만 제공하는

31_ Jonathan D. Spence, *God's Chinese Son: The Taiping Heavenly Kingdom of Hong Xiuquan* (New York: W. W. Norton, 1996), 46-49, 64-65.

것이 최선의 길이라고 생각했다고 주장한다.[32] 위대한 학자의 이런 견해가 나에게는 매우 불편한 것임을 고백하지 않을 수가 없다. 그것은 궁지에 처한 사람이 빠져나가기 위해 사용하는 도구일 뿐, 어느 누구도 진지하게 받아들일 수 없는 그런 논증이다. 확실히 만일 누군가가 예수의 말씀에 호소함으로써 문제를 해결하고자 한다면, 그는 그 말씀이 진실로 예수의 말씀이라는 사실을 독자들이 확실히 인식하게 만들어야 할 것이다.

같은 맥락에서, 웰스는 만일 신약 서신서의 저자들이 공관복음서의 언어 전승과 어떻게든 접촉하고 있었다면, 그들이 제시하는 상황 속에서 동일한 주제가 등장하는 경우에는 분명 그 전승을 인용했어야만 할 것이라고 추론한다. 독신 생활이 이슈라면(고전 7:7, 25-35) 마태복음 19:11-12을 인용했어야 하지 않겠는가? 세금 회피가 문제라면(롬 13:6) 확실히 마가복음 12:7을 인용하는 것이 적절할 것이다. 음식에 관한 규례(롬 14:1-4; 고전 8장; 골 2:20-21)가 논쟁의 주제라면 마가복음 7:15이 적절한 대답이 될 것이다. 할례에 대한 논쟁(롬 3:1; 갈 5:1-12)에는 도마복음서 53장이 확실한 해결책을 제시할 것이다. 반대로, 주어진 문제를 해결할 수 있는 예수의 말씀이 아예 없다면, 사람들이 곧 새로운 말씀을 꾸며내거나(오늘날에도 논쟁가들이 무지한 회중 앞에서 자기 논지를 강화하기 위해 존재하지도 않는 예수의 말씀이나 성경 구절을 상상 속에서 끌어내듯이),[33] 혹은 그들이 애용하던 이미 존재하는 말씀을 예수의 것으로 돌린 다음 거기에 권위를 부여하려 했을 것이라는 점은 상상하기가 어렵지 않다. 우리가 서신서에서 발견하는 초기 기독교의 말씀들이 얼마 지나지 않아서 예수의 것으로 돌려졌으리라는 것

32_ James D. G. Dunn, "Jesus Tradition in Paul," in *Studying the Historical Jesus*, ed. Bruce Chilton and Craig A. Evans (Leiden: Brill, 1994), 177-78.

33_ Nathan L. Gerrard, "The Holiness Movement in Southern Appalachia," in *The Charismatic Movement*, ed. Michael P. Hamilton (Grand Rapids: Eerdmans, 1975), 165.

은 매우 설득력 있는 주장이다.

성서의 아들

우리는 예수의 생애에 관한 사건들의 진술에서도 동일한 경향을 관찰할 수 있다. 학자들은 복음서에 반향되어 있는 구약성서가 이차적인 채색이나 편집적 병렬을 거친 것이라고 생각해왔지만, 최근 존 도미닉 크로산,[34] 란델 헬름즈(Randel Helms)[35], 데일과 파트리시아 밀러(Dale and Patricia Miller),[36] 토머스 L. 브로디(Thomas L. Brodie)[37] 등의 깊이 있는 탐구를 통해, 거의 모든 복음서 내러티브가 구약성서에 대한 이야기체 미드라쉬(haggadic midrash)의 산물일 수 있다는 주장이 제기되었다. 얼 도허티는 복음서 저자들의 방법론에 대한 이해를 명확히 해주었다. 초기 교회가 일련의 주목할 만한 사실들로부터 출발해서, 그 사실들에 대한 (구약)성서의 예언을 역추적 했다고 가정하는 것이 일반적이다. 우리는 호세아 11:1이 예수의 어린 시절 이집트 체류에 대한 내력을 제공하며, 초기 그리스도인들이 호세아 본문을 탐색하게 만든 것은 이집트 피난 이야기였던 것으로 추정한다. 하지만 이집트 피난 이야기는 전적으로 미드라쉬적인 것으로

34_ John Dominic Crossan, *The Cross that Spoke: The Origins of Passion Narrative* (San Francisco: Harper & Row, 1988).

35_ Randel Helms, *Gospel Fictions* (Amherst, N.Y.: Prometheus, 1989).

36_ Dale Miller and Patricia Miller, *The Gospel of Mark as Midrash on Earlier Jewish and New Testament Literature*, Studies in the Bible and Early Christianity 21 (Lewiston/Queenston/Lampeter: Edwin Mellen Press, 1990).

37_ Thomas L. Brodie, "Luke the Literary Interpreter: Luke-Acts as a Systematic Rewriting and Updating of the Elijah-Elisha Narrative in 1 and 2 Kings" (Ph.D. diss., Pontifical University of St. Thomas Aquinas, Rome, 1988).

간주되어야 한다. 초기 그리스도인들의 이목을 끌었던 호세아 11:1의 "내 아들"이라는 단어가 이 모든 이야기의 동력이 되었는데, 왜냐하면 그들은 신의 아들에 대한 예언이 반드시 성취되어야 할 것이라고 가정했기 때문이다. 또한 도허티는 대부분의 복음서 내러티브들이 구약성서의 원형들을 언급함으로써 적절히 설명될 수 있음이 분명해질수록, 초기 그리스도인들이 다소 모호한 구세주 신화에서 시작하여 그 신화에 특정한 역사적 정황을 부여하고 또 성서적인 색채를 더하려 했던 것으로 묘사하는 것이 더 자연스러워진다고 주장한다.[38] 우리는 초기 기독교 주석가들이 고대의 본문들을 해독함으로써 하나님의 아들 예수가 "성경에 따라" 행하고 말한 것을 최초로 "발견"했다고 여기는 모습을 상상해볼 수 있다. 오늘날 기독교 독자들은 복음서를 읽음으로써 예수가 무엇을 했는지를 알 수 있다. 그런데 초기 교회의 독자들은 여호수아서와 열왕기상을 읽음으로써 예수가 무엇을 했는지를 배웠다. 문제는 기억력이 아니라 창의적인 주해 능력이었다. 마가복음을 통해서 초대교회가 미드라쉬적 해석법을 어느 정도로 차용했는지 살펴보자.[39]

38_ Doherty, *Jesus Puzzle*, 79-82, 225-30.

39_ 사복음서와 사도행전의 구약성서 기원에 대한 세부적인 논의로는 Robert M. Price, "New Testament Narrative as Old Testament Midrash," in *Encyclopedia of Midrash: Biblical Interpretation in Formative Judaism*, eds. Jacob Neusner and Alan J. Avery Peck (Leiden: Brill, 2005), 1:534-73을 보라. Crossan, Helms, Millers와 Brodie 외에도 나는 John Bowman의 저서에서 크게 도움을 받았다. John Bowman, *The Gospel of Mark: The New Christian Jewish Passover Haggadah*, Studia Post-Biblica (Leiden: Brill, 1965); J. Duncan M. Derrett, *The Making of Mark: The Scriptural Bases of the Earliest Gospel*, vols. 1 and 2 (Shipston-on-Stour, U.K.: P. Drinkwater, 1985); Frank Kermode, *The Genesis of Secrecy: On the Interpretation of Narrative*, The Charles Eliot Norton Lectures 1977-1978 (Cambridge, Mass.: Harvard University Press, 1979); Wolfgang Roth, *Hebrew Gospel: Cracking the Code of Mark* (Oak Park, Ill.: Meyer-Stone Books, 1988); Rikki E. Watts, *Isaiah's New Exodus and Mark*, Wissenschaftliche Untersuchungen zum Neuen Testament 2, Reihe 88 (Tübingen: Mohr

예수의 세례 장면(막 1:9-11)에 등장하는 하늘의 음성은 시편 2:7, 이사야 42:1과 창세기 22:12(70인역)에서 빌려온 구절들을 융합한 것이다. 예수가 시험 받으신 장면(막 1:12-13)에서 예수가 광야에서 40일을 보낸 것은 모세가 이집트로 돌아오기 전 미디안 광야에서 40년이라는 기간을 지낸 것과, 엘리야가 바알 선지자들과 쟁론한 후에 광야로 물러났던 40년의 기간을 상기시킨다. 뿐만 아니라 엘리야도 광야에 머물면서 예수처럼 천사들의 수종을 받는다(왕상 19:5-7). 마태(마 4:1-11)와 누가(눅 4:1-13)는 공유하고 아마도 마가는 생략한 Q 전승은 다른 방식으로 출애굽 전승을 연출한다. 예수는 마귀의 감언이설을 신명기 8:3, 6:16, 6:13을 인용하여 물리쳤는데, 세 구절 모두 광야에서의 시련을 언급한다. 예수가 첫 번째 제자들을 부른 사건에 대한 기록(막 1:16-20)은 마가복음 2:14의 레위를 부른 사건에 대한 기록과 마찬가지로 열왕기상 19:19-21의 엘리야가 엘리사를 부른 사건에 대한 기록에서 왔다. 가버나움 축귀 이야기(막 1:21-28)에서 귀신 들린 자의 외침은 열왕기상 17:18에 나오는 사렙다 과부의 방어적 경고에서 직접 빌려온 것이다. 베드로의 장모를 고친 사건(막 1:29-31) 역시 엘리야의 모티프에서 유래했다. 열왕기상 17:8-16에서 엘리야는 사렙다의 과부와 그녀의 아들을 만난다. 그리고 즉시 그들을 당면한 굶주림에서 구해준다. 결과적으로 그녀는 하나님의 사람을 섬긴다. 열왕기하 4장에서는 엘리사가 그를 섬기던 수넴 여인의 아들을 죽음에서 일으킨다. 마가는 이 요소들을 재조합했는데, 이번에는 아들이 아니라 나이 든 여인 자신이 질병에서 고침을 받는다. 하지만 그 아들(베드로) 역시 이 이야기에서 중요한 역할을 하고 있으며, 여인은 엘리야와 엘리사 이야기에서처럼 하나님의 사람인 예수를 섬긴다.

Siebeck, 1997).

지붕을 뜯어내고 중풍병자를 달아 내린 친구들의 이야기(막 2:1-12)는 열왕기하 1:2-17에 기초한 것으로 보인다. 여기서는 아하시야 왕이 지붕 위 난간에서 떨어져 부상을 입었으며 그리하여 침상에 누운 채 병이 깊어 간다. 마가는 열왕기상 13:1-6에 나오는 유다 예언자가 행한 기적에서 손 마른 자를 치유한 기사의 핵심을 빌려왔다.

마가는 열두 제자의 선택 기사와 친척들의 방문 기사를 제3의 기사 앞뒤로 배치했다(막 3:13-35). 우리는 마가 이전에 다른 어떤 이가 출애굽기 18장의 사건, 다시 말해 모세가 이드로의 조언에 따라 이스라엘 열두 지파의 책임자들을 임명한 기사를 미드라쉬적으로 기록했고, 그리하여 열두 제자를 선택한 일이 친척들의 조언에 의한 것으로 비치게 했었으리라고 상상해볼 수 있다. 마가 이전 저자의 판본에 의하면 예수는 그의 가족들을 환영했었을 것이다. 그리고 이드로가 눈코 뜰 새 없이 바쁜 모세를 염려하여 돕는 자들을 세우라고 충고하는 것처럼(출 18:21-22), 야고보 혹은 마리아가 "예수와 동행하고 또 전도를 위해 파송할 수 있는" 조력자를 선택하도록(막3:14) 조언했을 것이다. 그리고 그 충고를 듣고서야 예수는 열두 제자를 지명했을 것이다. 그러나 마가는 교회정치 문제에 관심을 두고서 그 이야기를 둘로 나누었으며, 또 그중 하나는 아예 내용을 뒤집어 버림으로써 예수의 가족에게 불명예를 안기고, 또 제자를 선택하도록 조언했다는 영예를 그들로부터 빼앗아버렸다. (그런 맥락에서 마가는 예수가 "자기 자신이 원했던 자들을 불렀다"는 것, 다시 말해 그 모든 것이 예수 자신의 생각이었음을 강조하는 것이다.) 그러나 예수는 모세처럼 70인이 아니라(비록 누가가 이 숫자를 다시 회복시키기는 하지만, 눅 10:1), 신명기 1:23에 열두 정탐꾼을 선택하는 기사에 기초하여 오직 열두 명의 제자만을 선택한다.

마태와 누가(그리하여 Q 자료)는 서기관들에 대한 예수의 반응에 흥미로운 사실을 덧붙인다. 누가복음 11:19-20의 원문은 아마도 Q 자료의 본문에 가까웠을 것이다. 위 구절에는 이집트 파라오의 마술사들과 경쟁하는 모세의 출애굽 기적 이야기에 대한 미드라쉬가 녹아들어 있음에 틀림없다. 모세의 처음 기적들은 그대로 따라할 수 있었지만 이(gnats)를 만들어내는 기적은 흉내 낼 수 없었던 바로의 마술사들은, 바로에게 "이것은 하나님의 권능"이요 단순한 마법이 아니니 항복하라고 경고했다(출 8:19).

폭풍을 잔잔하게 한 이야기(막 4:35-41)는 요나의 모험 이야기에 시편의 요소들을 첨가하여 다시 기록한 것이다. 폭풍 이야기의 기본 틀은 요나 1:4-6, 1:15b-16과 시편 107:23-29에서 발견할 수 있다. 거라사의 귀신 들린 자 이야기(막 5:1-20)는 시편 107:10, 4, 6, 14과 『오디세이아』(*Odyssey*) 9.101-565에서 온 자료를 혼합한 것이다. 야이로의 딸과 혈루증을 앓는 여인 기사(막 5:21-24, 35-43)는 엘리사와 수넴 여인(왕하 4장)에 대한 이야기를 혼합해서 재진술한 것이다. 예수가 고향에서 거부당하는 이야기(막 6:1-6)는 사무엘상 10:1-27에서 예언자로 인정받지 못하는 사울 왕 이야기로 소급된다.

선교 위임에 대한 마가의 보도(막 6:7-13)는 견유학파의 영향을 받은 것으로 보이는데, 그와 동시에 엘리사 이야기 가운데 하나에서도 영향을 받은 것 같다. 예수가 제자들에게 "돈이나 두벌 외투를 지니는 것"을 금지했을 때, 예수는 사실 "금 한 달란트와 외투 두 벌"을 나아만 장군에게 요구했던 게하시의 치명적 실수(왕하 5:22)를 반복하지 말라고 제자들에게 경고하는 것이다. 지팡이를 들고 간다는 모티프(막 6:8)는 엘리사가 게하시를 수넴 여인의 아들에게 보내면서, "나의 지팡이를 네 손에 들고 가라"(왕하 4:29)고 했던 말씀에서 유래했을 것이다. 분명 누가는 이것을 염두에 두었음이 틀림없는데, 왜냐하면 그는 70인을 파송하는 장면에 대한 묘사(눅 10:4)에 열왕기상 4:29에 나오는 게하시에 대한 엘리사의 명령에서 직접 빌려온 "길거리에서 아무에게도 인사하지 말라"는 구절을 덧붙이고 있기 때문이다.

세례 요한의 죽음 이야기(막 6:14-29)에서 헤롯 안티파스가 의붓딸에게 한 말은 에스더 5:3에서 왔다. 헤롯이 요한의 처형을 명령하고서 고뇌하는 모습으로 그려진 것은 다니엘 6:6-15에서 다리우스가 고뇌하는 모습을 본떴을 것이다.

기적을 일으켜 큰 무리를 먹인 두 이야기(막 6:30-44; 8:1-10)의 기초는 열왕기하 4:42-44에서 엘리사가 이십 개의 빵을 불려서 백 명의 사람을 먹인 이야기였다. 예수가 바다 위를 걷는 기사(막 6:45-52)는 시편 107:23-30(70인역 106:23-30); 욥기 9:8에서 온 것으로 보인다. 정결 규례에 관한 서기관과의 논쟁(막 7:1-23)에서, 예수는 70인역 이사야 29:13을 인용하는 것으로 묘사되는데, 그 구절의 히브리어 원문은 예수의 논지를 명시적으로 언급하지 않는다. 조금 덜 분명하기는 하지만 마가복음 7:14에는 엘리야에 대한 의미심장한 언급을 볼 수 있다. 예수는 "무리들을 다시 불러서" 그들에게 "너희 모두는 내 말을 듣고 깨달으라"고 말하는데 우리는 이곳에 열왕기상 18:30에 나오는 엘리야의 행동이 반영된 것을 보게 된다. "엘리야가 모든 백성을 향하여 이르되 내게로 가까이 오라."

마가복음 7:24-30에서 예수는 두로와 시돈 지역을 방문했을 때 한 이방 여인을 만나는데 그 여인은 자녀를 위해 도움을 청한다. 여기서 우리는 열왕기상 17:8-16에 보도된 엘리야와 시돈 땅 사르밧 과부의 이야기로 되돌아간다. 그 본문에서 예언자는 이방 땅에 사는 과부를 만나고 그녀와 그녀의 아들을 위해 기적을 행한다. 두 경우 모두 기적에 앞서 예언자가 여인의 믿음을 측정하기 위해 장애물을 설치하기 때문에 예언자와 여인 사이에 팽팽한 긴장이 교환된다. 수로보니게 여인은 예수의 거절에 현명하게 대응한다. 그리고 사렙다의 과부는 남은 음식을 요리하여 엘리야에게 먼저 주도록 요구받았는데, 결과적으로 양식이 무진장 쏟아지는 일이 벌어졌다. 그렇지만 왜 예수는 가난한 여인과 그녀의 딸을 개들(dogs)이라고 불렀는가? 마가는 열왕기하 8:7-15에서 힌트를 얻었다. 마가복음 7:31-37은 이사야 29:18과 35:5-6에 대한 미드라쉬다. 덧붙여서 마가복음 8:22과 10:46-52도 동일한 구약 본문에 대한 미드라쉬적 성취라고 할 수 있다.

예수가 이름이 언급되지 않은 산에 올라 변화된 사건(막 9:1-13)은 모세가 시내 산에서 내려왔을 때 얼굴에 광채를 띠었던 장면(출 24장; 34:29)을 마가가 각색한 것이다. 마가복음의 도입부에 나오는 "그리고 엿새 후에"라는 표현은 영광의 구름이 엿새 동안 산 정상을 덮었던 출애굽기 기사(출 24:16)를 암시하는 것으로 이해할 수 있다. 예수의 얼굴에 광채가 난다는 묘사는 명백히 출애굽기 34:29에서 유래한다. 그러나 말라기 3:2의 영향도 무시하지 말아야 하는데, 왜냐하면 변화 산의 기사에는 엘리야도 등장하기 때문이다(참조. 말 4:5).

마가는 귀머거리 간질 병자의 이야기(막 9:14-29)에서 엘리사와 수넴 여인의 이야기(왕하 4장)를 다시 연결시킨다. 엘리사는 제자에게 권능의 지팡이를 쥐어 보내면서 수넴 여인의 죽은 아들을 다시 살리라고 했으나 그 제자는 할 수가 없었다(왕하 4:31). 결국 게하시는 실패했지만 엘리사는 성공했다(왕하 4:32-35).

제자들이 지위를 놓고 벌인 다툼에 대한 보도(막 9:33-37)는 모세와 아론과 미리암 사이의 논쟁(민 12장) 또는 다단과 아비람 사이의 논쟁(민 16장)으로 소급된다. 마가는 어떤 축귀사의 이야기를 전개하기 위해 민수기의 같은 구절로 다시 돌아온다(막 9:38-40). 예수의 제자들 외에 귀신을 쫓아낸 사람에 대한 기사는 엘닷과 메닷(민 11:24-30)에 근거를 둔 것이다. 여호수아는 엘닷과 메닷이 "장막에서 예언한다"고 불평했는데, 요한도 동일한 관점에서 "우리를 따르지 않는 자들이 귀신을 내어 쫓는다"(막 9:38)

고 불평한다.

열왕기하 4장에 나오는 엘리사와 수넴 여인의 이야기에 근거해 마가는 다시 마가복음 10:13-16의 내용을 만들어냈다. "산에 이르러 하나님의 사람에게 나아가서 그 발을 안은지라 게하시가 가까이 와서 그를 물리치고자 하매 하나님의 사람이 이르되 가만 두라 그의 영혼이 괴로워하지마는 여호와께서 내게 숨기시고 이르지 아니하셨도다 하니라"(왕하 4:27).

예수는 자신의 임박한 죽음과 부활을 공표했다. 야고보와 요한은 이에 자극되어 대담하게 요청한다. "세베대의 아들 야고보와 요한이 주께 나아와 여짜오되 선생님이여 무엇이든지 우리가 구하는 바를 우리에게 하여 주시기를 원하옵나이다…여짜오되 주의 영광중에서 우리를 하나는 주의 우편에, 하나는 좌편에 앉게 하여 주옵소서"(막 10:35, 37). 이것은 열왕기하 2:9의 "나를 네게서 취하시기 전에 내가 네게 어떻게 할 것을 구하라"에서 온 것이다. 엘리사의 대답을 듣고 엘리야가 응답한다. "네가 어려운 일을 구하는도다"(왕하 4:27). 이것은 예수가 야고보와 요한에게 "너희 구하는 것을 너희가 알지 못하는도다"라고 경고한 것과 유사하다.

예루살렘 입성과 만찬을 위한 준비와 평행하는 이야기들(막 11:1-6; 14:12-16)도 비슷하게 사무엘상 9장에서 유래한 것이다. 비록 마가가 명시하지는 않지만 예수가 나귀를 타고 거룩한 도시로 입성하는 장면(막 11:7-11)은 스가랴 9:9을 반영한다. 이때 모인 군중의 행동과 언어는 바로 시편 118:26-27에서 유래한 것이다. 예수의 무화과나무 저주(막 11:12-14, 20)는 시편 37:35-36에 뿌리를 두고 있다. 예수의 성전 정화 사건(막 11:15-18)은 말라기에 나오는 레위의 아들들을 정결하게 할 언약의 사자를 염두에 둔 것이다(말 3:1-3; 막 1:2과 9:3에 암시됨). 또한 "그날에는 만군의 여호와의 전에 가나안 사람이 다시 있지 아니하리라"라는 스가랴 14:21의 말씀도 같은 맥락에서 보아야 할 것이다. 예수의 말씀은 단순히 이사야 56:7과 예레미야 7:11을 확장한 것이다. 악한 소작인의 비유(막 12:1-12)는 이사야 5:1-7에서 발전한 것이다.

마가복음의 묵시 담화 전체는 성경 구절에 대한 패러프레이즈와 인용들을 추려서 만든 것이다. 마가복음 13:7은 다니엘 11:44에서, 마가복음 13:8은 이사야 19:2과 역대하 15:6에서, 마가복음 13:12은 미가 7:6에서, 마가복음 13:14은 다니엘 9:27 혹은 12:11과 창세기 19:17에서, 마가복음 13:19은 다니엘 12:1에서, 마가복음 13:22은 신명기 13:2에서, 마가복음 13:24은 이사야 13:10에서, 마가복음 13:25은 이사야 34:4에서, 마가복음 13:26은 다니엘 7:13에서, 마가복음 13:27은 스가랴 2:10과 신명기 30:4에서 왔다.

최후의 만찬 이야기(막 14:17-31)의 배아는 시편 41:9이다. 마태는 유다의 불가사의한 인물상과 운명을 윤색한다. 유다가 지불 받은 은 삼십 조각이라는 정확한 액수는 마태가 스가랴 11:11에서 가져온 것이다. 유다가 돈을 다시 가지고 와서 성전 궤 속에 던진 것과 제사장들이 그 돈으로 토기장이의 땅을 사기로 결정한 것은 마태가 시리아역("그것을 궤 속으로 던지라")과 히브리어 성경("그것을 토기장이에게 던지라")에서 가져온 것이다. 유다가 스스로 목을 매달았다는 것을 마태는 어떻게 알았을까? 그것은 다윗을 배반한 모사꾼 아히도벨의 운명이었는데(삼하 17:23), 서기관들의 전승은 아히도벨을 시편 41:9의 주체로 삼았으며, 복음서는 그 구절을 유다에게 적용시켰다.

예수의 곁을 결코 떠나지 않으리라는 베드로의 맹세는 엘리사가 엘리야를 떠나지 않겠다고 세 번 맹세한 것(왕하 2:2, 4, 6)을 상기시킨다. 아니면 마가는 잇대가 다윗에게 행한 충성의 맹세(삼하 15:21)에 대해 생각하고 있었는지도 모른다. 겟세마네 동산 장면(막 14:32-52)의 기초가 되는 것은 사무엘하 15-16장이다. 유다의 배반하는 키스(막 14:44-45)는 사무엘하

20:7-10에서 유래했을 것이다. 마가는 산헤드린 재판정에서 거짓 고소가 난무하는 장면(막 14:55-56)을 다니엘 6:4(70인역)에서 빌려왔다. 마가복음 14:65에서 예수는 폭행을 당하고 거짓 선지자로 조롱을 당하는데, 이것은 열왕기상 22:24-25에 "그나아나의 아들 시드기야가 가까이 와서 미가야의 빰을 치며 이르되 여호와의 영이 나를 떠나 어디로 가서 네게 말씀하시더냐 미가야가 이르되 네가 골방에 들어가서 숨는 그날에 보리라"라고 기록된 말씀을 상기시킨다. 예수가 산헤드린과 빌라도의 관정에서 재판받을 때 침묵했다는 묘사(막 14:60-61; 15:4-5)는 이사야 50:7; 53:7에서 유래한다.

마가복음 15장에 나타난 십자가 수난의 기본 구조가 시편 22편이라는 것은 주지의 사실이다. 손과 발의 찔림에 대한 암시(막 15:24 // 시 22:16b), 겉옷을 나누려고 제비 뽑음(막 15:24 // 시 22:18), 조롱하는 자들의 "머리 흔들기"(막 15:29 // 시 22:7) 등을 포함한 모든 중요한 진술들이 시편 22편에서 유래했다. 물론 "나의 하나님, 나의 하나님, 어찌하여 나를 버리셨나이까?"(막 15:34 // 시 22:1)라는 예수의 외침도 여기에 포함된다. 마태는 "저가 하나님을 신뢰하니 하나님이 저를 기뻐하시면 이제 구원하시리라"(마 27:43 // 시 22:8)라는 또 다른 인용과 함께 솔로몬의 지혜서 2:12-20을 강하게 암시하는 구절("제 말이 나는 하나님의 아들이라 하였도다", 마 27:43)을 덧붙인다. 정오의 암흑은 아모스 8:9에서 온 것이며, 식초(포도주)와 쓸개는 시편 69:21에서 온 것이다. 이처럼 기독교의 주요 사건에 대한 최초의 기사(written account)가 역사적 기억들로 구성된 것이 아니라 문맥을 벗어난 성서 구절들로 구성되었다는 것은 얼마나 기이한 일인가.

아리마대 요셉(막 15:42-47) 이야기는 확실히 프리아모스(Priam)왕 이야기와 족장 요셉 이야기의 혼합이다. 프리아모스 왕은 아킬레우스의 진영을 찾아 아들 헥토르의 시신을 요청했으며, 족장 요셉은 파라오 왕에게 자신의 부친 야곱이 가나안 땅에 자신을 위해 장만해둔 동굴 무덤에 부친의 시신을 장사하도록 허락해달라고 구한다(창 50:4-5). 빈 무덤 내러티브에 관한 자료는 여호수아 10:18, 22, 26-27로 충분하다. 애곡하는 여인들의 참여는 죽었다가 살아나는 신에 대해 여인들이 애곡하던 전통을 반영하는데, 그것은 오래 전부터 이스라엘에게 친숙한 것이었다(겔 8:14; 슥 12:11; 아 3:1-4).

우리는 비유사성의 기준을 잊으면 안 된다. 이제 그 기준을 유대교 자료와 평행하는 말씀들에만 아니라 유대교 성서에까지 확장해서 적용해야 한다는 것이 분명해졌다. 만일 복음서 에피소드를 구약성서의 재진술로 볼 수 있다면, 그러한 에피소드가 실제로 예수에게 일어났다고 주장하는 것은 오컴의 면도날 이론을 거스르는 중복 설명이라 할 수 있다. 유사성의 원칙을 여기에 적용해보자. 복음서 이야기들이 현대의 체험과 고대의 기적 이야기 중에서 어느 쪽에 더욱 밀접한가? 어느 쪽이 더욱 그럴듯한가? 사람이 물위를 걸었고, 해와 같이 빛났으며, 죽음에서 부활했다는 것이 더 그럴듯한가, 아니면 누군가가 잘 알려진 여러 기적 이야기들을 재집필했다고 하는 것이 더 그럴듯한가?

죽었다가 살아나는 신들

서신서가 증언하는 예수 이야기는 죽었다가 살아나는 신들(dying-and-rising gods)을 다루는 신화들에 기초한 고대 근동 종교들과 매우 유사하다(그리고 이 유사성이 전통적인 그리스도-신화설의 세 번째 기둥이다). 이 신화들은 본래 계절의 주기와 해마다 반복되는 식물의 죽음과 소생을 기념하기 위한 것이었는데, 후일 고대 국가의 백성들이 로마 제국의 변방도시에 재

배치되었을 때 그들은 그 신화들을 재해석했다. 이제 그 신화들은 개인적인 통과 의례로서 종교 입문자들의 거듭남, 다시 말해 새로운 탄생을 상징하게 되었다. 고대 석주들과 토판들의 강력한 증언을 통해 우리는 기독교 시대가 시작되기 오래전부터 사람들이 바알(Baal)과 오시리스(Osiris)를 죽었다가 다시 살아나는 신으로 여겼다는 것을 알 수 있다. 그뿐 아니라 아티스(Attis), 아도니스(Adonis)[40]와 두무지(Dumuzi)/탐무즈(Tammuz)의 부활에 대한 증언들도 기독교 이전의 것이다. 이 모든 사상은 헬라와 로마 시기에도 명맥을 유지했으며, 결국은 기독교에도 영향을 끼쳤다. 변증가들은 이 신화들과 기독교 간의 유사성을 최소화시키고자 했는데, 그런 태도는 충분히 납득할 만하다. 고고학적 증거의 관점에서 보자면, 다른 종교들이 기독교에서 공통 주제를 빌려갔다는 것은 단지 희망 사항일 뿐이다. 어쨌거나 이방 종교의 자료가 우선한다는 것은 명백한 사실이며, 그렇기 때문에 고대의 교부들과 변증가들은 사탄이 복음서의 사건들을 미리 조작하여 이방 종교에 심어놨다고 주장할 수밖에 없었다. 이것은 마치 현대의 창조론자들이 자신들의 주장을 변호하기 위해, 사탄이 존재하지도 않는 공룡의 뼈를 만들어서 숨겨놨다고 주장함으로써 잠재적인 창조론 옹호자들마저 자기 노선을 포기하게 만드는 것과 유사하다.

스미스(J. Z. Smith)는 가톨릭이 이교도 신화와 의식을 흡수하는 것을 비난한 옛 개신교도들을 경멸했다. 그래서 이교도 신화를 차용한다는 개념이 불가능함을 보이기 위해 온 힘을 기울였다.[41] 이런 이유로 그는 보수

40_ Maarten J. Vermaseren, *Cybele and Attis: The Myth and the Cult*, tran. A. M. H. Lemmers (London: Thames and Hudson, 1997), 119-24. 기독교 이전의 "죽었다가 살아나는" 신 존재들에 대해 Tryggve N. D. Mettinger, *The Riddle of Resurrection: "Dying and Rising Gods" in the Ancient Near East*, Coniectanea Biblica Old Testament Series 50 (Stockholm: Almqvist & Wiksell International, 2001)을 보라.

41_ Jonathan Z. Smith, *Drudgery Divine: On the Comparison of Early Christianities and the Religions of Later Antiquity*, Jordan Lecture in Comparative Religion, XIV,

적인 변증가의 입장을 취하는 것으로 간주되었는데, 그의 접근법에서 독특한 점은 죽었다가 살아나는 신들에 대한 공통 신화가 결코 없었다는 주장이다. 그는 이상적인 신화 유형의 본질을 망각하거나 모호하게 만듦으로써 자신의 주장을 견지한다. 그는 특정 신화들 간의 부차적이고 사소한 차이점들을 지적함으로써 사람들로 하여금 그 신화들이 공통 유형을 가진다는 점을 부인하게 만들고자 한다. 또 누군가는 "종교"나 "기적 이야기" 같은 것이 아예 존재하지 않는다고 주장할지도 모른다. 왜냐하면 현실 세계에 그와 유사한 사건들이 전혀 없기 때문이다.

나는 길버트 머레이(Gilbert Murray)의 『그리스 종교의 다섯 단계』[42]라는 책을 통해 이런 신화적 유사성에 대해 처음 알게 되었을 때 상당히 큰 충격을 받았다. 많은 기독교 학자들이 자기가 쓴 책을 통해 내게 주려 했던 그 어떤 확증도 나에게는 허울 좋은 변명으로 들렸고, 솔직히 말하자면 나는 크게 실망했다. 이것은 내가 유사성의 원칙에 대해 들어보기 이전에 체험한 일이다. 그리고 그 후 내가 그 원칙을 알게 되었을 때 나는 드디어 나에게 그토록 큰 충격을 주었던 것이 무엇인지를 규명할 수 있었다. 하지만 나는 그것만으로는 역사적 예수의 존재를 부인하기에는 아직 부족하다는 것을 인정한다. 불트만은 부활 신앙이 비록 부활절 새벽의 환상들에 근거하기는 했지만 그 신앙은 앞에서 언급한 신비 종교 신화들의 관점에서 해석되었다고 주장했는데, 유사성의 원칙도 불트만의 주장을 크게 넘어서는 것은 아니다. 그러나 한편으로 불트만은 그리스도-신화론을 주장하는 자들을 정신이상자로 간주했다.[43] 불트만의 사상에는 일관성

School of Oriental and African Studies, University of London (Chicago: University of Chicago Press, 1990).

42_ Gilbert Murray, *Five Stages of Greek Religion*, 3rd ed. (Garden City, N.Y.: Doubleday Anchor Books, 1951), "Preface to the third Edition," v-ix.

43_ Bultmann, *Jesus and the Word*, 13: "물론 예수가 정말로 존재했는지의 여부에 대한 의

이 없었는데, 그는 하늘의 여왕을 위해 빵을 보존하려 하는 동시에 그 빵을 먹어치우려 했다. 당신은, 첫 번째 제자들이 예수가 부활했다고 믿을 수밖에 없었던 어떤 유형의 환상을 실제로 보았는데, 그들이 그 후에 신비 종교적인 평행기사들을 자신들의 신앙에 접목시켰다라고 주장할 것인가? 그러기 위해서는 설명해야 할 것들이 너무 많다. 아티스 신화의 경우에서보다 더 핵심적인 체험이 있었다고 말할 근거가 없다. 하지만 부활절 아침의 체험이 역사적 사실은 아니라 하더라도, 역사적 예수가 실제로 존재했을 가능성은 아직 남아 있다. 그렇기 때문에 예수 이야기의 나머지 부분이 중요한 것이다.

신화 영웅의 원형

이미 나는 복음서 이야기가 어느 정도 구약성서의 인용 구절로 이루어진 직물에 비견될 수 있다는 생각을 피력했다. 이것은 예수의 생애를 재구성함에 있어 복음서 자료가 갖는 가치를 떨어뜨리기에 충분하다. 만약에 복음서 이야기가 조직적으로 구약성서를 인용했다는 것을 밝힌다면, 더 이상 다른 설명이 불필요할 것이다. 그러나 약간 다른 각도에서 접근해보자. 다른 접근법도 내가 보기에는 충분히 강력한데, 즉 로드 라글란(Lord Raglan), 오토 랭크(Otto Rank), 앨런 던디스(Alan Dundes)[44]를 비롯한 몇몇

심은 근거 없고 논박할 가치가 없다. 양식 있는 사람이라면, 고대 팔레스타인 공동체를 통해 우리가 그 초기 단계의 형태를 접할 수 있는 역사적 운동을 창시한 사람이 예수라는 사실을 의심할 수 없을 것이다." 하지만 Bultmann을 비판하는 자들이 그도 예수의 실재성을 의심하는 입장에 근접했다고 평가하는 것을 볼 때 그가 얼마나 자신의 말에 충실했는지 의심해봐야 한다.

44_ Alan Dundes, "The Hero Pattern in the Life of Jesus," in *In Quest of the Hero*, ed. Robert A. Segal (Princeton, N.J.: Princeton University Press, 1990).

학자들이 인도-유럽과 셈족의 영웅 신화에서 추출하고 편집한 신화 영웅 원형(mythic hero archetype)을 통한 접근이다. 아래에는 인도-유럽과 셈족의 영웅 신화에서 반복적으로 나타나는 22가지 주요 모티프들이 나열되어 있는데, 그중 굵은 글씨체로 강조된 부분은 복음서의 예수 이야기에도 등장하는 것이다. 분명한 것은 예수 이야기가 (역사보다) 신화와 평행을 이루는 부분이 단지 죽었다가 살아난다는 주제에만 국한되는 것이 아니라는 점이다.

1. **어머니는 왕가의 처녀다.**
2. **아버지는 왕이다.**
3. 아버지가 어머니와 성관계를 갖는다.
4. **평범하지 않은 임신**
5. **영웅이 신의 아들로서 명성을 얻는다.**
6. **영웅을 죽이려는 시도**
7. **영웅이 행방불명된다.**
8. **시골에서** 양부모에 의해 **양육된다.**
9. **어린 시절에 대한 세부 설명이 없다.**
10. **왕국을 건설하기 위해 나선다.**
11. 왕을 이긴다.
12. 공주(종종 선왕의 딸)와 결혼한다.
13. **왕이 된다.**
14. **잠시 평온한 통치를 누린다.**
15. **법률을 제정한다.**
16. **후에 신들과 신하들의 호의를 잃는다.**
17. **왕권을 상실하고 도성에서 쫓겨난다.**

18. **신비로운 죽음을 맞는다.**
19. **종종 언덕 꼭대기에서**
20. 자녀가 그의 왕위를 계승하지 않는다. [**다시 말해 왕조를 세우지 않는다.**]
21. **그의 시신이 매장되지 않는다.**
22. **그럼에도 하나 혹은 그 이상의 거룩한 무덤이 있다.**

예수의 어머니 마리아는 비록 왕족은 아니었지만 처녀였다. 게다가 후대의 외경에서는 그 부족함을 채우기라도 하려는 듯이 마리아를 다윗의 후손으로 만들었다. 요셉은 "다윗의 가문"에 속했다. 비록 왕으로서 통치한 적은 없지만 말이다. 하지만 여기서는 바로 그 점이 핵심이다. 그의 후손으로 참된 다윗 가문의 왕이 올 것이다. 마리아와 요셉은 성관계를 가지지 않았다. 따라서 예수의 임신은 처녀에 의해 기적적으로 이루어졌으니 확실히 비범한 것이었다. 점차로 더 많은 사람이 인정하는 것처럼 예수는 하나님의 아들이었다. 그는 즉시 그 땅을 다스리던 헤롯 대왕으로부터 핍박을 당한다. 대부분의 영웅 이야기에서 핍박하는 자는 그 땅을 다스리는 왕일 뿐 아니라, 아들이 자신을 몰아낼 것을 두려워하는 영웅의 아버지다. 이런 역할이 예수 이야기에는 분산되어 나타난다. 즉 요셉은 왕의 후손이지만 왕이 되지 못한 반면에, 헤롯이라는 (왕족이 아닌) 다른 인물이 요셉의 왕좌에 앉는다. 영웅은 박해를 피해 멀리 이집트에 거처를 마련한다. 요셉은 양아버지이지만 마리아는 양어머니가 아니다. 예수의 어린 시절이나 성장기에 대한 자세한 이야기가 없다. 한 가지 명백한 예외는 예수가 성인식(bar-mitzvah)을 치를 나이가 되었을 때 성전을 방문한 사건(눅 2:41-52)인데, 이 사건은 그 자체가 영웅 이야기에 빈번하게 등장하는 주제로서, 여기서 아이는 신동으로 드러난다.

예수는 예루살렘으로 가서 왕으로서 큰 환영을 받는다. 비록 그가 세속 권력을 꺼려하기는 했지만 말이다. 어쨌거나 그는 마치 세속 권력을 탐하기라도 한 것처럼 유대 지도자들과 갈등을 빚는다. 예수는 결혼하지 않았다(하지만 대범한 사변가들은, 마치 간격을 채우기라도 하려는 듯이, 그가 막달라 마리아와 결혼했을 것이라고 의심하기도 한다). 예수가 율법을 제정하고서 평화롭게 백성을 다스렸는가? 엄밀히 말하면 그렇지 않다. 잠시 동안은 평온을 맛보는 가운데 유대인의 왕으로서 대중의 인기를 누리기는 했지만, 그는 성전 마당에서 논란의 여지가 많은 가르침과 도덕적인 계명을 대담하게 선포한다. 예수를 열렬히 추종하던 자들이 일시에 그를 공격하고 그의 피를 요구한다. 그들은 예수를 성 밖으로 몰아내 골고다 언덕 꼭대기에서 십자가에 못 박는다. 비록 그는 일시적으로 장사되었지만, 그의 무덤은 비어 있는 것으로 드러났고, 후대에 여러 장소가 그의 무덤으로 지목되었다. 예수는 아이가 없었다. 하지만 그가 중세 프랑스의 메로빙 왕조를 세웠다는 이야기가 후대에 첨가되었다.

역사가들이 이런 이상형의 특징적인 목록을 추출하기 위해 참조한 영웅들 중 일부는 역사적 인물이었다. 하지만 불가피하게 그들의 생애는 신화와 전설로 얼룩지게 마련이다. 디벨리우스는 이런 경향을 전기 유비(biographical analogy)의 법칙이라고 불렀다.[45] 어떤 자료가 최소한의 역사적 근거를 지녔는지를 우리가 어떻게 분별할 수 있는가? 그 정보들 중에는 부차적이고 중립적인 것들, 예를 들어 유아기 이야기, 교육, 인생 계획, 연애, 개인적인 취향, 외모와 같은 것들이 있다. 그런데 예수의 경우에는 이런 "세속적인" 정보가 전혀 없다. 모든 세부 사항은 신화와 서사시의 관심사와 일치한다.

45_ Martin Dibelius, *From Tradition to Gospel* (New York: Scribner's, n.d.), 104-108.

기본적으로 역사적인 인물은, 문서화 된 사건들에 의해 그가 살았던 시대의 역사와 밀접한 관련을 맺게 된다. 로마 황제 아우구스투스(Augustus), 페르시아 왕 고레스(Cyrus)가 이에 대한 좋은 본보기일 것이다. 그러나 예수 그리스도의 경우는 다르다. 복음서 이야기가 현대 역사와 접촉할 때마다 그 내러티브를 역사적인 것으로 받아들이는 데 심각한 난제가 발생한다는 사실을 기억하라. 마태복음의 탄생 이야기에 따르면 헤롯 대왕이 아기 예수를 핍박하는데, 그 이야기는 모세의 탄생에 관한 요세푸스의 기사에 근거한 것처럼 보인다.[46] 그뿐 아니라 비록 헤롯이 과대망상적인 도살자였다고 해도, 그의 잔혹한 행위들을 열거한 기록들 어디에도 특별히 관심을 끌 만한 일, 다시 말해 특정 도시에서 영아와 유아를 살해한 기록은 발견되지 않는다. 그리고 어린 영웅을 핍박하는 것이 신화에서 빈번히 나타나는 주제임을 고려할 때, 헤롯의 잔혹 행위에 관한 기사를 비역사적인 것으로 간주하는 것이 더 나은 선택으로 여겨진다.

예수 생애의 막바지에서 우리는 그가 산헤드린이나 가야바와 연관되는 것을 보게 되는데, 그 가야바의 무덤은 (고고학적 발굴을 통해) 우리에게 알려졌다. 그러나 신성모독 판결의 절차와 근거에 관한 난제와 아울러 유월절 전날 밤에 열린 재판과 관련된 난점들로 인해, 심지어 그리스도-신화론을 전혀 지지하지 않는 많은 사람들도 그 이야기의 역사적 정확성을 부인한다. 그뿐 아니라 이 사건에 유대인을 개입시킨 것은 로마인을 변호하려는 경향을 반영하는 것이며, 그 결과 정경에서 빌라도를 성자로 미화한 것이 아닌가 하는 의구심을 갖게 한다. 그뿐 아니라 중요한 것은 그리스도-신화론을 주장하는 괴짜나 별난 사람들만 빌라도가 예수를 풀어주려 했다는 이야기를 개연성이 없는 창작물로 간주하는 것이 아니라는 점

46_ Josephus, 『유대고대사』 2.9.2-3.

이다.[47] 하지만 실제로는 무슨 일이 일어났는지를 누가 알겠는가? 정말로 헤롯 대왕이 아기 메시아를 죽이려 했을 수도 있다. 산헤드린에서 정말로 예수를 신성모독자로 정죄했고, 비겁한 빌라도가 결국은 그들의 요구에 굴복했을 수도 있다. 하지만 그런 추론은 개연성이 높아 보이지 않는다. 역사가가 신뢰할 수 있는 유일한 지침은 개연성이다. 역사가는 단지 일어났을 가능성만 있는 사건들에 근거해 역사를 재구성할 수는 없다. 그리고 이것은 예수를 1세기의 맥락과 이어주는 연결 고리가 매우 약하다는 것을 의미한다.

순환성과 역사

그 외에도 예수의 연대와 관련해서 지속적으로 등장하는 또 하나의 전승이 있다. 이레나이우스는 예수가 로마 황제 클라우디우스(Claudius Caesar) 치세 때 순교했다고 생각했다.[48] 탈무드에서는 예수가 랍비 예슈아 벤 페레키아(Rabbi Jeschua ben Perechiah)의 제자이며, 알렉산더 얀나이우스(Jannaeus)가 상당히 많은 바리새인들을 십자가형에 처했던 기원전 83년에 못 박혔다고 기록한다. 『톨레도트 예슈』(*Toledoth Jeschu*)에서는 이런 오랜 전승들을 통합시켰다. 에피파니우스(Epiphanius)의 저술에서도 동일한 보도를 찾을 수 있다.[49] 베드로복음서는 예수를 정죄한 사람이 헤롯 안티

47_ S. G. F. Brandon, *The Trial of Jesus of Nazareth* (New York: Stein and Day, 1968), chap. 4, "The Scandal of the Roman Cross: Mark's Solution," 81-106. Burton L. Mack, *A Myth of Innocence: Mark and Christian Origins* (Minneapolis: Fortress, 1991), 293-96.

48_ Irenaeus, *Demonstration of the Apostolic Preaching* 74.

49_ G. R. S. Mead, *Did Jesus Live 100 B.C.?* (New Hyde Park: University Books, 1968), chap. 8, "The Talmus 100 Years B.C. Story of Jesus," 135-51; chap. 16, "The 100 Years

파스라고 말하는데, (Loisy가 제시했듯이[50]) 수난 내러티브를 다룬 누가의 본문에서도 동일한 암시를 발견할 수 있다. 만일 빌라도가 안티파스에게 그 사건을 넘겼고 그 후 안티파스가 예수를 무죄 방면했다면, 어째서 예수는 빌라도에게 다시 돌아가야 했을까? 그 이유는 누가복음의 저자가, 안티파스가 예수를 죽이는 것으로 묘사한 L 자료와 빌라도가 예수를 죽이는 것으로 묘사한 마가복음 둘 다를 최대한 활용하고자 했기 때문이다. 만일 그런 중요한 사건이 역사적으로 정말 일어났던 것이라면 어떻게 그 사건이 발생한 연대에 관한 견해들이 이토록 큰 차이를 보일 수 있겠는가? 우리는 마가가 최초로 수난 내러티브를 작성할 당시에 그 사건에 대한 역사적인 기억이 존재하지 않았다는 사실을 이미 살펴보았다.

나는 그런 다양한 연대들이 본래 신화적이고 전설적이었던 예수 전승을 역사 속에 정착시키려 했던 다양한 시도들의 잔재라고 생각한다. 그것은 신화를 역사화 하려는 고대인들의 경향(euhemerism)을 반영하는 듯하다. 그와 동일한 방식으로 헤로도토스(Herodotus)는 헤라클레스의 가설적 연대를 계산하려고 시도했으며,[51] 플루타르코스(Plutarch)는 오시리스가 고대 이집트의 왕인 것처럼 묘사하고 있다.[52] 기독교 역사가인 유세비우스도(그의 연대표 혹은 역사 개요에서) 메데아(Medea)와 이아손(Jason)을 실존 인물로 묘사했으며, 그들의 연대를 아브라함 이후 780년으로 설정하기까지 했다. 그는 가니메데(Ganymede)와 페르세우스(Perseus) 역시 아브라함보다 6세기쯤 후대에 살았던 역사적 인물이라고 생각했다. 그렇다면

B.C. Date in the Toldoth," 302-23; chap. 19, "The 100 Years B.C. Date in Epiphanius," 388-412.

50_ Alfred F. Loisy, *The Origins of the New Testament*, trans. L. P. Jacks (London: Allen and Unwin, 1950), 167.

51_ Veyne, *Did the Greeks Believe in Their Myths?*, 32.

52_ Plutarch, *Isis and Osiris*, 13.

그리스도인들이 예수를 동시대의 역사 속에 고정시키는 데 조금이라도 불편함을 느꼈겠는가? 일레인 페이절스(Elaine Pagels)의 예리한 통찰력에 따르면,[53] 정통 기독교에서는 같은 이유로 예수의 영적인 부활설을 반대하는 대신 예수가 가시적인 육체를 입고 나타나서 제자들을 지명하고 또 사명을 위임했다는 견해를 선호한다. 아르투어 드레프스가 이미 지적한 것처럼,[54] 예수를 역사화 하는 일이 시급했던 이유는, 후계자를 지명하고 정책을 제정할 자격을 가진 최고 권위자를 지목하기 위한 확고한 근거가 필요했기 때문이다(정통 교회에 속한 인물이었던 이레나이우스의 견해에 따르면, 이것이 바로 주관주의적인 영지주의에 반하여 정통 교회가 갖는 이점이었다). 바로 그와 같은 논리에 의해 경쟁 관계에 있는 교회들이 앞 다투어 특정 사도와 자신들의 교회를 관련짓는 전설들을 꾸며낸 것이다. 따라서 사도(혹은 예수)는, 그를 창시자와 권위의 근거로 삼는 조직보다 시대적으로 큰 간격을 두고 앞설 수는 없다.

이런 사실에 비추어볼 때 예수를 둘러싼 전설들이 양산될 만한 충분한 시간이 있었는지를 묻는 질문 자체가 무의미하다. "충분한 시간"을 측정하기 위한 시작점이 어디란 말인가? 사람들이 추측하기로는 고대 근동의 어떤 "죽었다가 살아나는 신"에게 주어진 영광스러운 호칭이 미미한 음성학적인 변화를 거쳐 그의 이름으로 사용되기 시작했을 때부터라

53_ Elaine Pagels, *The Gnostic Gospels* (New York: Random House, 1979), chap. 1, "The Controversy over Christ's Resurrection: Historical Event or Symbol?" 3-27.

54_ Arthur Drews, *The Christ Myth*, 3rd ed., trans. C. DeLisle Burns (Amherst, N.Y.: Prometheus, 1998), 271-72. Burton L. Mack, *The Lost Gospel: The Book of Q and Christian Origins* (San Francisco: HarperSanFrancisco, 1993), 207: "기원에 관한 신화들은 마치 최근에 특정한 장소에서 발생한 것처럼 기록되고 상상되었다." Veyne, *Did the Greeks Believe in Their Myths?* 76: "저자도 없고 근거도 없는 이야기인데도 진리처럼 받아들여지던 신화는 목격자들로부터 시작해서 후대로 전해지는 역사적, 문화적 기억으로서 재해석되었다."

고 말한다(베다의 Rudra라는 이름이 너무나 거룩하고 부르기에 위험한 것이어서, 그를 숭배하는 자들은 그를 "시바"[Siva]라고 불렀는데 그 이름은 행운을 가져다주는 분이라는 뜻이다).[55] 그리하여 "예수" 혹은 "구원자"라는 이름을 가진 새로운 신이 알려지게 되었고, 바로 그때부터 기독교가 시작되어서 지금까지 이어져오는 것이다. 그 구원자의 것이라고 전해지는 말씀들은 실은 기독교 현인들, 유대 랍비들 그리고 견유학파에게서 빌려온 것이며, 그의 일대기는 구약성서 인물들의 것으로 채색되어 있다. 유일신교를 신봉하는 유대인들이 이교적인 신들의 영향을 결코 수용하지 않았으리라는 반대는 부질없는 것이다. 구약성서를 보더라도 에스겔의 반대에도 불구하고 유대인들이 이교의 영향을 수용했다는 것을 알 수 있다. 또한 우리는 1세기 유대교와 얌니아 회의 시대(Yavneh-era) 유대교가 동일하지 않았다는 것을 안다. 얌니아 회의 이전에는 기준이 되는 주류 유대교가 없었다. 뿐만 아니라 마가렛 바커(Margaret Barker)가 주장했듯이,[56] 다신교를 포함한 고대 이스라엘의 신앙 형태들이, 공식적인 금지에도 불구하고 요시야와 신명기 시대 이전부터 유대인들 사이에서 지속적으로 존재해왔다고 믿을 충분한 근거가 있다. 바커는 최초의 예수 신봉자들이 그를 구약성서의 야웨, 다시 말해 태고 적부터 전해오는 이스라엘 만신전의 우두머리인 지극히 높으신 하나님(El Elyon)의 아들로 이해했다고 주장한다. 예수가 아버

55_ W. J. Wilkins, *Hindu Mythology, Vedic and Puranic*, 2nd ed. (Calcutta: Thacker, Spink and Co., 1882, reprint, Calcutta: Rupa and Co., 1989), 266. 야주르베다에 보면, Rudra에게 바치는 송가에서 "당신의 이름은 은총의 [시바]입니다"라고 말하는 것을 볼 수 있다. Mahadev Chakravarti, *The Concept of Rudra Siva Through the Ages*, 2nd rev. ed. (Dehli: Motilal Banarsidass, 1994), 28: "시바라는 이름은 완곡어법이며 루드라에게만 사용되는 고유한 이름이 아니라 베다의 다른 여러 신들에게도 돌려지는 칭호다. 시바라는 호칭을 루드라의 고유한 이름으로 사용한 최초의 용례는 Svetasvatara Upanisad에서 발견되는데, 거기서부터 루드라-시바 제의가 시작된다."

56_ Margaret Barker, *The Great Angel: A Study of Israel's Second God* (Louisville, Ky.: Westminster John Knox Press, 1992).

지에 대해(혹은 아버지에게) 말할 때 그 대상이 바로 "엘 엘리온"이었다. 그리고 게오 비덴그렌(Geo Widengren)에 따르면[57] 이 고대의 야웨는 "죽었다가 살아나는 신"으로 기념되었다. 초기 그리스도인들이 "주님이 살아나셨다!"라고 부활을 외쳤을 때 그들은 단지 "야웨가 살아계시다!"(시 18:46)라는 고대의 찬사를 반복하고 있었던 것이다. 초기 그리스도인들은 고대 이스라엘인들과 동일한 의미로 그 외침을 사용했다.

비록 불트만이 그리스도-신화 이론을 경멸하기는 했지만, 그가 "우리는 예수가 어떠한 인물인지(Was)를 아는 것이 아니라 그가 존재했다는 것(Das)을 아는 것이다"라고 주장했을 때 그는 그리스도-신화 이론에 위태로울 정도로 근접해 있는 것이다.[58] 아마도 거기에서 인물(Was)이 사람이 아니라 신화였을 수도 있다. 왜냐하면 역사적 내용이 그토록 결여되어 있다면 우리는 마치 역사적인 요소가 전혀 없었던 것처럼 생각할 수도 있기 때문이다. 하지만 자신의 영광으로 채색된 스테인드글라스 이면에 복구 불가능할 정도로 왜곡된 역사적 예수가 존재할 여지는 여전히 있는 것인가? 그럴 수도 있을 것이다. 하지만 나는 입증 책임이 그런 예수를 인정하는 자들 편에 있다고 생각한다.

57_ Geo Widengren, "Early Hebrew Myths and Their Interpretation," in S. H. Hooke, *Myth, Ritual, and Kingship: Essays on the Theory and Practice of Kingship in the Ancient Near East and in Israel* (New York: Oxford University Press, 1958), 149-203.

58_ Rudolf Bultmann, *Theology of the New Testament*, trans. Kendrick Grobel, Scribner Studies in Contemporary Theology (New York: Scribner's, 1955), 2:66.

논평

존 도미닉 크로산

더반(Durban) 서부 드라켄스버그(Drakensberg) 언덕에 자리 잡은 피터마리츠버그(Pietermaritzburg)는 남아프리카공화국 콰줄루나탈(KwaZulu-Natal) 지방의 수도다. 교회가 위치한 거리에는 모한다스 카람찬드 간디(Mohandas Karamchand Gandhi, 1869-1948)의 청동상이 시청사를 바라보고 서서, "나의 삶이 곧 나의 메시지다"라고 외치는 듯하다. 이 "희망의 동상"은 비문에 적힌 대로 "M. K. 간디가 인종차별 정책 때문에 피터마리츠버그 정거장에서 열차 객실에서 강제로 끌려내려왔던 1893년 6월 7일 밤으로부터 100주년이 되는 날"을 기념하기 위해 세워졌다. "나의 적극적인 비폭력 저항이 시작된 것은 그날부터였다"(Mahatma Gandhi).

그 도시의 기차역 안에는 현판 하나가 걸려 있는데, 그 현판에는 그의 생애 가운데 가장 창조적인 경험이 무엇이었느냐는 질문에 대한 간디의 대답이 인용되어 있다. 간디는 자신이 일등석 티켓을 지녔음에도 불구하고 백인들의 반대 때문에 더반-찰스타운 간 열차에서 해질녘에 강제로 내려야 했던 사건을 "나의 인생 노선을 바꾸어놓은 가장 중요한 체험"이라고 묘사했다. 기차는 피터마리츠버그에서 "추위에 떨고 있는 나를 남겨놓은 채 증기를 내뿜으며 멀어져갔다. 그때 나는 생애에서 가장 창조적인 경험을 하게 된다. 나는 내 인생 자체에 대한 두려움을 가지고서 컴컴한 대합실로 들어섰다. 그 방에는 백인 한 사람이 있었는데 나는 그가 두려웠다. 내가 해야 할 일은 무엇인가? 나는 자신에게 물었다. 인도로 돌아갈 것인가, 아니면 나의 조력자이신 하나님과 함께 앞으로 전진하는 가운데 나를 기다리고 있는 운명과 맞설 것인가? 나는 남아서 고통을 겪기로 결심했다. 나의 적극적인 비폭력 저항이 그날 시작되었다."

1893년에 일어난 기념비적 사건, 1938년의 자서전적 논평, 1993년에 피터마리츠버그에 세워진 동상, 1998년에 기차역에 걸린 현판. 그리고 그 사이에 인도와 남아프리카공화국에서 일어난 사건들을 떠올려보라. 그런데 당신은 피터마리츠버그 일간지인 "*The Natal Witness*"의 1893년 6월 8일 수요일 신문에서 간디를 열차에서 내리게 한 사건에 대한 언급을 단 한 마디라도 발견할 수 있을 것이라고 생각하는가? 누군가 그 역사적인 순간을 바라보면서 관심을 갖고 녹화라도 해놓았을 것 같은가? 지금까지 사람들이 겨자씨를 사전에 알아챈 적이 있는가?

나는 프라이스의 논문에서 언급된 모든 조항들에 대해 일일이 다 답변하지는 않을 것이다. 왜냐하면 나는 상당히 많은 부분에서 그의 견해에 동의하기 때문이다. 하지만 나는 몇 가지 중요한 점에서 그와 의견을 달리한다.

가장 먼저 예수의 생애와 죽음에 관계된 일련의 사건들은 이전의 성경적 모델이나 혹은 그리스 로마의 유형에 따라 서술되었다. 프라이스도 인정하는 것처럼 나는 『말하는 십자가』(*The Cross That Spoke*)에서 예수의 처형과 부활과 관련하여 그 점을 아주 상세하게 다루었다. 나는 그 과정을 통해 프라이스와는 정반대의 결론에 다다르게 되었다.

둘째로, 프라이스가 언급하는 영웅 유형론이 예수에게도 작용한다는 것은 물론 사실이다. 하지만 그와 유사한 작업이 아우구스투스에게 행해졌다고 해서 그의 역사성을 부인할 수 없는 것과 마찬가지로, 그런 사실이 예수의 역사적 실존을 부인하는 것은 아니다. 예를 들어, 예수가 처녀의 몸에서 또는 성관계 없이 임신했다는 점은, 유대 전통에서 연로하고 생식 능력이 없는 부모의 성관계를 통해 태어난 "운명의 아이"(predestined child)나 그리스 로마 문화에서 신과 인간 간의 성관계를 통해 태어난 "운명의 아이"보다 예수가 더 뛰어난 존재임을 주장하는 것이다. "동정녀 잉태"는 예수에 대한 신학적 주장이지 마리아에 대한 생물학적 주장이 아니다. "동정녀 잉태"를 문자적으로 취하는 것보다 더욱 어리석고 슬픈 유일한 일은 그것을 문자적으로 반대하는 것이다. 우리가 받아들일 가치가 있는, 혹은 최소한 논쟁할 가치가 있는 것은 그 비유 속에 담긴 (신학적) 주장이다.

셋째로, 죽었다가 살아나는 신들은—적어도 바울에게만큼은—예수의 부활과는 아무런 관계가 없다. 바울은 바리새적인 유대교의 바탕 위에서 보편적인 부활이 예수의 부활과 함께 이미 시작되었다고 선언한다. 그렇기 때문에 그는 고린도전서 15:12-20에서 예수의 부활이 없으면 (죽은 자의) 보편적인 부활도 없고, 보편적인 부활이 없으면 예수의 부활도 없다고 주장했던 것이다. 바울에게는 예수의 부활과 보편적인 부활이 궤적을 같이한다. 바울은 예수의 부활이 "죽었다가 살아나는 신들"의 경우에서처럼 예수에게 어떤 특권을 부여하는 것이라고는 상상조차 하지 못했을 것이다.

마지막으로, 만일 내가 "그리스도-신화"라는 상당히 편향적인 표현 대신에 "예수-비유"(Jesus-parable)라는 용어를 사용하여, 예수가 단지 비유에 나오는 탕자나 선한 사마리아인과 동일한 방식으로(비유적으로만) 존재한다고 주장한다면 어떻게 될 것인가? 초기 그리스도인들에게 남을 속이려는 의도가 전혀 없다는 것을 전제하고서, 만일 역사적 예수는 존재하지 않고 오직 비유적인 예수(parabolical Jesus)만 존재하는 것이라면 어떻게 될 것인가? 기독교는 무엇을 상실하게 되는가? 우리가 잃게 되는 것은 성육신의 교리, 다시 말해 하나님의 특성이 역사적 인간의 실제 삶을 통해 계시된 것이지 비유적 인간의 가상적인 삶을 통해 계시된 것이 아니라는 주장 한 가지다. 한마디로 우리는 기독교의 핵심을 상실하는 것이다. 만일 예수가 단지 비유적인 인물이라면 우리는 자연스럽게 그가 실제로 존재한 인간일 가능성을 부인할 수 있다. 그럴 경우 사람들은 "아름다운 이야기지만 그런 이야기에 근거해서 비폭력적인 저항이나 순교의 삶을 살아갈 사람은 아무도 없을 것이다"라고 대답할 것이다. 그러나 한 인간이 행한 일은 행한 일이고, 그가 행했기 때문에 다른 사람들도 할 수 있는 것이다. 마치 간디가 저항 운동을 시작하면서 "나의 인생이 곧 나의 메시지다"라고 말했던 것과 마찬가지다. 요한이 그의 복음서에서 "하나님이 세상을 사랑하사 이야기를 보내셨다"라고 말하지 않았다는 사실을 기억하라.

그렇지만 내가 이 답변을 통해 의도하는 것은 부정적인 방식으로 프라이스의 입장을 반박함으로써 나의 견해를 논증하는 것이 아니라, 내가 그와 반대되는 견해에 의해 설득당한 이유를 긍정적으로 설명하는 것이다. 나는 두 가지 논점을 제시할 것인데, 하나는 부차적이고 피상적인 것인 반면 다른 하나는 핵심적이고 중요한 것이다.

첫 번째 논점은 유대인 역사가 요세푸스가 1세기 말에 기록한 본문(『유대고대사』 18.63-64)과 로마 역사가 타키투스가 2세기 초에 기록한 본문(『연대기』 15.44)에서 수렴한 것이다. 그런데 프라이스가 "플라비우스(요세푸스)의 증언에 진정성이 있는지에 대한 지루한 논의는 건너뛰겠다"라고 평한 것은 내가 보기에는 학자로서 해서는 안 될 무책임한 언급이었다.

이 두 역사가는 네 가지의 순차적인 논점에 동의한다. 첫째, 예수 또는 그리스도가 창시한 운동이 있었다. 둘째, 빌라도에 의한 사형 집행이 있었다. 셋째, 그 운동을 종결하려는 많은 시도에도 불구하고 그것은 지속되었다. 넷째, 여전히 "그리스도인들"의 운동은 지속되고 있다. 이런 보도는 외부인에 의한 것이다. 나는 이런 증거를 부차적인 것으로 간주하는데, 왜냐하면 누군가가 그 두 역사가들이 기독교 자료를 무비판적으로 복사한 것이라고 주장할 수 있기 때문이다(비록 나는 그런 주장에 동의하지 않지만 말이다). 또 다른 측면에서 나는 그들이, "플라톤"의 철학을 따르는 자들을 "플라톤주의자"(Platonist)라고 부르는 것처럼, "그리스도"를 따르는 자라는 의미에서 "그리스도인들"이라고 불리는 자들에 대한 보편적인 지식을 표현한 것이라고 간주한다.

두 번째 논점은 나에게 있어 핵심적이고 중요하다. 이것 때문에 나는 예수가 역사적으로 재구성할 수 있는 실존 인물이라고 확신하는 것이다. 예수와 관련하여 나에게 가장 충격적인 점은—특히 신약성서 내에서—예수의 초림(과거의)과 재림(미래의) 간에, 성육신과 종말 간에, 그리고 하나님의 성품에 기초해 비폭력적인 저항의 삶을 선포하고 체현했던 예수(마 5:38-48 // 눅 6:27-36)와 요한계시록 21장에서처럼 학살을 통해 웅장한 완성을 이루기 위해 다시 오시는 예수 간에 현격한 차이점이 있다는 것이다.

더욱이 종말론적 전환이 신약성서의 막바지에 갑자기 일어난 것처럼 보이지도 않는다. 복음서 내러티브 내에서 세상을 향한 예수의 위협은 지속적으로 높아져가고, 예수의 강화는 점차적으로 징벌과 보복의 측면으로 기울고 있다. 복음서 내러티브가 차별이나 핍박에서 유래하면 할수록 그 이야기 속에서 예수의 수사학은 더욱더 폭력적이 되는 것처럼 보인다. 예를 들어 마가복음이나 Q에서 온 동일한 전승 단위들이 마태복음과 누가복음 그리고 요한복음에서는 매번 더욱 폭력적인 양상을 띤다. 이런 양상은 우리가 복음서 전승들의 상호 의존성을 인정할 때 더욱 명백하게 이해될 수 있다. 아래에 몇 가지 예가 있다.

마가복음 6:11에서 예수는 거절하는 자들에게 이렇게 대응하라고 조언한다. "어느 곳에서든지 너희를 영접하지 아니하고 너희 말을 듣지도 아니하거든 거기서 나갈 때에 발 아래 먼지를 떨어버려 그들에게 증거를 삼으라 하시니." 마가복음에서는 그것이 전부였다. 그러나 Q/마 10:14-15; 11:20-24; 눅 10:10-15의 평행구절은 형벌에 대한 위협으로 가득하다.

> 어느 동네에 들어가든지 너희를 영접하지 아니하거든 그 거리로 나와서 말하라, "너희 동네에서 우리 발에 묻은 먼지도 너희에 대한 항거로 떨어버리노라. 그러나 하나님 나라가 가까운 줄을 알라." 내가 너희에게 말하노니 그날에 소돔이 그 동네보다 견디기 쉬우리라. 화 있도다 고라신아! 화 있도다 벳새다야! 너희에게 행한 모든 권능을 두로와 시돈에서 행하였더라면 저희가 벌써 베옷을 입고 회개하였으리라. 심판 때에 두로와 시돈이 너희보다 더 견디기 쉬우리라. 그리고 너 가버나움아 하늘까지 높아지겠는가? 아니다. 음부까지 낮아지리라.

다른 예를 들겠다. Q/마태복음 8:12; 누가복음 13:28에 다음과 같은 경고가 있다. "너희가 아브라함과 이삭과 야곱과 모든 선지자가 하나님 나라에 있는 것을 보고 너희는 밖에 쫓겨나갈 때에 슬피 울며 이를 갊이 있으리라." 그러나 마태는 여러 비유의 마지막에 징벌적 위협의 실례를 다섯 개나 더 열거한다(마 13:42, 50; 22:13; 24:51; 25:30).

그런 예들이 증가함에 따라 (하나님의 모범을 따라) 원수에게 폭력을 행사하지 말라는 예수 자신의 명령은 확장되어가는 복음서들 전체에 걸쳐 예수 자신의 입을 통해 지속적으로 부정된다. 내가 보기에는 그중 어느 것도 인간의 악행에 끔찍한 결과가 따를 것을 부정하는 것은 아니다. 하지만 내가 예수를 이해한 바로는, 악이 가져오는 그런 내적인 결과를 외적인 하나님의 징벌로 묘사해서는 안 될 것이다. 신의 형벌이나 용서와 자비라는 개념은 무자비한 신학의 결과물이다. 왜냐하면 우리가 행하는 일에는 전후사정이 있고, 우리의 행동을 개선할 여지가 있으며, 너무 늦기 전에 바꿀 수 있는 시간이 남아 있기 때문이다.

나의 논지를 요약하자면, 역사적이고 비폭력적인 예수 상과 묵시적이고 폭력적인 예수 상이 서로 극명하게 대비되는데, 바로 그런 이유로 나는 전자(비폭력적 예수)가 실제적이고 사실적인 인간이라고 확신한다는 것이다. 만일 초기 그리스도인들이 비유적 인간 예수를 창조해낸 것이라면 그들은 서로 판이하게 다른 두 명의 비유적 인물을 창출할 필요는 없었을 것이다. 그들에게 필요했던 것은 아마도 비역사적 예수, 다시 말해 묵시적이고 폭력적인 예수를 창조하여 그로 하여금 속히 재림해서 역사적 예수를 따르고 동행하고 본받지 못하는 자신들을(우리를) 그들의(우리의) 무능에서 구원하게 하는 일이었을 것이다.

논평

루크 티모시 존슨

로버트 M. 프라이스는 예수를 보여주는 모든 증거들을 손쉽게 부인함으로써 예수를 소실점에 이르도록 만들었다. 그의 결론은 기독교 신앙이 역사적 인물에 기초한 것이 아니라 하나의 신화에 기초했다는 것이다. 그는 설령 역사적 예수가 실존했다 하더라도 그 예수는 "자신의 영광으로 채색된 스테인드글라스 칸막이 뒤에서 불가능할 정도로 왜곡되어 있을 것"이라고 주장한다. 게다가 그는 "입증 책임이 그런 (역사적) 예수를 인정하는 자들 편에 있다"고 덧붙인다.

그의 언어를 빌려서 표현하고 싶지는 않지만—"채색된 스테인드글라스 칸막이"라는 표현은 다소 억지스럽다—입증 책임이 예수를 특정한 역사적 인물로 인정하는 자들 편에 있다는 주장에는 반대하지 않는다. 하지만 내가 보기에 이편에 입증 책임이 있다면 프라이스에게는 그에 상응하는 역사적 요술 행위에 대한 책임이 있다.

프라이스의 글에 답변하는 일은 그리 단순하지 않은 것 같다. 왜냐하면 비록 내가 그의 결론에 동의하지는 않지만, 어떤 기독교 변증가들이나 또는 기독교를 비평하는 자들이 역사적 예수에 대해 너무 쉽게 자신들의 주장을 제시하는 것을 불편하게 여긴다는 점에서는 프라이스와 견해를 같이하기 때문이다. 이 책에 실린 나의 소논문을 읽는 독자들은 기존 역사가 예수에 대해 왈가왈부하는 것을 내가 극도로 제한하고 있음을 인지하게 될 것이다.

특별히 나는 프라이스가 자신의 방법론적 원칙을 솔직하게 진술하고, 그러한 원칙들이 인도하는 방향으로 나아가고자 하는 확고한 의지를 가진 점을 높이 평가한다. 그는 이런 종류의 책에서 자신의 글이 대단히 "논쟁적으로" 받아들여질 것을 알고 있었다. 그는 자신의 주장에 대해 독자들이 "진부하고 고정적인" 답변을 주기를 바라는 것이 아니라, 독자들이 자신의 주장을 진지하게 다루어주기를 바라고 있다.

따라서 나는 건전한 역사기술의 정신에 입각하여 그의 주장이 담고 있는 몇 가지 측면을 다루고자 한다. 먼저 그가 제안한 원칙을 살펴보자. 나의 논문에서 밝힌 것처럼 나는 그의 세 가지 전제에 완전히 동의한다. 나는 역사기술이 필연적으로 수정주의적 작업이며 또한 역사가들의 합의가 실재에 대한 사회적 해석 이외에 아무것도 아니라는 프라이스의 주장에 동의한다. 또한 나는 유사성의 원칙이 모든 역사적 탐구에서 중요한 역할을 한다는 점에 동의하며, 따라서 나는 예수에 관한 역사적인 연구가 나폴레옹이나 카이사르에 관한 연구와 정확히 동일한 기초 위에서 진행되어야 한다고 주장한다. 또한 프라이스는 유사성의 원칙에 한계가 있으며, 원칙적으로 인간 체험에서 일어나는 예측 불가능한 사건들—아이들에게 뿔이 나고 성자들에게 성흔이 생기는 등—을 배제할 수 없다는 점을 잘 지적했다. 하지만 특정한 사건에 대해 보다 더 개연성 있는 설명으로 우리를 이끄는 것은 유사성의 원칙이다.

프라이스의 방법론적 전제 중 나머지 두 가지는 의문의 여지가 있는데, 그 둘은 어떤 면에서 서로 상당히 밀접하게 연결되어 있다. 첫째, 그는 비유사성의 기준을 예수 전승에 관한 최고의 판단 기준으로 삼는 반면에, 그보다 한층 더 중요하게 여겨야 할 복수 증언(multiple attestation)의 기준을 무시한다(나의 글에서는 그것을 다양한 자료들의 합일점이라고 명명했다). 비록 프라이스가 비유사성의 기준에 논리적 문제가 있음을 인정하기는 하지만, 그는 그 문제에 대한 사람들의 관심을 비유사성의 기준이 모든 추정 가능한 예수 전승을 말살해버릴 수도 있음을 두려워하는 자들이 보이는 과민반응으로 매도하면서, 실제로 비유사성의 기준이 역사적으로 의미심장한 결과를 내놓는 영역이 어디인지에 대해 주의 깊게 고려하지도 않은 채 그 문제를 일축해버린다.

프라이스의 두 번째 전제가 문제시되는 것은, 엄밀히 말해 "전제"나 방법론적 원칙 자체에 관한 것이라기보다는 유비의 우월성을 주장하는 "방식"의 차이 때문이다. "이상적 유형"이란 (Price의 관점에서 볼 때) 역사적 인과성이 결여된 특정 사건의 출현을 설명하기 위해 선재하는 유형에 호소하는 것이라고 말할 수 있다. 따라서 만일 예수라는 이름의 특정 인물에 관한 모든 긍정적인 자료들을 그의 이름으로 일어난 운동에 관한 자료의 목록에서 제거해버린다면, 그런 운동이 형성되었다는 사실을 설명할 길이라고는 "죽었다가 살아나는 신들"이라는 신화적 유형을 동원하는 방법밖에는 없었을 것이다.

간단히 말해 프라이스는 예수라는 이름을 가진 역사적으로 식별 가능한 인물에 대한 구체적인 증거의 흔적을 완전히 말살하기 위해서 비유사성의 기준을 적용한다. 그러고 나서 그는 그리스도 숭배(Christ cult)가 등장한 이유를 설명하기 위해 유사성의 원칙과 "이상적 유형" 개념에 호소한다.

프라이스는 자신의 접근법이 그 자체로 오랜 역사를 지녔음을 안다. 그리고 많은 이들에게 그 방법이 "극단적이고 심지어 기괴하기까지 한 이론" 중에 하나로 간주된다는 사실도 흔쾌히 인정한다. 하지만 그는 "죽었다가 살아나는 신들"이라는 이상적 유형에 호소하는 것이 건전한 역사가들 사이에서 그렇게 부정적으로 받아들여지는 이유가 무엇인지를 진지하게 묻지 않는다. 프라이스는 그것이 변증적인 성향을 가진 사람들의 신경질적인 과민반응이라고 주장했지만 그 주장은 받아들여질 수 없다. 오히려 그런 이론들은 기독교 운동과 그 숭배 대상의 특성을 설명하는 데 실패한 것이며, 분명한 역사적 사실을 의도적으로 제거하려는 완강한 저항일 뿐이다.

두 가지 상호 연관된 역사적 사실들에 대한 설명이 필요하다. 첫 번째 사실은 역사 속에 갑자기 출현한 예배가 "죽었다가 살아나는 신들"에게 드려진 것이 아니라 "십자가에 못 박히고 부활한 메시아"에게 드려졌다는 것이다. 예수 이전에는 기독교 운동이 존재하지 않았으며, 그 운동이 1세기에 지중해 세계 전역에 걸쳐 나타났을 때, 신자들이 경배한 대상이었던 "주님"(Lord)은 이집트나 페르시아의 신이 아니라 로마 황제 티베리우스의 통치하에 로마 권력에 의해 처형당했던 유대인 메시아였다. 다시 말해 "이상적 유형"에 호소하는 것은 기독교의 독특한 내용들을 설명하지 못한다. 두 번째 역사적 사실은 신앙 운동의 구성원들이 50년이 채 안 되는 기간에 저술했던 최소한 27권의 구별되는 작품들이 존재한다는 것이다. 그 저작들은 문학적 장르나 사회적 배경, 신학적 관점의 다양성에도 불구하고 동일하게 예수에게, 그리고 예수라는 인간의 죽음과 부활이라는 동일한 발생적 기반(generative matrix)에 초점을 맞추고 있다. 이처럼 지극히 구체적인 역사 현상이 일반화된 사회적 조건이나 심리학적 원칙들 혹은 종교적인 유형으로부터 유래한 것일 수는 없다. 그런 현상들에 대한 필요충분조건은 예수의 죽음과 (확실한) 승귀의 사건이다.

이 짧은 답변에서 프라이스가 역사적 인물로서의 예수에 대한 증거들을 어떻게 해체했는지를 상세하게 다룰 수는 없다. 한 가지 이유는 우리가 어떤 증거를 제시하더라도 그것을 받아들일 수 없다고 완강하게 고집하는 사람에게 어떤 대상이 존재한다는 사실을 증명한다는 것이 쉬운 일은 아니기 때문이다. 또 다른 이유는 증거 자체가 난해하기 때문이다. 나는 여기서 다시 한 번 프라이스가 역사와 관련해서 너무 쉽게 확언을 남발하는 것을 거부한다는 점에 동감한다. 하지만 나는 그가 너무 지나치게 역사적 회의주의로 기울었다고 생각한다. 나는 여기서 간단히 세 가지를 지적하고 싶다.

첫째, 예수에 대한 외부인의 증거는 프라이스가 생각하는 것보다 더 중요한 것이다. 그는 존 마이어와 같은 학자들의 매우 사려 깊은 논증에도 불구하고, 요세푸스의 『유대고대사』 18에 나오는 예수에 관한 구절들을 무시한다. 프라이스는 『유대고대사』 20에 나오는 구절을 고려하지 않는데, 여기서 요세푸스는 야고보를 "그리스도라 불리는 예수의 동생"이라고 부른다. 그는 역사가 타키투스의 『연대기』 15에 나오는 중요한 구절도 역시 무시한다. 하지만 이런 언급들은 특별히 중요하다. 왜냐하면 그것들은 확실히 신약성서의 지식에서가 아니라 관찰과 보도와 소문에서 유래한 것이기 때문이다. 그런 구절들—여기에 루키아누스의 『페레그리누스』 11-13을 덧붙일 수 있을 것이다—은 "죽었다가 살아나는 신"에 대한 숭배를 묘사하는 것이 아니라 "십자가에 못 박힌 현인"에 기초한 미신을 묘사한다.

둘째, 바울 서신에 나오는 예수 그리스도의 증거를 제거하려는 프라이스의 노력은 부질없는 시간 낭비일 뿐이다. 세 가지 예를 들겠다. (1) 그는 예수가 유대인(갈 4:4)이었고 다윗의 진정한 후손(롬 1:3)이며, 메시아로 간주되었다(롬 9:4)는 바울 서신의 증거를 제쳐둔다. (2) 그는 바울이 고린도전서 7:10에서 이혼에 관한 주님의 명령을 언급한 것이 공관복음서에 반복적으로 등장하는 예수의 이혼 금지 구절(막 10:2-8; 마 5:31-32; 19:3-9; 눅

16:18)을 확증하고 있음을 인정하지 않는다. 그뿐 아니라 그는 비유사성의 기준이—많은 문제점을 안고 있음에도 불구하고—실제적으로 예수의 가르침에 대한 긍정적인 증거를 산출한다는 사실도 인정하지 않는다. 마태와 바울에게서 이혼 계명에 관한 예외 조항을 제공하기 위한 갈등을 발견한다는 사실 자체, 그 계명이 수용된 전승인 동시에 그리스 로마와 유대 문화에서 실제적으로 행해지던 관습과는 반대되는 것임을 증거한다. (3) 프라이스는 바울이 예수라는 고유한 이름을 어떤 특정한 인간을 언급하기 위해 사용한다는 사실을 인정하지 않는다. 두 가지 주목할 만한 예가 있다. 첫 번째 예는 하나님이 "예수의 믿음을 소유한" 자들(*ton ek pisteos Iesou*, 롬 4:16의 "아브라함의 믿음"과 비교하라)을 의롭다 하신다고 말하는 로마서 3:26이고, 두 번째 예는 하나님의 영으로 말하는 자는 누구도 "예수는 저주받을 자"(*anathema Iesous*)라고 말할 수 없다고 선포하는 고린도전서 12:3이다.

셋째, 프라이스는 예수에 관한 이야기들이 토라에 기초를 두고, 토라의 내용들을 포함하며, 토라에 실린 이야기들을 암시한다는 사실을 보여주기 위해 상당히 많은 지면을 할애한다. 이것은 최초의 위대한 역사적 예수 연구가인 슈트라우스가 1835년에 시행한 이래 끊임없이 반복되어 온 작업이다. 신약성서를 진지하게 연구하는 학생이라면 누구도 토라의 상징들이 예수 이야기를 형성하는 데 끼친 영향을 부인하지 못할 것이다. 특히 토라의 상징들이 예수의 수난과 부활이라는 가장 거대한 사건에 관한 이야기를 형성하는 데 끼친 영향은 절대적이었다. 하지만 대부분의 신뢰할 만한 비평가들은 여기에 덧붙여서 두 가지의 추가적인 문제를 신중하게 고려한다. (1) 대부분의 경우에 복음서 구절들과 그것이 암시하는 토라 본문 사이에는 상당한 차이가 있다. 예를 들어, 요한복음의 저자가 6장에서 오병이어의 사건과 물위를 걷는 사건을 아주 절묘하게 유월절 때와 연결시키려 하지만, 요한복음의 기사와 바다를 건너고 광야에서 만나를 받는 출애굽 기사 간에는 실제적으로 유사성이 거의 없다. (2) 더 중요한 문제가 있는데, 토라를 아무리 읽어보아도 우리가 정경 복음서에서 발견할 수 있는, 수난 당하고 죽었다가 승귀하시는 메시아로서의 구체적인 예수 상은 결코 찾아볼 수 없다. 이사야 52-53장이 메시아의 "이상적 유형"을 제공하여 복음서 저자들이 그것을 예수에게 적용한 것이 아니라, 예수의 죽음과 부활이 갖는 독특한 성격이 이사야 52-53장을 재해석하고 그 이미지를 복음서에 사용하도록 자극을 준 것이다.

프라이스는 우리가 다루는 주제에 적실한 자료들에서 발견되는 역사적 증거를 무시하고, 그 대신 조셉 캠벨(Joseph Campbell)과 같은 유의 보편적인 원형에 호소함으로써 예수에 대한 자극적인 관점을 제공한다. 프라이스의 저술은 명료성이나 색채에 있어서는 부족함이 없다. 하지만 그의 논지에 설득되어서 그가 제시한 대안을 기독교 운동과 그 운동의 영감을 받은 작품들의 형성에 대한 타당한 설명으로 받아들일 사람이라고는, 오직 역사에 대해 전적으로 실망한 사람들 외에는 없을 것이다.

논평

제임스 D. G. 던

아직도 이처럼 예수의 사역과 가르침에 대한 모든 기사가 미지의 불확실한 인물에 대한 후대의 신화 만들기 작업이었다고 진지하게 받아들이는 학자가 있다는 것은 안타까운 일이다. 아르투어 드레프스와 G. A. 웰스의 학설은 충분히 논박되었다고 생각했었는데, 그것은 나의 착각이었다! 로버트 프라이스가 다시 한 번 기치를 들었다. "역사적 예수가 결코 존재한 적이 없었을 가능성이 상당히 높다." 여기서 "역사적 예수"라는 용어는 역사가의 재구성이라는 의미가 아니라 역사적 실존 인물을 가리키는 데 사용된다. 역사가가 발견할 수 있는 것이라고는 기껏해야 실제적인 내용이 없는 진술뿐이라는 것이 프라이스의 생각이다.

프라이스는 "유사성의 원칙"에 최우선적인 가치를 둔다. 이 원칙은 기적에 대한 전통적인 질문과 관련해 유용하다. 하지만 프라이스는 그 원칙이 현재 우리의 경험에만 적용되는 것은 아니며 고대 세계에서 많은 사람들이 기적을, 다시 말해 그들이 기적이라고 믿었던 사건을 경험했으리라는 점을 인정한다. 대럴 복에 대한 논평에서도 언급하겠지만, 이것은 예수에게 돌려지는 많은 기적들이 최초에 어떻게 형성되었는지에 대해 타당한 설명을 제공한다. 프라이스는 이 원칙을 확장하여 마호메트에게 돌려지는 무수한 하디스를 예로 들고 있는데, 이 과정에서 그는 예수가 죽은 지 40년이 안 되어서 그의 가르침이 기록되기 시작했을 뿐만 아니라 그 이전부터 구두 전승이 상당히 유포되어 있었다는 사실을 전혀 고려하지 않는다.

두 번째 기준은 우리에게 이미 친숙한 비유사성의 기준이다. 프라이스는 예수 전승이 보존되기 위해서는 그 전승이 어떤 실용적 가치를 지녔어야만 한다는 초기 양식비평의 주장을 받아들이고, 그것을 바탕으로 비유사성의 기준에 절대적인 우위권을 부여한다. 만일 예수 전승의 모든 부분과 단편들이 초기 교회에 근거를 두고 있다면 우리는 "비유사성의 기준에 의해 예수에 관한 모든 전승을 부인해야 한다." 비유사성 기준을 그처럼 확대해서 적용하는 것은 그 기준이 가진 긍정적인 가치를 약화시키는 결과를 낳는다. 영향력 있는 교사의 가르침이 제자들 자신의 가르침과 삶을 형성하는 데 상당히 영향을 미치는 것은 지극히 당연한 일이기 때문에, 교사와 제자의 가르침을 구분함에 있어 비유사성의 기준이 도움이 되지 않는 경우가 많다. 그리고 그것이 바로 비유사성의 기준에서 가장 중요한 점이다. 그것은 어떤 말씀이나 행위의 진정성을 "결정"하기보다는 신뢰할 만한 것인지를 "가늠"하기 위한 하나의 도구일 뿐이다. 비유사성의 기준을 통과하지 못한 (다시 말해 초기 교회의 가르침과 매우 유사한) 말씀들이라 해서 진정성의 범주에서 배제되는 것은 아니라는 말이다. 그것은 단지 역사적 예수 연구가가 그 말씀의 진정성을 입증하지 못했다는 것, 다시 말해 그 말씀이 역사적 예수에게 소급되는 것으로 (아직) 확신하지 못한다는 것을 보여줄 뿐이다. 그 차이는 미묘하지만 매우 중요한 것이다. 그리고 그 차이로 인해 프라이스가 비유사성의 기준을 적용하여 펼치는 논지는 약화될 수밖에 없다. 특히 우리가 제3의 탐구가들을 따라, 비유대인 예수가 아닌 유대인 예수를 찾으려 한다면 이 문제는 더더욱 중요하다. 우리가 찾는 예수는 자신의 추종자들과 그 뒤를 잇는 신자들에게 사역과 가르침에 있어 아무런 흔적도 남기지 않은 그런 예수가 아니라, 그를 따르는 자들에게 분명한 영향력을 남겼던 예수다.

나는 여기서 프라이스가 고안한 다른 세 가지 원칙에 대해 약간 더 언급하겠다. 이상적 유형의 원칙과 관련해 한 가지 지적할 점이 있다. 근래에 신화적 영웅의 이상적 유형에 일치하는 삶을 살았던 어떤 인물을 본받으려는 자들이 존재한다는 사실은, 대부분의 경우 그 문제의 인물이 적어도 몇몇 사람에게 심대한 영향을 끼쳤음을 전제한다는 것이다. 예수가 지속적인 영향을 미치지 못했거나 아무런 중요성을 갖지 않았을 것이라는 대안적인 주장은, 신약의 복음서들이 나사렛 예수라는 역사적 인물이 끼쳤던 중대한 영향력에 대해 분명한 증거를 담고 있다는 주장에 비해서 개연성이 훨씬 적다. 이것이 바로 "예수 신화"(Jesus myth) 이론이 갖고 있는 치명적 결함이다. 어떤 가상의 인물을 순전히 무로부터 고안해내면서 자신들과 동시대에 살았던 것으로 추정하는 것이 불가능할 뿐만 아니라, 그런 공교한 신화를 변방 갈릴리 출신의 별 볼일 없는 인물에게 덧입혀주었다는 것도 말이 되지 않는다. 그런데도 프라이스는 이 모든 것이 "다소 모호한 구세주 신화"에서 시작되었다는 설명에 만족한다. 참으로 안타까운 일이다.

나는 그밖의 다른 "원칙들", "합의는 기준이 아니다"라든지 "학술적인 '결론'들은 잠정적이고 제안적이다"와 같은 명제에는 특별한 불만이 없다.

프라이스의 선임자들의 주장이 그랬던 것처럼, 그의 주장이 나를 불편하게 만들기 시작하는 부분은 그가 이 문제와 관련하여 다른 모든 학자들이 가장 중요하게 여기는 자료들을 무시하고 또 자신의 주장을 지지하지 않는 다른 자료들을 설명하기 위해 타당성이 적은 전제들을 기꺼이 도입한다는 것이다. 그는 어째서 고린도전서 15:3을 언급하지 않는가? 그 구절은 바울이 "그리스도의 죽음"으로부터 2-3년 내에 경험한, 회심 때에 받았던 믿음에 대한 기록이라고 일반적으로 인정되고 있는데도 말이다. 그는 어째서 바울이 십자가에 못 박힌 그리스도(고전 1:23)에 대해 설교했다는 사실을 언급하지 않는가? 바울은 공개적으로 그리스도를 십자가에 못 박힌 분(갈 3:1)으로 묘사하는데도 말이다. 그는 어떻게 "우리는 서신서들을 통해 예수가 특정한 역사적, 정치적 정황에서 죽었다는 것을 추측할 수 없다"고 말할 수 있단 말인가? 십자가형이 당시 로마가 주로 반역자와 노예들을 처형하기 위해 사용했던 정치적 처단 방법이었다는 것은 잘 알려진 사실이다. 바울 서신에서의 증거들은 아직도 많다: "다윗의 씨"(롬 1:3), "율법 아래 태어난"(갈 4:4), "그리스도는 자신을 기쁘게 하지 아니하셨다"(롬 15:3). 그럼에도 불구하고 프라이스는 "서신서들이… 최근의 역사적 예수에 대한 증거를 제공하지 않는다"라고 주장하는데, 그런 어리석은 주장은 그의 주장을 지지하는 논증의 신빙성을 떨어뜨린다.

프라이스의 신빙성 없는 주장들은 상당히 실망스럽다. 그는 "예수"라는 이름이 "모든 이름 위에 뛰어난 이름"(빌 2:9-10)과 관련될 가능성이 거의 없다고 말할 뿐만 아니라, 예수라는 이름이 그때까지 알려지지 않았던 한 인물을 칭송하는 맥락에서 처음으로 등장한다고 주장한다. 그러나 사실 그 구절은 예수라는 이름이 바울의 공동체 내에서 메시아로 널리 인정되는 한 인물을 가리키는 잘 알려진 이름이었음을 확증한다. 자주 언급되는 것처럼, 예수가 죽은 지 20-25년 후인 바울의 시대에 이미 그리스도가 개인을 가리키는 이름(예수 그리스도)으로 정착되었다는 사실은, 이 예수에게 벌써 오랜 기간 동안 메시아의 지위를 부여해왔기 때문에 그리스도(메시아)라는 호칭이 갖는 의미가 퇴색해버렸다는 것을 보여준다. 야고보를 "주의 동생"이라고 언급한 것(갈 1:19, 35년 혹은 36년에 일어났을 것으로 추정되는 사건)은 야고보가 사역 공동체의 일원이었음을 의미한다고 주장하는 자들이 있는가 하면, 예수 전승에서의 분명한 언급에도 불구하고 "주의 명령"(고전 7:14; 9:14)이 구약성서의 토라에서 발견되는 야웨(Adonai)의 명령을 미드라쉬적으로 차용한 것이라고 주장하는 자들도 있는데, 그런 주장들은 구차할 뿐만 아니라 자기 모순적이다. 또한 바울 서신에 예수 전승에 관한 다양한 암시들이 존재할 가능성을 무시하고서, 바울이 모든 문제를 접할 때마다 일일이 예수의 말씀에 호소하려 했다고 주장하는 것은 공평하지 못하다. 마치 셰익스피어의 권위자가 그의 강의나 서신에서 셰익스피어 자신이 사용한 정확한 표현을 완벽하게 알지 못하면서도 그 시인의 말을 인용하는 것처럼, 바울도 예수 전승을 일종의 반향이나 암시처럼 사용하였다.

프라이스는 사도행전을 깡그리 무시해버렸지만, 우리는 그 책에 대해서도 최소한 몇 마디는 언급을 해야 한다. 기독교의 시작에 대해 사도행전이 제공하는 모든 정보가 역사적으로 높은 가치를 지녔다고 주장할 필요는 없다. 단지 그 책이 예수의 사역과 삶과 죽음에 대한 믿음에 확실한 증거를 제공해준다는 사실을 발견하는 것으로 족하다. 1세기 중반에 최초의 그리스도인들이 그런 믿음을 공유하고 있었다는 것은 거의 확실하다.

복음서에 관한 프라이스의 주장은 균형을 크게 상실하고 있다. 많은 복음서 내러티브가 구약성서에 대한 일종의 설화적 미드라쉬(haggadic midrash)라는 그의 견해는 반박의 여지가 있다. 그런 자료들의 기원에 대해서는 다양한 해석의 가능성이 열려 있다. 복음서 내러티브가 오로지 구약성서 자료에 근거해 창안되었다는 암시는 어디에도 없다. 오히려 내가 보기에는 초기 기독교 저술가들이 예수의 사역 가운데 일어난 사건들을 보도할 때 그들이 구약성서에서 발견할 수 있는 반향과 평행구절들을 동원했다는 것이 훨씬 더 개연적이다.

증거가 모호한 곳에서 논의를 더 진척시키는 한 가지 방법은, 예수 전승 자료 가운데 구약성서의 자료에 근거해서 창안된 것이라고 설명하기 어려운 자료들을 살펴보는 것이다. 프라이스는 이러 방법을 완전히 무시하지만 아마도 이것은 비유사성의 원리를 온건하게 적용하는 예일 것이다. 이런 자료들은 상당히 많다. 예를 들어 예수의 설교와 가르침에서 중심적인 주제 가운데 하나는 하나님 나라였는데, 구약성서의 선지자 중에 누가 그런 모델이 될 수 있겠는가? 또 예수가 자신을 "인자"라고 분명하게 언급하는데, 그 사실은 구약성서의 선례를 통해 설명할 수 없을 뿐만 아니라 뒤이어 등장한 인자 기독론(초기 교회에 현저하게 결여되어 있는)을 통해 설명하는 것도 용이하지 않다. 또한 예수의 말씀 가운데 "아멘"으로 시작되는 여러 경구들은 그때까지 유대인들이 들어보지 못하던 것이었다. 복음서에서 예수를 "비유를 말하는 자"와 성공적인 축귀 사역자로 묘사하도록 영감을 주었던 것은 무엇인가? 가장 명백한 대답은 예수가 그렇게 기억되었고, 보전된 그의 비유들이 신자들 그룹을 통해 전달되었으며, 그의 축귀 사역이 기독교 공동체 외부에까지 잘 알려졌다는 것이다. 그런 자료를 무시하는 것이나 혹은 그런 개연적인 설명이 가능함에도 불구하고 훨씬 가능성이 적은 설명에 만족하는 것이 바로 그리스도-신화 주창자들의 전략이다. 하지만 그들을 신봉하거나 그들의 주장에 큰 신뢰를 보내는 사람은 아무도 없다.

마찬가지로 예수의 십자가 처형 연대를 "역사적" 헤라클레스 혹은 "역사적" 오시리스에 대해 우발적으로 추산된 연대와 동등하게 취급하여 혼동을 조장하는 것은, 십자가 처형 연대가 그 사건이 일어난 지 한 두 세대 안에 기록된 신약성서의 확고한 자료에 근거한다는 사실을 무시하는 것이며, 이는 어쩌면 그들의 절망감을 반영하는 것일 수도 있다.

프라이스의 논문이 예수-신화라는 논제의 진정한 상태를 반영하는 것이라면, 나는 거기서 생명력을 느끼지 못한다고 말해야 할 것이다. 차라리 그의 발제문 제목을 다음과 같이 변경하는 것이 더 나을 것이다. "예수 신화: 소실점에 이른 주제."

논평

대럴 L. 복

프라이스 자신이 언급한 것처럼, 그의 입장은 예수에 관한 견해 중에 가장 논란의 여지가 많은 것이다. 만일 그의 입장이 옳다면 단지 신화의 영역에 속할 뿐인 한 인물을 이해하기 위해 지금까지 수세기에 걸쳐 엄청난 양의 노력이 헛되이 낭비된 것이다. 프라이스의 관점은, 예수가 없었다 해도 사람들이 필요에 의해 예수를 만들어냈을 것이라고 설명하는 듯하다. 사실 프라이스가 그의 논문 어딘가에서 예수가 실재했을 가능성에 대해 말하기는 하지만, 그는 설령 예수가 실재했다 하더라도 그에 대한 진정한 기억은 전혀 남아 있지 않으며 초기 교회도 그가 진실로 존재했던 방식대로 그를 기억하는 일에 관심이 없었다고 주장한다. 프라이스는 대부분의 역사적 위인들의 경우와는 다르게 예수에 대해서는 사람들이 관심을 두지 않았다고 주장한다. 그에게 있어서 예수를 신격화하는 이야기는 고대의 수많은 종교적 희망의 표현 가운데 하나일 뿐이다. 핵심적인 질문은 이것이다. "예수를 신격화하는 이야기가 역사에 근거한 것인가, 아니면 신에게 도달하려는 인간의 창의적 욕구에 근거한 것인가?"

첫째로 나는 이 논의의 구도 자체에 초점을 맞추고자 한다. 왜냐하면 프라이스가 역사적 "유사성"의 원칙 하나만으로도 예수에 관해 지금까지 제시된 모든 주장들을 무효화시킬 수 있다고 주장하기 때문이다. 이런 견해의 바탕이 되는 프라이스의 실재관은 매우 배타적이고 선별적인 서구 계몽주의 사고방식을 반영한다. 많은 사람들이 이 세상을 운행하는 창조주가 존재한다고 믿는다. 그런 믿음을 입증하는 것이 가능한지는 논쟁의 여지가 있는 문제임을 인정한다 하더라도, 하나님이 존재하고 또 역사에 개입할 가능성을 그처럼 단 한 마디의 주장으로 배제한다는 것은 있을 수 없는 일이다. 프라이스가 현대의 일반적인 합의 사항에 대해 말할 때 그는 자신과 의견이 다른 많은 견해들을 배제하는데, 왜냐하면 그는 하나님이나 혹은 다른 초월적인 영들이 우리가 살아가는 세상에 존재할 가능성 자체를 배제하기 때문이다.

더 중요한 문제는 이 주장이 우리가 역사적으로 고려할 수 있는 많은 측면들을 간과한다는 사실이다. 다시 말해, 한 인물이 동시대인에게 끼친 영향을 무시할 뿐만 아니라 그 영향이 신화의 문제가 아니라는 증거들도 무시한다는 것이다. 하지만 1세기 기독교 문서들은 예수를 신화와 연결시키려는 시도를 단호히 거부하고 예수의 역사적 실재성을 상정하였다. 흥미롭게도 프라이스는 때때로 그가 결코 존재하지도 않았다고 생각하는 주님의 부활에 대한 증언을 화두로 삼는다. 그런 증언은 어떻게 시작되는가? 부활한 주님에 대해 증언하도록 촉발시킨 계기는 무엇인가? 그 증언은 무로부터(*ex nihilo*) 온 것인가, 아니면 실존했던 그리 대단하지 않은 치유자의 생애에 바탕을 둔 것인가, 아니면 보다 심오한 근원을 가진 것인가? 예수가 끼친 영향력과 그에 대해 묘사한 내용들(성경 외의 자료를 포함하여)을 볼 때 그가 별로 돋보이지 않는 평범한 인물이었을 것 같지는 않다. 프라이스는 요세푸스의 증언을 너무 쉽게 제외시켰을 뿐 아니라 예수를 반대한 유대인들조차 그가 결코 존재한 적이 없었다고 주장하지 않는다는 사실도 무시한다. 유대교와 기독교 간의 논쟁에 참여한 당사자들 모두에게 예수는 실존 인물이었다. 따라서 순교자 유스티누스의 『트리포와의 대화』(*Dialogue with Trypho*)를 보든지, 혹은 요세푸스를 보든지, 아니면 교회의 기원에 대한 타키투스와 수에토니우스의 기록을 보더라도 예수가 존재하지 않았다는 주장은 역사적으로 불가능한 것이다.

그런 일반적인 원칙에 대한 논의를 마무리하고 프라이스는 구전성(orality)의 문제로 넘어간다. 나는 고대 세계에 다양한 구전성의 범주가 존재했다는 그의 관찰에 동의한다. 다시 말해 매우 훈련된 구두 전승이 있는가 하면 아주 엉성한 구두 전승도 존재한다는 것이다. 던의 논문이 이 문제를 잘 다루고 있다. 우리가 가진 자료들을 통해 알 수 있는 사실은 복음서 전승이 고정성과 유연성을 동시에 지니고 있다는 점이다. 그런 직접적인 증거들을 고려할 때, 우리가 프라이스의 거의 무의미한 제안들에 얽매일 필요는 없을 것 같다. 역사적 예수를 연구하는 학자들은 한 번에 하나의 말씀을 탐구하는 방식을 취해왔고, 프라이스는 우리도 그런 방식을 따라야 한다고 주장하는데, 대부분의 학자들은 증명을 요구하는 엄밀한 판단 기준에서 보더라도 상당히 많은 말씀이 예수에게로 소급된다는 확신을 가지게 되었다. 심지어 대단히 회의적인 판단 기준을 적용하는 예수 세미나조차도 예수 자료 중에 20퍼센트 정도가 예수에게 소급되는 것으로 간주했다.

프라이스가 진정성의 기준으로서 비유사성을 다루는 방식은 "동전을 던져서 앞면이 나오면 내가 이기고, 뒷면이 나와도 내가 이긴다"라는 식인데, 그의 논문 대부분이 이런 경향을 보여준다. 그는 유사성과 비유사성의 통합을 주장하면서 다른 판단 기준을 찾으려는 노력을 간과한다. 하지만 그것은 잘못된 태도다. 역사가들로 하여금 비유사성의 기준과 공존할 수 있는 다른 원리들을 찾을 수밖에 없도록 만든 요인은, 위대한 역사적 인물들이 자신들이 속한 문화와 상호작용할 뿐만 아니라 자신의 삶에 그 문화를 반영한다는 역사적 관찰 때문이었다. 비록 그런 상호작용과 반영의 과정이 창의적인 방식으로 이루어진다 하더라도 말이다. (예수에게나 혹은 다른 역사적 인물에게나 예외적 측면이 그들의 전부는 아닌 것이다.) 그처럼 한 인물을 (설사 가상인물이라 해도) 그가 속한 문화적 맥락과 분리시킨다는 것은 언어도단이다. 이 기준은 지나치게 많은 문제를 해결하는 열쇠가 되려 함으로써 예수를 그가 속한 맥락에서 너무 멀리 떼어놓고 있다.

프라이스의 글에서 중심적인 논제는 "신화로서의 예수" 모델이다. 그는 이 논제를 지지하기 위해 몇 가지 주장을 펼친다. (1) 세속 자료에는 기적을 행하는 자로서의 예수에 대한 언급이 없다. 하지만 이런 주장을 펼치기 위해서는 예수를 마법사로 간주했던 유대 전승뿐만 아니라 요세푸스가 제공하는 증거도 무시해야만 한다. 프라이스는 그 증거를 취급하지 않았지만 그것은 예수 논쟁을 담고 있는 2세기의 가장 중요한 자료들이 제공하는 증거다.[59] 우리가 요세푸스에 전적으로 동의하는 것은 아니다. 하지만 『유대고대사』 18은 문맥과 동떨어진 독립된 구절이 결코 아니다. 왜냐하면 『유대고대사』 20.200에서 그가 자신의 작품에서 이미 "그리스도"에 대해 언급했음을 암시하고 있기 때문이다. 이것은 『유대고대사』 18.63-64이 요세푸스 자신의 기록이었을 가능성을 지지한다. 요약하면, 예수의 기적에 대해 언급하는 자료가 없다는 프라이스의 주장은 예수가 비범한 일들을 했다는 요세푸스의 주장이나, 또는 예수가 마술사였다는 유대 전승의 주장을 반영하지 않은 것이다.

(2) 프라이스는 신약 서신서가 역사적 예수의 존재를 증거하지 않는다

59_ G. Stanton, "Jesus of Nazareth: A Magician and a False Prophet Who Deceived God's People," in *Jesus of Nazareth Lord and Christ: Essays on the Historical Jesus and New Testament Christology* (Grand Rapids: Eerdmans, 1994), 164-80. 여기에는 주제와 관련된 고대의 본문들이 상술된다(b. *Sanhedrin* 43a; Justin Martyr, *Dialogue with Trypho* 69).

고 주장한다. 그런 주장의 근거가 무엇인가? 그런 주장이 간과하고 있는 사실들을 보라. 바울의 선교 사역을 통해 설립된 교회들뿐만 아니라 사실상 초기 기독교의 모든 공동체가 최후 만찬 전승(프라이스는 이것이 가필일 것이라고 주장하는데, 바울이 이 전승을 기록한 것은 아니다)을 사실로서 받아들이고 있다(사복음서, 유다서와 디다케를 보라). 또한 그 전승은 교회의 예전을 통해서도 기념되고 있다. 바울이 고린도전서 15장을 통해 옹호하는 부활 신앙에 대해서 우리는 뭐라고 말할 것인가? 이 전승이 게바(베드로)에게 나타남을 언급한다고 해서 꾸며진 것이라고 주장할 수 있는 근거는 거의 없다. 사실 우리는 "나타남"과 관련하여 상세하게 "고안된" 이야기를 본문에서 찾아볼 수 없다. 프라이스가 주장하는 것처럼 교회가 그렇게 쉽사리 이야기를 조작했다면 그것은 참으로 놀랄 만한 일이다. 로마서 1:2-4의 전승은 예수의 육체적 죽음과 부활을 전제한다. 프라이스는 우리가 어디에서 예수에 관한 자료를 얻는다고 주장하는가? 우리는 예수 자료의 뿌리로서 그가 수시로 언급하던 "부활하신 주님"에 관한 계시나 혹은 미드라쉬에 호소해야만 할 것이다. 심지어 우리는 예수라는 이름이 그의 사후에 주어진 것이라고 주장해야만 한다. 그렇다면 다시금 묻겠는데, 어째서 예수가 결코 존재한 적이 없다는 주장이 유대인 측에서 나오지 않는 것인가? 우리가 이 점을 간과하는 것은 "동전의 앞면이 나와도 내가 이기고, 뒷면이 나와도 내가 이긴다"는 논리를 펼치는 것과 마찬가지다. 주님의 형제인 야고보에 대한 기록이 예수의 존재에 대한 증거가 될 수 없다는 프라이스의 논리는 더더욱 신뢰할 수 없다. 만일 예수와 야고보의 관계가 꾸며진 것이었다면, 야고보의 배경에 대해 알고 있던 그 지역 사람들이 그런 주장에 대해 문제 제기를 하지 않았겠는가? 프라이스는 "주의 형제"라는 야고보의 호칭이 사역 공동체의 일원임을 의미하는 것이라고 주장한다. 이 주장에 따르면 수백 명의 제자들을 동일한 호칭으로 불렀다는 것인데, 그럴 가능성은 별로 없어 보인다. 바울은 고린도전서 7장에서 예수를 인용할 뿐만 아니라, 로마서 12-16장에도 예수의 가르침이 등장한다. 신약 서신서에서 예수의 존재감은 프라이스가 제안하는 것보다 훨씬 더 크고 분명하다.

(3) 프라이스는 예수 이야기의 핵심 요소가 다른 종교들에서 발견되는 중요한 주제들, 특히 "죽었다가 살아나는 신들"에 관한 평행구절에 뿌리를 두고 있다고 주장한다. 19세기 후반과 20세기 초에 종교사학파가 등장한 이래 이런 접근은 일반적인 것이었다. 부활한 예수에 대한 핵심적인 경험은 더 이상 존재하지 않고, 단지 하나님을 경험하려는 인간의 욕구에 근거한 희망의 표현이 있을 뿐이다. 하지만 죄에 대하여 세상을 책망할 뿐만 아니라 세상에서 고난 받고 거부당하도록 요청하는 그런 예수가 정말로 우리의 비위를 맞추기 위해 사람들이 조작해낸 신이라는 것인가? 예수가 정말로 아티스의 유사품이나 또는 영웅 신화 속의 불사조처럼 잿더미 속에서 다시 일어나는 고대 종교 혼합물의 변형에 불과한 것인가? 그 유사성이라는 것을 면밀히 살펴보면 사실상 유사하지 않다는 것을 발견할 수 있다. 가장 잘 알려진 아티스 설화에 따르면 그의 "부활"은 매우 제한적인 것이다. 그의 몸은 상하지 않은(부패하지 않은) 상태였고, 그의 머리카락은 계속 자라고 있었으며, 심지어 그는 한 손가락을 움직일 수 있었다!(Arnobius, *Against Nations* 5.7) 그리스 로마 종교학자인 클라욱(Klauck)의 말처럼, "그것을 아티스의 '부활'이라고 말하기는 어렵다."[60]

여기서 또 다시 질문이 제기된다. 예수의 이야기는 어디로부터 생겨난 것인가? 그에 관한 이야기의 많은 부분이 이미 당시의 문화 속에 존재했

60_ Hans-Josef Klauck, *The Religious Context of Early Christianity: A Guide to Greco-Roman Religion* (Edinburgh: T & T Clark, 2000), 122. 이러한 고대 종교들에 대한 Klauck의 개요를 보면 그런 종교들이 기독교의 부활 사상에 적용될 수 없음을 볼 수 있다.

다면, 무엇 때문에 그의 이야기를 다시 창조한 것인가? 이런 특별한 강조점들을 가진 이야기를 만들어낸 뭔가가 있었음에 틀림없다. 그뿐 아니라 그 이야기의 독특한 점들을 놓고 볼 때, 그것은 사람이 창작해냈을 법한 종류의 종교 이야기가 아니다. 우리가 다루는 인물은 그 이야기가 회자되던 시대로부터 수세기 떨어진 시대에 살았던 인물이 아니라, 거의 동시대에 살았던 인물이라는 점을 기억할 필요가 있다. 이것은 예수와 다른 종교적 희망의 표현들을 구별 짓는 또 하나의 요소다.

전형적인 영웅 서사들도 그 고유한 특성들이 어디에서 유래했는지를 밝히는 데 어려움이 있다. 프라이스가 제안한 스물두 가지 목록은 어디에 근거한 것인가? 서로 이질적인 자료에서 모은 주제들을 억지로 섞어놓은 것은 아닌가? 그런 요소들이 유대 문화 내에서도 작용하고 있었을까? 그런 문제들은 논외로 하더라도 목록에 포함된 몇몇 요소들은 의심스러운 것들이다. 비범한 출생(상당히 모호하고 포괄적인 범주), 양부모에 의해 양육됨(요셉이 예수를 양육하는 일에 얼마나 관여했는지 불분명한 상황에서 이것이 예수에게 적용될 수 있을까?), 어린 시절에 대한 세부적인 설명이 없음(눅 2:40-52은 예외다), 공주와 결혼(사실 프라이스는 이 항목을 예수에게 적용시키지 않는다—역자 주). 그가 제안하는 이런 가정적인 연관성들은 하나의 이론을 세우기에는 너무 느슨하다.

프라이스의 제안에서 발견되는 이런 문제점들은, 예수가 누구이며, 그에 관한 역사적 토론을 어떻게 진행할 것인지에 대해 다른 논문들이 취하는 방식이 훨씬 유용하다는 사실을 우리에게 보여준다.

2

예수와 공동 종말론의 도전

_존 도미닉 크로산

"하나님은 네 도움 없이 너를 만들었다.…
하나님은 너를 배제한 채 너를 의롭다 하시지는 않는다."

아우구스티누스, 히포의 감독, 『설교』 169.13(416)

"성 아우구스티누스는 말한다,
'우리가 하나님 없이 아무 일도 할 수 없는 것처럼
하나님은 우리 없이 일하시지 않는다.'"

데스몬드 투투, 케이프타운 대주교,
캘리포니아 패서디나의 올세인츠 교회에서 한 설교 중에서(1999)

서언

역사적 예수는 "로마 제국의 지배하에 있는 유대 민족에 속한 갈릴리 유대인"이었다. 나에게 그 사실은 1세기의 한 인물을 논하는 데 불필요한 배경이 아니라 필수불가결한 방법론적 기반이었다. 여러분은 나의 저서 『역사적 예수』(*The Historical Jesus*)의 부제인 "지중해 연안의 유대 농부의 삶"(*The Life of a Mediterranean Jewish Peasant*)에서 "지중해 연안", "유대" 그리고 "농부"라는 표현이 "로마 제국", "유대 신앙" 그리고 마지막으로 "역사적 예수"를 강조하기 위해 의도적으로 정확히 그 순서대로 사용되었다는 것을 발견할 수 있을 것이다. 그 세 개념이 동일한 순서로 책의 각 부 제목으로 다시 등장한다. 제1부 "중재하는 제국"(로마), 제2부 "수세에 몰린

중재자"(유대교), 제3부 "중재자 없는 왕국"(예수).

나 자신의 방법론적 절차에서 첫째 단계는 최초의 기독교 자료에서 온 예수 자신의 말씀이나 행동에서 시작하는 대신, 예수가 마치 전혀 존재하지 않았던 것처럼 가정한 채 로마 제국, 그리고 그 제국과 상호 교류하는 유대 전통에 대해 논의하는 것에서부터 시작한다. 한 걸음 더 나아가 우리는 비기독교 자료를 통해서도 총독 빌라도가 유대를 다스리던 시기에 예수라는 갈릴리 사람이 살았다는 사실을 알 수 있다. 다시 말해 예수는 기원후 26년과 36년 사이에 헤롯 안티파스의 영지에 살았던 유대인이라 할 수 있다. 나는 초반에는 가급적 예수에 관한 논의를 유보하고서, 기원후 20년대 중반까지 안티파스가 통치하던 갈릴리 지역에서 로마 제국주의와 유대 전승 사이에 일어난 상호작용을 재구성하고자 한다.

이 작업을 마치고 나서야 그 다음 단계로 넘어갈 것이다. 자료와 관계성과 연대에 대한 나의 이론에 비추어볼 때 가장 이른 층위에 속하는 예수 전승은 어떤 것들이며, 그 층위는 앞의 첫 번째 단계에서 확정된 역사적인 틀과 조화를 이루는가? 예를 들어, 예수의 생애와 관련하여 나는 Q 복음서의 존재와 도마복음서의 독립성을 받아들인다. 그러므로 나에게 식별 가능한 예수 말씀의 최초의 대규모 층은 두 복음서에 동시에 등장하는 37개의 단락(공통 언어 전승, Common Sayings Tradition)이다. (만일 이러한 전제들이 그르다면 나의 재구성은 방법론적으로 무효하게 된다. 그러나 만일 나의 전제들이 옳다면 그 전제들을 부정하는 재구성도 당연히 방법론적으로 무효하다.)

나는 "초기" 자료라는 사실이 정확성을 보증하지 않으며 또 "후기" 자료라 해서 반드시 정확하지 않은 것도 아니라는 사실도 인식하고 있다. 그러나 만일 "초기" 자료가 정확성을 입증하는 데 실패한다면, 우리는 과연 "후기" 자료가 정확성을 입증할 수 있을 것인지, 입증할 수 있다면 어떤 근거에서 그러한지를 설명해야 한다. 그렇게 하지 않으면 전통적인 예수는 역사적 예수와 아무 상관이 없게 되며, 둘 사이의 어떤 연결 고리도 영원히 상실된다. 나는 10년 전에 나온 나의 저서 『기독교의 탄생』(*The Birth of Christianity*, pp. 139-49)의 제10장 "방법론의 문제"에서 그 과정을 매우 상세하게 설명했다.

여기서 그 책의 주장을 다시 반복하려는 것은 아니다. 하지만 더욱 설득력 있는 대안이 나오기까지는 그 책의 주장을 전제하고서, 어떻게 예수를 "로마 제국" 치하의 "유대교"에 속한 갈릴리의 "유대인"으로 볼 수 있는지를 가능한 한 명확하고 상세하게 개괄하려 한다. 이 문제를 다룰 때에 기원후 20년대 헤롯 안티파스의 관할 지역 내에서 이 두 전통이 서로 상충 관계에 있었다는 사실을 염두에 둘 것이다.

지상의 다섯 번째와 마지막 왕국

기원전 700년경에 나온 저서 『노동과 날들』(*Works and Days*)에서 시인 헤시오도스(Hesiod)는 인간 역사에 관해 상당히 비뚤어진 관점을 보여준다. 그는 인간 역사가 다섯 세대(또는 시기, 시대, 세상 왕국 혹은 민족 유형)로 구성되는데, 그것은 황금 시대로부터 은 시대, 청동 시대, 영웅 시대를 거쳐 철기 시대에 이르기까지 계속해서 몰락해왔다고 주장했다. 그가 속해 있던 철기 시대는 "강한 손을 가진 한 사람이 다른 사람의 도시를 얻으려 할 것"이고, "무력으로 권리를 얻을 것이다"(174-201). 그러나 천 년의 절반이 흐른 기원전 2세기 중엽에, 지상의 다섯 번째와 마지막 왕국에 대한 두 가지 매우 다른 비전이 헤시오도스가 살았던 그리스의 동쪽과 서쪽에서 제시되었다. 그 하나는 로마 제국이었으며, 다른 하나는 종말론적 하나님 나라였다.

로마 제국

다섯 번째 왕국

기원후 30년 직후에 로마 군단장이며 제국 관료였던 카이우스 벨레이우스 파테르쿨루스(Caius Velleius Paterculus)는 두 권으로 된 『로마사 개요』(*Compendium of Roman History*)를 썼는데, 이 책은 트로이의 멸망부터 시작해서 기원후 29년경까지의 역사를 다룬다. 그는 신들이 어떻게 "이 위대한 로마 제국을 역사 이래 지상 최고의 위치에까지 높여"서 "세계의 제국"(2.131)이 되게 했는지를 설명하는 것으로 자신의 책을 시작하는데, 다음과 같은 인용문을 제시한다.

> 로마의 연대기에 대한 그의 저서에서 아에밀리우스 수라(Aemilius Sura)는 이렇게 말했다. "아시리아인은 세계 권력을 차지한 첫 번째 민족이었다. 그 뒤를 이어 메데아인, 페르시아인, 마케도니아인들이 차례로 권력을 쥐었다. 그 후 마케도니아 출신 필리포스 왕과 안티오쿠스 왕이 패배했고, 카르타고가 멸망한 지 얼마 지나지 않아서 세계 권력이 로마인에게 넘어갔다"(1.6).

아에밀리우스 수라는 파테르쿨루스의 인용을 통해서만 우리에게 알려진 인물인데, 그는 기원전 146년이 얼마 지나지 않은 시점에 로마가 범세계적 제국이 되어 있었다는 사실을 담담하게 기술했다. 세계 역사의 처음 네 왕국은 이미 왔다가 사라졌다. 그리고 이제 로마는 다섯 번째이자 마지막으로 절정에 이른 지상의 왕국이다. 달리 말하자면 이 모든 정황에는 일종의 필연성, 어떤 명백한 운명이 작용하고 있었다.

1세기

그러나 다음 세기에 로마는 백여 년간 지속된 계층 투쟁과 이십 년간의 잔혹한 내전으로 사회적 불안이 절정에 이르게 되었다. 그러다가 기원전 31년 9월 2일 오후에 그리스 서북부에 위치한 이오니아의 악티움 해상에서 그 모든 것이 일거에 종결되었다. 그것은 고대의 마지막 대규모 해전이었다. 지금까지 그렇게 적은 투자로, 그렇게 많은 사람에게, 그렇게 많은 것을 가져다준 예는 없었다. 여름의 질병으로 나약해지고 절망에 빠진 안토니우스와 클레오파트라는 알렉산드리아에서 자살로 생을 마감했고, 남겨진 병사들은 살아남기 위해 항복할 수밖에 없었다.

이 전쟁에서 승리한 옥타비아누스(Octavian)는 신격화된 율리우스 카이사르(Julius Caesar)의 조카로서 그의 양자가 되었는데, 그는 곧 라틴어로 아우구스투스(*Augustus*, 존귀한 자), 그리스어로 세바스토스(*Sebastos*, 숭배받을 자)라는 칭호를 지니게 되었다. 로마 황제 신학이 이제 그 안에서 육화되었으며, 그를 통하여 외부로 확산되었다. 즉시 미칼릿시(Michalitsi) 산기슭 위에 있던 그의 사령관 막사 자리는 성지가 되었으며, 그 자리에는 패전한 안토니우스와 클레오파트라의 함대에서 취하여 드려진 서른 개의 충각(衝角, attack ram) 돌출면에 라틴어 대문자체로 성지의 봉헌사가 새겨졌다.

지금까지도 아우구스투스 취임 비문이 새겨진 거대한 돌덩이들이 막사 자리 동편 평지에 많이 남아 있는데, 그 비문에는 아우구스투스에게서 가시화된, "종교 → 전쟁 → 승리 → 평화"라는 로마 황제 신학의 기본적인 틀이 담겨 있다. 예를 들어 신의 아들 황제 카이사르는 이 지역에서 공화국을 위해 벌인 "전쟁"에서 "승리"를 거두었으며 결과적으로 육지와 바다 위에 세워진 "평화"에 감사하면서, 바다의 신 넵투누스(Neptune)와 전쟁의 신 마르스(Mars)에게 이 기념비를 봉헌한다는 내용이다.

그런데 아우구스투스의 첫 번째 기념 비문의 돌에 새겨진 라틴어의 "승리를…육지와 바다 위에 세워진 평화로 말미암아"(*victoriam...pace parta terra marique*)라는 문구가 40년이 지난 후 로마의 웅장한 청동 무덤문 위에 새겨진 그의 마지막 기념비에 거의 동일하게 등장한다. "승리를 통하여 땅과 바다에 세워진 평화"(*terra marique parta victoriis pax*). 그러므로 로마 황제 신학을 이런 주문과 같은 모토, 즉 "폭력적인 승리를 통한 평화"로 요약할 수 있다. 그리고 세계의 평화를 위한 이 프로그램은 황제 아우구스투스에게서 처음으로 육화되었으며, 그 후 그의 왕조와 궁극적으로 모든 로마 황제에게서 육화되었다.

달리 말해서 예수가 존재하기 이전에 그리고 설사 예수가 결코 존재하지 않았다 하더라도, 기원전 1세기 지중해 세계에서 "신적인, 신의 아들, 신 혹은 신에게서 온 신, 주, 구속자, 세계의 해방자와 구원자"라고 불리는 인간 존재가 있었다. 아우구스투스 시대의 시인 호라티우스(Horace)가 『서신집』(*Epistles*)에서 언급한 것처럼, 일반적으로 그리스 로마 세계에서는 특출난 재능을 갖고 있거나 인류에게 각별한 유익을 끼친 개인들을 오직 사후에만 신으로 추대하였다. "그렇지만 당신(아우구스투스)에게만은 아직 우리 가운데 살아 있는 동안에 벌써 신으로서 영광을 돌렸으며, 당신의 이름으로 맹세하는 단을 세웠고, 또한 당신과 같은 이는 이전에도 일어난 적이 없었고 이후에도 일어나지 않을 것임을 고백합니다"(2.1). 다시 말해 인간 아우구스투스는 육화된 신성(divinity incarnate)이었다.

하나님의 종말론적 왕국

종말론적(eschatological, 그리스어로 마지막 일들을 뜻하는 에스카타[*eschata*]에서 유래)이라는 형용사는 지상의 다섯 번째 혹은 마지막 왕국에 대한 하나님의 비전을 가리킨다. 즉 이 형용사는 만일 하나님이 세계의 직접적인 통치자라고 한다면 어떻게 세계를 움직이는지를 보여주는 것이다(우리는 하나님의 계획이 어떤 모습일지 물을 수 있다). 다른 말로 이 세상의 종말(*eschaton*)은 하나님의 왕국을 뜻한다.

종말론은 세상의 파멸을 다루지 않고 세상의 변형(transfiguration)을 다룬다. 세상의 종국에 대한 것이 아니라 악, 불의, 폭력 그리고 제국주의의 종말에 대한 것이다. 나는 종말이란 세상을 향한 하나님의 위대한 정화 작업(clean-up)이라고 생각한다. 내가 보기에 하나님의 왕국은 100퍼센트 정치적인 동시에 100퍼센트 종교적이며, 동시에 불가해한 방식으로 서로 얽혀 있음이 분명하다. 그것은 궁극적으로 누가 이 세상을 소유할 것인지, 그리고 어떻게 이 세상을 운영할 것인지에 관한 문제다.

다섯 번째 왕국

다니엘 7장은 연이어 등장하는 네 개의 거대 제국, 곧 바빌로니아, 메데아, 페르시아와 그리스-마케도니아가 등장하는 꿈-환상으로 시작한다. 그러나 이 제국들은 질서 잡힌 땅에서 발흥한 인간 세력이 아니라, 무질서한 바다에서 일어나는 포악한 동물들로 묘사된다. "내가 밤에 환상을 보았는데 하늘의 네 바람이 큰 바다로 몰려 불더니 큰 짐승 넷이 바다에서 나왔는데 그 모양이 각각 다르더라"(단 7:2-3). 그리고 "그 네 큰 짐승은 세상에 일어날 네 왕이라"(단 7:17).

기원전 160년대의 그리스-시리아 제국은 독립된 제국으로 간주되지 않았고, 단지 알렉산더 대왕의 종속국으로 여겨졌을 뿐이다. 그것은 마케도니아를 상징하는 짐승의 뿔들 중 하나의 "작은 뿔"에 불과했다(단 7:8). 그러나 이어서 다섯 번째 왕국에 대한 다니엘의 환상, 즉 지상의 마지막 절정의 왕국인 하나님의 종말론적 왕국에 대한 환상이 주어진다.

지상의 왕국들은 혼돈이 가득한 바다의 심연에서 올라오는 짐승들로 상징화되고 인격화된다. 반면 마지막 다섯 번째 왕국은 질서 잡힌 하늘 높은 곳에서 내려오는 인간으로 상징화되고 인격화된다. 지상의 왕국들이 독수리, 곰, 표범이나 어떤 특이한 동물 "같은"(like) 존재로 묘사되었던 것처럼, 마지막 왕국도 "사람의 아들과 같은" 혹은 "인간 같은" 존재로 묘사된다. (남성우월주의를 반영하는 영어 표현에서 인류[humanity]를 뜻하는 말로 종종 "mankind"가 사용되는 것처럼, 남성우월주의적인 셈족 언어에서도 인간[human being]을 뜻하는 말로 남자[man] 혹은 남자의 아들[son of Man]이라는 어휘가 종종 사용된다.) 그러나 다니엘서에서 문제가 되는 것은, 처음 네 제국이 잔인한 짐승들로 묘사된 반면 오직 마지막 다섯 번째 왕국만이 진짜 사람으로 묘사되었다는 점이다.

그 각각의 짐승 같은(beast-like) 존재가 전체 공동체를 대표하고 포함하는 것처럼, 여기서는 사람과 같은(human-like) 한 개인이 하나의 전체 공동체를 대표하고 포함한다. 그리하여 지상에서 최정점에 이른 왕국이 하늘에서 온 "사람 같은 이"에게 처음으로 주어진다. "그에게 권세와 영광과 나라를 주고 모든 백성과 나라들과 다른 언어를 말하는 모든 자들이 그를 섬기게 하였으니 그의 권세는 소멸되지 아니하는 영원한 권세요 그의 나라는 멸망하지 아니할 것이니라"(단 7:14).

그러나 이 왕국은 하늘**에서** 주어진 것이지 땅을 **위하여** 주어진 것이 아니다. "나라와 권세와 온 천하 나라들의 위세가 지극히 높으신 이의 거룩한 백성에게 붙인 바 되리니 그의 나라는 영원한 나라이라 모든 권세 있는 자들이 다 그를 섬기며 복종하리라"(단 7:27). 하나님 나라가 "그에게"(단 7:14), "그들을 위해"(단 7:27) 주어진다. 그러나 황제의 국가들과 종말론적 왕국 간의 대립에도 불구하고, 다니엘의 마지막 왕국은 구체적으로 묘사되지 않는다.

1세기

따라서 여전히 이런 질문이 남는다. "그 마지막 종말론적 왕국은 마지막 제국인 로마와 정확히 무엇이 다른가?" 둘 다 신적인 통치권을 받았으며, 영원히 위임되었고, 초월적인 보증을 얻었다고 주장한다. 둘 다 우주적이고 영속적이며, 시공간의 제약을 초월한다고 주장한다. 둘 다 지상에서의 범세계적인 평화에 대한 웅장한 비전을 제시한다. 그렇다면 그들 사이에 무슨 차이가 있는가?

초기 유대교와 또 그 후에 기독교가 로마로부터 차용하여 오히려 로마를 반대하는 데 사용했던 종말론적인 예언의 유형인 시빌의 신탁에서 적어도 하나의 대답을 찾을 수 있다.

> 땅이 모두에게 공평하게 주어지고 담이나 울타리로 나눠지도 않을 것이다. 자연스레 더욱 풍성한 열매가 맺히고 삶은 공동체적이 될 것이며 재물도 모두의 것이 될 것이다. 왜냐하면 거기에는 가난한 자도 없고 부자도 없으며 폭군도 없고 종도 없을 것이기 때문이다. 더 나아가 어느 누구도 더 이상 큰 자나 작은 자가 되지 않을 것이다. 왕이 없으며 지도자도 없다. 모두가 함께 평등할 것이다(2.319-24).

그렇지만 그 궁극적인 비전의 모델은 현대인들이 생각하는 민주적인 희망이나 보편적인 인권에 관한 것이 아니다. 여기서의 모델은 확장된 가족이다. 하나님은 시공간적으로 가부장적인 세계에서 아버지 역할을 하는 가장인데, 그는 땅위의 모든 가족들에게 필요한 것을 공평하고 정당하게 제공해야 하고 또 범세계적 가정에서 모두의 필요가 충족되었는지를 보증해야 한다.

로마 황제 신학의 내용은 "종교, 전쟁, 승리, 평화"였다. 보다 간결히 표현하자면 "폭력적인 승리를 통한 평화"였다. 유대 종말론적 신학에서는 야웨가 유피테르(Jupiter)를 대신했고, 메시아가 아우구스투스를 대신했으며, 종말론적 폭력이 제국의 폭력을 대신했다는 것 말고는 정확히 동일한 것 아닌가? 아니면 구조적 흐름이 "종교 → 비폭력 → 정의 → 평화"인 대체 프로그램이 존재하는가? "폭력적 승리를 통한 평화"라는 로마의 비전 외에 그것을 대항할 만한 "비폭력적 승리를 통한 평화"라는 유대적인 비전이 따로 존재하는가?

제국과 종말 그리고 갈릴리 호수

로마 제국주의—혹은 로마 이전이나 이후의 다른 제국주의—는 지상에서의 소유권과 지배에 대한 것이다. 만일 하나님의 종말론적 왕국이 땅보다 하늘에 대한 것이라면, 제국과 종말(*eschaton*)은 각각의 도식적인 비전들이 아무리 다양하다 할지라도 충돌 없이 평화롭게 공존할 수 있었을 것이다. 그러나 하나님의 종말론적 왕국이 "하늘에서"(from heaven) 온다 하더라도 그것이 "땅에 대한"(for earth) 것이라면, 그것은 이 땅에 속하지는 않더라도 이 땅 위에 존재하는 것이 아니겠는가? 만일 그 둘 사이의 충돌이 누가 이 땅을 소유하고 그리하여 우리 세계를 어떻게 운영할 것인가라는 문제에 관한 것이라면 어쩌겠는가? 만일 그 일반적이고 우주적인 질문들이 하나의 매우 구체적인 실례에 초점을 맞춘다면 어떻게 되겠는가? 만일 "누가 이 호수를 소유하느냐"라는 질문이 "누가 이 세상을 소유하느냐"라는 질문에 초점을 맞춘 것이라면 어찌하겠는가? 마지막으로 유대 전승의 하나님이 레위기 25:23에서 "토지는 다 내 것임이니라 너희는 거류민이요 동거하는 자로서 나와 함께 있느니라"라고 선언하고, 그 동일한 전승이 시편 24:1에서 "땅과 거기에 충만한 것과 세계와 그 가운데에 사는 자들은 다 여호와의 것이로다"라고 응답할 때 무슨 일이 일어나는가?

조너선 리드(Jonathan Reed)와 나는 2001년에 함께 쓴 『예수를 발굴하기: 돌 아래서와 본문 배후에서』(*Excavating Jesus: Beneath the Stones, Behind the Texts*)라는 책의 서문에서 두 가지 질문을 던졌다. "예수가 나타났을 때 그는 왜 나타났는가? 왜 그때에 나타났는가? 왜 거기에서 나타났는가? 좀 더 예리하게 질문하자면, 왜 요한의 세례 운동과 예수의 왕국 운동이라는 대중적인 두 운동이 1세기 20년대에 헤롯 안티파스가 지배하는 영토에서 일어났는가? 왜 다른 시기가 아니었을까? 왜 다른 장소가 아니었을까?"

이제 보다 세부적인 질문들을 덧붙이겠다. 왜 예수는 그렇게 자주 갈릴리 바다, 혹은 디베랴 호수라 불리는 하프 모양의 긴네렛 호수 주변에서 발견되는가? 알베르트 슈바이처는 1906년에 저술한 위대한 저서 『역사적 예수 탐구』의 결론 부분에서 예수에 대해, "그는 오래전 호숫가에서 그가 누군지 알지 못하는 자들에게 다가갔던 것처럼, 알려지지 않은 이름 없는 자로서 우리에게 다가온다"[1]라고 말했다. 슈바이처의 고조되는 맺음말에 끼어들어서, 예수는 "그 옛날 호숫가에서" 무엇을 하고 있었던가, 왜 정확히 거기인가, 왜 정확히 그 때일까라고 묻는 것은 상당히 무례한 짓이 될 것이다.

나사렛이 예수의 고향 마을이기 때문에 예수를 항상 "나사렛 예수"라 부른다. 그렇다면 왜 마태복음 4:13에서는 "그가 나사렛을 떠나 해변에 있는 가버나움에 가서 사셨다"라고 말함으로써 그를 갈릴리 호숫가에 재위

1_ Albert Schweitzer, *The Quest of the Historical Jesus*, trans. J. R. Coates, Susan Cupitt and John Bowden (Minneapolis: Fortress, 2001), 487.

치 시키는가? 예수는 단지 매우 작은 마을에서 보다 큰 마을로 이동한 것이 아니라, 언덕 위의 동네에서 호숫가 마을로 이동한 것이다.

다시 묻겠다. 어찌하여 예수의 가장 유명한 두 제자가 호숫가의 어촌과 깊은 관련을 맺고 있는가? 마리아는 헤롯 안티파스가 기원후 19년경에 티베리아스를 세우기 이전에 호수 주변에서 가장 중요한 도시였던 막달라(Magdala) 출신이다. 그 도시의 이름은 히브리어로 탑, 혹은 아마도 등대를 뜻하는 믹달(*migdal*)에서 왔다. 그리스식 이름인 타리케에(*Tarichaeae*)는 염장된 생선을 뜻한다. 베드로 역시 벳새다(Bethsaida)라는 어촌 출신이며(요 1:14) 그 이후 가버나움에 있는 처가로 옮겼다(막1:31). 또한 빌립과 안드레 혹은 야고보와 요한(막 1:16)의 경우도 생각해보라. 이처럼 갈릴리의 예수는 호수와 배, 그물과 생선으로부터 좀처럼 멀리 떨어지지 않는다. 왜 그럴까?

"상업도시화를 통한 로마화"라는 제국의 정책이 갈릴리를 강력하게 몰아친 때는 요한과 예수 이전 세대인 헤롯 대왕 시대가 아니라, 요한과 예수가 활동하던 헤롯 안티파스의 시대였다. 헤롯 대왕은 세계적인 수준의 최첨단 건축술을 동원하여 카이사레아(Caesarea) 시와 그 항구인 세바스토스(Sebastos)를 만들었고, 예루살렘 성전의 마당을 넓혀서 가로로 축구장 세 개, 세로로 축구장 다섯 개 정도의 길이로 확장했다. 그러나 헤롯 대왕의 이러한 건축 사업은 비갈릴리 지역에서 행해졌고, 그가 로마와 아우구스투스에게 헌정한 세 개의 신전도 갈릴리 외의 지역에 세워졌다.

헤롯 대왕은 갈릴리를 지배하기는 했지만, 어떤 이유에선지—징벌로서든지 혹은 신중함 때문이든지—갈릴리를 로마화 하지는 않았다. 갈릴리를 로마화 하는 작업은 헤롯 안티파스에게 맡겨졌다. 그렇지만 헤롯 안티파스 역시 훨씬 더 원대한 비전, 즉 일개 분봉왕(tetrarch)이 아니라 그의 아버지처럼 로마의 임명을 받은 유대인의 왕으로서 전체 유대 국가의 군주(monarch)가 되려는 평생의 갈망이 있었다. 그리고 갈릴리의 로마화 프로젝트도 그런 갈망을 이루기 위한 신중하고 장기적인 계획의 일환이었지만 유감스럽게도 결국은 실패하고 말았다. 헤롯 안티파스의 생애는 극렬한 실망으로 점철된 6막극에 비유할 수 있다.

제1막은 헤롯 대왕의 임종 장면이다. 헤롯 대왕은 유언을 통해 안티파스를 왕위 계승자로 지목했다. 그러나 막바지에 헤롯은 마음을 바꾸어서 안티파스의 형인 아켈라우스(Archelaus)를 왕위와 왕국의 계승자로 지명했다. 기원전 4년에 헤롯이 죽자 안티파스와 아켈라우스 두 사람은 로마의 카이사르 아우구스투스 앞에서 각자 자신의 입장을 내세우며 탄원을 했다. 헤롯 가문은 로마 총독의 직접 통치를 선호했다. 그러나 그것이 여의치 않자 그들은 아켈라우스보다는 안티파스를 지지했다. 그렇지만 아우구스투스는 양편 모두와 타협을 했다. 그는 유대 땅의 절반인 이두매, 유대와 사마리아를 헤롯 아켈라우스에게 주었지만 그에게 군주(monarch)라는 칭호 대신에 민족의 지배자(ethnarch)라는 칭호만을 주었다. 아우구스투스는 나머지 땅을 두 명의 분봉왕(tetrarchs)에게 나누어주었다. 헤롯 안티파스에게는 요르단 측면의 갈릴리와 페레아(Peraea)를 주고, 헤롯 필립에게는 멀리 북쪽 지역을 주었다. 안티파스는 쓰라린 실망과 함께 통치를 시작했다.

제2막은 요세푸스의 『유대전쟁사』의 표현을 빌자면, "헤롯이 모든 갈릴리의 자랑(ornament)이 되도록 세포리스(Sepphoris)를 요새화했으며 그것을 황제령(*Autocratoris*)이라" 부르는 데서 시작된다. 아우토크라토르(*Autocrator*)는 라틴어 황제(*Imperator*)에 대한 표준 그리스어 번역이며, 아우구스투스를 묘사하는 칭호 가운데 공식적인 비문에서는 최초로 등장했던 표현이다. 이를 영어로 번역하자면 "황제"(Emperor)라기보다는 "세계 정복자"(World Conqueror)에 더 가깝다. 물론 세포리스는 헤롯 대왕의 세계적인 수준의 건축 프로젝트와는 비교할 수 없다. 그러나 안티파스는 재건축한 수도를 아우구스투스에게 헌정하는 것으로써 상업도시화를 통한 로마화라는 그의 계획을 시작했다. 이후 안티파스는 아우구스투스가 생존해 있는 동안, 그리고 특별히 아켈라우스가 기원후 6년에 유배 당하고 로마의 총독이 아켈라우스가 다스리던 남부 영토에 대한 직접 통치권을 받은 이후로, 아주 오랜 기간 동안 최대한 황제의 눈 밖에 나지 않으려고 노력했다. 누가복음 13:32에서 예수는 안티파스를 "저 여우"라고 부르는데 이것은 상당히 적절한 표현이다.

제3막은 기원후 14년 아우구스투스가 죽고 티베리우스가 그를 이어 황제가 되는 것으로 시작한다. 그 시점에 안티파스는 유대인의 왕(King)이 되려는 두 번째 시도를 했다. 그는 옛 수도인 세포리스를 대체하기 위해 동쪽으로 약 30킬로미터 떨어진 갈릴리 해안에 새로운 도시를 건설하고, 새로운 황제 티베리우스를 기념하기 위하여 그 도시의 이름을 티베리아스(Tiberias)라고 지었다. 그런데 왜 안티파스가 새로운 수도를 세웠으며, 왜 그 수도는 다른 장소가 아닌 바로 그곳에 위치해야 했을까? 안티파스는 세포리스를 티베리아스라고 새로이 명명하고, 그 도시 내에 티베리우스 황제의 등극을 축하하기 위해 거대한 바실리카를 새로 지을 수도 있었을 것이다. 그런데 왜 굳이 새로운 도시를 세웠으며, 그것도 호숫가인 그곳에 세웠던 것일까?

이것을 안티파스의 입장에서 생각해보자. 만일 당신이 유대인의 왕이 되기를 원한다면, 당신은 갈릴리에서의 세금 수입을 증대시킴으로써 로마 황실이 당신을 왕으로 승격시켜주기를 희망할 수 있을 것이다. 만약에 안티파스가 갈릴리와 페레아의 일개 분봉왕으로서 이 정도의 성과를 올렸다면, 그가 유대 전체의 군주가 되었을 때에는 로마를 위해 얼마나 더 많은 것을 이룰 수 있겠는가라고 로마 당국이 생각하리라는 것이다. 그러나 소작인 농부들에게서 더욱 많은 세금을 짜내는 일은 안티파스에게 저항이나 봉기의 위험부담을 안겨주었다. 하지만 세포리스 주변 골짜기에서 어떻게 빵을 증가시키는지를 배워왔던 그는 티베리아스 호숫가에서 어떻게 물고기를 늘릴 수 있는지도 배울 수 있을 것이다!

제4막은 앞의 단계에서 필연적으로 이어지는 단계다. 그것은 왕권을 향한 안티파스의 두 번째 걸음인데, 이번에는 내부적인 작업이었다. 왕이 되기 위해서는 로마의 승인만 필요한 것이 아니라 유대인의 승인도 필요했고, 이를 위해 헤롯 왕가와 하스몬 왕가 간의 동맹이 필요했다. 하스몬 왕가는 유대의 토착 왕가로서, 로마인들이 기원전 1세기 중반에 팔레스타인을 점령하여 그들 대신 헤롯 왕가를 임명하기까지 100여 년 동안 유대를 지배했다. 예를 들어 헤롯 대왕은 하스몬 왕가 공주 마리암메(Mariamme)를 그의 첫 아내로 선택했다. 하지만 후에 그는 역모의 혐의로 그녀를 처형했는데, 그의 판단이 옳은지 그른지는 알 수 없다. 안티파스는 자신의 나바티아 왕가(Nabatean) 부인과 이혼하고 헤로디아스(Herodias)와 결혼했다. 헤로디아스는 자신의 이복동생 필립의 아내였으며 처형당한 마리암메의 손녀였다.

다음 단계로 넘어가기 전에 잠시 두 본문을 살펴볼 필요가 있다. 하나는 요한의 발언이고 다른 하나는 예수의 것인데, 이 두 비난이 헤롯-하스몬 연합으로 군중이 찬사를 보낼 것이라는 안티파스의 희망과 얼마나 어긋나 있는지 생각해보라. 첫째, 마가복음 6:18에서 세례 요한이 "헤롯에게 말하되, '동생의 아내를 취하는 것이 옳지 않다' 하였음이라"고 기록하고 있다. 그리고 후에 마가복음 10:11-12에서 예수는 "누구든지 그 아내를 버리고 다른 데에 장가 드는 자는 본처에게 간음을 행함이요 또 아내가 남편을 버리고 다른 데로 시집 가면 간음을 행함이니라"고 선언했다. 대중으로부터 호응을 얻었던 두 예언자가 안티파스에 대해 비난을 가한 것은 그가 예상하지 못했던 반응이었다.

제5막은 제국 정치라는 세계 무대에서 안티파스에게 주연역을 맡기려고 하는 장면이다. 시리아에 주재하는 로마 총독이 파르티아(Parthia)의 지배자 아르타바누스(Artabanus)를 만나서 평화 협약에 관한 논의를 할 때, 안티파스는 유프라테스 강가에서 그들에게 대연회를 베풀었다. 그리고 즉시—그러나 현명하지 못하게—총독이 로마에 보고하기도 전에 자신의 전령을 먼저 로마로 보내어 소식을 전했다.

제6막에 이르러 안티파스는 이미 한물간 인물이 되어버렸다. 헤롯 아그리파 1세는 처형된 마리암메의 손자였다. 그는 로마 황제의 궁중에서 어린 시절을 보냈다. 티베리우스가 죽자 칼리굴라(Caligula)는 기원후 37년에 죽은 필립의 영토를 그에게 주었다. 그에게는 분봉왕이 아니라 왕이라는 칭호가 주어졌다. 그 후 39년에 안티파스와 헤로디아스는 서둘러 로마로 가서, 이전에 아켈라우스를 반대했듯이 이번에는 아그리파를 반대하는 탄원을 올렸다. 그렇지만 그들은 유대인의 왕과 여왕이 되기는커녕, 둘 다 포로 신세가 되고 말았다. 마지막으로, 기원후 41년에 칼리굴라가 살해되고 나서 아그리파 1세는 집정관들을 설득하여 클라우디우스를 새로운 황제로 추대하게 하고 원로원으로 하여금 이를 승인하게 만들었다. 클라우디우스는 헤롯 아그리파 1세의 공로를 인정하고 이에 보답하기 위해 그에게 "유대인의 왕"이라는 칭호와 함께 이전 헤롯 대왕의 영토를 주었다. 43년 동안의 참을성 있고 사려 깊은 계획에도 불구하고, 헤롯 왕가에서 두 번째로 "유대인의 왕"이 된 것은 안티파스가 아니라 아그리파 1세였다.

왕이 되고 싶어했던 안티파스의 이야기는 요한과 예수 이후로 10년이 더 흘러야 결말이 난다. 그럼에도 불구하고 여기서는 그 전반적 상황을 장황하게 서술했는데, 그 이유는 제3막을 이해하기 위해서다. 제3막에서 안티파스는 로마 제국의 이름으로 갈릴리 호수와 그곳의 물고기를 상업적 목적으로 사용하기 위해 티베리아스를 건설했는데, 요한과 예수는 이스라엘 하나님의 이름으로 그에 맞섰다. "누가 호수를 소유했으며 그것을 어떻게 사용할 것인가"라는 질문은 "누가 세상을 소유했으며 그 세상은 어떻게 사용될 것인가"라는 거대한 질문의 미시적 형태다. 관건은 로마 세계에서 소금에 절인 물고기와 액젓에 관한 것이 아니라 하나님이 다스리는 세계에서 평등과 정의에 관한 것이다.

요한과 종말론

임박성(imminence)

요한은 하나님 나라의 임박한 도래를 선포한 묵시적 종말론자였다. 그가 선포한 것은 예수의 오심에 대해서가 아니라 하나님 나라의 도래에 대해서였다. 멀지 않은 어느 날 반드시 하나님이 오셔서 오랫동안 부정과 불의에 물들어 있던 세상을 정결케 하시고 의롭게 하실 것이다. 요한의 사역은 신명기 신학의 유효성을 전제로 하는데, 그 신학에 따르면 로마 권력에 의한 압제는 이스라엘의 공동체적 죄악에 대한 형벌이었고, 그 죄악 때문에 하나님이 약속하신 변화의 능력이 도래하는 날이 지연된 것이다. 그러므로 필요한 것은, 고대 이스라엘 백성이 사막을 빠져나와 요르단을 건너 약속의 땅에 진입한 사건을 집단적으로 반복하는, 회개를 위한 대규모의 성례전이다. 그 과정에서 그들은 침례 혹은 물속에 잠기는 것을 통하여 자신들의 죄를 회개할 것이다. 여기에서 육체적인 씻음은 도덕적 정결을 상징한다. 허다한 무리가 회개를 통하여 약속의 땅을 "재탈환"하는 사건은 하나님의 위대한 정화 작업을 준비시키거나 혹은 재촉하는 것이었다.

우리는 신약성서와 요세푸스의 『유대전쟁사』 18.116-19에서 요한에 관한 기록을 발견하기는 하지만 이 자료에는 중대한 난점이 있다. 먼저 요세푸스는 유대교의 묵시적 종말론이 1세기를 휩쓴 강력한 세력이었음을 결코 인정하려 하지 않았고, 따라서 요한의 처형에 대해 상당히 모호하게 설명한다. 그는 "사람들에게 큰 영향을 끼치는 유창한 언변이 어떤 이에게는 폭동의 형태로 귀결될 수도 있다. 참으로 그들은 마치 행하는 모든 일에 있어서 요한의 인도를 따를 것처럼 보였다"라고 말한다. 그 언변의 내용이 무엇인지는 전혀 언급되지 않았다.

한편 정경 복음서들은 요한의 메시지가 하나님 나라의 임박한 도래에 관한 것이 아니라, 예수의 임박한 도래에 대한 것이었음을 강변한다. 예를 들어 마가복음 1:7-8에서 요한은 선언한다. "나보다 능력 많으신 이가 내 뒤에 오시나니 나는 굽혀 그의 신발끈을 풀기도 감당하지 못하겠노라 나는 너희에게 물로 세례를 베풀었거니와 그는 너희에게 성령으로 세례를 베푸시리라." 다음 단락에서는 하나님 나라의 도래에 관한 요한의 묘사가 예수의 의도와 조화되지 않음을 주목하라.

폭력

나는 여기서 요한의 비전이 폭력적인 혁명을 조장했다는 점을 강조하려는 것이 아니다. 만일 안티파스가 요한을 폭력적이고 위험한 인물로 간주했다면 그는 요한의 추종자들을 가능한 한 많이 잡아들였을 것이다. 하지만 안티파스는 오직 요한 한 사람만을 처형하였는데, 이는 요한이 로마의 체제에 반대하기는 했지만 그의 저항이 비폭력적이었음을 방증한다. 후에 빌라도도 예수에 대해서 비슷한 행동을 취했다.

그러므로 질문은 인간의 폭력에 관한 것이 아니라 신의 폭력에 관한 것이다. 하나님의 나라는 신적인—비록 철저히 신적인 것이라 하더라도—폭력을 포함하는가? 이 문제와 관련하여 세례 요한의 대답은 매우 분명하다. 임박한 도래에 대한 묘사는 체벌하시고 복수하시는 폭력적인 하나님에 대해 말하고 있다. 이러한 사실은 다음의 은유를 통해서 잘 드러난다.

> 요한이 세례 받으러 나아오는 무리에게 이르되 "독사의 자식들아 누가 너희에게 일러 장차 올 진노를 피하라 하더냐 그러므로 회개에 합당한 열매를 맺고 속으로 아브라함이 우리 조상이라 말하지 말라 내가 너희에게 이르노니 하나님이 능히 이 돌들로도 아브라함의 자손이 되게 하시리라 이미 도끼가 나무뿌리에 놓였으니 좋은 열매 맺지 아니하는 나무마다 찍혀 불에 던져지리라"(눅 3:7-9).

누가복음 3:7-9, 16의 표현은 요한 자신의 입에서 나왔다. 그러나 누가복음 3:10-14에서는 누가의 편집 작업에 의해 부드러워졌다.

> 무리가 물어 이르되 "그러면 우리가 무엇을 하리이까?" 대답하여 이르되 "옷 두 벌 있는 자는 옷 없는 자에게 나눠 줄 것이요 먹을 것이 있는 자도 그렇게 할 것이니라" 하고 세리들도 세례를 받고자 하여 와서 이르되 "선생이여 우리는 무엇을 하리이까?" 하매 이르되 "부과된 것 외에는 거두지 말라" 하고 군인들도 물어 이르되 "우리는 무엇을 하리이까?" 하매 이르되 "사람에게서 강탈하지 말며 거짓으로 고발하지 말고 받는 급료를 족한 줄로 알라" 하니라.

독점(monopoly)

요한은 "세례자" 다시 말해 "세례를 주는 자"였다. 그것이 요세푸스와 신약성서에 나오는 그의 별명이다. 요르단 강 상류와 하류에 세례를 주는 장소가 많이 있었기에 사람들이 단지 가장 가까운 세례처로 가기만 하면 되는 것이 아니었다. 사람들은 세례를 받기 위해 요한에게 갔으며, 오직 요한에게만 갔다. 만일 당신이 출애굽의 재연으로서의 위대한 성례전적 회개의 세례에 동참하지 않는다면 당신은 그저 사적인 일로 요르단을 건넌 것뿐이다. 따라서 안티파스가 요한의 운동을 멈추고자 한다면 단지 그를 처형하기만 하면 되었다. 그것은 한 세대 또는 두 세대 동안은 향수와 슬픔으로 기억 속에 떠오를지 모른다. 그러나 그 운동은 요한의 생애에 의존하기 때문에 그의 죽음으로 종결되고 말았다.

종말론 내에서의 패러다임 전환

요한에서 예수에게로 되돌아가기 전에 매우 중요한 질문을 하나 제기하려 한다. 복수하는 하나님(avenging God)의 임박한 도래에 대한 요한의 선포는 당대의 일반적인 유대 묵시적 종말 사상과 잘 조화를 이룬다. 그러나 예수가 지닌 하나님 나라의 비전은 기본적으로 요한의 비전과 같은 것인가, 아니면 일반 유대 종말론 내에서의 패러다임 전환을 대변하는가? 패러다임 전환이라는 말로써 내가 뜻하는 것은 종교적, 정치적 혹은 전혀 다른 유형의 인간 행위 내에서의 예기치 않은 방향 전환이다.

물론 패러다임 전환이라는 표현이 쿤(Thomas Kuhn)의 1962년 저작인 『과학 혁명의 구조』(*The Structure of Scientific Revolutions*)에서 유래했다는 것은 주지의 사실이지만, 그 용어는 종말론적 혁명에도 잘 들어맞는다. 어쨌거나 기원후 1세기는 다양한 패러다임 전환을 경험한다. 세기 초에 로마에서는 공화정 시대의 집정관이 제정 시대의 황제로 대체되고, 세기 말에 유대교에서는 사두개인이 지배하던 성전이 바리새인의 토라로 대체되었다.

요한으로부터 예수로의 패러다임 전환에 대해 긍정적으로 답하기 위해, 나는 먼저 예수의 메시아 종말론에 대한 최근의 두 논평을 살펴볼 것이다.

폭력과 비폭력

콜린스(John J. Collins)는 『홀과 별』(*The Scepter and the Star*)에서, 그 책의 부제가 잘 보여주는 것처럼 "사해 사본과 기타 고대 문학에서의 메시아들"(*The Messiahs of the Dead Sea Scrolls and Other Ancient Literature*)[2]에 대해 매우 철저하고 유익한 연구 결과를 제공한다. 그는 예수의 시대 전후에 "메시아"라는 용어에 대해 주어진 "주변적인" 이해를 넘어서서, 이 용어가 가지는 "공통 핵심" 혹은 "지배적인 내용"에 초점을 맞춘다.

> "이스라엘의 적들을 파멸시키고 무궁한 평화의 시대를 가져다줄 전사-왕(warrior king)으로서 다윗 왕가의 메시아" 개념이 전환기를 맞은 유대 메시아주의의 공통 핵심을 구성하고 있었다.…다윗 왕가의 메시아에 대한 지배적인 개념은 메시아가 왕으로서 이스라엘 왕국을 회복시키리라는 것이었으며 이런 개념이 전환기를 맞은 유대교의 공통분모였다.[3]

그러므로 전사-왕으로서 다윗 왕가의 메시아라는 개념은 메시아에 대한 다양한 이해와 기대 중 하나가 아니라, 메시아사상의 기본이다. 그리고 이러한 사실은 당연히 문제를 일으킨다.

> 비록 그(나사렛의 예수)가 다윗 왕가의 메시아라는 주장이 신약성서에 널리

2_ John J. Collins, *The Scepter and the Star: The Messiahs of the Dead Sea Scrolls and Other Ancient Literature* (New Haven, Conn.: Yale University Press, 2007).

3_ Ibid., 68, 209.

퍼져 있지만, 예수는 다윗 왕가의 메시아의 전형적인 프로필과 맞지 않는다. 이 메시아는 무엇보다도 전사-왕으로서 이스라엘의 적들을 격파하기로 되어 있었다.…복음서가 묘사하는 예수의 모습에는 군사적인 메시아에 대한 유대인의 기대에 부합하는 요소가 거의 없다.[4]

우리는 폭력적인 다윗 왕가 메시아의 "공통 핵심"이나 "지배적인 내용"은 "유대적"인 것으로 해석하고, 비폭력적인 다윗 왕가 메시아의 "공통 핵심"이나 "지배적인 내용"은 "기독교적"인 것으로 해석하는 방식으로는 그 괴리를 설명할 수 없다.

1세기 초에 이르러 전사로서의 다윗 왕가의 메시아에 대한 이해가, 적어도 어떤 유대인들에게 있어서는, 예수 자신에 대한 그들의 체험과의 상호작용을 통해 심각한 패러다임 전환을 겪게 되었다. 달리 말해 어떤 유대인들에게는 예수가 다윗 왕가의 비폭력적인 메시아였다. 이제 그러한 전환에 비추어서, 어떤 학자들이 유대교 내에서 일반적이 되어버린 종말론적이고 메시아적인 기대 내에서의 패러다임 전환을 전혀 인정하지 않은 채 예수의 종말론을 해석하려 할 때 어떤 일이 벌어지는지 살펴보려 한다.

미래와 현재

존 마이어는 아직 진행 중인 네 권짜리 프로젝트, 『주목받지 못한 유대인: 역사적 예수를 다시 생각하기』[5] 제1권에서 하나님 나라에 대해 논하면서 복음서 자료로부터 세 가지 중요한 결론을 이끌어낸다. 그러나 그는 제2

4_ Ibid., 13, 204.

5_ John P. Meier, *A Marginal Jew: Rethinking the Historical Jesus*, vol. 1, Anchor Bible Reference Series (New York: Doubleday, 1991).

권 『지도자와 메시지 그리고 기적들』[6]에서는 스스로 자신의 결론을 약화시키고 있다.

첫째로, 마이어는 "미래 왕국에 대한 예수의 말씀"을 네 가지 중요한 지점에서 발견한다. (1) Q/마태복음 6:10 // 누가복음 11:2에 나오는 "당신의 나라가 임하시며", (2) 마가복음 14:25에 나오는 "하나님 나라에서 포도주 마시기", (3) Q/마태복음 8:11-12 // 누가복음 13:28-29에 나오는 "천국에서 아브라함과 함께 식탁에 기대 앉기" (4) preQ/마태복음 5:3, 4, 6 // 누가복음 6:20-21에 나오는 "팔복강화".

그러나 마이어는 다음의 세 가지 말씀이 본래 예수에게서 유래하지 않았다고 주장한다. (1) 마태복음 10:23은 "예수에게서가 아니라 초기 교회로부터 왔다"(p. 341), (2) 마가복음 9:1은 "마찬가지로 제1세대 기독교 예언자의 말에서 왔다"(p. 344), (3) 마가복음 13:30은 "그 기원이 초기 교회에 있다"(p. 341). 그러므로 마이어는 "예수는 하나님 나라에 마감 날짜를 두었는가?"라는 자신의 처음 질문에 부정적으로 대답한다(pp. 336-48).

그러나 이 모든 주장은 실제로는 별 차이가 없는 것들을 무리하게 구분한 것이 아닌가 하는 생각이 든다. 그는 "예수 스스로 하나님 나라의 도래가 임박했다고 생각했다"(p. 337)라고 말하는가 하면, 다른 곳에서는 예수에게서 "하나님 나라의 오심이 매우 임박하다는 것을 명백히 진술하는 구절들이 눈에 띄게 없다"(p. 337)라고 말하기도 한다. 달리 말해 "임박한" 이라는 표현은 매우 "임박하다"는 것을 뜻하지 않는다는 것인가? 어쨌거나 "얼마나 임박해야만 그것을 임박했다고 말할 수 있는 것인가?"(p. 338)

나 자신은 "임박한" 이나 "곧" 혹은 "이 세대에"와 같은 구절 간에 어

6_ John P. Meier, *A Marginal Jew: Rethinking the Historical Jesus:* Volume 2: *Mentor, Message, and Miracles*. Anchor Bible Reference Series (New York: Doubleday, 1991).

떤 실제적인 차이를 발견하지 못한다. 그리고 "임박한"이나 "곧"이라는 표현은 약간 애매한 반면 "이 세대에"(within this generation)라는 표현의 의미는 충분히 명확하다. 적어도 그 구절 중에 어떤 것도 이천 년과 같은 긴 시간을 의미하지는 않는다. 만일 "미래의, 결정적이고 임박한 하나님의 통치가 예수 선포의 중심"이었다면(p. 398), 예수의 핵심적인 선포의 내용은 단지 착오이며 잘못 이해한 것이라고 할 수밖에 없을 것이다. 어떤 특별한 상황 설명이나 의미론적 얼버무리기로도 이 상황을 개선할 수 없다.

다음으로, 마이어는 예수에게 "하나님 나라가 이미 현재하는" 것임을 보여주는 여섯 개의 중요한 본문을 발견한다. (1) Q/마태복음 11:12-13 // 누가복음 16:16의 "세례 요한 단락", (2) Q/마태복음 12:28 // 누가복음 11:20, 마가복음 3:24-27, Q/누가복음 11:21-22에서 "예수의 귀신 축출", (3) 누가복음 17:20-21에서 "하나님 나라는 너희 안에 있느니라", (4) 마가복음 1:15에서 "하나님 나라가 가까웠느니라", (5) Q/마태복음 13:16-17 // 누가복음 10:23-24에서 "증언에 대한 축복", (6) 마가복음 2:18-20에서 "금식에 대한 질문". 달리 말해 예수에게 "하나님 나라는—부분적이고 상징적이기는 하지만—그 자신의 언어와 행동 속에 이미 도래했다"(p. 398).

그러나 하나님 나라의 임재에 대한 마이어의 제안은 "어느 정도"(p. 429), "어떤 방식에서"(p. 450), 특히 "어떤 의미에서"(pp. 398, 399, 400, 403, 423, 449, 454) 등과 같은 반복되는 구절로 인해 그 의미가 약화된다. 하나님이 임재하시는 왕국에 대한 예수의 선포가 그의 첫 청중에게 그처럼 모호하고 불명확하며 불확실할 수 있었을까?

마지막으로, 예수의 왕국 선포에 대한 그의 "아직은 임박한 미래이지만 어느 정도는 이미 임재한"(imminently-future-yet-somehow-already-present)이라는 해석에는 부가적인 설명이 필요하다는 점을 마이어는 잘 알고 있었고, 그래서 세 가지 설명을 제시한다. 내가 보기에 그는 한 설명에서 다른 설명으로 옮겨갈 때에 수사학적으로 점점 더 거칠어지기 때문에 그 설명의 어조가 내용만큼이나 중요하다.

첫째로, “예수가 미래에 도래할 것으로 선포한 하나님 나라는 어떤 의미에서 이미 현존하고 있다. 그럼 어떻게 이것이 하나님 나라가 곧 오리라고 한 예수의 말씀과 조화를 이루는가, 혹은 조화를 이루기는 하는가라는 질문은 아직도 열린 채로 남아 있다. 그러나 추가적인 문제들이 바로 이 문제와 관련된 일부 증거를 압박하거나 왜곡하게 만들어서는 안 된다. 예수의 관심사는 깔끔한 체계화가 아니었다”(p. 423).

둘째로, 마이어는 예수가 “현재 자신이 수행하는 사역과 가까운 미래에 있을 하나님의 종말론적 통치의 완전한 도래 사이의 유기적 연관성”을 의식했다고 주장한다. 그러나 계속해서 “나의 견해로는 이것이 우리가 말할 수 있는 모든 것이다. 하나님 나라에 대해 설명하면서 ‘임재하나 아직 미래’(present yet future)라는 최소한의 경계선을 넘어서는 것은 주해(exegesis)를 배제한 채 조직신학에 뛰어드는 것과 마찬가지다”(p. 453)라고 말한다.

셋째로, 마이어가 세 번씩 반복해서 하는 변명 혹은 설명이 있는데, 나는 이것이 그에게 가장 중요한 논지라고 생각한다. 여기에 그가 전체적인 문맥에서 세 번이나 반복하는 주장이 있는데, 나는 그것이 전적으로 설득력이 없을 뿐만 아니라 믿기지 않을 정도로 비루하다고 생각한다.

그 첫 번째 언급은 다음과 같다. “최근에 어떤 비평가들은 미래적인 동시에 현재적인 하나님 나라라는 것이 개념적으로 용납될 수 없는 모순이라면서 반대했다. 하지만 이렇게 대답할 수 있을 것이다. 우리가 지닌 성서 문헌의 상당 부분을 차지하고 있는 고대 셈족의(semitic) 관점에서 보면 서구 철학의 비모순(non-contradiction)의 원칙이라는 것은 그리 심하게 문제 되지 않는다”(p. 11).

두 번째 언급은 다음과 같다. "예수가 가까운 미래에 임할 것이라고 약속한 왕국은 역설적으로 좀 낯선 방식으로 이미 그의 사역 가운데 현존하고 있었다. 현대인의 마음에 그런 역설은 참을 수 없는 모순으로 보일지 모른다.…하지만 고대 셈족의 정신에서는, 오늘날 많은 제3세계 사람들의 전망과 유사하게, 비모순의 원칙이 지나칠 정도로 관계하지는 않았다. 그렇지만 아마도 서구 논리는 그 원칙을 존중할 것이다"(p. 399).

세 번째 언급은 다음과 같다. "서구인들이 스피노자의 체계적인 저술과 관련하여 떠올리는 논리적 일관성의 문제를, 1세기의 유대인 순회 설교자요 기적을 행하는 자를 다루는 데 적용하는 것은 과녁을 벗어나는 일이 될 것이다. 아마도 나사렛 예수와 그의 청중은 비모순의 원칙에 대한 우리의 관심을 호기심 어린 미소를 머금고 들을 것이다"(p. 452).

제한된 지면 내에서 내가 하고자 하는 것은 마이어의 논지가 가지는 독창성에 대해서 찬성하거나 이의를 제기하는 것이 아니다. 나는 언제나 예수에게 있어서 "이미 임재하는"(already-present) 것에 대한 강조가 "미래-임박할"(future-imminent) 것에 대한 강조보다 훨씬 더 역사성을 띤다고 확신해왔음을 인정한다. 그러나 지금 여기서 내가 말하고자 하는 요점은 4권으로 된 마이어의 프로젝트가 그의 두 번째 저서에서의 붕괴 이후로 점차 누더기가 되어간다는 것이다.

더 나아가 나는 마이어 자신의 자료를 전적으로 수용한다는 전제하에, "어떤 의미에서" 방어적으로 도피하거나 "제3세계의 전망" 속에서 공격적으로 도피하지 않고서도 역사적 예수의 하나님 나라를 설명하는 것이 가능하고 또한 필요하다고 생각한다. 아마도 마이어는 예수 왕국의 미래를 고려하기 전에 현재에서부터 논의를 시작하는 것이 더 나은 설명일 수 있다는 것을 눈치챘을지도 모른다. 어쨌거나 나는 다음 단락에서 예수의 선포를 하나님 나라에 대한 유대교의 일반적인 기대 내에서의 패러다임 전환으로 이해하자고 제안한다.

예수와 종말론

나는 예수가 지상의 하나님 나라에 대해 보여준 비전을 해석할 때 위에서 요한의 선포에 대해 적용했던 것과 동일한 세 범주를 통해 해석한다. 내가 이처럼 요한과 예수를 세 가지 주된 범주에서 비교하는 이유는, 둘 중에 한 사람을 더 위대한 순교자로 추앙하려는 것도 아니고 기독교를 유대교보다 더 높이려는 것도 아니다. 예수는 세례 요한에게서 물려받은 것이 상당히 많기 때문에 단순히 예수의 우월성을 주장하는 일은 피해야 한다. 예를 들어 요한은 하나님의 오심을 예언했는데, 실제로 찾아온 것은 안티파스의 기병대였다. 요한은 처형되었지만 아직 하나님은 오시지 않았다. 예수는 이 모습을 지켜보면서 어떤 깨달음을 얻었고 그리하여 하나님에 대한 그의 비전을 변경했다. 또한 요한의 처형은 예수의 안전을 보장하는 역할을 했는데, 왜냐하면 안티파스는 또 한 명의 인기 있는 반체제적 예언자를 죽이는 것이 충분히 안전하다고 느낄 때까지 기다려야 했기 때문이다.

임재성(presence)

예수에 대해 우리가 가장 확실히 알 수 있는 일 중에 하나는 그가 요한에게 세례를 받았다는 것이다. 이 사실이 얼마나 확실한지는 마가복음에서부터 마태와 누가를 거쳐 요한복음으로 갈수록 이 문제가 점점 민감한 문제로 다루어진다는 사실을 통해 더욱 분명해진다.

마가복음 1:9에서 그것은 당연한 사실로 받아들여지고 있다. "그때에 예수께서 갈릴리 나사렛으로부터 와서 요단강에서 요한에게 세례를 받으시고." 그러나 세례 사건은 곧바로 마가복음 1:10-11에 등장한 다음 비전에 의해 가려지고 만다. "곧 물에서 올라오실새 하늘이 갈라짐과 성령이 비둘기 같이 자기에게 내려오심을 보시더니 하늘로부터 소리가 나기를 너는 내 사랑하는 아들이라 내가 너를 기뻐하노라 하시니라."

마태복음은 한층 더 방어적인 태도를 보여준다. 마태복음 3:13에 보면 예수는 갈릴리로부터 요단강에 도착해서 요한에게 세례를 받으려 하신다. 그러나 뒤이어 마태복음 3:14-15에서 요한의 반응이 뒤따른다. "요한이 말려 이르되 내가 당신에게서 세례를 받아야 할 터인데 당신이 내게로 오시나이까 예수께서 대답하여 이르시되 이제 허락하라 우리가 이와 같이 하여 모든 의를 이루는 것이 합당하니라 하시니 이에 요한이 허락하는지라." 그 후에 마가복음에서처럼 하늘의 환상과 계시가 세례 사건을 압도해버린다.

누가복음은 거의 회피적이어서 만약 당신이 주의 깊게 읽지 않는다면 누가복음 3:21에서 예수 자신의 세례에 대해 언급한 내용을 놓칠 수도 있다. "백성이 다 세례를 받을새 예수도 세례를 받으시고 기도하실 때에 하늘이 열리며." 누가복음의 경우 예수에 대한 하나님의 계시라는 비전이 동반되지 않는다.

요한복음 1:26-33에는 세례 사건에 대한 최종적인 해답이 주어진다. 요한복음에는 예수가 세례 요한으로부터 세례를 받았다는 어떤 언급도 없고, 단지 세례 요한이 예수에 대해 "하나님의 아들"과 "하나님의 어린 양"이라고 증언한 사실만을 강조한다. 세례 요한은 예수(하나님이 아닌)에 대하여, 그가 자신보다 크신 분이며 또 자신이 곧 오시리라고 예언했던 바로 그분이라고 밝힌다. 하늘의 환상은 예수가 자신의 정체성을 인식하는 것을 돕는 대신에, 세례 요한으로 하여금 예수가 누구신지 알아보도록 돕는 역할을 한다.

> 요한이 또 증언하여 이르되 내가 보매 성령이 비둘기 같이 하늘로부터 내려와서 그의 위에 머물렀더라 나도 그를 알지 못하였으나 나를 보내어 물로 세례를 베풀라 하신 그이가 나에게 말씀하시되 성령이 내려서 누구 위에든지 머무는 것을 보거든 그가 곧 성령으로 세례를 베푸는 이인 줄 알라 하셨기에(요 1:32-33).

그러나 이러한 모든 구절을 통해 강조되는 것은, 요한이 예수에게 세례를 주었을 뿐만 아니라 적어도 초창기에는 예수도 "종말론적이고 복수하시는 하나님의 임박한 도래"라는 요한의 메시지를 수용했다는 점이다. 예수가 누가복음 7:24-27에서 말라기 3:1을 인용하면서, 광야의 강인한 예언자로서의 요한을 바람에 흔들리는 갈대와 같은 안티파스와 대비시키면서 옹호하는 것도 그런 사실에 비추어 설명할 수 있다.

> 요한이 보낸 자가 떠난 후에 예수께서 무리에게 요한에 대하여 말씀하시되 너희가 무엇을 보려고 광야에 나갔더냐 바람에 흔들리는 갈대냐 그러면 너희가 무엇을 보려고 나갔더냐 부드러운 옷 입은 사람이냐 보라 화려한 옷을 입고 사치하게 지내는 자는 왕궁에 있느니라 그러면 너희가 무엇을 보려고 나갔더냐 선지자냐 옳다 내가 너희에게 이르노니 선지자보다도 훌륭한 자니라 기록된 바 보라 내가 내 사자를 네 앞에 보내노니 그가 네 앞에서 네 길을 준비하리라 한 것이 이 사람에 대한 말씀이라(눅 7:24-27).

그러나 바로 다음 구절인 누가복음 7:28에 이르면, 이 구절의 상반절은 앞에서의 찬사를 되풀이하는 반면 하반절은 갑작스레 그를 격하시킨다.

"내가 너희에게 말하노니 여자가 낳은 자 중에 요한보다 큰 자가 없도다 그러나 하나님의 나라에서는 극히 작은 자라도 그보다 크니라 하시니."

나는 요한에 대한 그런 상반적인 두 진술 모두 역사적 예수에게서 온 것으로 본다. 따라서 나는 예수가 초창기에는 "하나님 나라의 임박성"(God's imminence)이라는 세례 요한의 신학을 수용했으나, 세례 요한의 죽음을 목격하고서는 "하나님의 임재"(God's presence) 신학으로 전향했다고 생각한다. 세례 요한은 하나님이 임하실 것을 기다렸으나, 복수하시는 하나님이 오시기도 전에 처형당하고 말았다. 그렇다면 예수는 그것이 하나님의 존재 방식이 아니기 때문에 그렇게 행동하시지 않았다고 생각하지 않았을까? 그러므로 예수는 자신의 선포를 통해 하나님의 나라는 임박한 것이 아니라 이미 현존하는 것이며, 여기 이 땅 위에 이미 임재해 있다고 주장했다. 그 나라는 미래에 더 완전한 모습으로 완성되어야 하지만, 이미 현존하는 실체이지, 미래에 임할 나라는 아니라는 것이다.

그러나 예수는 그런 깜짝 놀랄 만한 주장에 덧붙여서 또 다른 주장을 펼치지 않으면 안 되었을 것이다. 당신이 하나님 나라의 미래-임박성을 주장할 경우에는, 정확한 날짜를 제시할 정도로 어리석지만 않다면 사람들은 절대로 그 주장이 옳은지 그른지를 판단할 수 없을 것이고, 그래서 당신은 영원히 그 주장을 고집할 수 있을 것이다. 우리는 그저 하나님이 행동하시기를 기다릴 뿐이고, 하나님의 임재를 고대하는 우리의 신앙과 소망 그리고 기도 외에 우리가 할 수 있는 일이라고는 아무것도 없다. 하나님이 행동하신다면 아마도 그것은 시공간의 모든 범주를 넘어서는 신적인 섬광과도 같을 것이다. 그러나 이미 임재한 왕국(already-present Kingdom)을 주장하기 위해서는 증거가 필요한데, 예수가 제시할 수 있었던 유일한 증거는, "우리가 하나님을 기다리는 것이 아니라, 하나님이 우리를 기다리신다"는 것이었다. 임재하는 하나님 나라는 상호 협력적이고 참여적인 종말(collaborative and participatory *eschaton*), 다시 말해 인간의 세계와 하나님의 세계 간의 종말론적이고 변증법적인 대립이다. 하나님의 위대한 정화 작업(Clean-Up)은 시간 차원에서 보자면, 현재의 시작과 (멀거나 혹은 가까운) 미래의 완성 간에 상호작용하는 과정이다. 그 과정이 하나님 없이 일어날 수 있는가? 그럴 수 없다. 그러면 신자 없이 일어날 수 있는가? 그것도 아니다. 예수는 하나님 나라의 임재를 보기 위해서는 "와서, 우리가 어떻게 사는지 보고, 너희도 그렇게 살라"라고 말씀하신다. 여기에서 예수의 급진적인 윤리는 하나님 나라가 도래하는 데 불필요한 준비 과정이 아니라, 그 나라의 도래와 상호작용하는 필연적인 요소다.

폭력(violence)

예수가 사람들에게 비폭력을 요구하는 근거는 하나님의 비폭력성이다. 이것은 폭력적인 원수에 대해서도 마찬가지다. 마태복음에서 예수는 청중에게 "원수를 사랑하라 또한 너희를 핍박하는 자를 위해 기도하라"라고 명령하는데, 그가 제시하는 이유는 다음과 같다. "이같이 한즉 하늘에 계신 너희 아버지의 아들이 되리니 이는 하나님이 그 해를 악인과 선인에게 비추시며 비를 의로운 자와 불의한 자에게 내려주심이라"(마 5:44). 그리고 누가복음에서는 "오직 너희는 원수를 사랑하고 선대하며 아무 것도 바라지 말고 꾸어 주라 그리하면 너희 상이 클 것이요 또 지극히 높으신 이의 아들이 되리니 그는 은혜를 모르는 자와 악한 자에게도 인자하시니라"(눅 6:35)라고 말씀한다.

더욱이 마태복음의 결론은 상당히 충격적이다. "그러므로 하늘에 계신 너희 아버지의 온전하심과 같이 너희도 온전하라"(마 5:48). 이 명령은 불가능한 것처럼 들린다. 어떻게 인간이 신처럼 완전할 수 있겠는가? 그러나 그리스어에서 "완전하다"(to be perfect)라는 동사는 "완성되다"(to be finished)라는 뜻으로도 해석될 수 있다. 예를 들어, 예수는 십자가 위에서 숨을 거두시면서 "다 이루었다"(It is finished, 요 19:30)라고 말한다. 달리 말해, 우리가 비폭력적인 하나님을 본받고 또 그분의 성품에 참여하여 폭력을 멀리하게 되면 우리는 완전해지고 완성되며 온전한 인격을 소유하게 된다.

분산(franchise)

그러나 요한과 예수 사이에는 세 번째 중대한 차이가 있는데 그것은 앞서 언급한 두 가지 차이에 자연스럽게 수반되는 것이다. 그 차이를 이렇게 표현할 수 있다. 요한은 자신의 사역을 독점했지만(monopoly), 예수는 그 사역을 분산시켰다(franchise). 앞에서 살펴본 대로 요한의 별명은, 요세푸스와 신약성서 두 곳에서 "세례자 요한" 혹은 "세례 주는 자"로 소개된다. 그래서 안티파스는 세례 운동을 중단시키기 위해 요한을 처형하는 것으로 충분했다. 나는 예수가 이 사건을 통해 다시 한 번 교훈을 얻었다고 생각한다. 그렇기 때문에 그는 세례 요한과는 다른 전략을 세웠던 것이다.

먼저 앞에서 언급했던 내용을 상기하자. 예수는 자신과 그의 동료들이 어떻게 하나님 나라를 이미 받았으며, 그 나라에 이미 들어갔고, 그 나라에 이미 살고 있는지 와서 보라고 초청하심으로써 하나님 나라의 임재를 선포했다. 예수는 너희가 그 왕국을 체험하려면 와서 우리가 어떻게 사는지 보고서 너희도 우리처럼 살아야 한다고 주장한다. 그것은 예수가 공동체적인 프로그램을 가지고 있었음을 전제한다. 예수는 단지 비전이나 이론만이 아니라 실천(praxis)과 프로그램을 갖고 있었다는 것이다. 그리고 그 프로그램은 예수 자신만을 위한 것이 아니라 다른 사람들을 위한 것이기도 했다. 그 프로그램은 무엇이었을까?

그 기본적인 내용은 "병든 자를 치유하고, 당신이 치유한 자들과 함께 먹고, 그런 상호 관계 속에 하나님 나라의 임재를 선포하는 것"이다. 그런 프로그램은 누가복음 10:1-12, 마가복음 6:7-13 // 누가복음 9:1-6에 반영된 Q 복음에도 여실히 드러나며, 마태복음 10:1, 5-15에 결합되어 나타난다. 그것은 바울의 고린도전서 9장과 도마복음서 14b절에도 반영되어 있다. 더 나아가 그 프로그램은 예수의 말씀과 행위 간에 우선권을 설정하는 것이 불필요하다고 주장한다. 왜냐하면 그 프로그램은 "행하는 것에 대한 말씀"(a saying about doing) 또는 "행위에 관한 말"(a word about a deed)을 다루기 때문이다.

그러나 그 본문들에서 발견되는 독특한 특징을 주목하라. 첫째, 예수 자신은 왕국의 권리를 혼자 누리는 자(monopolist)처럼 나사렛이나 가버나움에 정착해서 사람들을 그리로 데리고 오라고 동료들을 보내지 않았다. 둘째, 예수는 다른 사람에게 자기 자신이 하고 있는 일과 동일한 것—병든 자를 치유하고, 치유 받은 자들과 함께 먹고, 하나님 나라 임재를 선포하기—을 하라고 분명하게 말한다. 셋째, 예수는 그들에게 예수의 이름으로 치료하라고 말하지 않으며 심지어 치료에 앞서 하나님께 기도하라고 말하지도 않는다. 그뿐 아니라 스스로도 치료에 앞서 기도하지 않는다. 이것은 참으로 이상한 일인데, 오직 하나님 나라가 지금 여기 있으며 그들이 그 나라에 참여하고 있다는 사실로만 설명될 수 있다. 만일 당신이 이미-임재한 하나님 나라에 거한다면 당신은 이미 하나님과 연합을 이루었고, 따라서 그에 합당하게 행동할 수 있는 것이다.

예수 왕국 프로그램의 근간은, 기본적인 영적 능력으로서의 "치유"와 기본적인 신체 능력으로서의 "먹는 것" 사이에 존재하는 상호 관계다. 이 두 차원이 자유롭고 공개적으로 서로 간에 소통을 한다는 것이다. 예수의 프로그램은 안티파스가 보여준 로마의 하향적인 탐욕 공동체에 대한 긍정적인 대안으로서 상향적인 나눔 공동체 모델을 보여주었다. 음식이 생명을 유지하기 위한 물리적 기초라는 점과, 먹을 것을 통제하는 것이 곧 다른 모든 것을 통제하는 일이라는 점은 분명하다. 정상적으로 음식을 섭취할 때조차도 우리는 자신이 음식에 절대적으로 의존한다는 사실을 충분히 인식할 수 있다. 물론 음식 외에도 우리가 필요로 하는 것은 얼마든지 있다. 하지만 무엇보다 분명한 사실은, 먹지 않으면 죽는다는 것이다. 따라서 음식을 기본적인 신체 능력과 동일시하는 것은 비교적 분명하게 다가오지만, 치유를 영적 능력과 동일시하는 문제는 이해하기가 훨씬 어렵다.

예수가 위대한 치유자였다는 것은 매우 분명하다. 그리고 우리가 그 능력을 어떤 식으로 설명하든지 간에, 그 능력의 실재성은 확실한 것처럼 보인다. 아서 클라인맨(Arthur Kleinman)은 유명한 저서 『문화적 맥락에서의 환자와 치유자』(*Patients and Healers in the Context of Culture*)에서 다음과 같이 강조한다.

> 의료 인류학의 주요 공리는 병(sickness)의 두 양상, 즉 질병(disease)과 병고(病苦, illness)를 구분하는 것이다. 질병은 생물학적이거나 심리학적 과정에서의 기능장애를 뜻하는 반면, 병고는 인식된 질병에 대한 심리학적 체험과 의미를 가리킨다. 병고는 개인의 생리학적이거나 심리학적 견지에서의 일차적인 기능장애(질병)에 대한 개인적이고 사회적인 이차 반응을 가리킨다.… 이런 관점에서 보면, 병고는 질병이 행동과 체험으로 형성된 것이다. 병고는 질병에 대한 개인적·사회적·문화적 반응으로 생겨난 것이다.[7]

치유(healing)가 병고(illness)에 관련된다면, 치료(curing)는 질병

7_ Arthur Kleinman, *Patients and Healers in the Context of Culture* (Berkeley: University Of California Press, 1980), 72.

(disease)과 관련된다. 때로는 질병을 치료하는 경우도 있지만, 일반적으로 사람이 할 수 있는 최선의 것은 질병에서 파생되는 병고들을 치유하는 것이다. 특별히 고대 의학에서 그렇다고 할 수 있는데, 사실은 오늘날에도 만성적 통증이나 질병 말기의 통증에 있어서는 병고를 치유하는 것이 우리가 할 수 있는 최선인 경우가 종종 있다.

드폴 대학교(DePaul University)에서 내가 가르치는 학부 학생들에게 질병 치료(curing disease)와 병고 치유(healing illness) 간의 구분에 대해 설명하려고 했을 때, 대부분의 학생들은 질병/병고(disease/illness)의 문제를 정신신체 의학적(pychosomatic) 측면에서 이해했으며, 치유를 정신력에 의해 지배되는(mind-over-matter) 현상으로 해석했다. 학생들은 1993년에 개봉된 영화 "필라델피아"를 보고서야 내가 그것을 사회신체적 콤플렉스(sociosomatic complex)라고 부르는 의도를 이해할 수 있었다. 톰 행크스(Tom Hanks)가 동성애 변호사 앤드루 베켓(Andrew Beckett)으로 분하여 연기했던 장면을 상기해보라. 베켓은 동성애로 인한 후천성면역결핍증 감염 때문에 법률 사무소에서 해고당했다. 나의 모든 학생들이 베켓의 질병(disease)은 치료할 할 수 없다는 데에는 동의했지만, 이야기가 전개되면서 학생들은 그의 병고(illness)가 배우자와 가족의 지원과 법률 사무소의 불법적인 차별에 대항해 성공적으로 소송을 제기한 변호사의 지원으로 치유되었다는(healed) 사실을 볼 수 있었다. 치료(curing)는 불가능하지만 치유는 여전히 가능하다. 분명한 것은, 모든 것이 가능한 것은 아니지만, 가능한 것이 전혀 없는 것도 아니라는 사실이다.

아서 클라인맨의 다른 책 『병고의 내러티브』(*The Illness Narratives*, 1988)에 보면 또 하나의 예가 있다. 이야기는 "중상류층 흑인 가족 출신으로 도시 빈민가 진료소에서 일하는 29세의 열정적인 내과의사 레노어 라이트(Lenore Light)"에 관한 것이다. 그녀의 말을 빌면, 그녀는 "우리 흑인 하류층, 즉 우리 모두의 근원이 어디인지를 상기시켜주는 가장 가난하고, 가장 비참하고, 가장 무질서하고, 억압받는 동시에 압제하는 자"들과 함께 일했다. 그녀가 시인하는 것처럼, "그러한 상황은 나를 급진주의자로 만들었는데 그것은 죽음(mortality)과 질병(morbidity)과 우울증(depression)이라는 사회적 요인이 혁명적으로 결합한 결과다. 내가 더 많이 알아가면 알아갈수록 내가 얼마나 무지했고 질병의 사회적·경제적·정치적 원인에 무감각했는지에 더욱더 소름이 끼친다."[8] 그녀는 구체적인 예를 제시한다.

> 나는 오늘 남편 없이 여섯 아이를 키우는, 고혈압에 비만인 여인을 만났다. 그녀에게는 남편도, 가족의 지원도 없고 직업도 없었다. 피로 얼룩진 폭력과 빈곤과 마약과 십대들의 임신, 한마디로 정신을 마비시킬 정도의 위기상황이 끊임없이 일어나고 있다. 내가 무엇을 할 수 있겠는가? 저염 식단을 추천하고 혈압을 조절하라고 충고하는 것이 그녀에게 무슨 유익을 준단 말인가? 그녀는 현실적으로 외부 세계로부터 무시무시한 압력을 받고 있는데, 몸 안의 높은 혈압이 얼마나 큰 의미가 있겠는가? 그 여인을 죽이는 것은 그녀를 둘러싼 세상이다. 그 여인의 신체가 아니다. 사실상 그녀의 몸은 세상이 그렇게 만든 것이다. 그녀는 고도 비만이자 그리 아름답지 않은 거구다. 그녀를 그렇게 만든 범인은 주위환경과 가난과 음식에 대한 잘못된 광고다. 따라서 자신의 세상이 가진 한계를 깨닫고서 분노하지 않는다는 것은 그녀에게 불가능한 일인 것이다. 그녀에게 필요한 것은 의학이 아니라 사회 혁명이다.[9]

그녀의 말이 옳다. "우리에게 필요한 것은 예방이지, 심한 내상 위에

8_ Arthur Kleinman, *The Illness Narratives: Suffering, Healing, and the Human Condition* (New York: Basic Books, 1988), 216-17.

9_ Ibid., 217.

붙일 반창고가 아니다."[10] 치유는 관심과 지원과 도움이 있는 공동체 내에서 일어난다. 그리고 그것은 단순히 정신신체적(psychosomatic)인 것만이 아니라 사회신체적(sociosomatic)인 실재다.

예수와 동료들의 병고 치유는, 라이트의 표현을 빌자면, 예방적인 사회 개혁(preventive social revolution)의 구도 내에서, 그리고 세상에 대한 하나님 나라의 위대한 우주적 정화라는 구도 내에서 보다 급진적인 방식으로 이해해야 한다. 혹시 예수나 아스클레피오스(Asklepios) 같은 저명하고 위대한 치유자가 죽은 자를 일으켰다고, 다시 말해 죽음으로부터 생명을 다시 취해왔다고 누군가가 주장하더라도 너무 놀라지 말라. 만일 그런 주장을 추종자들의 말에서 발견한다 해도 놀라지 말라. 하지만 그들의 환자들이 그런 말을 했다면 그것은 매우 놀랄 만한 일이다. 그것은 치유자의 의료 기록에서 온 것이 아니라, 치유자의 사회적 관계 속에서 나온 주장이다. 당신은 초월적이고 위대한 치유자가 죽은 자를 일으켰다는 주장을 들을 수 있는데, 그것은 단순히 비범한 치유력의 존재를 확증할 뿐이다.

공동 종말론의 미래

앞에서 언급한 것처럼 존 마이어는 예수의 종말론적인 하나님 나라를 분석함에 있어 그 나라를 임박한 미래("그러나 얼마나 임박한 것이 임박한 것인가")로 보는 데서 출발하여, 다음에는 이미 임재하는 것("어떤 의미에서")으로 진전시켰다. 그리고 최종적으로 셈족의 정신과 제3세계 민족들은 서구인이 지닌 비모순의 원칙에 대한 관심을 결여하고 있음을 지적함으로

10_ Ibid., 217.

써 미래-현재 간의 긴장을 해소하려 했다. 내 생각에는 그런 분석으로 말미암아 그의 네 권짜리 프로젝트의 핵심이 인종중심적 퇴보(ethnocentric condescension)의 길을 걷게 되었다.

나는 하나님의 종말론적인 왕국에 대한 예수의 메시지를 그것이 이미 임재한(already present) 것으로, 다시 말해 하나님의 위대한 세계 정화 작업이 이미 진행 중인 것으로—물론 그 작업이 하나님의 요구와 인간의 반응 간의 공동작용으로 이해되는 한에서—해석하는 데서 출발한다. 예수와 그의 동료들이 가진 급진적 윤리는 머지않아 도래할 것에 대한 "부정적인 준비"가 아니라 이미 임재한 것에 대한 "긍정적인 참여"다. (그것은 또한 바울에게서도 마찬가지다.) 더욱이 그 선포는 어떤 종말론적 완성에 대한 유대교의 표준적 관점에서의 패러다임 전환을 대변한다.

첫째, 전통적으로 종말론적 완성은 전적으로—설사 임박했다 하더라도—미래의 일이다. 둘째, 그 완성은 배타적으로—메시아로 지명된 자에 의해 중재되기는 하지만—하나님의 일이다. 공동 협력이란 기껏해야 예비 기도, 정결이나 순교로서 존재할 뿐이다. 비록 그런 경건이 세상을 변화시키는 하나님의 도래를 용이하게 하거나 촉진시킬 수 있다 하더라도 말이다. 셋째, 아무도 하나님이 세상을 인간적인 불의의 상태에서 신적인 완전한 정의의 상태로 변화시키는 데 얼마나 오랜 시간이 필요한지 묻지 않았다. 아마도 그것은 인간의 시간과 추이의 개념을 뛰어넘는 신적인 번개의 섬광과 같을 것이다.

그러나 예수가 도입한 돌발적인 변화는 하나님의 종말론적 도래의 성격을 순간으로부터 과정으로, 시간을 배제한 즉각성으로부터 시간 내에서의 연속성으로 바꾸었다. 그리고 그것은 미래에 관한 질문을 "언제 그것이 시작될 것인가"가 아니라 "언제 그것이 끝날 것인가"로 바꾸어놓았다.

요한은 악이 종결되는 날(end of evil)이 곧 시작될 것이라고 선포했다.

예수는 그날이 이미 임했지만 오직 공동 협력을 통해서만(collaboratively) 현존한다고 선포했다. 따라서 예수와 관련하여 남겨진 유일한 질문은 이것이다. 예수가 종말의 시작이 임박했음(imminent beginning of the end)을 주장하지 않았다 치자. 그러면 그는 시작의 종국이 임박했음(imminent end of the beginning)을 주장한 것인가?

먼저 나는 예수가 이미 임재한 하나님 나라의 미래적 완성에 대해—그 완성이 임박했든 혹은 먼 미래의 일이든—많은 관심을 보였다고 생각하지는 않는다. 하지만 동시에 다소 사람 바울에서부터 밧모섬의 요한에 이르기까지 임박한 완성에 대한 일관된 기대감이 존재했던 것 또한 사실이다. 비록 그들이 기대했던 완성의 모습이 서로 다르기는 했지만 말이다. 또한 우리는 우리 삶의 어느 영역에서 패러다임 전환이 일어날 때, 그것은 단지 사소한 변이일 뿐이라고 자신을 설득하려는 경향이 있다. 예를 들어 자동차가 등장하면 그것은 단지 말이 없는(horseless) 마차일 뿐이라고, 큰 변화가 일어난 것은 아니고 단지 말(horse)이 사라진 것뿐이라고 생각하려 한다는 것이다.

다시 말해 역사적 예수에 관한 가장 중요한 논의는—그때나 지금이나—역사적 예수가 지닌 공동 종말론의 비전이어야 한다는 것이 나의 생각이다. 그러나 만일 예수가 공동 종말론(collaborative eschatology)이 머지않아 완결될 것이라고 생각했다면 그는 잘못 생각한 것이다. 예수 이래로 비슷한 주장을 했던 다른 모든 이들이 틀렸듯이 말이다. 솔직히 말해서 나는 이 문제에 대해 그 이상의 말을 하는 것은 무가치한 일이라고 생각한다. 만일 예수가 공동 종말론의 완성이 1세기에 이루어질 임박한 사건이라고 생각했다면, 그는 틀린 것이다.

결어

요한복음의 절정을 이루는, 역사적으로 정교하다기보다는 비유적으로 참이라고 할 수 있는 웅장한 장면에서, 빌라도는 예수가 선포한 나라와 관련하여 예수와 맞서게 된다. 킹제임스 역(King James Version)에 따르면 예수는 이 문제에 대해 "나의 나라는 이 세상의 것이 아니라"(요 18:36)라고 말했다.

첫째, 예수는 하나님의 나라를 "이 세상"의 왕국과 대립시킨다. 그것은 단순히 종말(*eschaton*)을 제국에, 다시 말해 종말론적 하나님 나라를 로마 제국 또는 그 전후에 존재했던 모든 제국에 대립시키는 또 다른 방법일 뿐이다.

둘째, 예수는 로마 제국의 동쪽 끝자락에 있는 로마령 유대(Roman Judea)에서 로마의 총독인 빌라도에게 사형 언도를 받았다. 그러나 예수는 결코 로마에 대해서 그렇게 언급하지 않는다. 그는 심지어 빌라도를 이름으로 부르지도 않는다. 예수는 로마와 다른 제국들에 내재하는 동시에 그 제국보다 더 거대한 어떤 실체에 맞서고 있다. 그는 "이 세상"에 만연한 제국주의(imperialism)를 반대한다.

셋째, 우리는 때때로, 내가 위에서 의도적으로 그랬던 것처럼, 빌라도 앞에서 예수가 한 말을 인용하여 "나의 나라는 이 세상에 속한 것이 아니다"라고 말하고는 멈추어버린다. 그럴 경우에 그 구절은 전적으로 애매한 것이 되어버리고 만다. "이 세상에 속한 것이 아니다"(not of this world)라는 말은 여러 가지를 뜻할 수 있다. 그 나라가 땅에 있지 않고 언제나 하늘에 있다는 뜻일 수도 있고, 지금 이 시간에 있지 않고 가까운 미래 혹은 먼 미래에 있다는 뜻일 수도 있고, 외부 세상의 문제가 아니라 오직 내면적인 삶의 문제일 뿐이라는 뜻일 수도 있다. 그러나 예수는 계속해서 말을 이어감으로써 위에 제시한 모든 잘못된 해석을 배제시킨다. "만일 내 나라가 이 세상에 속한 것이었더라면 내 종들이 싸워 나로 유대인들에게 넘겨지지 않게 하였으리라." 예수는 반복해서 말한다. "이제 내 나라는 여기에 속한 것이 아니니라(not from hence)"(요 18:36).

넷째, 그렇다면 빌라도는 신약성서에 등장하는 예수에 대한 가장 중요한 주석가다. 그는 예수를 처형함으로써 공식적으로, 법적으로, 공개적으로 예수가 로마의 법과 질서에 대항했던 비천한 반체제 인물이었음을 확증했다. 그러나 빌라도는 동료들은 내버려두고 예수 혼자만 처형시킴으로써 예수와 동료들이 폭력 저항이 아니라 비폭력 저항을 표방했음을 보여준다. 만약에 빌라도가 그들을 폭력적 위험인자로 간주했다면, 그는 바라바(Barabbas)의 무리에게 했던 것처럼 행동했을 것이다. 역시 비유적으로는 참되지만 역사적으로는 정확하지 않은 그 이야기에 따르면 "바라바는 폭동 중에 살인을 한 반역자들과 함께 옥중에 있었다"(막 15:7, 저자의 번역을 따름).

마지막으로, 하나님의 종말론적 나라와 로마 제국 사이의 중대한 차이는 예수의 비폭력과 빌라도의 폭력이다. 빌라도여, 그대의 군사가 나를 잡았소. 그러나 나의 동료들은 심지어 나를 죽음에서 구하기 위한 목적으로라도 그대를 공격하지 않을 것이오. 빌라도여, 그대의 로마 제국은 폭력적 불의를 기반으로 하지만 나의 신적인 나라는 비폭력적 정의를 기반으로 하는 것이오.

논평

로버트 M. 프라이스

나는 로버트 펑크와 예수 세미나가 크로산 박사에게, 그의 예수의 생애에 대한 탁월한 학문적 연구를 인정하여 "다비트 프리드리히 슈트라우스 메달"을 수여하는 자리에 참석하는 영예를 누렸다. 그는 그 메달을 받을 만한 자격이 충분하다. 그의 저술 중에 내가 가장 좋아하는 것은 예수의 경구(aphorism)에 대한 것과 정경의 수난 설화의 기초가 된 십자가 복음(Cross Gospel)에 대한 것이다. 그러나 나는 그가 예수 연구에 관한 저서들에서 보여주는, 내 생각에는 근본적인, 어떤 전제들과 흐름들로 인해 늘 불편한 마음을 감출 수 없는데, 그런 요소들이 이 책에 실린 논문에도 등장한다.

첫째, 나는 크로산 박사의 연구에서 예수를 단순히 범주(categories)와 방법론(methods)의 문제로 환원시키고, 그런 방식으로 예수 연구를 진행하려는 경향을 감지했다. 크로산은 결과물을 얻을 수 없는 길은 택하지 않으려는 것으로 보인다. 예수는 항상 그가 걷는 길의 막바지에서 그를 기다리고 있을 것이다. 그것이 크로산이 해석한 대로 비유들에 포함된 모든 선문답들을 고안해낸 시대착오적인 선의 대가(Zen master)로서든지, 혹은 "공동 식사"를 실천하며 "중재자 없는 왕국"의 중재자로서 봉사하는 어떤 공동체 조직자(Mahatma Gandhi와 E. F. Schumacher를 조합한 듯한 어떤 인물)로서든지 말이다. 예수는 마술사인 동시에 치유자인데, 그가 실제로 그런 행위를 했다기보다는 단지 망가진 나환자를 피하지 않고 그 환자를 기꺼이 맞아들인다는 의미에서 치유자라 불릴 수 있다. 초기 그리스도인들이 주변의 세계관들로부터 기독론적 칭호와 범주를 빌려왔다고 (Philo에게서 로고스 개념을, 묵시주의자들로부터 인자[Son of Man] 개념을, 신비 종교로부터 주님[*Kyrios*] 개념을) 여겨지는 반면, 크로산은 후원자-수혜자 관계, 명예와 수치 문화, 소작인 사회학과 경제학, 헬레니즘의 마술, 페미니즘 등의 유형을 따라 현대판 기독론을 새로 만들고 있다.

크로산 박사는 복음서 자료가 예수에게로 소급될 수 있는지 여부를 판단하는 데 매우 비판적이다. 그러나 많은 학자들이 그러하듯이, 그 역시 대단히 자주 회의주의에서 신앙주의로 비약하는 것을 발견하게 된다. 다시 말해, 만일 예수가 그것을 말하지 않았다는 것을 증명할 수 없는 경우에는 그가 말한 것으로 추정한다는 것이다. 어떻게 감히 이런 동전 던지기와 같은 방법을 적용할 수 있을까 싶지만, 크로산은 꽤 자주 이 방법을 사용한다. 예를 들면 이 논문에서도 누가복음 7장의 세례 요한에 대하여 언급한 "여인에게서 난 자 중에 요한보다 더 큰 이가 없도다"라는 구절을 역사적 예수에게서 온 것으로 인정한다. 그러나 이 구절은 세례 요한의 종파에서 유래했으며, 그리스도인 저자가 여기(Q, 마태복음, 누가복음)에서 예수로 하여금 그 구절을 인용하게 한 뒤에 다시 "그러나 하나님 나라에서는 극히 작은 자라도 저보다 크니라"라는 말로 반박하게 만듦으로써 그들의 자료를 적절하게 이용했다는 설명도 충분히 가능하지 않은가? 이 구절은 마치 애매모호한 칭찬으로 상대방을 격하시키는 것처럼 보이지 않는가? 혹은 종파적인 시위처럼 보이지 않는가? 나는 그 구절이 후대에 세례 요한의 후예들과 예수의 추종자들 간의 종파적 경쟁 구도 속에서 생겨난 것이 아닌가 하는 의심을 하게 된다.

크로산 박사는 성서문학협회(SBL)의 최신 연구 동향에서 양산된 결과물로 예수를 포장하는 한편, 예수 전승에 대해 일관적이지 않은 회의주의로 무장함으로써 아주 생소하고 다분히 자의적인 접근법을 보여주고 있다. (적어도 그의 책을 자세히 읽으려고 노력했던 나에게는 그렇게 보인다.) 크로산이 제안하는 예수의 진정한 말씀은 마치 비 내리는 날 물웅덩이 위에 떠다니는 늦가을의 낙엽과 같다. 웅덩이에는 낙엽보다 물이 더 많은데, 크로산은 웅덩이의 물을 휘젓고서 그가 좋아하는 대칭 문양이 나타날 때 스냅사진을 찍는다. 이것이 바로 그의 "역사적 비 웅덩이"(historical rain puddle)다.

우리가 검토하고 있는 논문에서 예를 들어 보자. 크로산은 하나님이 세례 요한을 석방하거나 의인의 원수를 학살하지 않은 것에 근거해, 예수가 비폭력을 수용했다고 주장한다. 알베르트 슈바이처[11]가 비슷한 주장을 했다. 그는 예수가 하나님이 요한(종말론적 엘리야)과 자신(숨겨진 인자)을 적그리스도의 손에 장렬하고 화려하게 순교하도록 남겨두셨다고 믿었다고 보았다. 그러나 세례 요한이 세속 통치자에 의해 평범한 죽음을 당하고 또 그가 죽은 후에도 대환란의 조짐이 보이지 않자, 예수는 뒤로 물러나서 모든 문제를 다시 생각했다. 예수는 결국 하나님이 세상을 대체로 보존하실 것이고, 세상을 심판하는 대신에 환난의 모든 무게를 십자가에 매달린 그의 어깨에 지우실 것이라고 결론을 내렸다. 매우 사변적이기는 하지만, 그렇게 함으로써 슈바이처는 일관성이 없어 보이는 복음서 구절들을 조화시킬 수 있었다. 크로산도 슈바이처처럼 성서 어느

11_ Albert Schweitzer, *The Mystery of the Kingdom of God: The Secret Of Jesus' Messiahship and Passion*, trans. Walter Lowrie (New York: Schocken Books, 1962), 219-36.

본문에도 진술되지 않은 중요한 발전 단계가 있었음을 전제하고 있는데, 그것을 통해 본문과 그 본문에 드러나지 않은 관념을 서로 연결시킨다.[12]

만일 여기서 크로산이, "너희는 옛 사람에게 말한바 나 주님은 질투하는 하나님이라 아버지의 죄악을 자식들에게 삼사 대에 이르게 할 것이라는 말씀을 들었다 그러나 나는 너희에게 말하노니 하나님은 사랑이시라 사람과 그의 죄악을 용서하시라"와 같은 구절을 제시할 수 있었다면 그의 논지는 훨씬 강력해졌을 것이다. 그러나 그런 구절은 발견되지 않는다. 그렇다면 예수가 마지막 날에 있을 하나님의 폭력적 심판을 부인했다는 증거가 어디에 있는가? 회개의 긴박성은 어디에서 오는 것인가? 일단 모든 본문이 학자들의 무차별적 구문 분석에 휘말리면, 모든 본문은 순식간에 진흙탕이 되어버린다는 것을 나는 알고 있다. 그러나 그것이 있는 그대로의 사실이며, 학자들은 부족한 증거를 단순히 있는 것처럼 가장한 채 계속 진행할 권리가 없다. 얼어붙은 호수 위에서 스케이트를 타는 사람이 "살얼음"이라는 표지판을 무시한 채 계속 나아간다고 하자. 때로는 얼음이 얇다고 해도 아무 일 없이 그 자리를 지나칠 수 있는 법이다. 나는 크로산 박사가 건물을 짓는 데 충분할 만큼의 벽돌을 발견했다고 생각했다는 것이 놀랍다. 나는 그가 실제로 충분한 양의 벽돌을 발견했다고 생각하지 않는다. 그것이 내가 그의 교훈을 추측에 근거한 접합물이라고 생각하는 이유다.

나는 예수 세미나의 토의에 참석할 때마다, 불트만이 그의 『공관복음 전승사』에서 결코 눈길도 주지 않았을 말씀들(sayings)에 대해 세미나 회

12_ "고난 받는 종으로서 인자"의 편재성에 대한 Rudolf Otto의 주장은 또 하나의 기념할 만한 예다. Rudolf Otto, *The Kingdom of God and the Son of Man: A Study in the History of Religion* (London: Lutterworth Press, 1937, rev. ed., Boston: Starr King Press, 1957), 244-55. 복음서 본문이 신학적 변증으로서 해석되지 않았다 하더라도 복음서 자료에서 그런 사상이 발견되지 않는다는 것은 괄목할 만한 사실이다.

원들이 적색표(진정성 있는 구절임을 뜻하는)를 던지기로 결정하는 것을 보면서 나 자신이 혼란스러워지는 것을 발견한다. 불트만은 복음서의 진술들에 선행하는 내러티브 전승을 가정하는 것이, 그럴듯하지만 실제로는 허구에 불과한 문맥을 제공하여 말씀들을 해석하기 위한 이차적인 시도에 불과하다고 주장했는데, 내가 보기에 그것은 상당히 건전한 견해다. "그런데 그가 정말 이것을 의미했다고 생각하는가?" 예수가 바리새인의 집에 저녁 식사 초대를 받는 장면, 군중에게 에워싸여 곤경에 처하는 장면, 귀신들린 자를 치유하는 장면, 세리와의 식사 장면 등의 도입부는 모두가 극적인 추정 작업이었으며, 면밀한 검토를 견뎌낼 수 없는 것들이다.[13] 그러나 펑크는 그러한 도입부와 그것에 기초한 일반적인 요약이 예수의 습관적인 행동에 기인한 것이며, 따라서 우리는 거기에서 예수에 대한 실제적인 자료를 발견할 수 있다고 주장했다. 나는 할 말을 잃었다. 그것은 말도 안 되는 소리다. 예수에 대한 크로산의 핵심적인 이미지는 모든 소외된 자를 공동 식사에 초청하는 중재자 없는 왕국의 중재자로서 그를 묘사하는 것이다. (나는 눅 14:12-14에서 청중에게 자신의 친척 대신에 노숙자를 초청하라고 충고한다는 사실을 기억한다. 그러나 그 독립적인 발언은 누가의 것일 가능성이 상당히 높다.)

마찬가지로 크로산이 예수와 요한을 헤롯 안티파스에 대항하는 혁명가(비록 비폭력이지만)로 보는 주된 요인은, 헤롯의 야망과 관련된 1세기 역사와 사회학으로부터 수립된 거대한 상부구조다. 그러나 그중 어느 것도 성서 본문에 명시되어 있지 않다. 예수와 세례 요한은 거대한 상부구조라는 선박의 밑창에 아슬아슬하게 매달려 있는 작은 따개비에 불과하다. 크로산이 주장한 것처럼 세례 요한은 헤롯 안티파스가 그의 부인과 이혼하

13_ Rudolf Bultmann, *History of the Synoptic Tradition*, trans. John Marsh, rev. ed. (New York: Harper & Row, 1972), 56-61.

면서까지 동생의 아내와 결혼한 목적이 무엇인지 기민하게 눈치챘을지도 모른다. 그러나 이것은 복음서가 말하는 내용이 아니다. 복음서를 읽어보면 세례 요한은 단지 안티파스가 레위기 율법을 범한 것에 대해 언짢아하는 것뿐이다. 아마도 그것은 본래의 정치적 의도를 은폐한 설명일 수도 있지만, 아무도 진실은 알 수 없다.

그리고 나환자를 위해 무료 식사를 베푸는 어떤 인물이 로마와 헤롯의 통치를 전복시키려는 움직임과 관련되어 있을 것이라는 생각을 헤롯이 조금이라도 했을 것이라고 상상할 수 있겠는가? 나는 사람들이 복음서를 연구하면서 신학적이고 목회적인 추상적 관념을 역사적 사실의 일부로 너무나 자주 변형시키고 있다고 생각한다. 신학적인 사소한 논쟁에 대해 무관심했던 갈리오 총독이 바울의 고발자들을 해산시켰던 것을 생각해볼 때(행 18:12-16), 그런 사회적 에티켓과 토라에 대한 세밀한 재해석이 세속 권력에 대해 위협이 된다고 여겨질 가능성이 얼마나 있겠는가! 성서문학협회 연회장의 또 다른 대소동이다.

더 나아가서, 방대한 사회경제-역사적 태피스트리를 만들고 그 안에 빈약한 예수 상을 짜 맞추려 하는 크로산 박사의 시도는, 본래는 순수하게 신화적인 존재였던 예수를 역사적인 인물로 만듦으로써 신화를 역사로 탈바꿈시키려는 그의 일련의 시도 가운데 가장 최근의 것이라고 감히 말할 수 있다. 크로산 박사는 20세기 전에 예수가 호흡했던 역사적 환경 속에서 작업하는 것이 아니라, 예수가 결코 발을 디뎌본 적이 없고 한 번도 정착해본 적이 없는 역사 속의 한 자리에 예수를 자리매김시켰다고 나는 생각한다. 혹자는 크로산의 철저한 연구서를 읽고 나서, "어떻게 예수의 실존을 의심할 수 있단 말인가? 크로산이야말로 역사 속에서 예수의 위치가 어디인지를 보여준 사람이다"라고 말할지도 모른다. 하지만 크로산은 역사적으로 예수가 한 번도 발을 디뎌본 적이 없는 자리에 그를 데

려다놓은 것이다.

어떻게 사람이 물리적으로 아무런 영향을 끼치지 않고서도 육체적으로 고통 당하는 자를 치유(healing)할 수 있는지에 대한 크로산의 매우 복잡한 분석은 아마도 참일 것이다. 그러나 이런 종류의 "능력 부음"이 예수가 행하려던 것이며, 또한 그것이 예수가 공관복음서의 선교 파송 명령("병든 자를 치유하며 죽은 자를 일으키고 마귀를 쫓아내라")에서 의도한 것이라고 추정하는 것은 예수를 현대화하는 위험한 일이다.[14] 크로산의 생각에, 예수는 나환자를 치유한 것이 아니라 단지 그들이 제의적으로(ritually) 정결하다고 선언하고서 그들을 점심 식사에 초청한 것뿐이다. 내가 크로산을 정확히 이해했다면, 그는 18세기의 악명 높은 합리주의와 놀랍게도 비슷한 어떤 것으로 회귀한 것이다. 예수도, 그의 동시대인들도, 복음서 저자들과 최초의 독자들도, 그들 중 어느 누구도 그런 "환상"(fantasy), 다시 말해 문자적인 기적을 믿지 않았다. 그러나 다수의 증언들이 그로 하여금 그런 치유 기사 전체를 직조된 전설로 치부할 수 없게 만들었기 때문에, 그는 우리가 보는 방식으로 그것들을 합리화할 수밖에 없었다. 크로산 박사도 바바라 티어링(Barbara Thiering)[15]과 동일한 논리를 제시하고 있는데, 그녀에게만 그런 합리주의를 재도입한 것에 대한 비난이 쏟아지는 것은 불공평하다고 생각한다.

비록 존 도미닉 크로산이 구시대의 다른 자유주의적인 역사적 예수 탐구자들보다 더 영민하기는 하지만, 나는 그가 자신의 방식으로 자유주의적인 예수(liberal Jesus)의 이미지를 만드는 그들의 함정에 걸려 넘어졌다고 생각하지 않을 수 없다.

14_ Henry J. Cadbury, *The Peril of Modernizing Jesus* (New York: Macmillan, 1937).

15_ Barbara Thiering, *Jesus the Man: A New Interpretation from the Dead Sea Scrolls* (London: Corgi Books, 1993), 133.

논평

루크 티모시 존슨

존 도미닉 크로산은 역사적 예수라는 주제에 대해 폭넓게 그리고 효과적으로 글을 써왔다. 그의 연구는 방법론적인 자의식, 비교-문화적 상상력 그리고 매우 인상적인 글쓰기로 특징지어진다. 그의 연구는 인상적인 경구들로 가득한데, 예를 들어 이 논문에서 찾아볼 수 있는 "요한은 독점(monopoly)했으나 예수는 분산(franchise)시켰다"와 같은 것들이다.

이 책에 실린 크로산의 논문은 기본적으로 그가 다른 글들에서 구체적으로 다룬 예수에 대한 동일한 해석을 더 발전시킨 것이다. 예를 들어 예수는 경쟁 관계에 있는 두 왕국의 정황 내에서, 로마 제국이 행사하는 세상의 폭력적인 통치에 반대하는 자로 설정된다. 그뿐 아니라 예수의 사역은 하나님의 통치, 다시 말해 평화롭고 현재적이고 포괄적이고 공동적이고 치유적인 통치의 비전을 실현하는 것으로 묘사된다.

이런 이해는 특별히 모든 유형의 정치적 주도권을 혐오하도록 교육을 받아서, "제국의"(imperial)라는 용어를 오로지 경멸적인 방식으로만 사용하며 식민주의와 관련된 모든 것은 근본적으로 악하다고 간주하는 세대에게 특히 호소력이 있다. 크로산의 주장에 따르면 예수라는 인물에 대해, 포용 정책을 통해 의도적으로 고대의 폭압적인 제국에 반대하는 인물로 간주하는 것이 그를 역사적인 측면에서 가장 정확하게 파악한 것일 뿐 아니라 또한 종교적인 측면에서 그를 가장 심오하게 받아들이는 것이기도 하다. 그리하여 예수의 투쟁은 오늘날에도 여전히 건재하는 세계의 모든 탄압적인 정권에 대항하는 자들을 위한 본보기가 되고 있다.

그러한 해석은 현대 독자들에게 매우 설득력이 있어서, 역사가의 본능은 크로산의 주장이 옳은 것처럼 보이게 만드는 요인이 실제 역사적 증거라기보다 이데올로기적인 틀의 강제력일 것이라는 의구심을 불러일으킨다. 이 답변에서는 크로산의 논의에서 그런 의구심을 뒷받침하는 여러 양상을 간단히 언급하겠다.

크로산은 서로 대립관계에 있는 세력들을 병치시킴으로써 상당한 이득을 얻는다. 예를 들어 복음서에서는 로마의 통치를 간접적으로밖에 언급하지 않지만, 크로산은 하나님의 통치에 대한 예수의 선포를 기꺼이 로마 제국에 대한 직접적인 도전으로 변모시켜버린다. 그런데 본래 성경의 내러티브 내에서는 하나님의 통치가 인류에 대한 사탄의 통치와 대립하는 것으로 나타난다. 동일한 맥락에서 크로산은 복음서에서 예수의 사역 일부가 갈릴리 해변을 따라 설정된 것을, 갈릴리 바다에 대한 헤롯 안티파스의 상업화 계획에 대한 직접적인 도전으로 간주한다.

그러나 그러한 병치는 본래의 등장인물들에 의한 것이 아니며, 심지어 고대의 자료에 근거한 것도 아니다. 그것은 오로지 크로산 자신에게서 유래한다. 비록 예수가 갈릴리 해변을 중심으로 협동 사역(collaborative ministry)을 했던 것이 사실이고 또 안티파스가 어류 생산 증가를 통해 세수를 증대하려 한 것이 사실이라 할지라도, 예수나 안티파스 그 누구도 자신들을 (나쁜) 자본주의에 대항해 싸우는 (좋은) 사회주의라는 각본에 따라 연기하는 배우로 여기지는 않았을 것이다. 나는 크로산이 안티파스의 노력을 로마의 "하향적 탐욕 공동체"로 묘사했을 때 심중에 두었던 것이 그런 구도였다고 생각한다.

요약하자면 크로산은 N. T. 라이트와 마찬가지로, 고대의 인물로 하여금 오늘날의 역사가들만 알 수 있고 명명할 수 있는 실재들에 의해 행동하고 생각하도록 만드는 역사적 오류를 계속 범하고 있다. 크로산은 그런 동기부여나 반응에 대한 증거를 자료를 통해 발견하지 못할 때조차도, 그가 논의하는 고대 인물들의 사고 과정에 접근할 수 있는 특권을 가진 것처럼 말한다. 안티파스와 관련하여, 크로산은 분봉왕인 그가 로마의 호의를 얻어 유대인의 왕이 되려는 야망을 추구하면서 사용한 정신적 책략들을 상세히 설명한다. 크로산은 안티파스의 행동에 대한 동기를 정확히 아는 것처럼 말한다. 유사하게 크로산은 자신이 예수의 정신적인 발전 과정에도 접근할 수 있다고 주장한다. 예수가 요한이 당한 일을 보고서 깨달음을 얻고 자신의 종말론적 프로그램을 바꾸었다는 것이다. 크로산은 "예수가 지켜보았고, 배웠으며, 하나님 나라에 대한 그의 비전을 바꾸었다"라고 진술한다.

크로산의 반제국주의적 해석은 너무나 강력해서 고대 자료가 제공하는 명백한 증거마저도 압도해버린다. 예를 들어 요세푸스와 복음서는 요한이 안티파스에게 죽임을 당한 이유를 아주 분명하게 밝히고 있다. 비록 그 사건에 대한 해석에 있어서는 차이를 보이지만 말이다. 요세푸스는 요한이 그의 도덕적 권고들을 통해서 대중적인 지지를 얻었다고 진술한다. "유대인은 동료에게 정의를 행하고 하나님께 대하여 경건한 삶을 살아야 하며, 그렇게 함으로써 세례에 동참하고 의로운 삶을 살아야 한다." 요세푸스는 헤롯이 군중을 끌어모으는 요한의 매력이 폭동의 씨앗이 될지도 모른다는 염려 때문에 요한을 처형했다고 주장한다(『유대고대사』 18:118-19). 이와 대조적으로 복음서에서는 안티파스가 세례 요한을 투옥하고 곧바로 처형한 이유는 안티파스가 동생 필립의 아내 헤로디아스와 결혼한 것에 대해 요한이 비판을 했기 때문이라고 설명한다(막 6:17-29; 마 14:3-12, 눅 3:19-20). 그러나 요세푸스나 복음서 중 어떤 것도 요한의 비판이 안티파스의 세금 징수나 건축 계획과 관계된 것이라고 말하지 않는다. 크로산은 요한이 "로마 체제"가 어떠해야 하는지에 대해 많은 관심을 지녔다고 추정할 만한 근거가 거의 없는데도 불구하고, 요한이 "로마 체제를 반대했다"라고 확신에 차서 진술한다.

크로산의 초창기 연구에 대해 좋은 인상을—그의 결론에 동의하지 않을 때에조차도—가지고 있던 독자들을 가장 실망시키는 것은, 이 책에 실린 그의 논문이 지금까지 그가 공들여 세워놓은 방법론적 원칙들과 논리를 철저히 무시한다는 점이다.

요세푸스는 안티파스에게는 상대적으로 주의를 덜 기울인다. 크로산이 언급한 것처럼, 요세푸스(『유대고대사』 18:29)는 안티파스가 세포리스를 아우토크라토리스(Autocratoris)라고 명명했다고 진술한다. 이것이 황제의 호의를 얻기 위한 방편이었다는 주장은 충분히 가능하며 심지어 개연적이기는 하지만 그렇다고 해서 절대적으로 필연적인 것은 아니다. 예를 들어 그 이름은 "자치"(self-governing) 도시를 의미할 수도 있다. 요세푸스는 또한 안티파스가 로마 황제 티베리우스를 기념하여 티베리아스(Tiberias)를 건설했다고 말한다(『유대고대사』 18.36-38). 그러나 요세푸스는 이 도시의 건설과 관련하여 어업의 상업화나 세금 징수에 대해서는 아무것도 말하지 않는다. 반면에 그는 경건한 유대인들이 무덤 자리를 부정한 것으로 여기고서 꺼려했기 때문에, 안티파스는 그 도시를 채우기 위해 유대인뿐만 아니라 다른 민족도 데려올 필요가 있었다는 것에 초점을 맞춘다.

어떻게 크로산은 티베리아스를 세수 증대와 그에 따른 안티파스의 야망 증진의 수단으로서 어업의 상업화와 연결시키는가? 그는 막달라라는 어촌이 티베리아스와 아주 가깝다는 사실을 근거로 삼는다. 요세푸스가 사용한 그리스어 이름(*Tarichaeae*)을 통해, 또한 랍비 문헌에서 발견되는 "물고기의 막달라"라는 이름을 통해 크로산은 막달라가 갈릴리 바다에서 잡히는 생선 처리의 중심지였다고 자연스럽게 결론지었다. 요세푸스는 자주 이 마을을 유대 전쟁 중에 무력 충돌이 일어난 지역으로 언급하기는 하지만, 이곳을 어업의 중심지로 언급하지는 않는다(『유대전쟁사』 2.596-597, 608-635). 그럼에도 불구하고 그 지역의 염장 생선은 널리 알려져 있었다(Strabo, 『지리』 16.2.45).

크로산이 설명할 수 없었던 것은, 황제를 기념하는 막대한 비용이 들어가는 도시의 건설이 어떻게 물고기의 생산을 늘리고 세수를 증가시키는 일에 관계되는가 하는 것이었다. 정말로 그것이 안티파스의 목적이었다면 막달라를 대도시로 확장하고 그 도시를 황제의 이름으로 명명하는 것이 더 합리적이지 않았겠는가? 사실상 많은 돈을 들여 새 도시를 조성하는 것은 논리적으로 세금을 늘려주기보다는 고갈시킬 위험이 더 크다. "상업도시화를 통한 로마화"라는 명제는 요세푸스의 해석에서 요구되는 결론이라기보다는 크로산 자신의 상상력의 산물이다. 크로산은 안티파스가 "로마 제국의 이름으로 호수와 호수의 물고기를 상업화하기 위하여" 티베리아스를 건립했다는 것을 증명하지 못했고, 결과적으로 "요한과 예수 둘 다 이스라엘 하나님의 이름으로 안티파스와 충돌했다"는 것을 보여주는 데 실패했다.

크로산이 복음서를 해석하는 데서도 동일한 부주의가 특징적으로 나타난다. 그는 예수가 나사렛으로부터 갈릴리 해변의 가버나움으로 이동한 사건(마 4:13)을 안티파스의 제국주의 프로젝트와 관련하여 중요한 의미를 지니는 것으로 해석하려 한다. 그러나 복음서의 어디에도 그런 제안이나 지지를 발견할 수 없다. 반면에 복음서에서 고기잡이와 바다에 대해 말하는 것을 크로산은 전적으로 무시한다.

우리는 베드로와 세배대의 아들 야고보를 소규모 어업에 종사하는 동업자(*metochoi*)와 친구(*koinonoi*)로 묘사하는 데서(눅 5:7, 10) 의미를 발견해야 하지 않겠는가? 한편으로 이것은 독자들에게 "상업도시화를 통한 로마화"라는 가설과 배치되는 소규모 "동업 조합"을 의미할 수 있다. 다른 한편으로 예수는 그들에게 그물을 버리고 그를 따라 "사람을 낚는 어부"(눅 5:10)가 되라고 격려한다. 그렇다면 이것은 예수가 자신의 위대한 사역에 비해서 소규모 동업 조합을 상대적으로 덜 중요한 것으로 간주했음을 보여주는가? 나는 두 견해 중 어느 하나를 강요하지는 않겠다. 하지만 크로산이 예수, 호수 그리고 고기잡이에 대해 그의 견해를 피력하려 한다면 적어도 그와 관련이 있는 자료를 제시해야 할 것이다.

좀 더 말하자면, 갈릴리 호수를 기점으로 한 예수의 이동에 관련된 모든 세부 자료는 크로산이 그의 초기 저술에서 수립하고 고안한 방법론적 원칙들을 통해 역사가가 이용할 수 있는 자료 목록에서 제외시켜버린 복음서의 내러티브 부분에서 가져온 것들이다. 자기 자신의 기본 원칙을 그처럼 저버리는 것은, 예수를 반제국주의적으로 해석하는 데 크로산이 보여주는 집착이 건전한 역사기술의 범주를 훨씬 넘어선다는 것을 암시한다. 따라서 그것을 신학의 영역에 포함시키기는 어려운 것 같다.

논평

제임스 D. G. 던

크로산의 "역사적 예수" 연구에는 언제나 매혹적인 점이 있다. 그는 로마 제국이라는 광범위한 정황을 설정하고, 그 배경을 설명하기 위해 자료들을 흥미롭게 배열하기를 좋아한다. 여기서 그가 그린 안티파스의 초상은 필시 추측에 의한 것이지만, 그가 세례 요한과 예수에 대해 말하고자 하는 내용을 잘 표현하고 있다. 그러나 크로산처럼 갈릴리(어느 정도 헬라화된 세포리스와 티베리아스를 포함하여)를 로마 통치의 본보기로 혹은 지중해 소작 농지의 일반화된 전형으로 간주하는 것이 얼마나 정당한지는 의문이다. 크로산은 언제나 특별한 모티프를 포착하여 귀를 자극하는 문구로 그것을 요약하고, 강렬한 대비를 설정하기를 즐겨한다. 그 모티프가 선별적이며, 그가 택한 문구가 21세기의 언어를 사용하고, 그 대비들이 극적인 효과를 위해 지나치게 과장된 감이 있다 하더라도, 선택된 모티프가 예수의 사역에서 유래했거나 그의 사역을 조명해주는 것이라면 그것은 충분한 정당성을 갖는다는 것이 그의 주장이다. 예수 전승이 포함하는 다른 모티프와 강조는 무시당하거나 혹은 선택된 모티프에 대한 반명제로서 불공정하게 다루어지기도 한다. 언제나 스포트라이트는 그가 선별한 모티프에 집중되고, 나머지 주제들은 그 하나의 모티프로부터 멀리 떨어진 것일수록 더 깊은 심연 속에서 잊혀져버린다.

여기서 강조되는 하나의 모티프는 요한의 것과 대립되는 예수의 하나님 나라 메시지이다. 예수의 메시지는 세례 요한으로부터의 패러다임 전환을 보여준다. 요한은 임박한 하나님 나라의 도래, "하나님의 대정화"의 시작, "징벌하고 복수하는 폭력적인 하나님의 임박한 출현"을 선포했다. 예수는 처음에는 묵시적이고 복수하는 하나님의 임박한 출현에 대한 세례 요한의 메시지를 받아들였을 것이다. 크로산은 예수가 요한에게 세례받은 사실에서 이것을 추론한다. 그러나 요한의 기대가 이루어지지 않았을 때("요한은 죽임을 당했고 하나님은 여전히 오지 않았다"), "예수는 그것을 지켜보고 교훈을 얻어서 하나님에 대한 자신의 비전을 바꾸었다." (크로산은 여기서 예수의 내적 사고에 접근할 수 있다는 옛 자유주의적 확신, 예수의 "메시아 의식"에 대한 19세기 후기의 확신과 동등한 신자유주의를 보여준다.) 예수는 지속적으로 하나님 나라의 현재성을 선포했다. 그는 "하나님의 임박성에 대한 요한의 신학을… 하나님의 현재성의 신학으로 바꾸었다." 우리 가운데 이미 실재하는 하나님 나라는 공동의 혹은 참여하는 종말(*eschaton*)이다. "하나님 나라의 현재성을 보여주기 위해 예수는 '와서 우리가 어떻게 사는지를 보라. 그리고 너희도 그렇게 살라'라고 말했다. 따라서 예수의 급진적인 윤리는 하나님 나라의 도래에 불필요한 준비 과정이 아니라 필수적인 공동 작업의 역할을 하게 되었다." 다시 말해 "머지않아 도래할 것에 대한 부정적인 준비가 아니라 이미 여기 있는 것에 대한 긍정적인 참여"라는 것이다. 이것은 "병든 자를 치유하고, 네가 치유한 자들과 함께 먹으며, 그런 상호성 속에서 하나님 나라의 현재성을 선언하라"라는 말로 요약될 수 있는 비폭력적이고 공동체적인 프로그램을 보여준다.

절망스러운 것은 요한과 예수 간에 주된 대조점으로 부각되는 것이 상당히 과장되었다는 점이다. 우리의 자료에 따르면, 요한은 임박한 미래의 사건에 초점을 두었다. 그리고 예수는 그의 사역에서 이미 실현되고 있는 하나님의 통치에 특별한 강조점을 두었다. "그러나 내가 하나님의 성령을 힘입어 귀신을 쫓아내는 것이면 하나님의 나라가 이미 너희에게 임하였느니라"(마 12:28. 참조. 눅 11:20). 그러나 그런 대비에만 배타적으로 초점을 맞추고 그것을 첨예화시키는 한편 세례 요한과 예수 전승의 다른 특징들은 모두 무시함으로써 전체 논지가 균형을 잃었다. 마치 모든 헬륨 가스가 한편으로 몰려 균형을 잃은 채 이륙하지 못하는 비행선과 같다.

크로산의 논문을 보면서 나는 여러 면에서 그에게 동의하지 못하는 자신을 발견한다.

1. 세례 요한의 설교에 대한 견해. 크로산은 세례 요한이 하나님의 강림을 선포했다고 확신한다. 그의 주장은 분명 가능한 것이다. 비록 대부분의 학자들이 오실 분(하나님)의 신발 끈을 푸는 이미지가 그 상황에 적절하지 않다고 생각하지만 말이다. 또한 우리는 세례 요한이 여기서 하나님 나라의 도래를 암시했다고 확실히 말할 수도 없다. 오직 마태복음 3:2만이 요한의 메시지를 그런 용어로 요약한다. 도끼, 까부르는 키와 불의 강렬하고 무시무시한 이미지는 회개의 세례라는 긍정적인 암시와 균형을 이루어야 한다. 이 긍정적인 암시는 우리에게 다가오는 진노를 피하는 길과 열매를 맺어 곡식을 곳간에 모으는 방법을 보여준다. 복음서 저자들이 세례 요한의 사역을 복음서의 첫 부분에 두는 데는 나름대로 이유가 있다.

크로산의 표현에서 호기심을 끄는 요소는 세례 요한과 예수가 행한 사역을 각기 독점(monopoly)과 분산(franchise)으로 대비시킨 것이다. 솔직히 나는 그 대비의 의미를 이해할 수 없는데, 추측하자면 요한은 사람들이 세례를 받으러 그에게 찾아오기를 기대했던 반면에 예수는 가버나움에 정착하거나 사람들이 그에게 찾아오기를 바라지도 않고 반대로 그의 제자들을 갈릴리의 여러 마을로 내보냈다는 점을 강조하려는 것 같다.

여기서 그가 제시하는 대조는 과도할 뿐만 아니라, 가버나움과 갈릴리 해변에서 수많은 무리가 예수에게 나아온 사실을 거의 반영하지 않는 생뚱맞은 표현들을 사용한다. 왜 이런 방식으로 대비를 그려내야 하는지 알 수 없는 일이다.

2. 예수의 하나님 나라 설교와 관련된 논쟁은 결코 끝나지 않을 것이다. 크로산은 예수가 하나님 나라의 현재성을 선포했으며 그 사실이 모든 것을 지배한다고 확신하는 학파에 속한다. 그러나 예수의 전승에서 미래를 강조하는 부분을 철저히 무시하는 자들과는 달리, 크로산은 비록 예수가 "이미 임재한 하나님 나라의 미래적 성취에 대해 많은 관심을 보였다고 확신하지는 않지"만 그 (미래적) 관점에 대해서 좀 더 개방적인 자세를 취한다. 그러나 그것으로는 충분하지 않다. 일련의 성서 본문 가운데 일부만을 받아들이고 다른 본문들(주기도의 두 번째 간구와 다양한 비유들을 포함하여)은 사실상 무시하거나 정당한 대우를 하지 않는 것은 학문을 빈약하게 만들 뿐이다. 예수 전승이 상반되는 요소를 함께 강조하는 특징을 가졌다면, 여기서 오는 자연스런 결론은 예수의 사역도 양편 모두를 강조하는 특징을 가졌으리라는 것이다. 하나님 나라가 "이미 임재했다"는 측면을 지나치게 강조하게 되면, 티베리우스와 안티파스가 여전히 건재한 상황에서 하나님 나라가 벌써 실현되었다고 말하기는 어렵지 않느냐는 비난을 받을 여지가 있다. 확실히 예수가 세리와 죄인들과 함께 식사한 사건은 하나님의 통치가 이미 임했다는 명백한 증거로 제시될 수 있다. 하지만 그런 식탁 교제가 하나님의 나라가 도래하기를 기다리는 자들의 희망과 기도에 대한 완전한 성취라고 말할 수 있겠는가? 크로산은 상당히 제한된 범위의 공동 프로그램을 하나님 나라의 완전한 도래로 받아들이는 것처럼 보인다. 예수의 하나님 나라 메시지는 사람이 치유되고 공동 식사를 나누는 것으로 축소되어버렸다. 물론 그것이 예수의 선교에서 결

정적으로 중요한 차원이라는 점에는 완전히 동의한다. 하지만 그것이 전부인가? 그것이 전부라고 축소해버림으로써 예수의 사역과 메시지의 다른 중요한 측면을 놓쳐버리는 것은 아닌가?

여기서 나는 크로산이 J. P. 마이어에게 가한 비평에 대해 반대의 뜻을 표현하고자 한다. 자신이 예수 전승에서 하나님 나라가 이미-임재(already-present)한다는 측면에 절대적인 초점을 두는 것을 옹호하기 위해 크로산은 미래와 현재 이 두 측면을 함께 이해하려는 마이어의 시도를 조롱한다. 이 두 측면 모두를 예수에게 있어서 특징적인 것으로 받아들이는 것이 왜 불가능한가? 그리고 하나의 메시지가 두 가지 측면을 모두 반영할 수 있다고 설명하는 것이 왜 그렇게 우스운가? 너무 충격적이고 또 받아들일 수 없는 것은, 가능한 설명들에 대한 마이어의 제안이 가져온 "붕괴"가 그의 네 권짜리 예수 연구의 나머지 부분을 "누더기"로 만들었을 뿐만 아니라, "인종중심적 파멸의 길로 치닫게" 했다는 크로산의 결론이다. 크로산이 20세기나 21세기 현실 정치의 맥락에 더 잘 들어맞을 예수상을 제시하는 것이나, 그가 전승과는 무관한 배경을 설정하고 실제로 잘 들어맞는 전승은 편파적으로 해석하는 것을 고려할 때, 마이어에 대한 크로산의 비판은 남의 눈에 있는 티는 보면서 자기 눈에 있는 들보는 보지 못하는 격이다.

나는 크로산이 강조하는 예수 사역의 중요한 측면을 놓치기를 원하지 않는다. 그러나 나는 크로산이 예수 전승의 특징을 선별함에 있어서 현대인의 삶의 정황에 가장 잘 들어맞고 가장 잘 어울리는 특징만을 선택하는 고전적인 함정에 걸려 넘어진 것으로 본다. 예를 들어, 반복적인 경고와 회개에의 부름을 포함하는 예수의 선포가 과연 "와서 우리가 어떻게 사는지를 보라. 그리고 그처럼 살라"라는 한마디의 초대로 요약될 수 있겠는가? 그것은 덜 공격적이고 덜 도발적인 21세기에 훨씬 더 잘 들어맞는 메시지다. 그러나 그것은 역사적 예수 탐구에서 19세기의 근대화주의자들에게로 회귀하는 것이다. 그들이 발견한 예수는 너무나 친절해서 십자가에 못 박혀야 할 이유가 전혀 없는 인물이었다. 크로산은 이처럼 슈바이처를 인용하면서 어느 정도 그에게 동조한다. 그러나 그가 좀 더 신중하게 슈바이처의 다른 명언을 인용하는 것이 더 현명한 일이었으리라는 생각이 든다. "역사적 예수는 우리의 시대에 이방인(stranger)이요, 불가해한 인물(enigma)이다."

논평

대럴 L. 복

역사적 예수에 관해 존 도미닉 크로산만큼 토의를 자극하는 인물도 드물 것이다. 예수를 사회정치적 정황에서 다루는 크로산의 연구는 대중매체에서 예수에 대해 다룰 때마다 거의 예외 없이 등장하는데, 그로 인해 그는 예수 연구에 있어 북아메리카에서 가장 중요한 방송 패널이 되었다. 크로산의 접근법은 전승의 가장 초기 단계로 돌아가는 것이 토론을 위한 최적의 장소라고 간주하는 고전적인 본보기다.

크로산은 로마 제국의 지배하에 있는 유대교의 사회정치적 정황 속에 예수를 설정하는 것으로 출발하는데, 이것은 대부분의 학자들도 공유하는 부분이다. 여기서 질문할 것은 이 두 영역 간의 상호작용이 어떠한 성격인가 하는 것과, 또 예수가 "신앙 공동체와 하나님 나라 간의 상호작용"과 비교해볼 때 이 두 영역 간의 상호작용에 어느 정도 초점을 맞추었는가 하는 것이다.

크로산의 방법론이 가지는 핵심은 예수 전승의 모든 단계를 거슬러서 예수에게로 직접 소급되는 가장 초기의 전승에 도달할 수 있다는 확신이다. 실제로 이것은 성취하기 매우 어려운 과제인데, 왜냐하면 그 일을 위해서는 전 범위의 자료들을 재구성해야 하기 때문이다(더 어려운 것은 재구성된 자료들로부터 가장 초기의 것으로 추정되는 것을 가려내는 작업이다). 이 일을 위해서는 예수 사역의 순회적인 성격을 이해하고, 전승의 구전층(oral level)을 파악해야 한다. 그렇게 함으로써 예수가 다양한 주제에 대해 자주 강연했다는 것을 이해할 수 있다. 크로산에 의하면, 가장 초기 자료를 찾기 위한 중요한 출발점은 Q 자료와 도마복음서다. 이것은 결과적으로 "말씀들(sayings)을 일차 자료"로 간주하여 예수에게 접근하는 것이다. 그러나 최초 예수 전승을 찾기 위해 말씀들을 일차 자료로 다루는 것은 상당한 논쟁을 불러일으키는데, 특히 대부분의 학자들이 도마복음서를 2세기 초 본문으로 여기기 때문에 더욱 논란의 여지가 있다.[16] 크로산이 지적한 것처럼, 만약에 그가 이 전제에서부터 틀렸다면 그의 재구성에는 문제가 있다. 초기-후기 딜레마의 문제 역시 복잡하다. 다양한 전승의 흐름들이 존재했고 그중 어떤 전승은 다른 것보다 일찍 나타났음이 사실이다. 그러나 전승이 문서화 된 기록으로 표면에 등장할 때 문서는 그 기록이 반영하는 전승의 연대를 알려주지는 않는다. 크로산이 출발점으로서의 전체 자료에 강조점을 둘 때 발생하는 문제가 이것이다.

크로산의 접근법이 가지는 또 다른 특징은 그가 로마의 맥락에 예수를 설정하는 것이다. 그것을 "로마 황제 대 예수 모델"(Roman-emperor-versus-Jesus model)이라 부를 수 있을 것이다. 크로산이 황제와 예수 사이에 하나님의 승인을 얻는 방법에 대한 상반되는 주장들을 발견한다고 지적한 것은 옳다(전자는 권력을 통해서, 후자는 하나님을 의지하고 섬김을 통해서). 그러나 주된 강조점을 여기에 둘 때 확실히 무언가 놓친 부분이 있다. 예수의 가르침 중에서도 특별히 여러 번 반복되는 가르침 중 하나는 제자

16_ Fred Lapham, *An Introduction to the New Testament Apocrypha* (London: T & T Clark, 2003), 120; Hans-Josef Klauck, *Apocryphal Gospels: An Introduction* (London: T & T Clark, 2003), 108.

도와 개인 경건에 대한 요청이다. 이것은 제국의 세계 정책보다는 하나님과 이웃을 사랑하라는 요구로 표현되는 보다 소박한 관점에서 관계성의 문제에 강조를 둔다. 더욱이 예수가 왜 나사렛에서 가버나움으로 이동했는지에 대한 설명을 포함하여, 사회정치적인 문제에 강조점을 두는 크로산의 정교한 주장은 예수가 진정 로마 제국에 대항하는 일에 초점을 맞추었는가라는 중대한 문제를 야기한다. 문제는 예수에 관한 전승들이 그가 사회정치적으로 로마에 도전하기 위해서 가장 중요한 거점인 세포리스와 티베리아스에 있었다는 언급을 전혀 하지 않는다는 것이다. 게다가 예수는 로마에 도전하려 카이사레아 마리티마(Caesarea Maritima)에 가는 대신에 오히려 예루살렘으로 향했다. 그리고 그는 예루살렘에 있을 때 유대교의 맥락에서 (로마 제국의 맥락이 아니라) 하나님께 나아가는 합당한 방법을 논하기 위해 예루살렘 성전을 찾아갔다. 그 외에도, 만일 로마가 예수의 중심적인 관심사였다면 왜 예수가 안식일이나 제의적 정결에 관련된 관습에 도전하겠는가? 반복적으로 입증되는 것처럼, 그런 관습들에 관한 논쟁이 예수 사역의 중심에 자리 잡고 있었으며, 이것은 그의 주된 관심사가 크로산의 생각과는 다른 곳에 있음을 보여준다. 예수는 누가 호수를 소유했느냐에 별로 관심이 없었으며, 오히려 이스라엘 내에서 하나님의 백성이라고 주장하는 자들의 마음을 누가 얻었느냐에 더욱 관심이 있었다. 이런 점들은 예수가 자신의 사역을 설명하기 위해서 자신과 자신의 권위를 어떤 방식으로 제시하고 있는지를 지적하는 데 있어서 사건들과 논쟁들이 얼마나 중요한 역할을 하는지를 보여주고 있다.

그에 대한 나의 비판에도 불구하고, 나 역시 예수가 자기 자신을(적어도 그의 지상 사역의 맥락에서는) 다윗 왕가의 비폭력적 메시아로 표현했다는 것에는 동의한다. 아마 이것은 군사적인 메시아를 기다리던 자들이 예수의 제안에 실망한 이유 가운데 하나였을 것이다. 예수는 인자가 영광 중에 다시 오심으로 시작될 심판의 시기가 하나님의 손에 의해 결정된다는 점을 지적함으로써 최종적인 심판과 판결을 하나님께 양도한다. 하나님 나라에 대한 예수의 가르침은 이 점에서 유대인의 기대와는 다른 패러다임 전환을 보여준다. 그러나 그 방향이 로마로 직접 향하는 것은 아니다. 오히려 예수는 그의 전투를 보다 우주적인 용어로 표현하는데, 이는 그의 치유 사역과 축귀 사역이 로마를 초월한 영역에서의 전투를 지향한다는 것을 보여준다.

그렇다면 크로산이 주장하는 것처럼, 예수의 하나님 나라 가르침에 유대교로부터의 패러다임 전환이 있었는가? 그렇다. 어느 정도는 말이다. 그러나 중재자 없는 공동체의 맥락에서 살아가는 것이 예수의 주된 관심사는 아니었다. 물론 예수는 제자들에게 탐욕을 버리고 함께 나누라고 요구하셨다. 하지만 이것은 그들이 하나님의 자녀로서 하나님의 성품을 반영하도록 부르심 받았기 때문이었다(눅 6:27-36). 크로산의 강조는 하나님께 대한 책임이 미래 왕국의 형태보다 선행한다는 사실을 과소평가하는데, 이런 사상은 크로산이 언급하는 것보다 더욱 광범위한 자료들에서 발견된다. 나는 예수가 독점과 대조되는 분산을 반영한다는 크로산의 주장을 받아들이지 않는다. 그 이유는 인자를 통해서만 하나님의 모든 행동이 구체화되고, 또 오직 인자만이 유일하게 하나님의 승인을 받을 자이기 때문이다. 우리는 지혜와 정의의 예수, 사회와 정치를 비판하는 예수뿐만 아니라, 오랫동안 고대해온 왕국의 도래를 선포한 묵시적 예수도 함께 보아야 한다. 약속된 그 나라가 온전히 임할 때 최종적으로 하나님은 의로운 자를 의롭다고 인정하실 것이다. 그러나 하나님은 이 일을 오직 한 인물, 인자를 통해서만 하실 것인데, 그는 하나님의 승인을 얻고 또 다른 이들을 승인할 권세를 가진 자로서 구름을 타고 오실 것이다. 예수의 가르침은 사회 혁명을 선동하거나 제국주의를 정죄하는 것 이상이며, 그 가르침은 내적 혁명을 촉구할 뿐만 아니라 하나님을 영화롭게 하는 데서 멀어진 삶을 정죄한다.

크로산은 마이어의 신학을 비판하기 위해, "임박한 미래인 동시에 이미 임재한"(imminently-future-yet-already-present) 왕국이라는 대안적 모델을 취한다. 이 점에서 마이어가 거의 아무런 유익을 주지 못한다는 크로산의 지적은 옳다. 하지만 나는 크로산이 택한 방향으로 가는 것보다는, 성경 본문이 강조하는 왕국의 관점이 사람들로 하여금 겸손히 하나님을 의지하는 가운데 믿음으로 돌아서도록 부르시는 것임을 논증하기를 선호한다. 그 부르심은 하나님의 뜻을 실현하고, 세상 가운데서 사랑하고 섬기는 자로서 하나님의 임재와 통치를 반영하라는 것이다. 마이어에게서 해결되지 않은 문제라고 크로산이 지적했던 현재-미래 간의 긴장은, 그리스도가 형성하려는 공동체가 미래의 하나님 나라를 예견하는 방식으로 하나님의 길과 뜻을 반영해야 한다는 것을 이해할 때 해소된다는 것이 크로산의 생각이다. 이것은 예수가 산상설교에서 촉구했던 부분이다. "하나님이 기뻐하시는 가치들로 형성된 인격적인 미덕들을 반영함으로써 하나님을 영화롭게 하는 빛이 되어라." 나는 예수가 이미 임재한 하나님 나라를 주장했으며, 비폭력과 종말의 실현을 향한 공동 행보에의 참여를 강조했다는 점에서 급진적 윤리를 설파했다는 크로산의 진술에 동의한다. 그렇지만 이것이 크로산이 주장하는 것처럼 미래에 도래할 왕국을 희생시키는 것은 아니었으며, 또한 마치 우리가 스스로 하나님 나라의 완성을 가져올 수 있기라도 한 것처럼 그런 행보가 우리를 종국(*eschaton*)으로 이끈다는 것을 뜻하지도 않는다.

나는 크로산이 세례 요한과 예수 사이에 상당한 거리를 둔 것에 동의하지 않는다. 공동체에게 주어진 과제가 세상 가운데서 하나님을 영화롭게 하는 삶을 살아가는 것이라면, 보복과 신원(vindication)은 하나님께 속한 것이다. 그러나 세상은 너무나 타락해서 공동체가 그런 과제를 수행하는 과정에도 하나님이 다시 한 번 부득이 개입하셔서 궁극적인 해결책을 가져다 주셔야만 한다.

크로산이 본문을 세부적으로 어떻게 다루는지를 살펴봄으로써 한 가지 점을 분명히 하고자 한다. 예수가 요한에게 세례를 받는 장면을 살펴보자. 누가복음이 예수에게 세례를 준 자가 누구인지 밝히기를 꺼려한다는 크로산의 주장은 과장된 것이다. 크로산은 주장하기를 우리가 본문을 주의 깊게 읽으면 요한이 세례를 주었다는 인상이 사라진다고 말한다. 그러나 도대체 얼마나 주의 깊게 읽어야 그렇다는 것인가? 누가는 세례 요한을 다루는 단락에서 그 사건을 언급하고 있다. 광야에 거하는 요한이 세례와 관련이 있다는 것은 잘 알려진 사실이다. 요세푸스마저 그것을 언급하기 때문에 누가 예수에게 세례를 주었는지는 굳이 말하지 않더라도 분명하다. 덧붙여 말하자면 누가복음 7:28은 요한을 격하시키는 것이 아니라, 그 시대에 속한 자는 누구든지 그 이전 시대에 여인에게서 난 자들 중 가장 뛰어난 인물(세례 요한)보다 더 낫다고 말함으로써 그를 새로운 시대로 승격시키는 것이다. 지금-임재한 왕국에 참여하는 자는 참으로 하나님이 계획하시고 행동하시는 특별한 시대에 속한 자로서, 더 완전한 회복의 날이 다가올 때까지 하나님의 소명을 수행하는 것이다. 크로산이 본문 해석에 가하는 미묘한 차이는 복음서 전승에 있어 실제 존재하는 것보다 더 큰 긴장을 조성하는 듯한 인상을 준다.

이런 점에 비추어볼 때 로마가 왜 예수에 대해 그렇게 반응했는가 하는 의문이 일어난다. 빌라도는 단지 예수를 비폭력적인 위협으로 간주했기 때문에 그렇게 반응한 것인가? 빌라도는 정말로 예수의 실제적인 공격 대상이었으며 그의 주적이었던 유대 지도자들의 선동과 무관하게 자의적으로 행동한 것인가? 빌라도의 행동은 로마의 이권에 대한 엄격한 관심이나 로마를 위해 예수를 저지할 필요성에 대한 인식에서 나온 것은 아닐 것이다. 예수에게는 군대가 없었다. 우리가 가진 본문은 빌라도가 예수를 로마에 위협이 되는 존재로 거의 생각하지 않았음을 보여준다. 정치적인 용어로 표현하자면, 예수에게는 로마 권력에 도전하는 데 사용할 수 있는 수단이 거의 없었음이 명백하다. 성서 본문은 예수가 유대인 지도자들과의 사이에서 일으킨 논쟁이 아니었다면 로마가 거의 개입하지 않았을 것임을 암시한다. 예수가 예루살렘에서 취한 행동들이 사회적 혼란의 촉매 역할을 하게 되자 대중은 평화를 해치는 자로서 예수를 비난하기 시작한다. 성전에서의 사례들과 유대교 의식에 관련된 사건들은 크로산이 제기하는 것과는 다른 문제와 관계된다. 달리 말해 역사적 예수에 도달하기 원한다면 우리는 예수의 유대적 뿌리와 관심사에 주의를 기울여야 하지, 로마의 정황에 지나치게 큰 비중을 두어서는 안 된다.

예수에 대한 크로산의 묘사는 하나님과 그의 언약 백성 간의 관계에 대한 예수의 관점에 적절하게 초점을 맞추는 데 실패한 것처럼 보인다. 우리가 서로 간에 어떻게 관계를 맺는지를 일종의 윤리적 본보기로서 강조하는 것은 예수의 메시지를 지나치게 축소한 것이다. 그것은 "네 마음과 목숨과 뜻을 다하여 하나님을 사랑하라"는 첫 번째 큰 계명과 관련된 주제들을 무시한다. 크로산은 참된 언약적 신실함에 대해 예수가 유대인 지도자들과 벌인 논쟁을 지나치게 소극적으로 처리한다. 크로산이 제안하는 예수는 공의와 바람직한 공동체에 관해 예수가 지닌 관심은 반영하지만, 하나님 나라가 하나님의 백성의 내면세계에 개인적으로 또는 집합적으로 무엇을 가져다주는지에 대한 예수의 메시지 가운데 너무 많은 부분을 빠뜨리고 있다. 예수의 가르침은 폭력적인 불의와 비폭력적인 정의의 문제를 넘어서는 문제를 다룬다. 예수의 가르침은 인생들이 하나님과의 관계 회복에서 오는 은혜를 어떻게 받을 것인가 하는 문제를 다룬다.

그 가르침은 하나님이 그분의 성품을 반영하는 인생들에게서 합당한 영광을 받으실 것과, 피조물들이 그에게 마땅히 충성해야 할 것, 그리고 모든 인생은 하나님이 예수를 통하여 하신 일들로 인해 그분의 임재와 통치를 인정해야 할 것을 다룬다.

3

인간 예수 배우기

역사비평과 문학비평

_루크 티모시 존슨

역사적 예수에 대한 오늘날의 논쟁—바이러스처럼 긴장 상황에서 반복적으로 등장하는 논쟁—에서 일치를 보이는 영역이 있는가 하면, 첨예하게 불일치를 보이는 영역도 있다. 예를 들어 모든 토론자는 인간 예수를 아는 것이 중요하다는 데 동의하는 점에서 일치한다. 우리는 서구 문화 형성의 중심인물로서 인간 예수를 다루지 않으면 안 된다. 유럽이나 미국 문명의 성격을 연구하면서 예수를 다루지 않는 것은 변명의 여지없이 본질을 간과하는 일이다. 이는 마치 중동 문화를 이해하려 하면서 마호메트(Muhammad)를 고려하지 않거나 중국 문화를 파악하려 하면서 공자를 빠뜨리는 것과 같다.

예수를 20억이 넘는 신도를 보유한 세계 최대 종교이자 아시아, 아프리카와 라틴 아메리카에서 인상 깊게 성장하는 종교인 기독교의 창시자로서 특별한 관심을 가지고 다루어야 한다는 점에는 모두가 동의한다. 참으로 기독교는 금세 소멸할 것이라는 많은 성급한 예측에도 불구하고 여전히 활력이 넘치는 종교로 자리 잡고 있다. 더욱이 기독교를 구성하는 여러 경쟁적인 분파 내에서 그리스도의 인성이 제자도의 모범과 척도 역할을 한다는 점에는 합의가 이루어졌다. 또한 그들은 예수를 바르게 아는 것이 중요하다는 데도 동의한다.

나아가 교회 안팎에서 예수에 관한 논쟁이 끊이지 않는다는 사실은 토론에 참여하는 자들로 하여금 사람들이 예수를 알고자 몹시 갈망한다는 점을 부인할 수 없게 만든다. 여기서 사람들이란 일반적으로 학자나 목회자가 평신도라고 부르는 자들을 뜻한다. 인간 예수는 호소력 있고 매혹적이며 파악하기 쉽지 않은 존재다. 신앙인이나 비신앙인 모두에게 그 나사렛 사람은 깊은 관심의 대상이다. 그들은 교회 강단에서 선포되는 설교에서보다는 보더스(Borders)와 반스앤노블(Barnes & Noble) 같은 서점에서 구입할 수 있는 책들을 통해 예수를 발견하고자 한다. 이것은 교회가 비기독교인들에게 지성적으로나 도덕적으로 신뢰를 잃은 지 꽤 오래되었기 때문에 자연스러운 반응일 것이다. 그리스도인들에게 그것은 설교 강단에서 인간 예수에 대한 실제적인 지식을 거의 전달해주지 않기 때문에 불가피한 전략일 것이다. 예수에 관한 논쟁의 현 단계는, 학자들의 반향도 어느 정도는 불러일으켰지만,[1] 평신도를 대상으로 한 서적의 출간으로 특징지어진다.[2]

1_ 방법론적 명확성과 엄격함, 그리고 실제 역사에 대한 폭넓고 깊이 있는 지식으로 인해 특별한 존경을 표시할 가치가 있는 연구서로는 John Dominic Crossan, *The Historical Jesus: The Life of Mediterranean Jewish Peasant* (San Francisco: HarperSanFrancisco, 1991)과 J. P. Meier, *A Marginal Jews: Rethinking the Historical Jesus*, 4 vols. (New York: Doubleday, 1991, 1994, 2001, 2009)이 있다.

2_ 아래 언급할 두 권의 저서 외에 이 주제에 대한 나의 견해는 다음의 책과 논문에서 발견할 수 있다. *The Creed: What Christians Believe and Why It Matters* (New York: Doubleday, 2003); "The Humanity of Jesus: What's at Stake in the Quest for the Historical Jesus," in *The Jesus Controversy: Perspective in Conflict*, with John Dominic Crossan and Werner Kelber (Harrisburg, Penn.: Trinity Press International, 1999); "A Historiographical Response to Wright's Jesus," in *Jesus and the Restoration of Israel: A Critical Assessment of N. T. Wright's Jesus and the Victory of God*, ed. Carey C. Newman (Downer's Grove, Ill.: InterVarsity Press, 1999), 206-24; "The Search for the Wrong Jesus," *Bible Review* 11 (1995): 138-42; "Who Is Jesus? The Academy vs. the Gospels," *Commonweal* 122 (1995): 12-14; "The Jesus Seminar's Misguided Quest for the Historical Jesus," *The Christian Century* 113 (1996): 16-22; "Response to Criticism of The Real Jesus," *Bulletin of Biblical Research* 7 (1997): 249-254; "Learning Jesus," *The Christian Century* 115 (1998): 1142-46; "Is History Essential for Christian to Understand the Real Jesus?" *The CQ Researcher* 8 (1998): 1089; "Learning Jesus

학자들이 의견의 차이를 보이는 주된 논점은 예수를 알기 위한 최선의 방법이 무엇인가 하는 것이다. 한편에서는 교회의 신앙생활을 통해서, 다시 말해 기도, 예배, 성경 읽기, 성도와 비신자 간의 만남을 통해서 예수를 가장 잘 배울 수 있다고 주장한다. 이들에 따르면 예수는 과거에 죽은 인물이 아니라 지금도 살아계신 주님이며, 복음서에서 시작된 교회 전승이 예수를 올바로 조명하기 위해서는 그의 이야기를 부활과 승귀의 관점에서 다루어야만 한다. 그래야만 우리는 예수가 참으로 누구신지를 알 수 있다는 것이다. 이런 관점에서 "진정한 예수"(real Jesus)는 과거의 인물이 아니라 현재에 살아 있는 분이다. 학자들의 연구 대상이 아니라, 믿음으로 순종해야 할 대상이다. 이 관점에서 가장 중요한 것은 신앙 자체가 인식의 방편이라는 신념이다. 우리는 신앙을 통해 경험적으로 확증 불가능한 대상에 접근할 수 있다는 것이다.[3]

그런 강경한 입장에서는 예수가 정말로 누구였는지를 이해하는 데 있어 역사적 연구의 적절성을 인정하지 않는다. 자연히 위와 같은 입장은 그리스도인마저도 현대주의—원칙상 입증 가능한 것만이 참된 지식의 대상이 될 수 있다고 전제하는—라는 범주에 따라 규정되는 세상에서는 좀처럼 주장되지 않는다. 하지만 다른 곳에서 이미 밝힌 것처럼 나는 그 입장이 근본적으로 옳다고 믿는다. 보다 정확히 표현하자면, 나는 그것이

in Liturgy," *Theology, News and Notes* 46 (1999): 20-23; "Knowing Jesus Through the Gospels: A Theological Approach," *The World of the Bible* 3 (2000): 19-23; "The Eucharist and the Identity of Jesus," *Priests and People* 15 (2001): 230-35; "The Real Jesus: The Challenging of Contemporary Scholarship and the Truth of the Gospels," in *The Historical Jesus Through Catholic and Jewish Eyes*, ed. B. F. LeBeau et al. (Harrisburg, Penn.: Trinity Press International, 2000), 51-65.

3_ 이와 같은 주장은 내가 *The Real Jesus: The Misguided Quest for the Historical Jesus and the Truth of the Traditional Gospels* (San Francisco: HarperSanFrancisco, 1996)에서 최초로 주장했으며 *Living Jesus: Learning the Heart of the Gospel* (San Francisco: HarperSanFrancisco, 1998)에서 더욱 적극적으로 발전시킨 것이다.

엄밀한 의미에서 그리스도인이라 주장하는 자들에게 가장 합당한 입장이라고 생각한다. 나는 예수를 성령 안에서 우리 가운데 임재하시는 승귀하신 주님으로 고백하지 않는 자들이 왜 계속해서 스스로를 그리스도인이라고 칭하는지 이해하기 어렵다. 그 입장에 대한 주된 반대는, 그것이 그리스도인에게는 만족스러울지 모르지만 그 신앙을 가지지 않은 사람들에게는 예수에 관한 대화를 단절시키는 것처럼 보인다는 것이다. 이 (신앙적) 관점은 "인간"이라는 개념을 수용 가능한 어법의 범위를 넘어서까지 확장시킴으로써 비신자들과의 대화를 불가능하게 만든다는 것이다. 아마도 그런 어법은 신자들이 현재 "살아계신 예수"에 관해 말하는 데는 적절할지 모르지만, 동일한 믿음을 소유하지 않은 자들에게 그리스도인들이 사람으로서의 나사렛 예수에 대해 말하고 있다는 것을 납득시키는 데는 적절하지 못할 것이다.

동등하게 강경한 또 하나의 입장이 있는데, 이 견해는 인간 예수를 알 수 있는 방법이 오직 역사적 재구성을 통해서뿐이라고 주장함으로써 처음 입장과 직접적으로 대립한다. 이 입장의 전제는 기독교 전승이 처음부터 예수를 잘못된 방식으로 받아들였다는 것이다. 무엇보다도 복음서에서 예수를 해석할 때에, 그의 지상 사역을 다룰 때조차도 부활하시고 승귀하신 예수에 대한 신앙의 관점에서 해석했다는 것이 문제다. 이 견해를 지지하는 자들은 복음서 기사들과 나사렛 예수에 대한 신약의 모든 증언이 비판적 역사기술 방식을 통해 수정되어야 한다고 주장한다. 결과적으로, 만일 누군가가 모든 참가자들이 이해하는 방식으로 인간 예수에 대해 말하려고 한다면, 예수를 현재 활동하는 주체로서가 아니라 오직 과거에 죽은 인물로서만 간주해야 한다는 것이다. 기독교를 문화적으로 경멸하는 자들이 요구하는 것은 역사적 수정 이상의 것이다. 그들은 "진정한"(=역사적) 예수를 회복함으로써 예수에 대한 기독교의 주장을 불신임하고자 하는 것이다.

이 강력한 두 가지의 입장은 서로 간에 명백한 차이를 보이면서도 지적으로 일관성을 지니고 있는데, 아쉽게도 오늘날에 이 두 가지 입장을 도식화하려는 시도는 많지 않다. 오히려 스스로를 그리스도인이라 부르면서도 자신들의 신념의 근거를 역사적 탐구에서 찾으려는 다양한 중도적인 입장들이 대세를 이루고 있다. 그들 가운데 좀 더 보수적인 학자는 자신의 신념을 확증함으로써, 좀 더 자유적인 학자 자신의 신념을 수정함으로써 해결점을 찾으려 한다. 이처럼 지적으로 애매모호한 입장들이 출현할 수 있는 이유는 역사기술의 성격(목표, 가능성, 제한성)에 관해 가장 근본적이고 비판적인 질문을 생략하고, 자료(무엇보다 네 권의 정경 복음서와 그 다음으로 바울 서신)를 부주의한 방식으로 처리해왔기 때문이다.

그러므로 한편에서는 마태복음과 요한복음[4] 혹은 누가복음[5]에 대한 재진술을 넘어서지 못하는 예수의 "역사들"이 출현하는데, 이런 역사들은 역사적(historical)이라는 용어가 예수에게 적용될 때 무엇을 의미해야 하는지에 대한 성찰이 없으며, 사복음서의 문학적 관계성에 대한 기초적인 논의조차 하지 않는다. 다른 한편에서는 자료비평에 대한 경솔하고 과도한 확신 가운데 "역사적 예수"[6]를 재구성하려는 시도를 볼 수 있는데, 그들은 어떤 "진정성 있는"(authentic) 단편을 건져내기 위해 복음서 내러티브를 해체한다. 그러나 그들은 단편들을 복음서 내러티브보다 더 역사적이라고 추정되는 그림으로 재구성하는 데 있어서 (특히 누가복음에 암시된

4_ Adolf Schlatter, *The History of the Christ: The Foundation of the New Testament Theology*, trans. A. J. Köstenberger (Grand Rapids: Baker Books, 1997[1923])을 보라.

5_ N. T. Wright, *Jesus and the Victory of God* (Minneapolis: Fortress, 1996).

6_ 특별히 Robert W. Funk & Roy W. Hoover, eds., *The Five Gospels: The Search for the Authentic Words of Jesus* (New York: Macmillan, 1993); John Dominic Crossan, *The Historical Jesus: The Life of a Mediterranean Jewish Peasant* (San Francisco: HarperSanFrancisco, 1991)을 보라.

예수 상과 관련하여) 이념적 성향에 근거해 작업하는 것이 어떤 결과를 가져오는지 거의 인식하지 못하고 있다.

이 글에서는 인간 예수를 아는 문제를 부활 신앙과 별도로 다루려고 한다. 다시 말해 완전하고 철저하게 역사적 인물로서의 예수에 대해 말하겠다는 것이다. 그 과정에서 나는 역사적 지식을 위한 자료로서 복음서를 다루는 가장 책임 있는 방식이 무엇인지 제시하려 한다. 나는 예수를 탐구하는 데 있어 적법한 방식으로 역사를 이용할 것이다. 이를 위해 나는 예수라 불리는 복음서의 문학적 인물에 대한 완전하고 책임성 있는 접근을 가능하게 하는 역사적 연구와, 복음서를 해체함으로써 예수를 역사적으로 재구성하려는 프로젝트를 구분할 것을 주장한다. 마지막으로 나는 복음서의 예수에 대한 문학비평적 접근이 인격으로서의 예수의 인간적 특성에 대한 온전한 지식을 실제로 가져다준다고 주장한다.

예수 연구에서의 역사 사용

나는 예수를 역사적으로 연구하는 일이 이 글의 서론에서 진술한 이유들 때문에—신자들에게 있어서도—타당하고 중요하다는 것을 솔직히 주장하면서 시작하려 한다. 나의 주장이 특별히 논쟁거리가 되는 이유는 나를 비판하는 자들이 나를 역사적 탐구에 반대하는 자로 간주하기 때문이다. 하지만 내가 문제 삼았던 것은 역사적 탐구 자체가 아니라 그 탐구의 학문적 건전성이었다. 예수는 역사적으로 질문될 수 있고 또 질문되어야만 한다. 왜냐하면 그는 기원후 초기 30여 년에 걸쳐 살았던 진정한 역사적 인물이기 때문이다. 이천 년 전 팔레스타인이라는 시간과 공간에 살았던 한 인간으로서 예수는 과거에 시간과 공간에 실재한 인간과 사건을 탐구하는 분야인 역사 탐구에 합당한 대상이다.

나아가 만일 예수가 역사적 연구의 주제라면, 우리는 과거의 다른 인간을 탐구하는 방식과 정확히 동일하게 그를 탐구해야 한다. 다시 말해 예수를 연구할 때 소크라테스나 크리스토퍼 콜럼버스 같은 인물처럼 다루어야 한다. 예수가 연구의 주제라는 이유 때문에 역사기술(Historiography)을 재정의 할 수는 없다. 만일 역사기술이 아우구스투스 같은 로마 황제에 대해 신성을 주장할 수 없다면, 마찬가지로 예수에 대해 성육신한 자라고 주장할 수도 없다. 만일 역사기술이 티아나(Tyana)의 아폴로니우스가 기적을 행했다고 판결할 수 없다면, 마찬가지로 예수에 대해서도 그런 판결을 내릴 수 없다. 이 점에서 나는 최초의 위대한 역사적 예수 탐구자 다비트 프리드리히 슈트라우스에게 전적으로 동의한다. 역사는 오직 시공간적으로 검증 가능한 영역에 속한 것에만 관여해야 한다.[7]

또한 나는 적절한 역사기술 방법을 사용한다면 역사적 인물로서의 예수에 대해서 중요한 사실들을 밝힐 수 있다는 점에도 기꺼이 동의한다. 여기에서 적절한 방법이란, 비평적인 역사가들이 다른 사건이나 인물을 연구할 때 사용하는 방법들, 다시 말해 모든 가능한 자료를 일차, 이차 자료와 직접, 간접 자료로 분류하기, 편파성 테스트, 주어진 정보의 특이한 측면을 평가하기, 마지막으로 모든 자료들을 수렴하여 주어진 사건과 인물에 관해 잠정적인 결론에 도달하기 등을 가리킨다. 가장 이상적인 것은 특별한 동기(motivation)를 포함하는 내러티브를 구축하는 것인데, 때로는 증거가 일련의 가능성 있는 진술들만을 허용할 뿐이다. 어떤 경우에도 증거로서 확증 가능한 경계선을 존중해야 한다. 나는 문학작품 내에서 초

7_ David F. Strauss, *The Life of Jesus Critically Examined*, P. C Hodgson ed. with an Introduction by P. C. Hodgson, trans. G. Eliot (Philadelphia: Fortress, 1973, [1835/1846]).

기 자료를 분류해내고, 그렇게 찾아낸 가상의 초기 자료를 문학작품에 대항하는 방편으로 사용하는 자료비평 방법을 부적절한 것으로 간주한다. 그런 절차를 통해 도출된 결과는 너무 순환적이고 자의적이라서 타당한 것이라고 보기 어렵다.

예수의 경우, 외부 자료들이 제시하는 얼마 안 되는 증거들(로마 역사가 Suetonius와 Tacitus, 유대 역사가 Josephus, 탈무드의 간접적인 논쟁)[8]이 무엇보다 중요한데, 그것들이 내부 자료(그리스도인이 기록한 것들)에 대해 모종의 통제 기준을 제공하기 때문이다. 바울과 히브리서가 제공하는 정보도 후기 복음서 저작에 통제 기준을 제공하기 때문에 중요하다. 모두가 시인하듯이, 가장 문제가 되는 자료는 복음서 내러티브다. 왜냐하면 그것들은 특이한 문학적 상호 의존성(공관복음서 간에)과 독립성(마태, 마가와 누가복음이 갖고 있는 독특한 요소들과 요한복음에서)의 조합으로 이루어져 있기 때문이다. 역사가로서의 신뢰성을 유지하면서도 그 기사들(accounts)을 완전히 조화시키는 것은 확실히 불가능하다. 그럼에도 불구하고 다른 자료들이 제공하는 기준 내에서 읽을 때에 복음서 내러티브는 예수에 관해 역사가가 다른 일반 역사에서처럼 다양한 정도의 개연성으로 확증할 수 있는, 역사적 사실로 받아들여질 수 있는 합일점(point of convergence)을 제공한다.

예를 들어 역사가는 예수와 관련하여 몇 가지 사실을 최대치의 개연성(the highest degree of probability)을 가지고 확증할 수 있다. 예수가 1세기에 살았던 유대인이라는 것, 팔레스타인에서 로마 권력에 의해 처형되었다는 것, 그의 이름으로 시작되어 그를 부활하신 주님이라 부르던 한 운동이 25년 만에 지중해 전역으로 확산되어 수십 년간 지속되었다는 것,

---

8_ 증거로는 F. F. Bruce, *Jesus and Christian Origins Outside the New Testament* (Grand Rapids: Eerdmans, 1974)를 보라.

신약성서라 불리는 문서가 신자들에 의해 예수에 관한 그들의 경험과 확신을 해석하기 위한 노력의 일환으로 기록되었다는 것 등이다. 마지막 것을 제외한 모든 주장들은 외적 내적 자료들의 수렴을 통해 확증될 수 있다. 마지막 주장은 인간 예수에 대한 역사적 진술이라 할 수 있는데, 왜냐하면 그런 문학작품은 앞의 세 가지 주장을 부인한다면 이해 불가능한 것이 되며, 처음 세 가지 주장으로부터 논리적으로 (또한 입증될 수 있는 사실의 문제로서) 도출되기 때문이다.

더 나아가 역사가는 예수의 활동이 보여주는 몇 가지 기본적인 유형에 대해서는 아주 큰 개연성(very high degree of probability)을 가지고 확증할 수 있다. 예수가 하나님의 통치를 자신의 말씀과 행동과 관련해서 선포했다는 것, 치유를 행했다는 것, 비유를 통해 가르치고 토라(율법)를 해석했다는 것, 유대 사회의 주변인들과 사귀었으며, 열두 제자를 택했다는 것 등이다. 또한 역사가는 복음서에 보도된 특정한 몇몇 사건이 일어났었다는 것을 상당한 개연성(considerable probability)을 가지고 확언할 수 있다. 예를 들어 그가 요한에게 세례 받았다는 것, 예루살렘 성전에서 예언자적 행동을 했다는 것, 아마도 예수가 제자들과 최후의 만찬을 나누며 그 만찬을 임박한 죽음의 관점에서 해석했다는 것 등을 확언할 수 있다. 이것은 예수에 관한 시시콜콜한 역사적 정보의 나열이 아니라, 타당한 역사기술의 방법론이 허용하는 지점이 어디까지인지를 보여주는 것이다.

이런 결과들은 신자들에게도 상당히 의미심장하다. 첫째로, 그것은 기독교 신앙이 진정한 인간에 기초한다는 것을 보여준다. 즉 기독교가 아무런 실체가 없는 순전한 창작에 기초한 것이 아님을 보여준다. 둘째로, 그것은 인간 예수가 매우 구체적인 특징을 지녔음을 보여준다. 즉 예수가 유대인이 아닌 이방인이라거나 남자가 아닌 여자라거나 혹은 잔혹하게 처형당한 것이 아니라 침대에서 편안히 죽었다고 주장하면서 역사적 개연성의 범위 내에 머물러 있다고 말할 수는 없다는 것이다. 특정한 역사적 주장들을 수용할 수 있는 역사적 인간 예수에게 그리스도라는 상징이 더해지면, 그 상징은 더 이상 무한히 포용적인 것이 아니다. 비록 그리스도인들이 그들의 신념을 유지하기 위해서는 예수에 대해 말할 때 하나님이 그리스도 안에 있었다거나 또는 그분이 하늘로 올라가셨다고 하는 신화적 언어를 사용할 수밖에 없지만, 그런 언어는 여전히 가상의 개인이나 집합적인 환상이 만들어낸 인물이 아니라 본디오 빌라도에 의해 십자가에 못 박힌 역사적 인물에게 적용되는 것이다.

역사적 연구가 인간 예수를 배우는 데 중요하게 여겨지는 또 다른 방식이 있다. 1세기 지중해 세계의 역사적 정황에 대해 더 많이 알수록, 특별히 로마가 통치하던 어려운 시기에 팔레스타인에 거주하던 유대인의 역사적 정황을 더 많이 알수록 독자들은 복음서의 내러티브를 더욱 잘 이해할 수 있다. 비록 요세푸스의 저술 안에 예수에 대해 언급하는 곳이 한 단락 밖에 없지만, 그럼에도 불구하고 요세푸스의 『유대고대사』와 『유대전쟁사』에 관한 지식은 그 책들이 복음서의 등장인물들과 그들이 살았던 시대의 역사적 긴장관계를 조명해주기 때문에 매우 중요하다. 마찬가지로, 비록 예수가 에세네파와 눈에 띌 만한 관련은 없지만, 쿰란에서 발견된 자료 외에도 요세푸스와 필론이 전해주는 지식은 복음서 해석을 상당히 풍부하게 해준다. 역사에 대한 지식이 많으면 많을수록 복음서를 책임있게 해석할 수 있는 능력도 더욱 커진다. 정말로 그런 역사적 연구를 거부하는 것은 문화적으로 특정하게 규정된 복음서의 상징들을 심각하게 다루기를 거부하는 것과 마찬가지며, 심지어는 성육신(incarnation)을 진지하게 다루기를 거부하는 것이라고 말할 수도 있다.

여기서 나는 앞서 제시했던 구분을 반복하려 한다. 그런 역사적 연구는 "역사적 예수"를 재구성하기 위해 복음서 내러티브를 해체하는 것이 아니라, 복음서 내러티브를 보다 온전히 이해하는 데 도움을 주는 것이다. 예수라는 특정한 인물과 관련된 순수하게 역사적인 정보는 극히 미미한 반면에 복음서 내러티브의 의미를 조명해주는 역사적 자료는 풍부한 편이다.

역사의 한계들

최근 역사적 예수 연구가 보여주는 실망스러운 양상 중에 하나는, 일부 "학자" 혹은 "역사가"를 자처하는 자들이 역사(history)와 역사기술(historiography)이라는 난해한 학문을 진지하게 다루지 못하고, 역사가 단순히 "과거" 혹은 "과거에 일어난 사건"만을 의미하기라도 하는 것처럼 안일하게 접근하고 있다는 것이다. 그들은 역사적 예수를 재구성하는 자신들의 방법이 "너무나도 인간적인"(all-to-human) 것임을 간과한 채 본능적으로 자신들의 재구성이 학문적인 엄밀성을 띤 것처럼 행세하고 있다. 우리는 역사를 기록하려는 모든 시도에는 적어도 네 가지 한계가 있다는 것을 의식해야 한다.

1. 역사는 단순히 "과거" 또는 "과거에 일어난 것"이 아니며, 역사가가 접근할 수 있는 어떤 "장소"도 아니다. 오히려 역사는 인간의 비판적인 분석과 창의적인 상상력의 산물이다. 역사가들은 단순히 역사를 발견하는 것이 아니라 역사를 구성한다. 이 과정에는 최소한 두 단계가 있다. 첫째, 과거로부터 온 증거 자료를 비판적으로 평가해야 한다. 둘째, 비판적으로 평가한 증거들에 근거해 사건에 대한 내러티브적인 진술을 제시하려고 노력한다. 증거가 완전하면 완전할수록 더욱 일관성 있는 내러티브 구성의 기회가 주어진다. 반대로 증거가 빈약하면 빈약할수록, 잠정적인 개요

이상의 것을 제시하기가 점점 더 어려워진다.

역사가 구성적(constructive)이기 때문에 역사기술도 어느 정도는 수정주의(revisionist)적 성격을 띨 수밖에 없다. 이것은 단순히 역사가가 자신의 관점을 과거에 주입한다는 의미가 아니다. 건전한 역사가는 언제나 객관적인 증거가 주관적인 투사를 통제하도록 주의한다. 그뿐 아니라 초기의 도식에 근본적으로 영향을 주는 새로운 증거가 드러나면 그에 따른 적절한 수정이 가해진다. 보다 미묘한 문제가 있는데, 현재의 정황들(그 자체가 항상 변하고 있는)로 인해 역사에 대한 관점이 변하게 되면, 불가피하게 과거를 새로운 관점으로 조망하게 된다. 가장 명백한 본보기가 미국 대통령들에 대한 평가다. 일례로 트루만은 행정부 장관들의 가장 통렬한 비난 속에서 사무실을 떠났지만, 그 후에 일련의 사건들과 그 사건들에 대한 평가로 인해 역사가들은 보다 긍정적인 태도로 그를 다루게 되었다.

2. 역사는 과거의 실재를 알아내는 방식에 있어서 근본적인 한계를 가지고 있다. 역사의 주제는 시공간 속에서 일어난 인간의 행위(혹은 사건들)인데, 오직 그 행위와 사건이 관찰되고 기록될 수 있어야만 역사의 주제가 될 수 있다. 예를 들어 1950년대까지의 브로드웨이 뮤지컬의 역사는 일지, 광고, 각본, 메모, 극장 영수증, 평가와 악보들에 의존할 수밖에 없다. 역사는 실제 공연된 음악, 드라마의 감성, 극장에 감돌던 흥분, 화장품 냄새, 청중의 환호 등을 전달할 수 없다. 비록 역사가 오래된 녹화 필름이나 사진들을 편집한 기록영화의 형태를 빌려온다 해도, 그 사건들이 원래 발생했던 모습 그대로 재연할 수는 없다. "있는 그대로"라는 문구가 모든 사건에 내재한 감각, 운동, 지각의 복합성을 모호하게 만들어버리면 역사는 조잡한 악기가 되고 만다. 사건(event)이라는 용어 자체가 사실을 모호하게 한다. 마치 편집자가 주어진 문서에서 한 문단만을 추출하여 분석하거나 영화 편집인이 필름의 한 장면을 잘라내어 자세히 살펴보는 것처럼,

역사가는 시공간 내에서 이루어지는 일련의 인간 행동에서 특정한 요소들을 선별하여 장면을 구성함으로써 사건(event)을 "창조"한다.

사실 세상에는 너무 많은 일이 일어나기 때문에 역사가 그 모든 사건을 다 망라할 수는 없다. 남북 전쟁에 관한 가장 방대한 역사서라 해도 이름이 알려진 주요한 전투만을 다룰 뿐이지, 그 외의 수많은 분쟁들, 저격수의 공격들, 많은 사상자를 내기는 했지만 역사적 기념비를 세우기에는 충분하지 않은 습격들은 기록에서 제외시킬 수밖에 없다. 다른 의미에서 역사의 주된 관심사는 시공간 내에서 일어난 인간에 관계된 사건들이기 때문에, 어떤 사건들은 "실제적"임에도 불구하고 "역사적"인 것으로 간주되지 못한다.

인간 실존에 있어 지엽적인 문제들도 역사의 주제가 되지 못한다. 남북 전쟁 기간 동안 사람들은 계속해서 면도를 하고 손톱을 깎았으며, 식사를 하고 잠을 잤다. 그러나 이런 사건들이 인간 실존의 일부분이고 또 전쟁 중에 사람들이 나누는 대화의 상당한 부분이 이와 관련되었을 것이 분명하지만, 그럼에도 그런 사건들은 역사적 탐구의 대상으로 거의 취급받지 못한다. 인간 실존의 추상적인 측면도 마찬가지다. 역사는 인간의 소외, 화해, 동정, 용서, 외로움과 슬픔의 상태에 대해 침묵할 수밖에 없다. 설사 그런 감정이 가족과 떨어져 지내는 사람이나 친구와 논쟁 중인 사람에게는 실제적인 문제라 하더라도 말이다. "역사"(the historical)와 "실재"(the real)는 동일한 것이 아니다.

3. 역사기술은 자료에 전적으로 의존하기 때문에 명백히 제한적이다. 만족스러운 내러티브 구성을 위해서는 과거로부터 보존되어온 인간이 공유한 기억 중에서 비판적 분석을 통과한 충분한 증거가 있어야 한다. 그러나 그런 기억을 포함한 자료들이 얼마나 단편적이고 부서지기 쉬운 것이던가! 특히 고대 역사에 대한 자료는 언제나 부분적이다. 많은 경우에

사건이나 인물에 대한 우리의 지식은 단일 자료에 의존한다. 게다가 자료들은 필시 편향적일 수밖에 없다. 그 편향성은 단지 물리적 관점의 문제일 수도 있지만, 때에 따라서는 이념적 관점의 문제일 수도 있다. 1968년 시카고 그랜트 공원에서 열린 민주당 전당대회와 관련된 사건들에 대해 시위 참가자와 경찰은 정반대의 진술을 할지도 모른다. 중요한 것은 과거에 대한 현재의 모든 지식이 증인들의 주관적 판단에 근거한 것임을 인지하는 것이다. 누군가 그 사건을 보았고, 그들이 본 것을 후대에 전달할 수 있는 방식으로 보존해야 할 필요를 느꼈다는 것이다.

특별히 먼 과거에서 온 증언들은 균일하지 않게 보존되었다. 과거를 돌아볼 때, 알렉산드리아의 위대한 도서관 외에도 수많은 지식의 보고들이 파괴되었다. 수많은 과거의 위대한 문학, 종교 철학 작품들이 여러 개의 사본이 아닌 단 한 개의 사본만을 보유하고 있다. 역사가는 오늘날에도 접근 가능한 자료에 전적으로 의존할 수밖에 없는데, 자료가 역사가의 손에 넘어오기까지는 최초에 구상되고, 기록되고, 보존되는 과정을 거쳐야만 한다. 인도의 종교를 연구하는 한 동료는 서구 학자들이 인도 대륙의 종교 의식을 지나치게 일반화하는 경향에 대해 우려를 표한 적이 있다. 그에 의하면 일어난 사건 중에 기록된 것은 십분의 일이 채 되지 않으며, 기록된 자료 중에 보존된 것도 십분의 일이 채 되지 않으며, 그렇게 보존된 자료 중에 편집된 것이 십분의 일이 채 되지 않으며, 편집된 자료 중에 서양 언어로 번역된 것이 십분의 일이 채 되지 않는다고 한다. 역사가들이 자신의 기교에 대해 겸손해야 할 충분한 이유가 있다.

4. 역사가 가지는 마지막 한계는 그것이 오로지 과거만을 묘사(또는 구성)할 수 있다는 것이다. 역사가는 미래를 규정할 수 없다. 비록 역사와 전기가 모방을 위한 본보기를 제시하고 또 그것을 통해서 현재에 영향을 미치기를 바라기는 하지만, 그것이 현재의 상황에서 결정을 내리는 데 미치

는 영향력은 지극히 제한적이다. 유추에 근거한 논증은 너무 멀게 느껴진다. 정치가들은 "역사의 교훈"을 인용하기를 좋아하지만, 정직한 역사가들은 그런 교훈들이 때때로 생각보다 훨씬 불분명하고 모호하다는 사실을 인정한다. 엄밀히 말해 역사는 현재를 위한 규범이 아니다. 1945년에 살았던 영국인 중 어느 누구도 윈스턴 처칠이 나라와 제국과 더 나아가 서구 문명을 구했다는 주장에 반대하지는 않는다. 그러나 그런 보편적인 합의도 영국 선거인단이 그를 하야시키는 것을 막지 못했고, 결과적으로 대영제국의 해체가 시작되는 것을 방치할 수밖에 없었다. 공동체가 과거의 일에 동의한다 해도 그것은 단지 현재의 요구나 미래의 목표를 분별하고 결정하는 데 관계된 요소 중 하나일 뿐이다. 역사가 기술적인 학문(descriptive science)으로서의 역할을 제대로 수행하면 할수록, 규범을 제시하는 일에는 더 소극적이 될 수밖에 없다.

예수에 관한 역사의 한계들

위에 나열한 한계들은 "역사적 예수"를 학문적으로 재구성하려는 모든 진지한 노력을 극도로 좌절시킬 만큼 실질적이다. 역사가 다룰 수 있는 범위(scope)가 어디까지인지도 문제다. 내부 자료는 원칙상 역사가들이 확증할 수 있는 범주를 넘어서는 "사건들", 예를 들어 동정녀 탄생, 하늘로부터 나는 목소리, 축귀, 치유, 변화산 사건, 부활 등에 대한 기록으로 가득하다. 부활을 언급할 때에도, 모든 내부 자료는 예수가 기독교 공동체 내에 지금 현존하는 능력의 주님이라는 확신에 깊이 영향을 받을 수밖에 없다. 부활은 복음서 내러티브 내에서 역사적으로 입증 불가능한 "사건"인데, 그 사건은 초기 서신들과 모든 복음서의 근간이 되는 관점이기도 하다. 일례로 마태복음에서 예수는 과거에 죽은 랍비로서가 아니라 시대를 초월하여 "그들과 함께" 거하는 교회의 주인으로서 가르침을 선포한다. 이런 면에서 나그함마디에서 발견된 영지주의 복음서들은 도움이 못 되는데, 왜냐하면 그 복음서들에서 예수의 인성은 신적인 계시자로서의 성품에 가려서 실질적으로 자취를 감추어버렸기 때문이다.[9]

부활 관점이 역사가에게 중요한 이유는, 그 관점이 이야기(예수와 바리새인과 서기관 사이의 논쟁과 같은 이야기들)의 형성에 영향을 주었을 뿐 아니라, 그런 이야기들을 선별하는 데도 영향을 주었기 때문이다. 복음서 내러티브에서 예수에 대한 언급들은 모두 (적어도 원칙상으로는) 증인의 입에서 나온 것들이며, 인간 증언의 본질상 관점과 이해에 있어 한계를 가지는 주관적인 보도다. 게다가 그런 증언 기록들은 구약의 관점에서 해석되었을 뿐만 아니라 초기 교회의 설교와 예배에서 수년간 구전(oral transmission)을 통해 형성된 것이며, 각각의 복음서 저자에 의해 최종적으로 선별되고 배열된 것들이다. 설령 전달의 최초 단계라 하더라도 해석이 개입되는 것은 불가피한 일인데, 이처럼 최초 증인들에게서 발견되는 주관성에 더하여 전달의 제2단계와 제3단계에서는 명백하게 부활 전망(그리고 토라로 대표되는 상징 세계와의 관련성)이 영향을 미치고 있다. 또한 특정한 말씀이나 이야기를 내러티브의 문맥에서 분리해낸다고 해서 선별과 형성의 전 과정에 영향을 준 부활 편향성(resurrection bias)이 없어지는 것은 아니다.

역사가들이 얻을 수 있는 예수에 대한 외부 자료들이 극히 적을 뿐만 아니라 그 자료들 역시 각자의 편향성을 가지고 있기 때문에, 예수를 연

9_ Luke Timothy Johnson, "Does a Theology of the Canonical Gospels Make Sense?" in *The Nature of New Testament Theology: Essays in Honor of Robert Morgan*, ed. C. Rowland & C. Tuckett (Oxford: Blackwell, 2006), 93-108.

구하는 역사가가 신약성서의 복음서 내러티브에 의존하는 일은 불가피한 동시에 많은 문제를 제공한다. 복음서들은 그 범위에서 명백한 한계를 가진다. 그들은 예수의 공생애에 대하여 기껏해야 1년에서 3년 동안에 일어난 일들만을 전해줄 뿐이다. 그리고 단지 두 복음서만이 예수의 어린 시절에 대해—극적으로 다른 관점에서—간단히 언급한다. 겨우 1년에서 3년간에 일어난 일들만을 다룬 한 인물의 "역사"는 심각하게 제한적일 수밖에 없다. 게다가 역사적 자료로서 복음서의 입지는 마태, 마가, 누가복음의 문학적 상호 의존성으로 인해 복잡하기까지 하다. 학자들은 예수의 역사를 탐구하기 위한 자료로서 "공관복음서의 문제"를 풀려고 시도하는데, 우리가 가진 것은 사실상 세 가지의 독립적인 자료가 아니라 몇 가지 주요한 관점에서 볼 때 다양성을 가진 하나의 증언이다.

만일 이 사안에 대한 다수의 견해를 수용한다면(필자 역시 수용하는데), 마태와 누가는 세례 요한에서 시작하여 빈 무덤에 이르는 마가복음의 줄거리를 그들 자신의 내러티브를 위한 기본 틀로 사용했다. 플롯(plot)의 차원에서 보자면, 마태와 누가가 도입한 변화(마태의 담화 부분과 누가의 긴 여행 단락)만으로는 그들이 마가복음에서 가져온 동일한 기본 "이야기"를 공유한다는 사실을 지워버리지 못한다. 따라서 플롯의 차원에서 볼 때 역사가는 마가복음과 요한복음이라는 완전히 이질적인 두 가지 증언에 직면하는 것이다. 이 두 증언은 가장 기본적인 요점들, 다시 말해 예수의 사역 기간, 사역을 행하신 주요 장소 그리고 중대한 사건들이 일어난 순서에서 불일치를 보인다. 덧붙여, 이 두 증언은 예수의 몇몇 특정한 행동과 연설 방식을 진술하는 데도 도저히 서로 조화시킬 수 없을 만큼 큰 차이를 보인다. 역사적 예수를 연구하는 다수의 학자들이 요한복음의 기록보다는 마가복음(공관복음)의 플롯에 우선권을 주면서, 복음서 전체 구도를 형성하는 데 있어서 요한복음은 공관복음과 대등한 경쟁력을 가진 증언이라기보다는 특정 정보를 위한 부차적인 자료일 뿐이라고 평가한다. 그러나 마가복음의 내러티브를 면밀히 검토해보면 그것 역시 역사적 보도이기보다는 신학적 구성물임이 명백하다. 따라서 마가복음도 우리가 흔히 예상하듯이 연대기적으로 자료를 배열하는 것이 아니라 오히려 시험, 치유, 제자도에 관한 비유와 가르침을 주제별로 묶어놓는다.

플롯 상의 이런 차이 외에도 우리가 접근할 수 있는 자료들에는 압도적인 숫자의 보다 작은 차이들이 존재한다. 오직 요한복음에서만 발견되는 예수의 말씀과 행위는 논외로 하더라도, 우리가 공관복음서를 면밀하게 비교해보면 "예수가 이렇게 말씀하셨다"라는 특정한 공식과 관련해 역사가가 그 진정성에 대해 확신 있게 대답하는 것이 불가능함을 발견하게 된다. 이것은 특정한 치유 기사나 축귀에 관한 기사의 역사성을 결정하는 데 있어서도 마찬가지인데, 시기나 선후관계의 문제는 더더욱 불확실하다. 심지어 사복음서가 가장 일치된 기록을 보여주는 수난 내러티브에서조차도 많은 중대한 차이점이 발견되기 때문에, 신중한 역사가라면 그 사건의 기본 골격만을 역사적 개연성이 있는 것으로 받아들일 수 있다. 이런 요인들 때문에, 그리고 예수 이야기가 구약에 대한 성찰로부터 상당히 영향을 받았다는 사실 때문에(특히 수난 내러티브에서) 역사가는 그런 기록을 바탕으로 예수의 의도나 동기에 대해 학문적인 책임감을 가지고 증언할 수는 없다. 예수의 내면적 정신 상태에 대해서는 더욱 그러하다. 자료들의 상태가 그런 접근을 허용하지 않는다. 그럼 열두 제자의 선택과 같은 입증 가능한 사실들로부터 추론하는 것은 가능하지 않겠는가? 물론 가능하지만 매우 조심스럽게, 그리고 제한된 범위 내에서 해야 할 것이다.

내가 위에서 열거한 요인들로 인해 나타나는 장애를 고려할 때, 역사가들이 역사적 예수에 대해 내가 앞에서 열거했던 상당한 양의 진술을 수용한다는 것이 오히려 놀랍다. 비록 범위는 넓지 않지만, 이런 진술들은 가장 엄격한 분석을 통해서 뒷받침되며 자료가 보증할 수 있는 한계를 넘어가지 않는다. 이 일련의 진술들이 내러티브를 구성하지 않는다는 것 또한 분명하다. 그것은 역사적 설명(account)이기보다 일련의 역사적 사실들(facts)이다. 그런 일련의 진술에 자신을 한정시킬 때 내러티브를 향한 역사가의 갈망은 좌절될지도 모른다. 하지만 그렇게 함으로써 역사가는 역사적으로 무책임한 내러티브를 생산하는 오류를 범하지 않게 된다.

역사적 예수를 구성하기 위해 그런 한계선을 넘어섰을 때 어떤 결과가 나타나는지를, 우리는 수시로 역사 방법론을 왜곡시키고 그 결과 역사 자료마저 왜곡시키는 현대의 여러 발간물을 통해 짐작해볼 수 있다. 그 결과가 어떤 것인지는 그런 출간물이 제시하는 다양한 예수 상을 통해 명백해지는데, 그들은 모두 자신들의 예수 상이 역사비평적 방법론에 근거한 것이라고 주장하지만 실제로는 고대 인물에 대한 저자 자신의 이상을 강력하게 반영하기 때문에, 그 묘사는 독자에게 예수보다는 고대 인물들에 대해 훨씬 많은 것을 말해준다. 마지막으로, 그런 출간물은 일관되게 역사적 재구성이 규범적 힘을 지닌다는 착각에 빠져서, 역사적 예수의 "회복"이 기독교를 개혁하는 도구가 되어야 한다고 주장한다. 역사적 예수 연구는 너무도 자주 진정한 의미에서의 역사적 연구가 아니라 역사의 탈을 쓴 신학적 주장인 것으로 드러난다.

인간 예수를 배우는 다른 접근법

역사가 우리에게 인간 예수에 대해 충분한 지식을 줄 수 없다고 해서 우리가 그에 대해 참된 지식을 얻을 수 없는 것은 아니다. 우리는 복음서의 내러티브를 내러티브로서 대하는 가운데 그 내러티브에 비평적으로 신중하게 접근함으로써 인간 예수에게 접근할 수 있는데, 이것은 본문을 주의 깊게 읽을 수 있는 능력을 가진 자라면 누구에게나 가능한 일이다. 인간 예수에게 접근하기 위해서는 전문가들의 방법론이나 전문 자료가 필요한 것이 아니라, 단지 지성과 비판적 자세, 문학적 훈련과 감수성만 있으면 충분하다. 무엇보다도 복음서 내러티브를 제거하거나 조합하거나 해체시킬 필요가 없다. 오히려 정반대로 이런 접근법에서는 각각의 복음서가 문학적 통일성 내에서 고려되도록 허용한다. 그것은 복음서 내러티브 자체가 제공하는 증거들에 의해 통제된다. 다시 말해, 모든 독자가 공유할 수 있는 증거에 의해 통제되기 때문에 최종적 결론은 그런 공유 본문에 대한 공통의 분석에 기초하여 수립되거나 도전받을 수 있다.

이 접근법에서는 복음서가 역사적 재구성에 있어 제한적이고 문제가 많은 자료로 간주된다기보다는 오히려 통일성을 갖춘 내러티브로서 인간 예수에 대한 가치 있는 증언과 해석으로 받아들여진다. 여기서는 복음서를 역사적인 관점이 아니라 문학적인 관점에서 다룬다. 독자는 예수의 말씀이나 행동을 대할 때에 먼저 "예수가 정말로 이렇게 말하고 저렇게 행동했는가?"라고 질문하기보다는 "이 말씀이나 행동을 예수에게 돌리"는 것이 내러티브 내에서 예수가 갖는 의미를 구축하는 데 어떤 역할을 하는지를 묻는다. 독자는 내러티브를 예수와 관련된 의미를 전달하는 매체로서 존중하며, 문학비평가들이 다른 텍스트를 다루는 방식으로 복음서 내러티브를 다루는데, 특히 플롯, 등장인물, 주제와 같은 문학적 요소에 관심을 둔다. 역사적 지식이 반드시 특정한 사건들에 관한 것일 필요는 없으며 때로는 사회적·문화적·언어학적 가능성에 관한 것일 수도 있는데, 그런 지식은 우리의 독서를 문학적으로 풍성하게 해주고 상상력을 통제할 수 있게 해준다. 종합하자면, 우리는 인간 예수를 다룰 때에, 그의 사후 50년에서 70년 사이에 기록된 그에 관한 내러티브에 등장하는 문학적 인물로서 그에게 다가가는 것이다.

만일 독자들이 신약성서의 복음서들을 읽을 때, 복음서가 토라의 상징적 세계관을 차용하는 방식이나 복음서가 내러티브를 통하여 예수와 그의 추종자들을 묘사하는 방식에 관심을 두고 읽는다면, 그들은 곧바로 복음서들이 눈에 띄게 다채로운 해석을 제공한다는 사실에 깊은 인상을 받을 것이다. 나는 단지 비평가들이 주로 관심을 기울이는 순서(sequence)와 어휘 선택에서의 차이를 지적하고자 하는 것이 아니다. 그런 플롯과 어휘의 차이는 보다 광범위하고 의도적인 문학적 장치의 일부분일 뿐이다. 각각의 내러티브는 다른 내러티브에서 발견되는 예수 상과 완벽하게 일치될 수 없는, 예수와 그의 추종자들에 대한 나름의 그림을 가지고 있다. 이 논문에서는 각각의 예수 상에 대해 본문상의 증거들에 기초한 완전한 해석을 제공할 수는 없고, 단지 그런 해석들을 소개하고 더 깊은 연구로 나아가기를 초대하기 위한 방편으로 약간의 개요를 제공할 뿐이다.[10]

해석으로서의 내러티브

마가복음에서 수난 기사 이전의 광범위한 역사적 정황은 거의 표면에 드러나지 않는다. 마가복음의 내러티브는 예수를 중심으로 한 드라마에 거의 편집증적으로 초점을 맞추고 있다. 그 드라마의 주제는 인간 고통의 배후에서 역사하는 우주적 세력들과 예수 간의 전투, 유대 종교 지도자들

10_ 문학적 기법의 발전에 대한 전체적인 개요와 각 복음서에 비춰진 예수와 제자들의 모습을, 여기에서 제안된 주장들을 지지하는 증거 본문들과 함께 제시한 것으로는 Luke Timothy Johnson, *The Writings of the New Testament: An Interpretation*, 2nd ed. (Minneapolis: Fortress, 1999), 155-257, 521-57; *Living Jesus*, 119-94을 보라.

과의 갈등, 제자를 세움과 가르침 등이다. 마가복음의 내러티브는 무엇보다도 제자를 세우는 장면, 그리고 "예수에 대한 묘사"와 "그가 제자로 부른 자들에 대한 묘사"를 별개로 강조해서 다루고 있다. 마가복음의 내러티브가 갖는 압축성과 긴장, 그리고 그 설화를 구성하기 위해 마가가 사용한 복합적인 작문 기법 때문에 마가복음은 결코 접근하기 용이한 복음서가 아니다. 오히려 가장 난해하며 곡해의 소지가 많은 복음서다.

마가복음의 예수는 능력과 약함의 복합적인 결합체다. 한편으로 예수가 선포하는 하나님의 통치는 인간을 사로잡은 사탄의 즉각적 멸망을 입증하는 축귀와 치유 사역으로 실현된다. 다른 한편으로 예수 자신은 그의 인간 대적자들이 세운 계략의 희생물이 된다. 그의 대적자들은 결국 그가 로마 제국의 권력에 의해 체포되고 고문당하고 처형되도록 만들었다. 예수 자신이 하나님 통치의 신비(*mysterion*)를 잘 보여준다. 다시 말해 그는 약함 속에 강함을 계시하는 동시에 강함 속에 약함을 계시한다. 그에 상응하여 마가복음의 내러티브에서 예수의 가르침은 축약적이고 비밀스럽다. 예수의 비유는 백성을 계몽하는 것만큼 혼동스럽게 만들고, 예수의 요구는 추종자들을 불러 모으는 것만큼 떠나가게도 한다. 자신의 운명에 대한 예수의 선언은 희망이 아니라 두려움을 조성한다.

그뿐 아니라 마가복음이 묘사하는 제자들의 모습은 거의 전적으로 부정적이다. 그들은 예수가 명하는 일들을 수행하고 "예수와 함께" 머물기 위해 부름 받은 자들이었다. 하지만 그들은 정신적으로 무능하고 도덕적으로 흠이 많았다. 예수는 자신의 비유들이 내부인들을 염두에 둔 것이라고 말씀한다. 하지만 정작 그들은 그 비유들의 의미를 파악하지 못했다. 실상 그들은 예수의 직설적인 가르침을 마치 비유인 것처럼 받아들이기도 했다. 제자들도 외부인과 마찬가지로 "마음이 완악"하고 더디게 이해하는 자들이었다. 무엇보다 그들은 제자도의 요구에 대한 예수의 교훈을 받아들이지 않는다. 마가는 예수를 비밀(*mysterion*)로 묘사하는데, 제자들이 예수의 교훈을 이해하지 못하는 것으로 그려지는 이유는 아마도 그 때문일 것이다. 제자들의 도덕적 실패는 더욱 심각하다. 제자들은 "예수와 함께" 있도록 부름을 받았다. 그렇지만 예수가 예정된 고난과 죽음을 향해 나아갈 때 유다는 예수를 배반했고, 베드로는 예수를 부인했으며, 나머지 모든 제자가 그를 저버렸다. 그들은 가장 근본적인 책임을 저버릴 정도로 신실하지 못하였다. 마가복음을 읽는 독자들이 모범으로 삼아야 할 대상은 제자들이 아니라 예수다. "이는 내 사랑하는 아들이니, 그의 말을 들으라."

마태는 세례 요한 기사로부터 빈 무덤 기사에 이르기까지 마가복음의 플롯을 따르는데, 이 때문에 마가복음의 내러티브와 핵심적인 부분에서 일치를 보여주고 있다. 그러나 마태는 광범위한 말씀 자료군을 포함시키거나 혹은 마가가 정렬한 담화를 둘러싼 내러티브를 재구성함으로써 마가복음의 설화에 보다 넓은 지평을 제공해주었다. 마태복음에는 교회와 계속 발전 중이던 그 시절의 유대교 간에 대화와 갈등이 공존했음을 보여주는 명백한 표지들이 있다. 당시의 유대교는 바리새인의 신앙과 서기관의 전문 지식을 바탕 삼아 토라의 상징성을 구심점으로 하는 종교를 이루어가고 있었다. 마태는 마가복음에 나타난 예수 상의 복합적인 요소, 다시 말해 강한 동시에 약하고 또 악한 세력을 정복하는 동시에 악인에게 고통 당하는 예수의 모습을 그대로 유지한다. 그러나 마가복음과 비교해 볼 때 마태복음의 예수는 보다 덜 역설적인 방식으로 더 광범위하게 가르칠 뿐 아니라, 예수를 묘사함에 있어 토라를 명백히 해석하고 체현함으로써 토라를 완성시키는 교회의 교사로 그리고 있다.

마태복음에서 제자들을 묘사하는 방식은 예수를 묘사하는 방식과 일치한다. 물론 마태복음도 마가복음 못지않게 제자들이 도덕적으로 문제가 있는 것으로 그리고 있다. 유다는 예수를 배반했고, 베드로는 부인했으며(예수가 명백히 금지했던 맹세를 동원해서), 다른 모든 제자는 그를 버렸다. 게다가 마태복음에서는 예수가 제자들에 대해 쓴 "믿음이 적은 자들"이라는 표현을 특징적으로 사용한다. 하지만 마태복음의 내러티브가 마가복음의 내러티브와 현격한 차이를 보이는 점이 있는데, 마태복음에서는 제자들이 예수의 가르침을 이해하는 것으로 묘사된다는 점이다. (비유를 이해하지 못하는) 마가복음의 역설적인 내부인들과 달리 그들은 (역설적이지 않게) 비유를 알아듣는 자들이었다. 예수가 제자들에게 "너희가 이 일을 이해하느냐?"라고 질문할 때 그들은 "예"라고 대답하는데, 내러티브의 기록자는 그들의 대답에 이의를 제기하지 않는다. 이런 변화에는 명백한 이유가 있었는데, 곧 마태복음의 제자들은 예수가 그들에게 하달한 명령("가서 모든 족속으로 제자를 삼아 내가 너희에게 분부한 모든 것을 가르쳐 지키게 하라")에 따라 그의 가르침을 세상에 전파할 책임이 있었다. 이 임무를 수행하기 위해서는, 설사 도덕적인 결함을 가지고 있다 하더라도, 예수의 가르침을 이해하는 것이 필수적인 요소였다.

누가복음의 저자 역시 마가복음의 내러티브를 취하되 순서와 어휘에 있어서 마태복음보다 더 철저하게 마가를 따른다. 그러나 누가복음의 저자는 크게 두 가지 측면에서 마태복음보다 더 근본적으로 마가의 내러티브를 확장한다. 첫째로 그는 복음서 내러티브에 나타난 예수의 이야기를 확장하여 그의 제자들의 활동을 담은 제2권을 추가했는데, 결과적으로 두 권으로 구성된 하나의 책(누가-행전)을 만든다. 둘째로 그는 예수와 교회의 이야기를 그리스 문화와 로마의 권세가 주도하던 세계 역사 안에서의 이스라엘 이야기로 확장한다. 누가-행전의 복음서 부분에서 저자는 말씀 자료의 삽입과 내러티브의 편집을 통해 예수를 이스라엘 백성에게 하나님을 보여주는 성령 충만한 선지자로 묘사하며, 가난한 자에게 복음을 전파함으로써 (자유하게 하는 강한 능력을 통해) 이스라엘 백성을 내면적으로 양분하여, 사회의 주변인들을 선지자에 대한 믿음을 가진 백성과 동일시하는 반면에 권세 있는 자와 경건한 체하는 자들은 소외감을 느끼게 만들었다. 실제적으로 오늘날 제시된 모든 "역사적 예수"가 누가의 내러티브에 근거한다는 것은 그리 놀랄 일이 아니다. 왜냐하면 이런 대중적이고 예언자적이며 정치적인 예수가 현대인의 감성에 깊이 호소하기 때문이다.

누가의 복음서에서는 제자들이 "훈련 중인 선지자들"(prophets-in-training)로 그려진다. 그들은 마가복음의 제자들처럼 우둔하거나 불충한 자들도 아니고, 신앙이 약한 자들도 아니다. 오히려 마태복음의 제자들처럼 지성을 갖춘 자들이다. 그들은 예수가 자신의 죽음과 부활 이후에 성령의 능력으로 자신의 선교 사역을 지속하게 할 목적으로 직접 훈련시킨 사람들이었다. 제자들의 모습에 대한 누가의 묘사를 더 온전히 보여주는 것은 그의 두 번째 책인 사도행전이다. 그들은 예수의 부활 후에 성령으로 충만해져서 유대교와 그리스 로마 세계 내에서 예수의 선지자적 사명을 이어갔다. 무엇보다도 그들은 예수가 세리와 죄인까지도 친구로 삼았던 파격적인 교제의 범위를 더욱 확장하여, 이방인까지 선민에 포함시킴으로써 예수의 모범을 따랐다.

나는 앞에서 요한복음이 공관복음의 유형과 얼마나 극적인 차이를 보이는지를 언급했다. 요한복음은 마가의 스토리라인을 따르지 않는다. 그 결과 예수의 사역은 2년이 아니라 3년간 지속되는 것으로 묘사되며, 예수의 사역의 중심지도 갈릴리에서 유대로 옮겨간다. 또한 예수의 성전 정화 사건도 사역의 말기가 아니라 초기에 일어난 일로 그려진다. 더 근본적인 차이점은 요한이 예수를 묘사하는 방식에서 발견된다. 마가의 기록에서 지배적인 위치를 차지했던 축귀 사역에 대한 묘사가 요한복음에는 전혀 등장하지 않고, 다만 몇몇 치유 사역에 대한 묘사가 있을 뿐이다. 예수의 연설 방식도 다르게 묘사된다. 짧은 경구와 비유 대신에, 요한복음의 예수는 대적들과의 논쟁에 이어 상당히 긴 독백을 늘어놓는다. 예수가 제자들을 가르친 유일한 경우는 최후의 만찬 자리였는데, 그 본문에도 공관복음에서 사용된 상징적인 표현들이 거의 사용되지 않는다.

마태와 누가가 마가복음의 이야기들을 각각 "초기 단계의 유대교"와 "그리스 로마 문화"라는 사회적 정황 속으로 확장했던 것처럼, 요한도 예수의 이야기를 명백히 우주적인 차원으로 확장한다. 확실히 요한은 예수의 인성을 "육신이 되신 말씀"으로서 확언한다. 요한복음이 묘사하는 예수는 피로와 갈증을 느끼며 실망과 우정과 슬픔을 체험한다. 그는 사람들에게 사랑을 요구하고 또한 사람들을 사랑한다. 그는 인간 대적들과 실제적인 갈등을 경험한다. 하지만 요한의 관심은 예수가 육신이 되신 "말씀"이심을 보여주는 데 있었기 때문에 무엇보다도 예수가 하늘로부터 온 자로 묘사된다. 하늘로부터 온 자라는 것은 그가 자신의 행위와 말을 통해 죄악으로 어두워진 세상에 하나님의 심판을 밝혀주는 계시자라는 뜻인 동시에, 그 빛 가운데 행하기를 원치 않는 자들의 증오와 거절을 몸소 체험할 자라는 뜻이기도 하다. 제4복음서에서 각각의 제자들은 공관복음에서와 동일한 역할을 담당한다. 유다는 예수를 배신하고, 베드로는 예수를 부인한다. 하지만 요한은 "예수가 사랑한 제자"에 대한 기록을 포함시키는데, 그는 예수와의 우정으로 인해 십자가 앞에서까지 신의를 버리지 않은 인물의 본보기로 제시된다. 전체적으로 볼 때 제자들에 대한 요한의 묘사는 예수에 대한 그의 묘사와 조화를 이룬다. 제자들은 예수의 친구이며, 예수는 그들이 진리 안에서 거룩해짐으로써 그가 이 세상에서 증인이 되었던 것처럼 그들도 증인의 역할을 다할 수 있도록 기도한다. 비록 그들이 불신으로 가득 찬 세상 속에서 예수가 받았던 것과 같은 적대감을 경험하게 되더라도 말이다.

우리는 이런 식의 간단한 개요를 통해서 신약의 복음서들이 예수에 관해 짜임새 있고 독창적인 그림들을 제시하고 있음을 알 수 있다. 각각의 복음서는 명백하게 1세기 팔레스타인의 것이라고 할 수 있는 내러티브 세계를 구성한다. 각각의 복음서는 로마 점령기의 팔레스타인이라는 배경에 잘 어울리는 인물들을 제시한다. 각각의 복음서에 나타나는 예수에 대한 묘사는 그 복음서의 내러티브와는 조화를 이루지만 다른 복음서에 등장하는 내러티브와는 조화를 이루지 못한다. 마지막으로 각각의 복음서에 묘사된 제자들의 모습은 예수에 대한 묘사를 반영한다. 마가복음의 우둔하고 신실하지 못한 제자들은 마태복음의 연약하면서도 지성적인 제자들과 다르다. 누가복음에서 발견되는 "훈련 중인 선지자"로서의 제자들은 요한복음에서 발견되는 예수의 친구로서의 제자들과 다르다. 독자들이 각각의 내러티브에서 만나는 "문학적 인물"(literary character)로서의 예수는 해당 복음서 내에서 고도로 구체적이고 독특한 존재다.

증언으로서의 내러티브

사실은 인간 예수에 대한 복음서들의 해석이 다양하기 때문에, 복음서들이 서로 일치하는 지점에서 그것들이—비록 그 문제에 대한 이해가 복음서 간에 서로 다르다 할지라도—증언으로서 더욱 가치를 발휘하는 것이라고 할 수 있다. 이것이 재판 시에 사건을 입증하는 데 있어서 기본적인 증언의 원칙이다. 네 명의 이웃이 전날 밤에 보고 들은 어떤 사건에 대해 서로 다른 증언을 했다고 가정하자. 곧 한 사람은 11시 45분경에 천둥소리가 났다고 증언했고, 한 사람은 정확히 자정에 총소리가 들렸다고 증언했으며, 한 사람은 11시 50분에 개가 짖었다고 하고, 한 사람은 자정 즈음에 트럭이 폭발음을 냈다고 증언을 했다. 설명이 조금씩 다르기는 하지만 그 증언들은 밤 11시 45분에서 자정 사이에 큰 소음이 있었다는 점을 확증해줄 수 있다.

나는 이미 복음서 내러티브들에서의 이런 수렴(convergence)이 예수와 관련하여 몇 가지 사실을 확증해준다고 밝힌 바 있다. 그러나 복음서에서 가장 중요한 증언이라 할 수 있는 예수의 성품(ethos)에 관한 질문의 토대에는 다양성과 수렴성이 공존한다. 예수가 어떤 부류의 사람인가라는, 예수의 성품에 관한 질문은 개인적이고 전기적인 차원에서 역사적 탐구의 중심에 놓여 있다. 한 인물에 대해 활용 가능한 모든 정보들이 이미 오랜 세월 동안 우리에게 주어져 있었다 할지라도 새로운 연구의 가능성은 여전히 존재하는데, 왜냐하면 그 인물의 성품에 관한 문제는 아직까지 확정되지 않은 채로 남아 있기 때문이다. 주인공은 선한 인물인가, 아니면 악한 인물인가? 그는 사람들 사이에서 긍정적인 평가를 받는가, 아니면 부정적인 평가를 받는가? 그리고 어떤 면에서 그런 평가를 받는가? 그것은 각각의 내러티브를 통해서만 대답할 수 있는 성격의 질문이다. 실제로 내러티브들은 어떤 잘못된 정보를 가지고서도 한 인물의 성품을 올바로 진술할 수 있다. 예를 들어 테레사 수녀에 대한 모든 전기적인 사실을 올바로 진술하고서도 그녀의 (명백히 이타적인) 선행을 올바르지 못한 동기에서 취해진 것이라고 주장할 수 있다. 반대로 테레사 수녀에 대해 수집한 전기적 자료 가운데 한두 가지가 잘못되었다 할지라도 그녀의 성품을 정확히 평가하고 전달할 수 있다. 마찬가지로 사복음서는 나사렛 예수에 관한 구체적인 사실들에 있어서 서로 간에 많은 불일치를 보임에도 불구하고, 예수의 성품에 관한 그들의 증언에서는 놀라울 정도로 일치를 보인다.

네 권의 복음서에 묘사된 예수의 성품은 복잡하지도 않고 모호하지도 않다. 그의 성품은 지극히 단순하고 솔직하며, 복음서 이야기 안에서 분명하게 드러난다. 나는 그것이 추상화된 것이라고 말하려는 것이 아니라, 오히려 반대의 주장을 하고자 한다. 복음서들은 앞서 확인된 사실적 요소들에서 서로 일치된 견해를 보인다. 예수는 1세기에 팔레스타인에 살았던 유대인 남자로서 열두 명의 추종자를 선택했으며, 치유를 행하고 하나님의 법을 선포했으며, 비유를 통해 가르치고 토라를 해석했으며, 본디오 빌라도라는 로마 총독의 명령에 따라 십자가에서 처형되었다. 그는 세례 요한에게 세례를 받았으며 성전을 "정화했다." 더 나아가 각각의 복음서는 토라로부터 차용한 "인자"나 "선지자"와 같은 상징을 사용함으로써 예수를 더욱더 구체적으로 제시한다. 각각의 복음서에서 예수의 성품은 아주 구체적인 묘사를 통해 그려지고 있다.

예수의 인성을 규정하는 가장 명백한 요소는, 그가 아버지라고 부르는 하나님께 대한 순종이다. 예수는 무엇보다도 하나님과의 관계 속에서 규정된다. 우리는 예수가 배격했던 모든 종류의 인간적인 집념들을 거론함으로써 부정(negation)의 방식으로 그의 성품을 묘사할 수도 있다. 다시 말해 예수는 인류의 고전적인 욕구인 즐거움이나 소유 혹은 정치적 권력의 노예가 "아니었다." 비록 그가 세례 요한과 같은 금욕주의자로 묘사되지는 않지만 말이다. 예수는 그의 추종자들의 기대에 부응하고자 하는 욕구의 지배를 받지도 않았고, 그렇다고 그를 반대하는 자들의 기대를 좌절시키는 데 집착하지도 않았다. 오히려 그는 그가 하나님의 뜻이라고 여겼던 것을 수용하는데, 이러한 사실은 그가 살아온 삶의 특수한 정황을 통해서 분명하게 드러난다. 아버지에 대한 예수의 순종을 보여주는 결정적인 증거는, 그가 살고자 하는 고뇌를 가지고 있으면서도 아버지의 뜻에 따라 죽음을 받아들였다는 사실이다.

모든 복음서 내러티브에서 공통적으로 발견할 수 있는 예수의 두 번째 성품은 다른 사람들을 향한 자발적인 사랑이다. 무엇보다도 그는 하나님의 뜻에 순종하는 자로 규정되었으며, 하나님의 뜻은 다른 사람들의 필요 가운데서 드러났기 때문에, 예수는 기꺼이 소외된 계층의 사람들에게 도움의 손길을 펼쳤다. 복음서들을 통해 예수가 어느 정도로 자신을 내어주었는지 살펴보면, 우리는 실로 놀라지 않을 수 없다. 예수는 신분이나 형편에 관계없이 모든 사람에게 다가가 그들을 어루만지고 품에 안는다. 마찬가지로 모든 종류의 고난과 어려움에 처한 사람들이 예수에게 찾아와 그에게 손을 갖다 댄다. 고대의 어떤 문헌에서도 우리는 그처럼 다가가기 쉬운 인물을 찾아볼 수 없다. 예수의 "온유"와 "겸손"은 단순한 자기 억제가 아니라, 자신을 돌보지 않고 전적으로 내어주는 것이었다.

공관복음은 수많은 내러티브를 통해 예수의 내어주심을 보여주고 있다. 일례로 마가복음에서는 반복적으로 예수가 타인의 요구를 받아들여 자신의 계획을 변경하는 것으로 묘사한다. 그뿐 아니라 우리는 예수가 자신에 대해 선포한 진술을 통해서도 그의 내어주심을 엿볼 수 있는데, 여기서 그는 자신이 많은 사람을 위하여 생명을 대속물로 내어주는 종이라고 말할 뿐만 아니라 그가 잡히기 전날 밤에 제자들과 나눈 빵과 포도주가 그들을 위하여 내어주는 자신의 피와 살이라고 설명한다. 요한복음에서는 이런 사상이, 세상의 생명을 위해 내어준 빵, 양을 위해 목숨을 내어주는 목자 그리고 새로운 싹을 틔우기 위해 죽어야 하는 씨앗에 관한 말씀들을 통해서 은유적으로 표현된다. 또한 예수가 제자들과 함께 나눈 최후의 만찬 석상에서 제자들의 발을 씻기는 상징적인 행동에서는 그 사상이 서사적으로 표현되었다. 복음서에 묘사된 예수는 본래적인 의미에서 죄와 상관이 없는 분인데, 그는 다른 사람에게 악을 행하지 않고 오직 그들에게 선을 행하려 한다. 그의 고난을 묘사하는 내러티브들이 신랄하고 강렬하게 느껴지는 이유는, 고난을 받을 만한 잘못을 전혀 하지 않은 자에게 그런 고난이 임했기 때문이다.

복음서들은 제자도의 성격에 대한 이해에서도 합일점을 보인다. 나는 각각의 복음서 내러티브에서 제자들에 대한 묘사가 서로 얼마나 다른지 이미 설명한 바 있다. 그렇다면 어떤 점에서 합일점을 보인다는 것인가? 각각의 복음서는 예수를 따르는 자들이 제자로서의 기준을 어느 정도로 충족시키는가에 대해서는 다른 견해를 보인다. 하지만 모든 복음서는 제자도의 기준이 예수의 성품이라는 점에 대해서는 일치된 견해를 보여준다. 예수를 따른다는 것이 단순히 그가 하신 구체적인 행동을 모방하거나 그가 하신 말씀을 되풀이하는 것을 의미하지는 않는다. 제자가 된다는 것은 한 인간으로서 예수와 동일한 성품을 지니고서 오직 하나님께만 전적으로 순종하며 또 이타적인 마음으로 동료 인간을 섬기는 것을 뜻한다. 복음서 어디에서도 제자도가 번영이나 성공 또는 권력을 얻는 것과 관련이 있다는 암시는 전혀 찾아볼 수 없다. 오히려 그런 세상적인 가치를 거부하고 타인을 위하여 기꺼이 고난을 감수하는 종이 되고자 하는 것이 제자도의 본질이다.

더욱 놀라운 것은 예수의 인성에 대해 설명하는 초기 기독교 서신서들도 하나님께 대한 철저한 복종(믿음)과 타인을 향한 자기희생적 사랑을 예수의 성품으로 묘사한다는 점이다. 바울의 서신서들과 히브리서 그리고 베드로전서는 모두 예수의 인성에 대해 설명할 때 그의 성품을 염두에 두고 있는데, 여기서 특별히 강조되는 요소도 복음서의 내러티브들이 한 목소리로 예수의 성품이라고 간주했던 덕목과 일치한다. 우리가 서신서에서 발견할 수 있는 "주 예수를 옷 입으라"(바울), "예수를 바라보라"(히브리서) 또는 "그분의 발자취를 따르라"(베드로전서)와 같은 권면은 신자들이 본받아야 할 동일한 성품을 강조하는데, 그것은 바로 "순종을 통해 정의되는 하나님에 대한 믿음"과 "타인을 향한 사랑의 수고"다. 이 서신서들 간에도 복음서에서와 같이 명백한 차이점이 존재하지만, 신약성서 전반에 결쳐 예수의 인성과 관련하여 우리가 반드시 알아야만 하는 한 가지 인상 깊은 일치점이 있다. 곧 예수가 어떤 성품을 지녔는가 하는 점과, 그리스도인들이 도달하기 위해 노력해야만 하는 성품이 무엇인가 하는 점에 있어서는 신약성서 전체가 일치된 견해를 보인다는 것이다.

결론

나는 이 논문을 통해서 역사가 본질적으로 심각한 제한성을 가지고 있으며 특히 예수의 경우에는 그런 제한성이 문제를 더욱 악화시키고 있음을 보여주려 했다. 물론 역사적 연구가 적절한 방식으로 행해졌을 때에는 예수에 관해 상당히 개연적인 사실들뿐만 아니라, 복음서들을 보다 책임 있게 읽도록 도움을 주는 풍부한 맥락을 제공해줄 수도 있지만 말이다. 이런 제한성을 무시하거나 극복해보려는 노력의 결과로 등장한 것이 바로 역사기술학적 완성도가 떨어지는 예수 묘사였다. 더 나아가 나는 비록 정경 복음서가 역사적 재구성을 위한 자료로서는 문제가 있지만, 예수의 인성에 대해서는 탁월한 증언이라고 주장했다. 실제로 각각의 내러티브는 예수와 그의 제자들에 대한 묘사에서는 차이를 보이지만, 예수의 인간적인 성품과 제자도의 본질에 대해서는 일치된 견해를 보여준다. 나는 예수의 인성에 대한 이런 접근법이 갖는 네 가지 유익을 언급하는 것으로 결론을 맺고자 한다.

1. 이런 접근법은 내러티브를 읽고 이해할 수 있으며 자신들이 이해한 것을 공개적으로 토론하고자 하는 의지를 가진 모든 사람에게 열려 있다. 이 접근법은 플롯, 등장인물 혹은 주제와 같이 단순하고 보편화된 문학적 범주를 넘어서는 특별한 방법론을 요구하지 않는다. 무엇보다도 이 접근

법은 인간 예수에 대한 최초의 명시적 해석인 복음서 내러티브의 해체를 요구하지 않는다. 오히려 그런 내러티브들이 문학적 온전성을 유지한 채로 다루어져야 하며 예수에 대한 내러티브가 담고 있는 의미도 그런 방식으로 탐구되어야 한다.

2. 이런 내러티브 읽기는 "역사적 예수"를 주제로 발간된 많은 출판물들이 제안하는 사회학적 환원보다 훨씬 더 풍부하고 다채로운 예수 이해를 제공한다. 차이점과 유사성의 상호작용은 그런 다채로운 해석을 만들어낼 수 있는 인간 존재에 대해 심사숙고하도록 초청하는 동시에, 각각의 독자로 하여금 문학적 표현들의 다양성 속에서 하나의 동일한 "인격"을 감지하도록 이끌어준다.

3. 역설적인 주장이지만, 복음서 내러티브 내에서의 문학적 등장인물로서 예수를 다루는 것이 예수와 관련된 역사에 접근하는 최선의 방법이다. 무엇보다 지난 2세기간의 집중적인 고고학적 연구의 결과는 복음서가 제시하는 세부적인 진술들을 논파하기보다는 오히려 확증하는 경향을 보여준다. 실로 복음서들은 바리새인이나 서기관 혹은 사두개인과 같은 팔레스타인 유대교의 핵심 요소들과 관련된 초기 정보로서는 최고의 자료다. 심지어 누가복음의 예수 탄생 기사에 언급된 황제의 인구조사 연도나 수난 내러티브에서 발견할 수 있는 복잡한 법적 절차처럼 복음서 기사가 일반 역사 지식과 가장 첨예하게 대립하는 부분에서도, 복음서의 기사들은 일반 역사에 대한 지식과 충분한 토론을 벌일 수 있을 만큼 서로 긴밀하게 연결되어 있다. 가장 주목할 만한 사실은 복음서에 등장하는 예수라는 인물이 로마 통치하의 1세기 팔레스타인 유대교에 확고히 뿌리를 내리고 있다는 것이다. 비록 예수의 말씀과 행위에 대한 전승들이 최초의 복음서가 작성될 때까지 약 40년간 신앙 공동체 내에서 구전으로 전달되었고, 그 전승이 팔레스타인 내에서만 아니라 밖에서도 이루어졌으며, 복

음서 저자들 중 어느 누구도 복음서가 다루는 장소와 시대에 대해 1차적 인 체험을 갖지 않은 것처럼 보임에도 불구하고, 예수의 치유와 축귀 사역, 그의 비유와 경구들은 하나같이 그것이 주어진 시공간적인 배경 내에서 가장 잘 이해된다. 더욱이 네 권의 정경 복음서에서 묘사된 예수를 그 내러티브들이 상정하는 것과는 다른 시간이나 장소에 속한 인물로서 다루는 것은 사실상 불가능하다.

4. 마지막으로 우리가 정경 복음서에서 접하고 알게 되는 인격체로서의 예수는 또한 역사적으로 의미 있는 그리스도다. 우리가 가진 문헌 자료에서의 그리스도 상에 대한 기초를 제공하는 것은 이처럼 세심하게 연마된 문학적 인물이다. 그것은 너무도 잘 알려진 인간 존재의 방식이기에, 우리는 그를 다른 어느 누구와도 혼동할 수 없다. 더욱 중요한 것은 기독교 역사 전체를 통틀어 성인들과 개혁자들의 관심을 끌고 헌신을 유발시킨 장본인이 바로 복음서의 예수라는 사실이다. 이 예수는 어떤 연구가가 상상으로 만들어낼 수 있는 것보다 더 급진적이며 더 많은 것을 요구하는 분이다. 아시시의 프란체스코나 마르틴 루터, 마르틴 루터 킹, 도로시 데이나 테레사 수녀와 같은 인물들을 감동시켜 행동을 취하게 만들었던 것은, 학자들이 역사적으로 재구성한 어떤 인물이 아니라 복음서에 나오는 예수였다. 기독교 역사를 볼 때 교회가 역사적 예수를 통해서 개혁되거나 갱신된 적은 없었다. 교회는 오직 복음서의 예수에 깊이 관심을 기울임으로써만 갱신되고 개혁될 수 있었다.

논평

로버트 M. 프라이스

이 논문에 나타난 루크 티모시 존슨의 입장은 한스 프라이(Hans Frei)가 『성서 내러티브의 퇴락』[11]에서 주장한 것과 유사한 것처럼 보인다. 두 사람 모두 과거 사건의 증거를 탐색하기 위한 역사적 광산(historical mine)으로 성서를 사용하는 일에 있어서 소극적이다. 성서 본문의 어떤 조각은 금으로 밝혀지는가 하면 다른 것은 가짜 금으로 드러난다. 학자들은 과연 어느 것이 진짜이고 어느 것이 가짜인지를 논의한다. 존슨과 프라이는 성서의 내러티브를 내러티브로서 대하고, 그 내러티브가 본래 의도했던 문학적 충격을 전달하도록 허용하는 것이 바람직하다고 주장한다. 아마도 우리는 그렇게 함으로써 배후의 사건이 무엇인가 하는 질문에 더 적절하게 우회적으로 접근할 수 있을 것이다.

확실한 가정들?

존슨 교수는 예수와 그에 관한 자료들에 대해 세 가지를 상정하고서 논의

11_ Hans W. Frei, *The Eclipse of Biblical Narrative: A Study in Eighteenth and Nineteenth Century Hermeneutics* (New Haven, Conn.: Yale University Press, 1974).

를 시작한다. "예수는 진정한 역사적 인물이었다. 예수는 1세기 팔레스타인의 유대인으로 태어났고 로마 당국에 의해 처형을 당했다. 그의 제자들은 그로부터 25년간 로마 세계 전체를 여행하면서 예수가 메시아이심을 가르쳤으며, 결과적으로 다양한 신약성서 문서들이 등장하였다. 만일 역사적 예수가 존재하지 않았다면, 그리고 예수의 생애가 십자가에서 끝나지 않았다면 우리가 알고 있는 것과 같은 기독교가 전파되는 일은 상상조차 할 수 없었을 것이다. 기독교 신앙이 전파된 양상을 볼 때, 그 신앙이 다른 방식으로 시작되었다는 가설은 도저히 성립할 수 없다"는 것이다. 하지만 나는 이런 입장들을 "사실들"(facts)로 받아들이기를 주저한다. 한 가지 예로, 예수가 살았던 시기와 복음서의 저술 시기 간의 간격이 신화를 생성하기에는 너무 짧기 때문에 그가 신화적 인물일 수 없다는 주장은 순환논리다. 만일 예수의 탄생 기사가 모세를 죽이려 한 파라오에 대한 요세푸스의 기록과 헤롯 대왕을 결부시켜서 만든 신화라면, 그 이야기는 역사적인 출발점도 없고 근거도 없는 것이다. 예수는 바알, 오시리스, 디오니소스 혹은 아티스의 계열을 따라 묘사된 야웨에 대한 고대 해석의 곁가지다. 그들은 자신을 삼킨 용을 무찌름으로써 신의 자리에 올랐으나 그 보좌를 부활한 구원자에게 양도한 천상의 영웅 혹은 왕이었다.[12] 어떤 면에서는 제도적인 통합이나 영지주의와 같은 영성주의에 대항하는 당파적 논쟁으로 말미암아 교회 지도자들이 그들의 예수를 최근의 역사적 인물로 역사화 할 필요를 느낀 것이다.[13] "우리의" 감독들이(혹은 감독들의 스

12_ Geo Widengren, "Early Hebrew Myths and Their Interpretation," in *Myth, Ritual and Kingship: Essays on the Theory and Practice of Kingship in the Ancient Near East and in Israel*, ed. S. H. Hooke (New York: Oxford University Press, 1958), 191; Margaret Barker, *The Great Angel: A Study of Israel's Second God* (Louisville: Westminster John Knox, 1992), 4-5.

13_ Arthur Drews, *The Christ Myth*, trans. C. DeLisle Burns, Oxford: Classics in Religious Studies (1910; reprint, Amherst, N.Y.: Prometheus, 1998), 272.

승들이) 예수를 만나서 그에게 훈련을 받았다고 주장할 수 있을 만큼 최근이어야 했다. "우리는 예수와 악수한 감독들의 손을 잡았다."

그리고 25년 이내에 고대 세계 전역에 복음이 전파되었다는 말과 관련하여서는, 어떤 "25년"인지를 물어야 한다. 기독교에 새로운 명칭을 부여한 요인들이 유대 팔레스타인에서 일어난 어떤 표면적인 사건들과 깊이 관련이 되었는지 여부도 분명하지가 않다. 아마도 지중해 세계에 속한 다양한 국가의 시민들이 그들의 만신전에 모실 주신(initiation deities)의 목록에 예수라는 새로운 이름을 추가하는 것을 즐겁게 여겼을 것이다. (고전 8장은 그런 전반적인 택일신론[henotheism]을 전제하고서 그런 행태를 근절시키려는 것처럼 보인다.) 최근에 처형된 예수라는 사람이 신정 국가 이스라엘의 참된 왕이었는지에 대해 이방인들이 조금이라도 관심을 가졌을 것이라고 생각하기는 어렵다. 그것이 그들에게 무슨 상관이 있겠는가? 그들은 유대인이 아니었다. 비록 그들이 하나님을 두려워하는 이방인으로서 유대인들의 윤리적 유일신주의에 찬사를 보냈다고 하더라도, 이방인들에게 메시아주의는 할례 문제와 마찬가지로 관심 밖의 일이었다. 예수 신비 종교는 디오니소스의 피와 오시리스의 살을 연상시키는 성만찬의 포도주와 빵이 있었기 때문에, 이시스, 미트라, 아티스나 그 외의 다른 유사 종교와 마찬가지로 역사적인 창시자를 필요로 하지 않았다.

방법론과 신화

존슨 교수는 역사가들이 많은 복음서 자료에 대해 "개연적"이라는 판결을 내리지 못하도록 방해하는 방법론적인 도전을 잘 알고 있다. 존슨은 비관주의자처럼 보이기도 하지만 이것 때문에 고민하지는 않는다. 왜냐하면 그도 레이몬드 E. 브라운(Raymond E. Brown)처럼 자신이 먼 과거의 실재라고 믿는 것에 접근하기 위해서 다른 종류의 인식론, 즉 신앙의 인식론에 의지하기 때문이다. 그러나 개인적으로 나는 그것이 믿고자 하는 단순한 의지일 뿐 그 이상도 이하도 아니라고 생각하며, 사람이 그런 비약을 할 권리가 있는가라는 의구심을 감출 수 없다. 그러나 나는 존슨 박사가 자신의 입장을 구체적으로 당당하게 밝히는 한 그를 비난하지는 않겠다. 그도 브라운 박사처럼 모든 것을 상당히 투명하게 밝히는 것처럼 보인다.

존슨 박사는 예수에 이르는 제3의 인식론적 방법을 제안하는데, 나에게는 그것이 잘 와 닿지 않는다. 한스 프라이처럼 존슨은 우리에게 예수를 문학작품의 등장인물로 만나라고 권한다. 그것도 그가 네 복음서를 각각 예수에 대한 독립적인 묘사로 인정하기 때문에, 네 가지의 문학적 등장인물을 만나라고 주장하는 셈이다. 나는 이것이 괜찮은 아이디어라고 생각한다. 이것은 변화무쌍하고 도전적인 삶을 살았던 인물과 조우하는 데 있어서 완벽하게 "투명한" 방법이라고 할 수 있다. 나는 카잔차키스의 『최후의 유혹』(열린책들 역간)이나 혹은 지브란의 『사람의 아들 예수』(*Jesus the Son of Man*)를 읽으면서 그와 비슷한 느낌을 받았다. 나에게는 그 사건에 역사적 근거가 있는지는 문제가 안 된다. 그러나 존슨 박사는 상관이 있다고 생각한다. 그리고 그에게는 그것이 정말로 중요한 문제다. 존슨은 우리가 복음서의 예수를 과거에 정말로 살았던 예수와 동일시하기를 원한다. 그가 자신에게 할당된 적은 지면을 통해 이 주제에 대해 언급한 내용은 그가 이전에 방법론에 관해 다루었던 비중 있고 신뢰할 만한 주장으로부터 현저히 퇴보한 것이어서, 그가 이전에 그런 신뢰할 만한 주장을 했었는가 하는 의심이 들 정도다. 예를 들어 복음서 저자가 내레이터(역사적 픽션의 기록자?)가 될 자유를 지녔음을 고려할 때, 복음서 간의 불일치점들을 단일 사건에 대한 네 개의 독립적인 증언에서 발견할 수 있는 사소한 세부적인 차이들로 설명하고 방어할 수 있다고 그는 주장한다. 그러나 존슨은 마태복음과 누가복음이 마가복음에 의존한다는 것을 인정했다. 그렇다면 이 점에서 그것들이 어떻게 "독립적"이란 말인가? 만일 복음서 저자들이 각기 세부적인 내용을 자신들이 바라는 대로 자유롭게 창작했다는 것이 존슨의 주장이라면, 역사가에게는 문제가 작아지는 것이 아니라 오히려 더 심각해진다는 것이 나의 생각이다.

이어서 존슨 박사는 복음서에 묘사된 예수의 윤리적 성품을 전부 고상한 것으로 도식화하는데, 이런 묘사는 복음서 전반에 걸쳐 일관된다. 아마도 존슨은 그런 강렬한 캐릭터의 배후에는 틀림없이 역사적으로 실존하는 인물이 있어야만 한다고 주장하는 것 같다. 내 생각에 이것은 위험한 추론이다. 사람들은 이런 식의 증거에 기초를 둔 셜록 홈즈나 슈퍼맨에 대한 영웅 신화적 해석(euhemeristic version)을 믿고 싶어하는 경향이 있다. 우리가 문학의 매력에 빠져 있는 동안에 경험하는 "일시적이고 자발적인 불신앙의 보류"와 항구적인 불신앙의 보류는 별개의 문제다.

이 시점에서 존슨 교수는 복음서 "이야기"가 고고학적으로 사실처럼 보이기 때문에 아마도 기본적으로 역사적일 것이라는 변호적인 입장을 취한다. 이것은 확실히 다음과 같은 주장들, 다시 말해 기원후 70년 이전에 갈릴리에 회당 건물들이 있었는지, 서기관들이 1세기 말 이전에 랍비라고 불렸는지,[14] "모세의 자리"(seat of Moses)를 회당에 마련하는 것이 2세기의 현상이었는지,[15] 또는 예수가 활동했다고 여겨지는 시대에 나사렛이라는 마을이 텅 비어 있었는지[16]에 대한 논쟁을 따라갈 때 받게 되는 인상

14_ J. Andrew Overman, *Matthew's Gospel and Formative Judaism: The Social World of the Matthean Community* (Minneapolis: Fortress, 1990), 44-45.

15_ Ibid., 145.

16_ René Salm, *The Myth of Nazareth: The Invented Town of Jesus* (Parsippany, N.J.: American Atheist Press, 2008).

과는 전혀 다른 것이다. 그리고 파괴적인 부정적 판결의 위협은 구약성서 미니멀리즘의 망령을 생각나게 하는데, 이것은 소설이라는 장르에는 전혀 어울리지 않을 것이다. (어느 누가 곤도르[Gondor] 혹은 로한[Rohan]의 지리학적 위치를 밝히라고 요구하겠는가?) 토머스 L. 톰슨(Thomas L. Thompson),[17] 필립 R. 데이비스(Philip R. Davies),[18] 지오반니 가르비니(Giovanni Garbini)[19]와 다른 이들의 관점에서 보자면, 성경의 서사 기록들은 일견 외형상 관련이 있어 보이는 사건들과 무관하거나 거의 관련이 없을 수 있다. 성서 사가(saga)들은 장구한 역사를 가지지 못해서 새롭게 역사를 꾸며내거나 혹은 그들의 사회적이고 제의적인 일상생활을 규정하는 자들로부터 역사를 전수받을 필요가 있는 새로운 공동체에게 성스러운 과거와 거룩한 유산 그리고 "송영의 신학"[20]을 제공하기 위해 고안된 것이다. 맬러리(Malory)의 아서왕 이미지와 그 이야기의 모델로 추정되는 로마계 브리튼 전사 간에는 심각한 차이가 있다. 마찬가지로 오늘날의 산타클로스와 4세기 미라의 성 니콜라스 사이에도 커다란 간격이 있다. 마찬가지로 다윗 왕의 강력한 왕국도 역사적으로 견고한 토대를 가지지 못한 것 같다. 그리고 내 생각에는 나사렛 예수의 경우도 마찬가지일 것이다. 역사의 무대에서 내러티브가 신화나 서사시를 많이 닮으면 닮을수록 그것은 사실과 거리가 먼 경향이 있다. 그런 사실은 신화와 서사에 물든 순진한 대중

17_ Thomas L. Thompson, *The Mythic Past: The Biblical Archaeology and the Myth of Israel* (New York: Basic Books, 1999).

18_ Philip R. Davies, *In Search of "Ancient Israel,"* Journal for the Study of the Old Testament Supplement Series 148 (Sheffield: Sheffield Academic Press, 1992).

19_ Giovanni Garbini, *History and Ideology in Ancient Israel*, trans. John Bowden (New York: Crossroad, 1988).

20_ Gerhard von Rad, *Old Testament Theology*, vol. 1, *The Theology of Israel's Historical Traditions*, trans. D. M. Stalker (New York: Harper & Row, 1962), 121-128; G. Ernest Wright, *God who Acts: Biblical Theology as Recital* (Chicago: Regnery, 1952).

에게는 실망스러운 일일지도 모른다. 이야기가 전형(archetypes)과 기교(artifice)로 가득하면 할수록 그것은 "단지" 이야기일 가능성이 높다.[21] 성숙한 지성인이라면 "단지 이야기"일 뿐인 것을 실재라고 고집하지 않는다.[22]

21_ Frank Kermode, *The Genesis of Secrecy: On the Interpretation of Narrative* (Cambridge, Mass.: Harvard University Press, 1979), 62-63. Kermode는 마가복음의 픽션적 성격을 지적하지만, 그것을 격하시키려는 의도를 가진 것은 아니었다. 하지만 그는 많은 경건한 독자들이 자신의 글을 통해 그런 암시를 받았으리라는 점을 알고 있다.

22_ Paul Tillich, *Dynamics of Faith*, World Perspective Series 10 (New York: Harper & Row Torchbooks, 1957), 45.

논평

존 도미닉 크로산

존슨은 그의 논문 첫 부분에서, 역사기술의 위험과 환영, 편견과 선입견, 다양성과 불일치에도 불구하고 역사적 예수를 재구성할 필요가 있다고 역설했다. 나는 그 글을 읽으면서 존슨의 견해에 대체적으로 동의하면서도 한편으로 그의 견해가 정말 도전적인 것이었는지 의문이 들었다. 또한 나는 예수를 재구성하는 데 대한 경고들을 접하면서, 그리스도를 고백하는 일에 대해서도 동일한 경고를 할 수 있는 것 아닌가, 혹은 해야 하는 것은 아닌가 하는 의문을 가지게 된다. 확실히 역사에는 "한계들"이 있을 뿐만 아니라 심지어는 나쁜 역사, 유해한 역사도 있다. 신학도 마찬가지다. 신학에도 한계들이 있으며, 나쁜 신앙, 유해한 신앙도 있다. 역사가들이 예수를 잘못 이해함으로써 야기되는 혼란과 신학자들이 그리스도를 잘못 이해함으로써 야기되는 혼란 가운데 어느 것이 더 치명적일까?

예를 들어, 특히 포스트모던 이론에 과도하게 영향 받은 자들에게 배심재판 제도는 어떤 의미인가? 배심재판에서 배심원들은 오로지 법원에 제출된 증거에 입각해서 사건을 재구성하겠다고 선서한다. 우리가 법정에서 서로 완전히 상충되는 두 종류의 웅장한 변론을 듣게 되었다고 가정할 때, 우리는 그런 상황에서 실제로 어떤 일이 일어났으며 또 어떤 것이 참이고 어떤 것이 거짓인지를 대부분의 경우 의심의 여지없이 결정할 수 있다고 주장한다. 그런 예를 고려할 때 존슨의 어떤 주장들은 지나친 선제공격 같다는 생각이 든다.

예를 들어보자. "만일 역사기술이 아우구스투스 같은 로마 황제에 대해 그가 신적인 존재라고 선언할 수 없다면, 예수에 대해서도 그가 성육신 한 하나님이라고 선언할 수 없다"라는 명제에 대해, 어떤 차원에서는 즉시 "그렇다"라고 답할 수 있겠지만, 또 다른 차원에서는 역사기술(historiography)이 로마 황제 신학과 바울의 기독교 신학에서 주장하는 그 대립되는 주장들의 정확한 내용을 설명할 수 있고 또 설명해야 한다고 생각한다. 로마인들이 아우구스투스를 신이자 하나님의 아들이며 성육신한 하나님이라고 칭한 것은 무슨 의미이며, 그리스도인들이 그 모든 칭호를 그리스도에게 돌린 것은 또한 무슨 의미인가?(저급한 풍자시인가, 아니면 고도의 반역인가?) 호칭이라는 것은 특정 대상의 일부가 되어버린 일종의 지침들인데, 역사가는 그런 지침들을 대상 자체와 구별할 수 있어야 하고, 그런 호칭들이 왜 다른 인물이 아니라 바로 그 인물에게 또 그 시대에 그 장소에서 주어졌는지 정확히 설명할 수 있어야 한다. 다시 말해 뛰어난 역사가는, 왜 어떤 사람들이 카이사르가 아닌 예수를 택했던 반면 다른 사람들은 예수가 아닌 카이사르를 택했는지, 그리고 또 다른 사람들은 "카이사르로서의 그리스도"라는 묵시적 완결의 형태로 그 둘을 동일시했는지를 설명할 수 있어야 한다.

다른 예를 들어보자. "단순히 '역사적'인 것을 '실재'라 부르는 것은 아니다"라는 명제에 대해서도, 물론 그렇다고 답할 수 있다. 그러나 만일 실재가 과거와 현재 세계에 일어난 모든 것을 의미한다면, 인간 정신은 자기 자신의 수명과 제한된 기억들과 망각된 사건들로 인해 침묵할 수밖에 없다. 그러나 총체적 의미에서의 "실재"는 파악 불가능한 것이며 오직 (인류학, 사회학, 고고학을 망라하는 다차원적인 논의를 통해) "역사"로서만 우리에게 다가올 수 있다. "역사"를 배제하고 "실재"에 호소하는 것은 배심원으로서의 의무를 망각한 처사로서 단순히 방어를 위한 전략일 뿐이고, 학문적으로는 자격 상실이다.

마지막으로, "역사가 가지는 최종적인 제한은 그것이 오직 과거만을 묘사하거나 구성할 수 있으며, 미래를 규정할 수 없다는 것이다"라는 명제에 대해서는 양면적인 대답을 할 수 있다. 그것은 역사의 한계인가 아니면 인생의 한계인가? 과거에 대한 해석이 미래를 규정할 수 없는 것은 사실이지만, 우리가 가진 것이라고는 그처럼 투사된 해석뿐이다. 깊이 들여다보면 역사에 대한 모든 해석은 신앙의 성격을 띤다. 다시 말해 이 해석이 신중하고 섬세하게 미래를 규정하는 데 도움을 줄 것이라는 신념이 곧 역사 해석의 바탕이라는 것이다.

그렇다면 그처럼 미래를 규정하는 모험을 감행해보자. 신석기 혁명 이후 인간 폭력의 점증적인 증가에 대한 나름의 역사적 해석을 통해 나는 자신만의 미래를 규정한다. 우리는 문명이 폭력을 정당화하면 안 된다는 것을 배우는데, 그렇지 않았다면 우리도 화려하지만 결국 멸종하고 말았던 검치호와 같은 운명에 처하게 될 것이다. 피조 세계 전체에 대해서도 마찬가지다. 나는 창세기 4장에도 동일한 메시지가 요약되어 있으며, 예수 그리스도 안에도 체현되어 있음을 인정한다. 그런데 나는 그 둘 중에 어느 것이 먼저인지 확실하게 말할 수 없다.

나는 존슨의 글 가운데 두 번째와 세 번째 부분을 함께 다룰 것인데, 내가 기본적으로는 그의 논지에 동의하기 때문에 여기서는 단지 그것들을 조금 더 진전시켜서 합일점을 찾으려 한다. 나는 그리스도인으로서 우리의 신앙이 전적으로 역사가가 재구성할 수 있는 예수의 "인격"에 근거한 것이라는 점에 대해 존슨보다 더 깊은 확신을 가지고 있다. 또한 나는 그리스도인이란 "예수가 승귀하신 주님으로서 성령으로 우리 가운데 임재하신 분"이심을 고백하는 사람이라는 존슨의 말에 동의한다. 하지만 나는 마태복음 7:21-23과 누가복음 6:46에 근거해서 다음과 같이 첨언하고 싶다. "고백하고 그 고백에 근거해서 살아가라." 그리고 언제나 그러했던 것처럼 나는 고백을 삶에 적용하기 이전에 먼저 그 고백의 내용을 살펴보길 원한다.

존슨은 역사적 예수에 대하여 "역사가들이 최고의 개연성을 갖고서 주장할 수 있는 내용"을 요약한다. 나는 여기에서 그의 요약 가운데 한 가지 요소에 초점을 맞추었는데, 그렇다고 해서 다른 요소들을 경시하거나 부인하는 것은 결코 아니다.

내가 여기서 다루려는 내용은 다음과 같은 문장으로 압축된다. "예수는 1세기의 유대인이었으며…팔레스타인을 지배하던 로마 당국에 의해 처형당했다." 후에 존슨은 사복음서 내러티브에 나타난 예수의 "인격"에 대해 말하면서, "복음서들은 앞에서 식별한 사실적인(factual) 요소들에 있어서 일치를 보인다"고 언급한다. 그리고 나는 다시 한 번 그 같은 요소에 초점을 둔다. 예수는 "로마 총독 본디오 빌라도의 명령에 따라 십자가에 못 박힌…1세기 팔레스타인의 유대인 남성이었다." 요세푸스와 타키투스는 이 점에서 일치한다. 그리고 빌라도의 이름은 기독교 신앙고백에도 등장한다. 지금부터 우리의 논쟁에 다른 학자들도 참여시키겠다.

파울라 프레드릭센(Paula Fredriksen)은 『나사렛 예수, 유대인의 왕』에서 하나의 세부적인 역사적 사건을 서두에서 두 번, 결론부에서 다시 한 번 강조한다. 책의 초반부에서 그녀는 "비록 예수가 정치적인 불복종자로서 처형당하기는 했지만 그의 추종자들은 처형되지 않았다"라고 하는 "논쟁의 여지가 없는 사실"을 언급한다.[23] 그녀는 다시 말한다. "우리는 역사

23_ Paula Fredriksen, *Jesus of Nazareth, King of the Jews* (New York: Knopf, 1999), 9.

적으로 사실인지 의심스러운 과거의 이례적인 사건에 초점을 두는데, 그것은 예수가 로마인에게 불복종자로서 처형당했으나 그의 제자들 중 누구도 처형당하지 않았다는 것이다"(p. 11). 이어 자신의 저서 끝 부분에서 프레드릭센은 "이 연구를 촉진시킨 역설, 즉 빌라도가 예수와 맞섰을 때 그 사건에서 사형을 당할 사람은 오직 예수뿐이었다"(p. 240)라고 언급한다. 그녀는 마지막으로 "수난 이야기에서 발견할 수 있는 역사적 이례성의 핵심, 즉 예수가 십자가에 못 박혔으나 제자들은 그러지 않았다는 점"(p. 255)을 강조한다.

나는 이것이 예수와 빌라도에 대한 역사적 자료의 수준을 존슨이 제시하는 역사적 예수에 대한 기본적인 요약에서 더욱 진보시킨 상당히 중요한 통찰이라고 생각한다. 그러나 나는 빌라도가 어째서 그런 판결을 내렸는지에 대한 그녀의 해석에는 강하게 반대한다. 그녀는 한편으로는 "예수는 유해한 인물이 아니었다. 그리고 빌라도는 그것을 알았다(p. 241).… 왜냐하면 예수 운동의 메시지가 로마 권력에 아무런 위협이 되지 않는다는 것을 빌라도가 알았기 때문이다"(p. 243)라고 말한다. 더 나아가 "대제사장들도 빌라도처럼 예수가 위험하지 않다는 것을 알고 있었지만, 그러나 그해 유월절에 예수의 주변에 몰려든 군중이 위험할 수 있다는 것은 알았다"(p. 253). 다른 한편으로는 "예수가 하나님 나라의 도래를 바로 이 특별한 유월절에 연관시킨 것은 모든 다른 요소에 불을 지르는 도화선이 되었다"(p. 257)라고 말한다. 하지만 이런 주장 자체가 역사적으로 성립되지 않는다. 만일 그것이 실제로 도화선이 되었다면—나는 동의하지 않지만—예수는 정말로 유월절 군중을 흥분시켰을 것이고, 예수가 처형된 것도 단지 무리를 진정시키기 위해서가 아니라 그를 벌하기 위해서였을 것이다.

나의 견해는 (일찍이 안티파스가 요한에 대해 그러했듯이) 빌라도가 상황을 정확히 파악하고 있었다는 것이다. 폭력을 동반한 반역 행위에 대해서 로마 관리들은 주동자들을 체포했을 뿐 아니라 반란에 가담한 자들도 가능한 한 많이 체포했다. 비폭력적인 반역 행위에 대해서는 주동자들을 체포하고 단순 가담자들은 무시했다. 다른 학자에 대한 나의 답변에서 반복했던 주장인데, "바라바라 불리는 사람이 폭동 기간 중에 살인을 범한 반역자들과 함께 옥에 있었다"(막 15:7, Crossan의 번역)는 것을 상기하라. 빌라도가 역사적으로 확실하게 증언하는 바는, 예수가 혁명가였기 때문에 공개적이고 법적이며 공식적인 십자가 처형을 당해야 했지만, 그의 혁명은 비폭력적이었기 때문에 그의 동료들을 체포할 필요는 없었다는 것이다. 1세기라는 위험한 시기에 예수와 또 그의 전후에 활동했던 유대인들이 로마 제국의 통치에 대항하기 위해 선호했던 저항 방식은 폭력적인 것보다는 비폭력적인 것이었다.

또한 존슨은 예수의 "인격"에 관한 많은 것을 신약성서의 복음서들로부터 배울 수 있다고 주장한다. 나는 그 주장에 강력히 동의하면서, 또한 "인격"에 초점을 맞추는 것이 예전처럼 "자의식"(self-consciousness)에 초점을 맞추는 것보다 낫다고 생각한다. 그러나 예수의 비폭력적 "성품"에 대한 빌라도의 증언에 덧붙여서 나는 예수의 비폭력성이 "하나님의 뜻에 응답한다"는 차원에서 한 걸음 더 나아간 것이라고 생각한다. 물론 예수는 비폭력 노선을 택했다. 그런데 그가 그런 노선을 취한 이유는 마태복음 5:38-48과 누가복음 6:27-36에 따르면 하나님의 "성품"이라 불리는 것 때문이었다. 그 하나님은 "그 해를 악인과 선인에게 비추시며 비를 의로운 자와 불의한 자에게 내려주신다"(마 5:45). 또한 하나님은 "은혜를 모르는 자와 악한 자에게도 인자하시다"(눅 6:35). 역사적 예수는 말하기를 너희가 그렇게 행동함으로 하나님의 "아들들"이 된다고 하는데, 왜냐하면 너희는 하나님"처럼 되어야 하기" 때문이다.

존슨은 그의 논문 초두에서 이렇게 주장한다. "기독교를 구성하는 수많은 경쟁 당파들은 예수의 인성이 어떤 식으로든 기독교 제자도의 모범과 척도의 역할을 한다는 점에는 모두 동의한다. 중요한 것은 예수를 바르게 이해하는 것이다." 부연하자면, 그리스도를 바르게 아는 것도 중요하다. 내게 있어서 그리스도를 알아가는 과정은 이성과 계시, 역사와 신앙 간의 대화다. 그리고 그런 상호작용 속에서 어느 한 편이 절대적 주도권을 주장할 수 없다. 존슨의 논고에서 부족하게 느껴지는 점은 이 양편이 모두 동일한 하나님에게서 오는 것임에도 불구하고 그런 대화(변증법)를 즐겨 하지 않는다는 것이다. 내가 보기에 그는 신앙보다 역사를 더 불신하는 경향이 있다. 그러나 나는 신약성서가 비폭력적이고 역사적인 예수의 초림으로 시작해서 폭력적이고 신학적인 예수의 재림으로 종결된다고 생각한다. 과연 그들에게나 우리에게 중요한 것은 좋은 역사인가, 아니면 좋은 신앙인가? 아니면 둘 다인가?

논평

제임스 D. G. 던

나는 존슨이 복음서에 대한 신앙적인 해석과 역사적 해석의 차이를 상술함으로써 그의 논고를 이끌어가는 방식에 온정을 느낀다. 내가 불편하게 생각하는 점은 존슨이 위의 두 영역 모두를 역사적으로 책임 있는 방식으로 설명하려는 시도를 "경계가 모호한 다양한 중도적 입장들" 또는 "지적으로 애매모호한 입장들"이라고 평가절하 하는 점이다. 그는 그런 시도가 "역사기술의 본질에 관한 가장 근본적이고 중요한 질문들"을 회피하거나 혹은 그것들을 "부주의한 방식으로" 다룬다고 평가한다. 존슨은 이처럼 문제를 싸잡아서 성격 짓는 경향을 보이는데, 물론 그도 인간 예수에게 접근하는 데 방해가 되는 역사적 문제들을 다루는 자신만의 방법을 확립하기 위해 노력한다. 그러나 나는 존슨이 자신의 관점을 제시하기 위해 아돌프 슐라터(Adolf Schlatter)를 언급할 뿐 아니라 N. T. 라이트의 『예수와 하나님의 승리』를 언급하면서, "역사적이라는 용어를 예수에게 적용할 때, 그 용어가 무엇을 의미하는지에 대한 성찰이 없다"라고 비평하는 것을 볼 때 놀라움과 실망감으로 눈을 깜박일 수밖에 없었다. 라이트의 『예수와 하나님의 승리』는 "기독교 기원과 하나님의 문제"라는 시리즈의 두 번째 책인데, 첫 번째 책에서 라이트는 이야기와 내러티브의 중요성과 기능에 대해서뿐만 아니라 역사기술학적 이슈에 대해서도 아주 포괄적인 논의를 하고 있다. 자신이 다루고 있는 이슈에 대해 많은 도움을 제공할 수 있는 다른 학자의 성찰을 이처럼 경시하는 태도는 결코 존슨 자신에게 유익을 주지 못한다. 게다가 그는 라이트에 대해서만 그런 것이 아니다.

존슨이 역사적 탐구에서 학문적 성실성을 강조하면서 역사적 방법론을 적용할 때 엄격한 태도를 취하는 것을 나는 긍정적으로 평가한다. "예수는 역사적으로 질문할 수 있고 또 질문해야 한다. 왜냐하면 그가 역사적 인물이기 때문이다." 그리고 그는 "입증할 수 있는 증거의 한계들"을 인정하고 예수에 관한 역사적 정보를 상당히 제한적으로 다룸으로써 "적절한 역사기술적 방법이 허락하는 것의 한계들"에 도달했다고 결론지었는데, 이를 통해 그는 나름대로 역사기술에서 인상 깊은 성실성을 보여주었다. 그렇지만 존슨이 제시하는 제한된 역사적 결과물은 자료와 역사적 방법이 허락하는 범위를 넘어선 것처럼 보인다.

존슨은 자료비평에 대한 반복적인 비난을 통해서 자신의 입장을 개진한다. 자료비평은 어떤 "진정성 있는" 자료를 찾아내기 위해 복음서 내러티브를 해체한 후에 그 자료들을 재조립하여 복음서 내러티브보다 더욱 역사적인 것으로 추정되는 그림을 제시함으로써 "역사적 예수"를 재구성하고자 한다. 이에 대응하여 존슨은 그 자신의 내러티브 접근법(narrative approach), 다시 말해 "복음서 내러티브를 내러티브로서 대하는 신중하고 비평적인 접근법"을 제안한다. 복음서들은 전체적으로 문학적 통일성을 충분히 고려하여 다루어져야 한다는 것이다.

나는 여기서 두 가지 문제점을 발견한다. 한 가지는 자료비평을 포기한 것인데, 이를 달리 표현하자면 복음서 저자들이 기초로 삼은 자료들에 대해 보다 명확한 판단을 내리려는 모든 시도를 버린 것이다. "자료비평"이 복음서 내러티브를 해체한다고 규정하는 것은 매우 편파적인데, 존슨이 그런 입장을 취하는 것은 각 복음서 내러티브를 존중하고 보존하는 자신의 접근법을 강조하기 위한 것이다. 하지만 보다 이른 시기의 자료들로부터 가져온 기록들에 대한 탐구나 내러티브 문서가 어떻게 일관성을 지니게 되었는지 이해하려는 시도는 전적으로 자료의 문제와 얽혀 있으며, 그런 탐구와 시도는 내러티브를 해체하거나 거부하기 위한 것이 아니라 내러티브의 형태가 어떻게 획득되었는지를 이해하기 위한 것이다. 존슨은 다른 곳에서 다비트 프리드리히 슈트라우스에 대한 호의적인 평가에 이어 "모든 가능한 자료들을 일차와 이차로, 직접적인 것과 간접적인 것으로" 식별하는 것이 중요함을 강조한다. 그런 관점은 복음서를 연구하는 데서도 적지 않은 가치를 지닌다. 복음서를 전기(biographies)로 다루는 것이 타당하다는 사실만 보더라도, 그런 전기들이 참조한 자료가 무엇인가라는 질문이 필요할 뿐만 아니라 적절하다는 것을 알 수 있다.

두 번째 문제점은 존슨이 복음서 자체의 정황에 머무르는 것이 바람직함을 강조하면서 역사적 탐구의 대상을 예수가 사역하던 시기로부터 40여 년 후의 어느 한 시점에 제한한다는 것이다. 보다 이른 시기에 대한 탐구(자료비평)의 길을 막음으로써 그는 예수와 최초의 복음서 저자인 마가 사이에 한 세대라는 공백을 만들어놓은 것이다. 내가 존슨에게 전적으로 동의하는 것이 한 가지 있는데, 그것은 사복음서에 묘사되고 그 복음서들에 영감을 준 인물에 대한 명확한 인식과 그의 사역이 가지는 성격에 대한 명확한 인식을 우리가 사복음서 자체에서 얻을 수 있다는 주장이다. 하지만 내가 보기에는 존슨이 생각하는 것보다는 공관복음서와 요한복음을 좀 더 예리하게 구분하는 것이 불가피한 것처럼 보인다. 요한복음이 제시하는 예수는 "하나님 나라"를 설교의 중심 주제로 삼거나, 주기적으로 비유를 말하고 가난한 자와 죄인을 위한 사역을 최우선으로 삼았던 예수가 아니다. 요한복음은 공관복음서와는 딴판으로 자기 선포(self-proclamation)를 내러티브의 중심으로 삼는 예수를 보여준다. 확실히 요한복음과 공관복음서의 차이는 공관복음서 간의 차이보다 더 큰데, 우리는 요한이 공관복음서 저자들이 의도했던 것과는 다른 어떤 일을 시도하고 있음을 인정해야 한다. 비록 그것들 모두가 "복음서"이지만, 방대한 서론을 가진 수난 내러티브들을 비교해볼 때 복음서를 단순히 내러티브로 간주하고서 역사적 질문을 던지는 것은 독자들에게 예수의 인격과 선포에 대해 현저하게 다양한 그림만 제시해두고 그들을 방치하는 것이다. 요한복음이 공관복음서와 동일한 역사적 가치를 갖는다는 것은 지나치게 순진한 가정이다. 그런 가정은 어떤 자들로 하여금 예수가 자의식적인 신의 언어로 말했다는 것이 역사적 사실이라고 주장하거나, 혹은 예수가 "옳거나, 미쳤거나 혹은 거짓말쟁이였다"라는 단순한 도식이 합법적이며 유일한 대안이라고 주장하게 만들었다.

물론 우리는 복음서 저자들의 내러티브에 관해 역사적 질문을 던질 수 있고 또 던져야 한다. 그러나 복음서의 내러티브 세계를 복음서의 저자들이 사용하던 자료의 역사적 가치에 대비시키는 것은 전혀 도움이 되지 않는다. 복음서의 내러티브 세계를 다룰 때 예수 비유의 내러티브 세계를 다루는 것과 같은 방식으로 다루어서는 안 된다. 확실히 우리는 비유를 통해 그 시기의 사회상에 대하여 많은 것을 배울 수 있다. 그러나 우리가 비유들을 통해 예수의 역사에 대해서 배울 수 있는 것은 단지 그가 그런 비유를 가르쳤다는 것밖에는 없다. 나는 예수를 단순히 문학적 인물로, 예를 들어 햄릿이나 에이허브 선장과 같은 매혹적인 극중 인물로 아는 것에 만족하고 싶지는 않다. 물론 작가가 잘 구상한 그런 등장인물로부터 인생에 대해 많은 것을 배울 수도 있을 것이다. 그러나 서사비평(narrative criticism)을 역사비평과 혼동해서는 안 된다. 역사가들과 복음서의 독자들, 다시 말해 그리스도인들을 매혹시킨 "역사적 예수"는 기원후 20년대 말에 갈릴리에서 사역한 예수다. 갈릴리의 교사와 예언자로서 그가 행하고 가르친 것이 주된 관심사라는 것이다. 그러나 존슨이 암시하는 것처럼 복음서 내러티브 이면에 숨겨진 예수에 대해 알고자 하는 관심은 쉽게 사그라지지 않을 것 같다. 그런 관심은 우리가 복음서 내러티브를 깊은 존경심과 진지함을 가지고 대하게 하는 동시에, 복음서 이야기들 간에 왜 차이가 있으며, 우리가 공관복음과 요한복음 간의 차이를 역사적 관점에서 어떻게 받아들여야 할 것인지에 대해 질문하게 만든다. 그런 관심은 오직 복음서 내러티브를 그 내러티브가 증언하는 역사적 실재의 영역에서 검증함으로써만 충족될 수 있다.

이것이 내가 "역사적 예수" 연구와 복음서 비평의 일상 논리에서 돌아서야 한다고 주장하는 이유다. 대부분의 학자들은 공관복음서를 포함해 복음서 간에 존재하는 차이를, 예수 전승이 예수 자신으로부터 또한 그의 사역과 가르침이 야기한 자극으로부터 얼마나 신속하게 멀리 퍼져나갔는지에 대한 증거로 간주한다. 반면에 나는 공관복음서 간의 차이를 예수 전승이 처음부터 사용되고 전달된 다양한 방식들에 대한 증거로 본다. "최초의"(original) 전승만이 "진정성 있는"(authentic) 전승이라는 것은 그릇된 생각이다. 그런 생각은 우리들 대부분을 대단히 오랫동안 잘못 이끌어왔으며, 존슨이 예수와 복음서의 기록(writing of the Gospels) 사이에 존재하는 전승화 과정을 완전히 무시하는 필사적인 전략을 취하게 된 것도 아마 이런 생각 때문일 것이다. 하지만 만일 이처럼 수십 년의 세월이 흘렀음에도 불구하고 예수의 인격과 그의 사역의 성격이 여전히 명확하고 일관성 있게 묘사된다면, 그리고 예수가 복음서 자료들에 남겨놓은 뚜렷한 흔적들을 볼 수 있다면(이 점에서 나는 존슨과 견해를 같이한다), 우리는 복음서들이 기록되기 이전의 상황도 그러했으리라고 자신 있게 주장할 수 있을 것이다. 우리가 확신을 갖고 이끌어낼 수 있는 결론은 예수가 복음서에서 증언하는 다양한 종류의 영향을 끼쳤으며, 예수 전승이 결코 하나의 "진정성 있는"(혹은 "순전한") 유형을 지녔다고 할 수 없다는 것, 그리고 사람들이 예수를 편협하고 획일화 된 틀 속에서 기억하지 않았다는 것 등이다. 덧붙여서 우리는 복음서 저자들이 자신들의 특별한 강조점과 관심사에 따라 예수에 관한 이전 전승들을 어떻게 (창작이 아니라) 재구성하여 그들만의 독특한 내러티브로 만들었는지 식별할 수 있다.

마찬가지로 요한복음도 동일한 예수 전승에 대한, 한층 더 확장된 성찰의 산물이요 표현이라고 말할 수 있다. 하지만 여기서 이 문제를 다루는 것은 존슨의 논문이 다루는 주제에서 너무 멀리 나가는 일일 것이다.

논평

대럴 L. 복

역사적 예수 연구의 한계를 이처럼 사려 깊게 다룬 글에 대해 논평을 하게 되어 기쁘다. 나는 그가 제시한 많은 부분에 동의한다. 예를 들어 나는 예수를 믿음으로 아는 것이지, 실증적으로 검증 가능한 방식으로 아는 것은 아니라는 말에 동의한다. 그것은 마치 우리가 영혼을 가지고 있지만 그것을 증명할 수는 없는 것과 같다. 예수를 이해하는 최상의 방식은 신앙의 렌즈를 통해서 그리고 예수에 대한 체험을 나눌 수 있도록 예수가 세운 공동체를 통해서라는 점에도 나는 분명히 동의한다. 살아계신 예수는 사람들이 실증적인 방법을 통하여 증명할 수 있는 대상들만큼이나 사실적이고 역사적이다. 그것은 물질주의적이고 자연주의적인 삶을 살아가는 많은 사람들도 믿을 수 있을 만큼 확고한 것이다.

나는 존슨이 신앙의 예수를 받아들이면서도 믿음의 역사적 근거를 제시하려고 시도하는 자들을 비평할 때에, 그중 일부 사람들의 동기에 대해서 그가 약간 오해하고 있는 것은 아닌가 하는 생각을 하게 된다. 보수주의자들은 그들의 신학적 확신을 증명하기 위해서가 아니라 하나님이 역사 가운데 행동하신다는 그들의 믿음을 표현하기 위해서 역사적 예수 논쟁에 참여한다. 하나님이 역사 가운데서 행동하셨기 때문에, 그 행위

(activity)의 흔적들을 추적하는 것이 가능할 뿐만 아니라, 신학을 전문적으로 탐구하지 않는 사람들을 위하여 그 흔적들의 중요성을 변론하는 것도 가능하다. 솔직한 질문을 좋아하는 자들은 아마 이렇게 물을 것이다. 예수의 추종자들이 제시하는 자료 외에 예수에 대한 다른 (편파적이지 않은) 증거들이 있는가? 일부 사람들의 요란한 반대에도 불구하고 역사는 그 질문에 대해 우리에게 "그렇다"라고 대답한다. 그리고 내가 예수에 대해 가진 신앙을 당신이 공유하지 않았다 하더라도 예수가 존재했다는 것은 사실이다. 성서 자료들도 어느 정도는 예수의 존재를 증명하는 데 도움이 된다. 우리는 역사적 근거 위에서 예수가 역사(특히 1세기의)를 가로질러 지대한 영향을 미쳤다는 사실을 변론할 수 있다. 때때로 신학적 사색의 방법이 역사를 통해 얻어질 수도 있는데, 단 신학이 역사에 의해 입증될 수 있다는 생각은 버려야 한다. 이런 접근 방식에서 중요한 것은 역사가 우리에게 무엇을 줄 수 있고 또 무엇을 줄 수 없는가라는 경계를 분명히 인식하는 것이다. 따라서 존슨이 주장하는 것처럼 이 토론에 참여하기에 앞서 역사적 예수 탐구의 한계를 인식하는 것이 상당히 중요하다.

그의 주장 중에 여전히 재고할 필요가 있는 부분이 있다. 바로 역사가 아우구스투스에 대해서 판결하는 것 이상으로 예수의 신학적 주장에 대해 판결할 권한이 없을 뿐만 아니라, 역사가 티아나의 아폴로니우스에 대해 판결하는 것 이상으로 예수의 기적에 대해 판결할 권한이 없다는 그의 주장이다. 여기서 나는 역사가 할 수 있는 일이란 그런 믿음이 끼친 영향을 추적하고 어째서 그토록 많은 사람이 예수가 단순한 인간이 아닌 특별한 존재라고 믿어왔는가라는 질문을 던지는 것이라는 사실을 언급하고 싶다. 존슨이 말한 대로 역사는 "시공간 상에서 일어난 확증 가능한 것"으로 제한될 수 있다. 그렇지만 역사는, 예수의 영향으로 사람들이 이전에 자신들이 가졌던 신앙을 버리면서까지 그에게 응답하고 추종했던 시기가 언제인지를 추적할 수 있다. 역사는 어째서 그토록 많은 사람들이 "오로지 예수에게만 적용된다고 믿었던 주장들"에 자신들의 목숨을 걸었는지 질문할 수 있다. 역사는 예수의 비범한 활동들에는 다른 기적 이야기에서 발견할 수 없는 독특한 특징이 있다는 점을 지적할 수 있다(이것은 Josephus에게서 빌려온 아이디어다). 예수는 언제나 직접적인 권위를 가지고 기적을 행했던 반면에 다른 기적 이야기에는 그런 직접적인 권위에 대한 암시가 없다. 다시 말해 예수는 다른 고대의 치유자들과는 달리 일반적으로 치료를 위해서 기도나 주문과 같은 중재적 도구(intermediary devices)를 사용하지 않았다는 것이다.

여기서 내가 강조하고 싶은 것은 어감(nuance)의 문제다. 물론 역사는 그런 주장들을 증명할 수는 없지만, 그런 주장들이 만들어지거나 표현된 방식에서 독특한 점이 무엇인지를 검토해볼 수는 있다. 역사가 부활을 입증할 수는 없다. 그렇지만 초기 그리스도인들이 부활 시에 어떤 일이 발생하는지에 대해 기존의 기대들과 반대되는 신앙을 기꺼이 수용했다는 사실은 입증할 수 있다. 역사의 종말에 모든 백성을 일으킬 것이라는 유대적인 희망을, 지금 역사의 한가운데에서 개개인을 다시 살릴 것이라는 사상으로 전환시킨 어떤 계기가 있었다. 무엇이 이 새로운 믿음을 불러일으켰는가? 그것은 사건(event)이었는가? 역사가 우리에게 가르쳐주는 사실은 부활 사건 이외의 어떤 것도 그런 믿음의 발생 혹은 사상의 전환을 적절히 설명하지 못한다는 것이다. 그런데 이 주장에는 단순히 부활을 확언하는 것 이상의 뭔가가 있다. 예를 들어, 복음서 저자들이 부활을 믿고 있었음에도 불구하고 그들은 예수의 지상 사역에 관련된 몇몇 사건을 설명할 때 부활에 대한 전망이 시대착오적으로 작용하는 방식으로 말하지는 않는다. 교회가 왜 교회의 창시자인 제자들에 대해, 그들이 예수가 가르친 신앙의 핵심을 더디게 받아들이는 것으로 묘사함으로써 그들에게 불명예를 안겨주는 기록을 일부러 꾸며냈겠는가? 부활을 예고하는 기사와 임박한 수난에 대한 기사가 바로 그런 기록이다. 그것은 이런 종류의 자료들이 진정성을 지니고 있음을 보여주는 증거들이다. 달리 말하자면 역사가 부활을 입증하지는 못하지만 부활의 가능성을 향해 열린 문을 닫아버리지 못하게 하는 도구가 될 수 있다는 것이다. 이런 단서하에 나는 존슨이 역사가 예수에 대해 무엇을 보여주는지, 그리고 역사의 한계가 무엇인지에 대해 피력한 대부분의 주장에 동의한다.

자료비평 방법이 예수 연구에 적용된 예를 살펴보면서, 나는 자료비평이 특히 재구성된 자료에 적용될 때 어떻게 사용되어야 할지에 대한 존슨의 관찰에 공감한다. 많은 비평가들은 하나의 자료 또는 다수의 자료들을 재구성하는 자신의 능력을 너무 과신하고 있다. 그러나 그들이 재구성했다고 주장하는 자료는 가설로만 존재하는 것이다. 특히 Q 자료처럼 어떤 가설화된 자료를 더욱 잘게 쪼개어 일련의 구별할 수 있는 층을 발견할 경우 그 과신은 더욱 심해진다. 그런 자료가 존재했을 수도 있다. 그러나 Q 자료의 각 층위들의 기원과 성격을 식별할 수 있다고 주장하는 것은 우리가 보여줄 수 있는 범위를 훨씬 넘어선다. 너무 많은 에너지가, 오염되지 않고 더욱 탁월하다고 추정되는 원본으로 돌아가려는 시도에 낭비되고 있다. 이런 노력은 구두 전승이 주류를 이루는 문화권 내 순회 사역자의 가르침에 뿌리를 둔 전승에 지나치게 의존한다. 또한 그처럼 유랑하는 사역자는 동일한 주제에 대해 여러 번 가르쳤을 것이며 결과적으로 구두 전승이 복잡해졌을 것이라는 사실을 자주 무시한다.

내가 존슨과 동일한 관점을 가지면서도 강조점에 있어 약간의 차이를 두고자 하는 영역은 그가 공관복음(특히 마가복음)을 요한복음과 대비시켜서 논의하는 방식이다. 이 주제와 관련하여 나는 대체적으로 복음서 간에 많은 차이점이 있다는 사실을 인정한다. 다른 저서(『성서에 나타난 예수』)에서 나는 많은 사람들이 자신들이 복음서 간에 광범위한 차이점을 발견했다고 말하는 것은 지나친 과장이라는 점을 상세히 논증했다. 그러나 그런 차이점들은 어디에서 발견되든지 간에 아주 중대한 것이기 때문에, 복음서를 연구하는 데 있어서 일반적으로 보수주의자들이 하는 것보다 더 큰 관심을 가지고 세심하게 다룰 필요가 있다. 복음서들이 제안하는 그림들은 확실히 다양하지만, 그런 사실이 역사적으로 문제가 되거나 모순을 야기하는 것은 아니다. 복합적인 성격들은 종종 서로 구별되면서도 연관된 통찰력을 양산한다. 예를 들어 마가복음과 요한복음에서는 예수가 누구인가라는 주제가 중첩되어 나타나는데, 일반적으로 추정하는 것보다 더 깊은 상호 연관성을 보여준다. 첫째, 주제에 따라 혹은 다른 방식으로 자료를 재정렬하는 것은 그것이 단지 연대기적이 아니라는 이유로 덜 역사적인 것은 아니다. 둘째, 예수에 대한 이해가 어떻게 발전했는지 혹은 깨달아졌는지에 강조점을 두는 것과(마가복음), 예수가 시종일관 자신에 대해 궁극적으로 보여주는 것을 강조하는 것(요한복음) 사이의 차이는 역사적 비정확성(historical inaccuracy)의 문제라기보다는 신학적이고 문학적인 강조점의 문제일 것이다. 행위들에는 내포된 의미가 있다. 그리고 연속된 일련의 행위들은 항상 거기에 존재했으나 우리가 반성을 통해서만 발견할 수 있는 결론을 구성한다.

존슨의 발제에서 나머지 부분은 문학적 읽기(literary reading)의 가치를 지적한다. 이것은 복음서를 어떻게 읽을 것인지 또 어떻게 읽어야 하는지에 대해 나 역시 가치를 두는 요점이다. 예수에 대한 이런 다양한 묘사들은 관점의 다각화라는 유익을 통해 사람의 심층 세계를 탐구할 수 있게 해준다. 이런 탐구는 우리가 단순히 하나의 이야기만 가지고 있거나 혹은 하나의 동일한 관점을 가진 다중의 이야기들을 가지는 것보다 훨씬 폭넓은 공감대를 형성할 것이다. 그것은 마치 운동 경기를 중계할 때에 여러 대의 카메라가 다양한 각도에서 동시 촬영을 한 후에, 즉석에서 재연을 통해 경기 장면을 복기(review)할 수 있는 것과 유사하다. 보다 다양한 각도에서 촬영을 하면 할수록 무슨 일이 일어났는지 더 잘 이해할 수 있다. 내가 보기에 존슨은 복음서의 기사들을 내가 의도했던 것보다 좀 더 대립시켜 진술하려는 것 같다. 나는 마가복음의 우둔하고 충성스럽지 못한 제자들이 마태복음의 연약하면서도 지혜로운 제자들과 뚜렷이 구분된다고 보지는 않는다. 왜냐하면 두 복음서 모두 제자들에 대해서, 그들은 예수를 대적하는 자들이 자신들로 하여금 예수를 떠나는 것을 고려하도록 그럴듯한 이유를 제공하고 압력을 가했음에도 불구하고 예수 곁에 붙어 있을 만큼 현명하다고 묘사하고 있기 때문이다. 마가는 제자들의 결점에 대해 좀 더 솔직한 반면에, 마태는 제자들에게 예수와 함께 머물 용기가 없었다는 것을 밝히기를 주저한다. 존슨과 나는 둘 다 역사가가 일상적으로 하는 일, 다시 말해 역사가 우리에게 남겨놓은 단편적인 점들(dots of fragments)을 연결하는 작업을 하고 있다.

이것은 다른 주제인데, 나는 예수와 관련해 복음서들에 몇 가지의 핵심 주제가 존재한다는 존슨의 주장에 동의한다. 예수는 하나님께 복종했고, 자기희생적인 사랑을 베풀었으며, 자신의 성품을 본보기로 삼는 제자도를 요구했다. 나는 여기서 제자도를 실천하라는 요청이 단순히 예수를 모방하라는 요청을 넘어선다는 점을 덧붙이고 싶다. 그것은 궁극적으로 하나님 나라 임재의 중심에 선 인물로서 예수가 자신에 대해 표현한 것에 뿌리를 두고 있다. 예수의 제자들은 제자도를 위해서라면 모든 것을 포기할 수 있었다. 왜냐하면 그들은 단순히 이스라엘의 언약의 하나님과 연합한 것이 아니라, 오래전부터 약속된 축복을 실현시킬 통로인 동시에 구심점이 되는 분과 연합한 것이기 때문이다. 예수는 단지 하나님의 뜻에 순종하는 분이기만 한 것이 아니다. 예수는 약속의 담지자요 신적 통치의 현현이다. 존슨은 이것을 대속물과 빵이라는 개념으로 설명하려 하지만, 이는 좀 더 명시적으로 설명되어야 할 부분이다. 공관복음에서는 인자(Son of Man)와 메시아라는 개념을 통해, 요한복음에서는 길과 말씀이라는 개념을 통해 예수는 하나님을 드러내고 또 하나님의 길을 드러냄으로써 자기 자신 너머에 있는 그분을 보여주려 했다. 이를 위해 예수는 자신이 그 모든 계획에서 유일하고 필수불가결한 역할을 지녔다는 점을 지적한다.

존슨은 문학적 접근법의 이점을 유려하게 진술한다. 이 접근법은 대중적으로 모든 사람에게 적용되며, 환원주의적인 역사적 예수 접근법보다 더욱 풍성한 결과물을 낼 뿐만 아니라, 예수에 관한 역사에 접근하기 위한 최고의 자료가 복음서라는 사실을 반영한다. 이 문학적 접근법은 우리의 탐구 대상인 복음서의 예수가, 그가 미친 영향력으로 미루어볼 때, 역사적 예수라는 사실을 밝혀준다. 그럼에도 불구하고 그런 복음서 해석이 무엇을 할 수 있는지를 바르게 이해하지 못하는 자들에게, 예수에 대한 주의 깊고 민감한 역사적 해석(환원주의적 또는 해체주의적 해석에 반대하는)은 새로운 전망을 조성하면서 사람들에게 새로운 질문을 생각하도록 초청할 수 있다. 자연주의자들의 눈을 충족시키는 것 이상의 뭔가가 예수에게 있지 않을까? 신중한 역사적 해석과 문학적 해석을 종합해보면 위의 질문에 대한 답변은 긍정적이다. 역사적 접근법과 문학적 접근법 간에 존슨처럼 양자택일(either-or)의 방법을 취하는 것보다는, 신중하게 균형 잡힌 양자택이(both/and)의 방법을 택하는 것이 이해의 지평을 더 넓혀준다.

4

예수를 기억하며

어떻게 역사적 예수 탐구가 길을 잃었는가?

_제임스 D. G. 던

『예수와 기독교의 기원』(*Jesus Remembered*)[1]은 일반적으로 “역사적 예수 탐구”로 알려진 작업에 30년 이상 참여해서 얻은 열매이자 결정체다. 그 책을 저술하기 위하여 연구하는 동안에, 나는 탐구의 초기 단계에서부터 역사적 예수 탐구의 방향을 결정지었던 세 가지 중요한 방법론적 전제에 점점 더 불만을 가지게 되었다. 그에 대한 반응으로 나는 역사적 예수 탐구를 수행할 때 전혀 다른 출발점에 서서, 근거 자료에 대해 다른 관점을 가지고, 자료를 분석할 때에 다른 목표를 설정하고서 연구를 진행할 필요를 느꼈다. 이런 세 가지 항의(protests)와 제안(proposals)은 다양한 주제를 세세하게 다루고 있는 900 페이지가 넘는 방대한 저서 내에 다소 분산되어 있기 때문에 자칫 놓쳐버리거나 그냥 지나쳐버리기 쉽다. 나는 이 논문을 통해 그것들을 좀 더 명확하게 드러내고자 한다. 비록 이 논문의 간결성 때문에 『예수와 기독교의 기원』의 세부사항이나 뉘앙스를 다 전달할 수는 없겠지만 말이다.[2] 그럼에도 불구하고 세 가지 항의와 제안에 더욱 강하게 초점을 맞추려는 시도는 방법론적 이

1_ James D. G. Dunn, *Jesus Remembered*, vol. 1, *Christianity in the Making* (Grand Rapids: Eerdmans, 2003).

2_ 보다 전체적인 설명을 위해 *A New Perspective on Jesus: What the Quest for the Historical Jesus Missed* (Grand Rapids: Baker Academic, 2005)를 보라. 이 소논문은 본래 T. Holmén and S. E. Porter, eds., *The Handbook of the Study of the Historical Jesus*, 4 vols (Leiden: Brill, 2011)에 실을 목적으로 쓰여졌다.

슈들을 보다 명확하게 하고 또 그 이슈들의 중요성을 강조하는 데 도움을 줄 것이다. 나의 모든 항의들은 이중적인 목적을 갖고 있으며, 나의 제안들은 단순히 항의를 반복하는 형태를 취하지는 않는다.

첫 번째 항의

나의 첫 번째 항의는 우선적으로 "신앙의 그리스도"(Christ of faith)가 "역사적 예수"(historical Jesus)의 왜곡이라는 전제, 즉 신앙은 예수에 대한 분명한 역사적 견해를 방해하는 요소라는 가정에 대한 것이다. 역사적 예수 탐구의 처음 단계에서 목표로 삼은 것은 교리(dogma) 배후에 있는 인간(man), 즉 역사적 예수(Historical Jesus)를 발견하는 일이었다. 그 탐구가 전제로 삼은 것은 실재로서의 예수가 신앙의 그리스도와 동일하지 않으리라는 가정이다. 진정한 예수(real Jesus)는 신앙과 교리의 층위들로 가려져 있으며, 신조(creeds) 상의 그리스도, 신인(God-man), 삼위일체의 제2위격, 우주의 지배자와 같은 개념 뒤에 숨겨져 있다는 것이다. 마치 후대의 "개량들"과 수세기에 걸친 손상으로 인해 세기의 걸작이 본래 모습을 잃어버리는 것과 같다. 역사적 예수 탐구의 동기가 된 것은 이런 교리의 층위들을 벗겨낼 수 있으며 그를 통해 인간 예수, 다시 말해 "현대인"이 더욱 믿을 만한 예수를 드러낼 수 있다는 확신이었다.

역사적 예수와 신앙의 그리스도를 이런 맥락에서 최초로 대비시킨 것은 D. F. 슈트라우스[3]였는데, 그는 슐라이어마허의 『예수의 생애』[4]를 예리

3_ D. F. Strauss, *The Christ of Faith and the Jesus of History*, trans. and ed. Leander E. Keck (Philadelphia: Fortress, 1977). 원본은 1865년에 독일어로 발간되었다.

4_ F. D. E. Schleiermacher, *The Life of Jesus*, ed. Jack C. Verheyden, trans. S. Maclean

하게 비평하면서 이런 대립을 제시했다. 슐라이어마허의 강의는 요한복음 중에서도 특별히 예수의 담화(discourse)에 근거하였다. 그의 강의는 슈트라우스의 『예수의 생애』보다 32년 앞서 행해졌는데, 슈트라우스는 『예수의 생애』에서 요한복음에 나오는 담화의 역사적 가치에 대해 심각한 의문을 가졌다.[5] 그러므로 슐라이어마허의 강의에 대한 슈트라우스의 반응은 예상할 수 있는 것이었다.

> 슐라이어마허의 기독론은 교회의 그리스도를 현대 세계에서 수용할 수 있도록 하려는 마지막 시도였다.…슐라이어마허의 그리스도는 교회의 그리스도만큼이나 실제적인 인간이 아니다.
>
> 예수가 온전한 의미에서 인간일 수 있었으며, 한 사람의 인간으로서 인류 전체를 대표할 수 있다는…환상은 기독교 신학이라는 항구에서 합리적인 과학이라고 하는 넓은 바다로 나아가지 못하도록 방해하는 사슬이다.
>
> 교리상의 이상적인 그리스도와 나사렛의 역사적 예수는 영원히 분리된다.[6]

또한 슈트라우스는 요한복음의 역사적 가치를 평가절하 하는 일에 선구적 역할을 했던 인물이다. 이것은 향후 백 년 이상 역사적 예수 탐구의 주요한 특징이 되었다. 그리고 요한복음이 명백히 초기 교회에서 발달된 신앙을 반영한다는 것은 결정적인 사실로 받아들여졌다. 다시 말해 요한은 역사의 예수(Jesus of History)보다는 신앙의 그리스도(Christ of Faith)를

Gilmour (Philadelphia: Fortress, 1975) 원본은 1864년에 독일어로 발간되었다.

5_ D. F. Strauss, *The Life of Jesus Critically Examined* (1835-36, 4th. ed. 1846, Eng. trans., 1846, Philadelphia: Fortress, 1072), 365-86. Strauss에게 결정적인 판단 근거는 복음서의 연설 방식이 세례 요한의 것이든 혹은 예수의 것이든 아니면 복음서 저자 자신의 것이든 모두 동일하다는 점이었다. 이런 사실은 연설을 기록한 글이나 생각을 표현한 글 모두 문체가 복음서 저자의 것임을 보여준다.

6_ Strauss, *Christ of Faith*, 4-5, 169.

표현하는 것으로 간주되었다.

슈트라우스가 역사와 신앙이 분리된 구도 속에서 요한복음을 신앙 쪽에 두어야 한다고 주장했던 반면에, 이후 19세기의 자유주의자들은 바울을 신앙 쪽에 두어야 한다고 주장하였다. 아돌프 하르낙에 따르면 예수는 하나님의 부성에 중점을 둔 단순한 복음을 선포했고, 인간 영혼의 무한한 가치와 사랑의 중요성을 가르쳤다. 예수의 종교(religion of Jesus)를 예수에 대한 종교(religion about Jesus)로 변화시킨 사람은 바울이다. 바울은 예수의 단순한 도덕적 메시지를 피의 제사(bloody sacrifice)와 대속(redemption)을 요구하는 종교로 변모시킨 것이다.[7] 여기서 다시 하르낙은 역사적 예수의 또렷한 윤곽을 흐트러뜨린 것은 초기 그리스도인들이 지닌 신앙이었다고 주장한다.

19세기 후반의 자유주의자들은 역사적 예수의 외형(lineament)을 신앙으로 흐트러뜨리는 과정이 매우 이른 연대에 시작되었다고 주장하는 일을 별로 부담스러워하지 않았다. 왜냐하면 그들은 공관복음서, 특히 마가복음에서 이미 예수 자신의 정신(메시아 의식)과 메시지에 직접 접촉할 수 있다고 확신하였기 때문이다. 윌리엄 브레데는 20세기 남은 기간 동안 공관복음서 연구계를 지배한 비평적 태도를 결정지은 한 반박문에서 그런 확신에 쐐기를 박았다. 브레데에 따르면 마가복음에서 중심이 되는 "메시아 비밀" 모티프는 예수에 대한 후기의 신앙적 관점(faith perspective)을 보여주는 명백한 증거다. 예를 들어 귀신 들린 자가 예수를 가리켜 "하나님의 아들"이라 부른 것은 이미 예수에 대한 기독교적 신앙을 표현한 것이다.[8]

7_ Adolf von Harnack, *What Is Christianity?* trans. Thomas Bailey Saunders (London: Williams and Norgate, 1901). 원본은 1900년에 독일어로 발간되었다.

8_ William Wrede, *The Messianic Secret*, trans. J. C. Grieg (Cambridge: Clarke, 1971). 원

요약하자면 신약 문서들과 그 문서들이 예수를 표현하는 방식에 "신앙"이 스며들어 있다는 것이다. 특정한 하나의 복음서가 다른 복음서들에 비해 더 역사적이면서 덜 신학적인 것은 아니다. 1세기 전에 수립된 이런 결정적인 관점이, 복음서에 접근하는 방식과 복음서를 역사적 예수 탐구에 사용하는 방식을 지배했다. 브레데 이후 불트만은 탐구(적어도 예수의 생애와 인성에 관하여)를 포기하고,[9] 케리그마적 그리스도에 초점을 맞추었다. 불트만의 제자들은, 신앙도 역사적 예수에 관심을 갖기는 하지만 결코 그 신앙이라는 장벽을 뚫고 나오지는 못한다고 주장했다. 단순히 신약성서의 저자들이 그들의 저술 속에 또는 저술을 통해 신앙을 표현했다는 의미가 아니다. 오히려 부활 메시지와 부활 신앙이 예수에 대한 그들의 이해를 너무나 변화시켜서, 그들이 예수에 관해 하는 모든 말이 그 신앙을 표현할 정도가 되었다는 것이다. 귄터 보른캄은 그것을 소위 역사적 예수에 관한 제2탐구의 전형적인 표현으로 여긴다.

> 신앙 공동체의 고백을 포함하지 않은 예수의 말씀이나 예수 이야기는 단 하나도 존재하지 않는다. 그것이 얼마나 참된 것인가는 논외로 하더라도 말이다. 최소한 이야기나 말씀 가운데 신앙 고백이 내포되어 있기라도 하다.
>
> 따라서 전승의 어느 단계에서나, 그리고 어느 부분에서나, 그 전승은 예수 역사의 실제성에 대한 증언인 동시에 그의 부활의 실제성에 대한 증거다. 그렇다면 우리의 과제는 복음서의 케리그마에서 역사를 찾는 것이다.
>
> 복음서의 기원과 수집된 전승의 기원을 추적하려 할 때 신앙을 배제한 역사적 관심에서 출발하는 것만큼 어리석은 일은 아마 없을 것이다.…오히려

본은 1901년에 독일어로 발간되었다.

9_ Rudolf Bultmann, *Jesus and The Word*, trans. Louise Pettibone Smith and Erminie Huntress (New York: Scribner's, 1935), 8. 원본은 1926년에 독일어로 발간되었다.

이 복음서들은 예수 그리스도가 역사의 예수와 신앙의 그리스도의 결합이라는 고백을 전하고 있다.[10]

제2탐구 시기의 연구자들은 상황을 회복시켜보려 했던 반면에, 예수 세미나로 대표되는 가장 최근의 연구 단계는 브레데와 불트만의 과격한 회의주의와 결합하여 단순히 자유주의적 탐구로 회귀하려 한다. 예수 세미나를 대변하는 로버트 펑크에게 있어 과제는 150년 전과 동일한 것이다. 즉 예수를 기독교로부터 구원하고, 역사적 예수를 신앙의 올무라는 감옥으로부터 해방시키는 것이다.[11] 그 방법은 직선적인데, 초기 기독교 신앙을 연상시키는 것은 무엇이든지 버리는 것이다.[12] 탐구자들이 바라는 결과는 자신들의 가치관과 선입견에 부합하는 예수를 만드는 것이다.[13]

요약하자면, 역사적 예수 탐구의 전 과정을 통틀어 선구적인 참여자들은 모두 두 가지 방법론적 전제를 수용하였다. 첫 번째 전제는 부활 이후의 기독교 신앙이 예수의 생애와 사역에 대한 모든 주요 자료에 스며들어 있다는 것이다. 두 번째 전제는 이로 말미암아 오늘날 역사적 예수 탐구자들은 역사의 예수를 본래 모습 그대로, 혹은 부활 이전에 제자들이 보았던 대로 볼 수 없다는 것이다. 나의 첫 번째 항변의 대상은 바로 이 두 가지 전제다.

10_ Günther Bornkamm, *Jesus of Nazareth*, trans. Irene and Fraser McLuskey with James A. Robinson (London: Hodder and Stoughton, 1960), 14, 21, 23. 원본은 1956년에 독일어로 발행되었다.

11_ R. W. Funk, *Honest to Jesus* (San Francisco: HarperSanFrancisco, 1996), 300.

12_ R. W. Funk and Roy W. Hoover, eds., *The Five Gospels: The Search for the Authentic Words of Jesus* (New York: Macmillan, 1993). 예를 들어 *Jesus Remembered*의 저자 색인에서 예수 세미나 항목(p. 959)을 보라.

13_ 보다 확장된 비평에 대해 *Jesus Remembered*, 58-65을 보라.

첫 번째 제안

신앙이 예수에 대한 역사적 전망에 장애가 되고 또 역사적 전망을 왜곡시킨다는 이 깊이 뿌리박힌 의혹에 대한 나의 반론은 다음과 같다. 역사적 예수 탐구는 예수가 사역의 시초부터 신앙을 불러일으켰다는 것과, 이 신앙이 예수가 행한 사역의 역사적 실제성과 영향력을 보여주는 가장 확실한 지표라는 사실을 인정하는 데서부터 시작해야 한다.

우리가 확신할 수 있는 한 가지 일이 있다. 예수가 자신의 사역 내에서 그리고 자신의 사역을 통하여 영향을 미쳤다는 것이다. 또한 우리는 예수의 제자가 된 사람들이 있었다는 것도 확신할 수 있다. 왜냐하면 그렇지 않고서는 예수를 기억하거나 또는 기억하기를 원했던 사람이 아무도 없었을 것이고, 그렇게 되면 예수는 역사의 안개 속으로 곧 사라져버렸을 것이기 때문이다. 예수가 제자들을 두었다는 사실을 일반적으로 인정하기는 했지만 그 사실이 미치는 영향에 대해서는 충분한 관심을 기울이지 못했다. 이 제자들은 예수를 만나고서 전 생애가 변화하는 체험을 했다. 그들은 예수를 따르기 위해 가족을 떠났고 자신들의 생계 수단마저 포기했다. 왜 그랬을까? 그들은 예수를 믿었고, 예수가 말하고 가르친 것을 믿었기 때문이다. 그들은 자신의 생애와 미래를 그에게 의탁하였다. 그런 반응이 "신앙"의 특징이라는 것은 부인할 수 없다. 그들이 제자가 된 사건은 이미 부활 이전에 그들이 신앙에 헌신했다는 것을 보여준다. 물론 그것은 아직 부활 신앙(Easter faith)이 아니었다. 그리고 예수가 부활하신 후에 생긴 부활 신앙은 부활 이전의 신앙을 변화시켰다. 그러나 예수의 부활 이전 제자들의 신앙도 여전히 신앙이었다.

핵심은 분명하다. 처음 그리스도인들이 가졌던 최초의 신앙은 예수가 실제로 무엇을 행하고 말했는지, 그리고 그것이 어떤 영향을 미쳤는지를 파악하는 데 방해나 장애가 되지 않는다. 반대로 예수가 보여준 영향력은 예수가 행한 사역의 성격과 효력을 평가하기 원하는 자들에게 필요한 증거가 된다. 보른캄이 던진 도전에 대해서는 뭐라고 해야 할까? 그 증거가 부활 이후 신앙으로 희석되거나 제압되었는가? 이에 대해 어느 정도는 그렇다고 해야 할 것이다. 그러나 나의 첫 번째 제안의 둘째 부분은 그럼에도 불구하고 예수의 사역이 처음 제자들에게 끼친 본래적인 영향력이 공관복음서 저자들이 보존한 전승 속에서 여전히 분명하고 확실히 나타난다는 것이다.

여기서 나는 특별히 복음서의 말씀 전승이 부활 이전의 제자 그룹에게서, 그리고 결과적으로 예수 자신에게서 시작되었다고 주장한 하인츠 쉬르만(Heinz Schürmann)의 잊혀진 논문을 상기하고자 한다.[14] 예수의 주장은 쉽게 문서화 될 수 있었다. 산상설교(마 5-7장)나 또는 그와 유사한 자료인 누가복음의 평지설교(눅 6:17-49)를 생각해보라. 팔복강화, 원수를 사랑하고 보복하지 말라는 초대, 구하는 자에게 주라는 요구, 다른 사람을 심판하는 자에 대한 경고, 타인의 눈에 든 티끌은 보면서 자신의 눈에 든 들보는 보지 못하는 자에 대한 교훈, 열매로 알려지는 나무, 현명한 자와 어리석은 자의 비유 등이 그와 같은 문서화 된 기록이다. 그중에 어느 것이 부활 이후의 수식(embellishment)이나 관점의 흔적을 보여주는가? 한두 가지의 자료에 대해서는 그런 주장을 할 수 있을지 모르지만 대부분의 경우는 그렇지 않다. 물론 그 사건들은 우리가 가진 복음서의 문맥 속에서 예수의 죽음과 부활을 향해 치닫는 이야기의 일부로서 재진술 되었

14_ Heinz Schürmann, "Die vorösterlichen Anfänge der Logientradition: Versuch eines formgeschlichtlichen Zugangs zum Leben Jesu," in *Der historische Jesus und der kerygmatische Christus*, ed. H. Ristow and K. Matthiae (Berlin: Evangelische, 1961), 342-70.

다(Bornkamm의 주요 관점). 반면에 나의 관점으로는 그 이야기들의 형식과 내용에는 부활 이후 신앙에서 기원하고 형성되었다는 표지가 없다는 것이다. 예를 들어, 부활 이후의 문맥에서 어느 누가 예수의 제자들을 향해 그들의 삶을 예수 그리스도 자신(고전 3:11에서처럼)보다는 예수의 가르침(마 7:24-27 // 눅 6:47-49)에 근거해서 세워가라고 충고하는 것으로 충분하다고 생각했겠는가? 달리 말해 여기서 우리는 부활 신앙이 태동하기 전에 이미 내용과 형태를 갖추어서 여전히 지속되어온 자료를 대하는 것이다.

내가 항의하는 관점과 내가 제안하는 관점 사이의 차이는 가상의 Q 자료에 대한 서로 다른 반응을 통해 잘 표현된다. Q 전문가들은 일반적으로 이 문서의 두 가지 특징에 동의한다. 첫 번째 특징은 Q 문서로 분류된 전승이 대체적으로 백부장의 종 이야기(마 8:5-13 // 눅 7:1-10)나 고라신과 벳새다에 대한 경고(마 11:21-24 // 눅 10:13-15)처럼 갈릴리 지역과 관련되어 있으며, 전형적인 농경 문화를 암시하는 전승들, 예컨대 일일 채무의 현실, 날품팔이 노동자, 부재 농장주 관습 등을 보여준다는 것이다. 두 번째 특징은 사복음서 모두에서 현저하게 나타나는 주제인 수난 내러티브의 결핍이다. 어떤 면에서는 그런 특징을 갖는 것이 당연하다고 할 수 있다. Q 문서가 예수에 대해서보다도 그 문서 자체의 기원과 그 문서의 편찬자에 대해 더 많은 것을 알려준다는 가정하에, 그 문서는 수난 내러티브를 몰랐거나 심지어 (마가복음에서처럼) 예수의 십자가 처형에서 절정에 이르는 가르침에 반대하는 갈릴리의 공동체 혹은 교회를 시사한다.[15] 내가 보기에 이런 특징들에 대한 보다 명백한 설명은 Q 자료가 갈릴리에서 출현하였으며, 예수가 예루살렘에서 죽기 전에 갈릴리에서 항구적인 형태를 갖추었다는 것이다. 말하자면 그것은 십자가의 어두운 그림자가 예

15_ 특히 J. Kloppenborg Verbin, *Excavating Q: The History and Setting of the Sayings Gospel* (Minneapolis: Fortress Press, 2000), chaps. 4 & 5.

수의 사역이나 그의 가르침을 퇴색시키기 이전에 그가 갈릴리 사역 기간 동안에 미친 영향력을 반영하고 있다.

나의 첫 번째 제안의 셋째 부분은, 예수가 자신에 관한 전승 속에 남겨 놓은 인상(impression)을 통해 우리가 그를 식별할 수 있을 것이라는 단순한 추론이다. 여기서 나는 마르틴 켈러가 19세기 탐구에 반대하면서 취한 입장을 공유하고자 한다. 켈러의 입장은 『소위 역사적 예수와 역사적인 성서의 그리스도』[16]라는 그의 유명한 저서 제목에 잘 드러난다. 그의 관점은 "역사적 예수"가 탐구가들의 창작물이었다는 것이다. 복음서 자체는 19세기 탐구가들이 기대했던 것처럼 예수의 생애와 같은 종류의 글을 쓸 수 있는 충분한 정보를 주지 않는다. 그런 정보가 부족했기 때문에 그들은 다른 자료, 즉 그들 자신의 가치관과 열망이라는 다섯 번째 복음서를 통해 그 간격을 채워야 했다. 이것이 "소위 역사적 예수"의 정체라는 것이다. 켈러의 관점에 의하면 복음서는 오직 "역사적으로 의미 있는 그리스도"(geschichtliche Christus), 즉 그의 역사적 중요성으로 인해 알려진 예수에게만 접근할 수 있게 해준다.

이 점에서 나는 켈러와 의견을 달리한다. 켈러가 말하는 "역사적인 그리스도"는 선포된 그리스도, 다시 말해 부활 이후의 신앙의 관점에서 바라본, 십자가에 못 박히시고 부활하신 주님을 의미하기 때문이다. 하지만 켈러의 항의를 재진술함으로써 나의 첫 번째 제안을 표현할 수 있다. 말하자면 예수가 처음 제자들에게 영향을 끼쳤다는 부인할 수 없는 사실을 심각하게 취한다면, 그리고 그 영향력이 예수의 가르침과 행위를 담고 있던 전승들의 내용과 양식을 통해 명확히 인지될 수 있다면, 우리는 다음

16_ Martin Kähler, *The So-called Historical Jesus and the Historic Biblical Christ*, trans. and ed. Carl E. Braaten (Philadelphia: Fortress, 1964). 원본은 1892년에 독일어로 발행되었다.

두 가지 사실을 유추할 수 있다.

하나는 켈러의 관점인데, 우리는 현실적으로 복음서의 예수 전승(Jesus tradition)을 통해 접하는 예수와 다른 또 하나의 예수(a Jesus)를 발견할 것이라고 기대할 수 없다는 것이다. 이것은 역사가들에게도 마찬가지인데, 우리는 예수의 사역에 관한 어떤 다른 실질적인 자료도 가지고 있지 않다.[17] 우리에게는 가야바나 빌라도에게서 온 일차적인 증언이 없다. 예수가 다른 사람들에게 어떤 영향을 끼쳤는지 우리는 모른다. 우리가 분명하게 아는 것이라고는 예수가 그의 제자들에게 어떤 영향을 미쳤는가 하는 것뿐이다. 만일 우리가 이 전승에 대한 비판적 분석의 일환으로 그 전승에서 신앙적인 요소를 모두 제거한다면, 우리는 무기력감과 실패를 맛볼 수밖에 없을 것이다. 왜냐하면 우리에게는 아무것도 남겨지지 않을 것이기 때문이다. 만일 우리가 신앙과 무관한 예수, 혹은 다른 방식으로 신앙을 불러일으킨 예수를 발견하려 한다면 우리는 도깨비불을 좇아가는 것이다. 그러나 만일 우리가 신앙을 불러일으킨 예수의 영향력에 대한 증거를 심각하게 취한다면, 우리는 이를 통해 예수가 그의 사역 기간 중에 미친 영향을 현대에도 분별할 수 있을 것이다.

우리가 유추할 수 있는 두 번째 사실은, 그 영향력을 탐구함으로써 그 영향력을 행사한 자가 어떠한 인물인지 알아낼 수 있다는 것이다. 종이에 남은 표시로부터 인감의 모양을 식별할 수 있듯이, 처음 제자들에게 남긴 인상(impression)을 통해 예수가 행한 사역의 형태를 뚜렷하게 인식할 수 있다. 우리가 찾는 것은 전승으로부터 분리될 수 있는 객관적 사물로서의, 그리고 시간의 흐름이 가져다준 먼지(신앙)를 붓으로 떨어버리고서 찾아낼 수 있는 "역사적 예수"(historical Jesus)가 아니라, 어부와 세리를 불

17_ 더욱 상세한 내용과 논의에 대해 *Jesus Remembered* 7장을 보라

러 제자로 변화시켰으며 여전히 복음서에 그 영향력을 남겨놓은 "역사적으로 의미 있는 예수"(historic Jesus)라는 것이다. 기독교가 출현한 방식과 그 이유를 더 잘 알고자 하는 역사가들에게 "역사적 예수 탐구"의 결과로서 이보다 더 바람직한 것이 무엇이겠는가?[18]

두 번째 항의

나의 두 번째 항의는 우리가 흔히 생각하는 것보다도 역사적 예수 탐구의 발견들에 광범위하게 결정적인 영향을 미친 다음과 같은 두 가지 전제에 대한 것이다. 첫 번째 전제는, 공관복음 내 전승들의 관계와 예수 전승의 최초 전달 과정을 이해하는 유일한 방식이 문학적인 고찰이라는 것이다. 나의 항변은 예수의 가르침과 행위에 대한 전승이 최초의 청중으로부터 기록된 복음서들로 전달되는 과정이 전적으로 혹은 배타적으로 이전에 기록된 문서를 복사하고 편집하는 과정을 통해서만 이루어졌다는 전제에 반대하는 것이다.

이것은 역사적 예수 탐구의 역사에 친숙한 사람이라면 누구나 염두에 두어야 하는 점이다. 그런 탐구의 역사에 밀접하게 얽혀 있는 것이 복음서 비평의 발전사다. 이 둘은 종종 상대편에게 불이익을 끼치면서 공존해 왔다. 역사적 예수 탐구의 첫 단계는 확실히 복음서에 의해 제공되는 예

18_ 신앙과 역사에 대해 Bob Morgan과 주고받은 토론 내용이 여기서의 논의를 발전시키는 데 도움을 줄 것이다. Robert Morgan, "James Dunn's *Jesus Remembered*," *Expository Times* 116 (2004-2005): 1-6; "Christian Faith and Historical Jesus Research: A Reply to James Dunn," *Expository Times* 116 (2004-2005): 217-23. 그에 대한 나의 반응에 대해 "On Faith and History, and Living Tradition," *Expository Times* 116 (2004-2005): 13-16, 286-87을 보라.

수에 관한 정보의 출처가 무엇인지를 확인하는 것이었다. 자료비평은 대부분의 경우 배타적으로 기록된 문서와 관계된 것으로 이해되었다. 사용 자료가 상당 부분 서로 중첩되는 공관복음서들 간의 관계는 복음서 저자들이 다른 복음서들을 사용했거나 혹은 오늘날에는 유실된 공통의 기록 문서를 사용했을 것이라는 추측으로 쉽게 설명된다. 복음서 대조집은 한 복음서 저자가 다른 복음서 저자의 자료를 복사, 생략, 확장, 편집하는 방식으로 의존했음이 분명하다는 것을 보여준다. 공관복음서 문제의 지배적인 해결책은, 마가복음이 최초의 복음서이며 마태복음과 누가복음은 마가복음과 말씀 자료집을 토대로 한다는 "두 문서 가설"(two document hypothesis)이었으며 지금도 그러하다.[19] 공관복음서 문제에 대한 스트리터(B. H. Streeter)의 권위 있는 연구서는 공관복음서 문제를 "단순한 문학비평의 문제"로 다루는 것을 경계하고, 마태와 누가의 고유 자료라고 할 수 있는 두 개의 추가 자료(M, L)를 더한 "네 문서 가설"(four document hypothesis)을 주장했다.[20]

지배적인 두 자료 가설을 대신할 중요한 대안으로는 파머(William Farmer)[21]와 굴더(Michael Goulder)[22]의 가설이 있다. 두 사람 모두 예수 전승의 역사를 오직 기록된 이전 자료의 복사나 편집의 관점에서만 설명할 수 있다고 하는 현대적 사고방식을 보여주고 있다. 그리고 지난 20년 동

19_ 예를 들어 Werner G. Kümmel, *The New Testament: The History of the Investigation of Its Problems*, trans. S. Maclean Gilmour and Howard C. Kee (Nashville: Abingdon, 1972), 146-51; Kloppenborg Verbin, *Excavating Q*, 295-309.

20_ B. H. Streeter, *The Four Gospels: A study of Origin* (London: Macmillan, 1924), chap. 9, 229에서 인용.

21_ William Farmer, *The Synoptic Problem* (New York: Macmillan, 1964).

22_ Michael Goulder, *Luke: A New Paradigm*, 2 vols., Journal for the Study of the New Testament Supplement Series 20 (Sheffield: Sheffield Academic Press, 1989). Q의 무용론에 관하여는 특히 vol. 1, chap. 2를 보라.

안 Q 자료에 대해 새롭게 관심이 집중되었던 것은 그처럼 Q가 그리스어로 기록된 문서였다는 가설의 도움을 받았기 때문이었다. 존 클로펜복(John Kloppenborg)에 의해 행해진 Q에 대한 가장 영향력 있는 분석은 가설적인 Q 문서의 층을 Q1, Q2, Q3이라는 세 층(layer) 또는 세 편집본(editions)으로 더욱 세분화할 수 있다고 주장한다.[23] 요약하자면, 복음서 자료의 전승사를 추적하고 그에 따라 예수의 사역에 대한 역사적 설명 중에 가장 오래되었거나 가장 원본에 가까운 정보를 발견하는 과제는 순전히 문학적인 의존관계의 문제로 간주되었을 뿐만 아니라 문학적인 방식으로 설명되었다.

내가 반대하고자 하는 두 번째 전제는 구두 전승(oral tradition)이 기록 전승(written tradition)과 같은 방식으로 기능했다는 주장이다. 더 나아가 복음서 전승의 구전 단계에 대하여 우리는 잘 알지 못하며 오직 기록된 전승만이 신뢰할 만하다는 주장이다. 예수 전승을 분석함에 있어 문학적 패러다임이 그 전승에 대한 역사적 분석을 지배했다는 것은 전적으로 사실이 아니다. 복음서 전승의 구전 시기(oral period), 심지어는 복음서들의 구전 자료를 인정하자는 목소리가 일찍부터 있었다. 그리고 1920년대에 이르러 문서 자료 배후의 구전 시기에 침투하려는 시도로서 양식비평(form criticism)이 출현하였다.[24] 문제는 양식비평의 가장 영향력 있는 대표자 루돌프 불트만이 구두 전승과 문서 전승이 동일한 방식으로 전달된다고 가정했다는 것이다. 불트만은 예수에 관한 전체 전승들이 "일련의 층들로 구성되었다"라고 생각했다.[25] 그의 개념은 각 층이 보다 이

23_ John Kloppenborg, *The Formation of Q* (Philadelphia: Fortress, 1987). 이에 대한 비평으로는 나의 책 *Jesus Remembered*, 147-60을 보라.

24_ 예를 들어 Rudolf Bultmann (with Karl Kundsin), *Form Criticism*, trans. Frederick C. Grant (New York: Harper/Torchbook, 1962), 1. 원본은 1934년에 독일어로 발행되었다.

25_ Bultmann, *Jesus and the Word*, 12-13.

른 층에 기초해서 구성된다는 것이었는데, 이것은 문서의 연속적인 판본(successive editions of a document) 개념과 근본적으로 다르지 않다. 그러나 구두 전승(oral tradition)과 구두 전달(oral transmission)을 그런 방식으로 개념화하는 것이 현실적인가? 확실히 불트만은 그런 질문을 제기해야 할 필요성을 느끼지 못하였다.

다른 사람들은 구두 전승과 구두 전달이 매우 유동적인 데다가 상대적으로 고정적인 문서 전승에 가려 상실되어버렸기 때문에 구전 단계(oral phase)에 속하는 전승을 재구성 하는 것은 더 이상 가능하지 않으며 쓸모없는 수고일 것이라고 가정한다.[26] 실제적으로 공관복음서 전승의 모든 차이들을 문학적 편집의 관점에서 기술적으로 설명할 수 있는데, 더 이상의 가설(hypothesis)이 굳이 필요하겠는가? 다른 사람들은 구전 자료(oral material)는 신뢰할 수 없으며 오직 기록된 자료만 신뢰할 수 있다는 현대적 입장을 취한다. 그래서 그들에게는 예수의 가르침에 대한 기록이 매우 이른 시기에, 심지어 그의 사역 기간에 시작되었음을 입증하는 것이 매우 중요한 일이 되었다.[27] 세리였던 마태가 "기록 담당 제자"(literary disciple)의 역할을 했으리라고 추정되는 가장 명백한 후보였다. 추정하건대 그는 예수가 설교하고 가르치는 동안에 그것을 받아 기록했으리라는 것이다. 여기서 우리가 충분히 고려하지 못한 점이 있는데, 고대 세계에서는 우리와 정반대의 선입견을 가지고 있었다는 것이다. 다시 말해 기록 자료들은 분실되거나 파괴되거나 복사 과정에서 변경될 수 있기 때문에

26_ Barry W. Henaut, *Oral Tradition and the Gospels: The Problem of Mark 4*, Journal for the Study of the New Testament Supplement Series 82 (Sheffield: JSOT Press, 1993).

27_ Alan Millard, *Reading and Writings in the Times of Jesus*, Biblical Seminar 69 (Sheffield: Sheffield Academic Press, 2000), 223-29. 또한 E. Earle Ellis, *The Meaning of the New Testament Documents* (Leiden: Brill, 1999), 24, 32, 352.

신뢰할 만하지 못한 것으로 간주되었다는 것이다. 따라서 고대에는 가르침이나 이야기를 자신의 마음속에 견고히 새기고, 스승의 살아 있는 음성을 간직하는 것을 훨씬 더 선호했다.[28]

이런 전제들로부터 파생된 이론들이 크게 늘어난 반면 그 문제의 심각성을 인지하는 이는 거의 없었다. 만일 예수 전승의 초기 역사에 대략 20년간의 "구전 시기"(oral period)가 있었고, 그 시기로 침투하여 확실성 있는 정보를 얻는 것이 불가능하다면, 또한 만일 구두 전승(oral tradition)이 본래적으로 불안정하고 믿을 수 없는 것이라면, 역사적 예수 탐구의 영역에는 우리가 지금 가지고 있는 대로의 전승과 그 전승이 증언하는 예수 사이에 건널 수 없는 거대한 심연이 존재하는 것이다. 여기저기에서 어떤 식으로든 협곡을 이어보려는 말씀이나 모티프를 발견할 수도 있겠지만, 그것들에 의지하여 "역사적 예수"에게로 소급해나가려는 탐구자들은 심각한 현기증을 느끼기 십상이며, 우리가 심연의 건너편에 견고한 교두보를 건설하려고 시도하지만 우리가 더 멀리 나아가려 하면 할수록 교두보를 건설할 기회는 점점 적어진다.

이것이 역사적 예수 연구를 지배하고 있는 전통적인 전제들에 대한 나의 두 번째 항의가 안고 있는 짐이다. 예수 전승이 최초로 출현하고 전달되는 과정을 개념화하는 방식을 규정한 것은 19, 20, 21세기의 문학적 사고 체계다. 우리는 복사와 편집이라는 문학적 의존(literary dependence)의 틀 속에서 생각한다. 우리는 전승에 대한 분석의 결과를 더욱 확신하는데, 왜냐하면 그 결과가 주어진 틀 속에 잘 맞아떨어지기 때문이다. 그

28_ 예를 들어 Paul Barnett, *The Birth of Christianity: The First Twenty Years* (Grand Rapids: Eerdmans, 2005)를 보라. 그는 최초의 예수 전승이 문헌화 되어 있지 않았다면 그것은 우리에게 상실된 것이라고 전제한다. Barnett은 나의 주장에 정면으로 반대하여 "구전 문화에 기초한" 연구는 "예수의 실제적인 가르침에 도달하는 모든 길"을 봉쇄하는 결과를 낳는다고 주장한다(p. 136).

렇지만 그 틀은 15세기 인쇄술의 발명에 의해 만들어진 것이고, 그 틀을 벗어나는 것은 볼 수 없게 만들어버린다. 우리는 구전 사회(oral society)의 실재가 어떠했는지에 대해 무지할 뿐만 아니라, 구전 사회 내에서 전승화 과정의 특성에 따라 사고를 진전시키는 데 실패했다. 우리는 구두 전달(oral transmission)의 과정을 재개념화 하는 일이 (구전성에 내재한 불안정성 때문에) 전승의 "진정성"(authenticity)을 파악하는 데 파괴적인 역할을 할 것이라고 생각한다. 그 결과 우리는 우리가 재발견하기를 원하는 예수, 우리가 다시금 그의 말을 그 자신으로부터 새롭게 듣기를 원하는 예수로부터 우리 자신을 단절시키고 말았다.

두 번째 제안

첫째로, 나는 편협한 문학적 패러다임을 버리고 예수 전승의 역사에서 구전 단계를 매우 심각하게 다루어야 할 필요가 있다고 주장한다. 둘째로, 실제적인 구전 단계의 전승에 접근하는 것이 어렵다는 반대에 직면하여 나는 예수 전승의 구전 단계를 파악하는 것이 사실상 가능하다고 주장한다.

첫째, 구전 사회가 그 사회의 중요한 전승들과 관련하여 기능하는 방식을 마음속으로 그려보는 일이 필요하다. 왜냐하면 1세기 팔레스타인은 확실히 글자 문화(literary culture)라기보다 구전 문화였기 때문이다. 이 문제를 면밀히 연구한 학자들은 예수 시대 팔레스타인에서 글을 읽고 쓸 줄 아는 사람이 10퍼센트 미만이었을 것이라고 말한다.[29] 그리고 유대 사

29_ 최근의 추정에 의하면 로마 제국 초기의 문자 보급률은 10퍼센트 이하였을 것이며, 로마 통치하의 팔레스타인에서는 3퍼센트에 불과했을 것이라고 한다. William V. Harris, *Ancient Literacy* (Cambridge, Mass.: Harvard University Press, 1989); M. Bar-Ilan, "Literacy in

회가 읽고 쓰는 기술을 다른 사회보다 더욱 존중했다는 것을 증명할 수 있다 하더라도 그 비율 자체는 큰 변동이 없을 것이라고 생각한다. 우리가 팔레스타인이나 고대의 다른 세계에서 "서기관들"에 대해 언급한 기록을 그토록 자주 발견할 수 있는 이유는 읽고 쓰는 기술이 소규모 특권층 전문가 집단에게 속한 것이었기 때문이다. 그러므로 예수의 처음 제자였던 대부분의 사람들은 읽고 쓰는 법을 몰랐을 것으로 추측해야 한다.[30] 그리고 예수의 직속 제자들 중 한 두 명은 읽고 쓸 수 있었으며 따라서 예수의 가르침을 기록했으리라는 점을 인정한다 해도, 예수 전승의 가장 초기 전달은 구두로 이루어졌다는 견해가 압도적이다.

둘째, 구전 공동체(oral communities)와 구두 전승이 어떻게 기능하는지에 대한 방대한 연구가 20세기 말에 이루어졌다. 예를 들어 유고슬라비아 서사시에 대한 연구나 아프리카의 민담과 구두 전승에 대한 고전적인 연구는[31] 정보와 지식과 지혜가 주로 공동체의 기억과 전승이라는 구전

the Land of Israel in the First Centuries CE," in *Essays in the Social Scientific Study of Judaism and Jewish Society*, ed. S. Fishbane and S. Schoenfeld (Hoboken, N.J.: Ktav, 1992), 46-61; Catherine Hezser, *Jewish Literacy in Roman Palestine* (Tübingen: Mohr Siebeck, 2001). Birger Gerhardsson은 "신약 시대 이스라엘이 구전 사회로 특징지어진다"는 주장을 거부한다("The Secret of the Transmission of the Unwritten Jesus Tradition," *NTS* 51 [2005]: 1-18[14, 17]). 하지만 토라가 거의 전적으로 청취와 강론을 통해 알려지고 예수의 초기 기사들이 오직 입을 통해 전달되던 사회를 "문자 사회"라고 부를 수는 없다.

30_ Kloppenborg Vervin은 "문자 사용" 자체에도 수준의 차이가 있다는 사실을 적절하게 지적했다: 서명을 하는 정도의 수준, 간단한 계약서나 청구서 혹은 영수증을 읽을 수 있는 수준, 완전한 문서를 읽을 수 있는 수준, 전해들은 말을 글로 옮길 수 있는 수준, 서기관의 수준, 다시 말해 작문을 할 수 있는 수준이 있다는 것이다(*Excavating Q*, 167.).

31_ 특히 Albert B. Lord, *The Singer of Tales* (Cambridge, Mass.: Harvard University Press, 1978); John Miles Foley, *Immanent Art: From Structure to Meaning in Traditional Oral Epic* (Bloomington: Indiana University Press, 1991); Jan Vansina, *Oral Tradition as History* (Madison: University or Wisconsin Press, 1985); Isidore Okpewho, *African Oral Literature Backgrounds, Character and Continuity* (Bloomington: Indiana University Press, 1992); Alan Dundes, *Holy Writ as Oral Lit:*

체계 내에서 유지되는 공동체에서 생활한다는 것이 무엇을 의미하는지에 대해 보다 명확한 아이디어를 준다. 나는 중동의 한 촌락에서 30년이 넘도록 구전 문화를 체험한 케네스 베일리(Kenneth Bailey)의 기록에서 많은 깨달음을 얻는다.[32] 이 자료로부터 나는 구두 전승과 구두 전달의 다섯 가지 중요한 특징을 유추해낼 수 있었다.[33]

1. 구전 행위(oral performance)는 본문을 읽는 것과는 다르다. 본문을 읽는 독자는 성찰을 위해 잠시 멈출 수도 있고, 무언가를 확인하기 위해 되돌아갈 수도 있으며, 결과를 예측하기 위해 책의 뒷부분을 살펴볼 수도 있다. 독자는 책을 잠시 옆으로 치울 수도 있고, 다시 집어 들고 읽을 수도 있다. 편집자는 원고의 본문에 변화를 줄 수도 있으며 그 외에도 여러 가지를 할 수 있다. 그러나 구두 전승의 청취자는 이것들 중 아무것도 할 수 없다. 듣는 것은 사건(event)이지, 물체(thing)가 아니다. 청취자는 휴식을 위해 버튼을 누르거나 구전 행위를 뒤로 돌릴 수 없다. 그것은 사라지고 지나가버리는 덧없는 것이며, 나중에 숙독하기 위해 가져가거나 점검하기 위해 되돌릴 수도 없다. 그것은 개정하거나 편집할 수 있는 문서가 아니다. 바로 이런 사실 때문에 우리는 문서 이전 상태의 예수 전승에 대해 매우 다른 태도를 취하지 않을 수 없다. 전승사에 있어 중요한 그 시기에 전승에는 무슨 일이 일어나고 있었는가? 모든 구전 행위가 내용과 성격에서 이전의 것들과 상이했는가? 그것이 기록되기 이전에 전승에 중대한 변경이나 무작위적인 변형이 가해졌는가? 전승화 과정의 구전 단계를

The Bible as Folklore (Lanham, Md.: Rowman and Littlefield, 1999).

32_ Kenneth E. Bailey, "Informal Controlled Oral Tradition and the Synoptic Gospels," *Asia Journal of Theology* 5 (1991): 34-54; "Middle Eastern Oral Tradition and the Synoptic Gospels," *Expository Times* 106 (1995): 363-67.

33_ 이와 관련해 나의 논문을 참조하라. "Altering the Default Setting: Re-Envisaging the Early Transmission of the Jesus Tradition," *NTS* 49 (2003): 139-75[150-55]), reprinted in *A New Perspective on Jesus*, 79-125(93-99).

인정한다면 적어도 우리는 공관복음 전승의 차이들에 대해 전적으로 문학적 모델에만 의존하는 설명을 재검토해보아야 한다.

2. 우리는 구두 전승에 공동체적 차원이 존재한다고 가정할 수 있다. 현대 문학비평은 개인 저자의 저술을 개인 독자가 읽는다는 관점에서 생각하도록 유도하는 경향이 있다. 그래서 "암시된 독자"나 "독자 반응" 같은 용어를 사용한다. 우리에게는 책상 앞에 자리를 잡거나 소파에 웅크린 채 텍스트와 일대일로 대면하는 독자를 떠올리는 것이 지극히 자연스러운 일이다. 그러나 구두 전승은 공동체적 성격을 띤다. 1920년대 양식비평의 선구자들은 이 사실을 인지했지만 문자적 사고방식에 갇혀 있는 자들은 그 중요성을 간과하고 말았다. 여기서 다음과 같은 베일리의 일화가 도움이 된다. 그는 공동체가 저녁에 함께 모여서 소식을 나누며 그들에게 중요한 전승을 상기하고 축하하는 장면을 마음속으로 그려본다. 그는 그것을 하플랏 사마르(haflat samar)라고 불렀다. 마찬가지로 오늘날에도 초기 제자들의 모임에 대해 연구하려는 자들은 그 시대에 신문, 라디오, 텔레비전, 모임의 주제를 알려주기 위한 동영상도 없었으며, 또한 대부분의 경우 읽고 참조할 토라나 예언서의 두루마리도 곁에 없었고, 오직 예수의 말씀과 행동에 대한 공유된 기억과 제자도에 대한 공유된 경험밖에 없었다는 사실을 기억할 필요가 있다. 더욱이 전승은 공동체의 소유로서 어느 개인이 마음대로 정정하거나 발전시킬 수 있는 것이 아니었다. 공동체의 정체성을 확립하는 데 전승이 중요한 사회에서는 자연스럽게 다양한 시연(performances)을 통해 공동체를 규정하는 전승의 역할을 유지하는 데 관심을 가졌다.[34]

34_ 예수 연구를 다룬 나의 책 제목을 *Jesus Remembered*라고 정했지만, 그 책에서 나의 관심사는 "집합적 혹은 사회적 기억"에 대한 이론이 아니라 예수 전승이 출현한 방식이었다. 전자의 주제에 관하여 내가 Bengt Holmberg, Samuel Byrskog와 토의한 자료를 참조하려면

3. 우리가 기억해야 할 또 한 가지 중요한 사실이 있는데, 구전 공동체는 그 공동체의 전승을 보존하고 전체 회합 시 필요에 따라 그것을 암송할 책임을 맡은 특별한 개인을 지명했다는 것이다. 사전이나 백과사전이 없던 시절에는 음유시인이나 사도, 혹은 장로나 교사가 공동체의 참고 자료 역할을 했으며, 오랜 세월에 걸쳐 생성되고 전해진 공동체의 이야기와 지혜를 보존하는 저장고 역할도 했다.[35] 누가가 사도행전 2:42에서 "사도들의 가르침"을 언급할 때 이런 종류의 일을 염두에 두었다는 것은 거의 확실하다. 그리고 초기 기독교 공동체에서 교사들(행 13:1; 롬 12:7; 고전 12:28-29; 갈 6:6; 약 3:1)과 전승들(예를 들어 빌 4:9; 골 2:6-8; 살전 4:1; 살후 3:6)이 두드러진 역할을 했다는 사실도 같은 맥락에서 설명될 수 있다. "전승"이 "교사들"의 특별한 책임이었으며 또한 최초의 제자들의 모임을 특징짓는 요소가 예수 전승이었기 때문에, 교사들이 맡은 책임의 상당 부분은 제자들의 모임에서 예수 전승을 되풀이하고 시연하는 일이었을 것이다.[36]

4. 구두 전승의 시연에서 우리는 불변성과 다양성, 고정성과 유동성의 특징적인 결합을 발견한다. 하벨락(E. A. Havelock)의 말을 빌리면 "변동

*Jesus Remembered*에 대한 그들의 비평에 다시 내가 답한 내용이 "On History, Memory and Eyewitness," *JSNT* 26 (2004): 473-87에 실려 있다.

35_ 예를 들어 Eric A. Havelock, *The Muse Learns to Write: Reflections on Orality and Literacy from Antiquity to the Present* (New Haven, Conn.: Yale University press, 1986)는 사회적 습관과 관습법 혹은 인습에 대한 구전 "백과사전"에 대해 말한다(pp. 57-58).

36_ Richard Bauckham, *Jesus and The Eyewitnesses: The Gospels as Eyewitness Testimony* (Grand Rapids: Eerdmans, 2006, 새물결플러스 근간). 이 책은 특히 Samuel Byrskog, *Story as History—History as Story*, WUNT 123 (Tübingen: Mohr Siebeck, 2000)에 근거해 (사도적) 목격자들에 특별한 비중을 두는 동시에 내가 무명의 공동체에 속한 무명의 전달자에 의한 전승에 집착한다고 비평한다(특히 12장을 보라). 하지만 나의 주장은, 우리가 공관복음서를 통해 알 수 있는 것처럼, 구전 전승은 그것이 누구에 의해(초창기 제자, 방문 사도, 지역 교사) 전달되는지에 관계없이 분명하게 동일한 특징과 내용을 유지한다는 것이다.

성과 불변성, 보수성과 창의성, 소멸성과 예측 불가능성 모두가 구두 전달 유형의 특징, 다시 말해 '동일성 내에서의 변이(variation)'라는 구전 원칙을 보여준다."[37] 동일한 이야기 또는 동일한 사건에 대한 이야기가 있다. 적어도 내용상으로는 동일한 가르침인데, 그 이야기를 말하는 방식이나 그 가르침을 반복하는 방식은 다양할 수 있다. 여기에서 다양성은 각각의 정황에 따라 또는 특별한 관점을 강조하려는 교사의 의지에 따라 규정될 것이다. 오늘날에 흔히 사용되는 "허를 찌르는 농담"(punch-line joke)이 그와 유사한데, 그것은 현대에 경험할 수 있는 구두 전승의 실례일 것이다. 말을 통해 허를 찌르는 방법은 다양할 수 있다. 하지만 농담이 먹혀들기 위해서는 철저히 계산된 단어를 사용해야 하며 허를 찌르는 타이밍도 절묘해야 한다. 우리가 예수의 사역에 대한 공관복음 전승에서 반복적으로 발견하는 것이 바로 이것이다. 동일한 이야기이지만 다른 방식으로 말해지고 때로는 세부적으로 사건의 순서에도 차이를 보인다. 그리고 동일한 가르침이지만 정황에 따라 서로 다른 단어와 배경이 주어진다. 예수 전승과 관련하여 항상 나의 호기심을 자극하는 것은 바로 공관복음서의 이런 특징인데, 나는 이 문제에 대해 시연의 다양성, 다시 말해 "동일성 내에서의 변이"(variation within the same)라는 관점으로 설명하는 것보다 더 나은 방법을 발견할 수 없다.[38]

5. 구두 전승의 마지막 중요한 특징은 기록된 문서의 초판(original edition)에 상당하는 원본(original version)이 없다는 것이다. 나는 예수의 사역에 대한 기사나 그가 전한 특별한 가르침에는 "실제 일어난 사

37_ Werner H. Kelber, *The Oral and the Written Gospel* (Philadelphia: Fortress, 1983), 33, 54. Eric A. Havelock, *Preface to Plato* (Cambridge, Mass.: Harvard University Press, 1963), 92, 147, 184 외 여러 곳.

38_ 나의 "Altering the Default Setting," 160-69/106-18과 『예수와 기독교의 기원』에 나오는 예들을 참조하라.

건"(originating event)이 있었음을 의심하지 않는다. 그러나 목격자들은 그 사건들을 상이하게 보고 들었을 것이다. 그 사건이나 말씀들이 그들에게 서로 다른 방식으로 영향을 미쳤다는 것이다. 그리고 그들이 받은 영향을 보도하거나 타인과 공유하는 방식도 서로 달랐을 것이다. 따라서 어느 특정한 전승에 대해 단일한 원본이 존재할 수 없었을 것이다. 우리는 "실제 일어난 사건"(originating event)과 그 사건에 대한 원보도(original report)를 혼동하지 말아야 한다. 그리고 만일 예수가 동일한 가르침이나 비유를 한 번 이상 전달했고, 그것도 다른 용어로 전달했다면(달란트 비유와 므나 비유를 예로 들 수 있다. 참조. 마 25:14-30 // 눅 19:11-27), 결과적으로 그 가르침에 대한 단일 형태의 원본은 결코 존재할 수 없었을 것이다. 이런 추론은 즉시 광범위한 파문을 불러일으킨다. 왜냐하면 그것은 소위 진정성 있는 역사적인 단일 원본을 추적하는 것이 잘못된 방향 설정임을 시사하기 때문이다. 마찬가지로 특정 전승에 다양한 형태가 존재하는 것은 원칙상 문제가 되지 않는다. 그런 다양한 형태는 서로 모순되는 것이 아니며, 그 전승들이 진실과 무관하게 발전했다는 증거도 아니다. 반대로 그것들은 예수 전승이 처음부터 제자들의 무리와 교회 내에서 어떻게 수행되어 왔는지를 잘 보여준다.

예수 전승이 시작된 방식에 대하여 내가 상상해볼 수 있는 그림은 다음과 같은 것이다. 예수가 행한 사역의 영향으로 삶이 변화되어 그의 제자가 된 사람들이 있었다. 물론 그들 모두가 문자적으로 예수를 따라다닌 것은 아닐 것이다. 그들이 함께 모였을 때 그들은 서로 대화를 하며 자신들의 체험을 나누었을 것이다. 그런 모임들을 통해 예수의 말과 행동이 끼친 영향이 언어화되었을 것이고, 거기서부터 예수의 가르침과 삶에 대한 구두 전승이 형태를 갖추기 시작했을 것인데, 본질적으로는 그때 갖추어진 형태가 지금까지 지속되어왔다고 말할 수 있다. 앞에서 이미 언급한 대로, 오늘날까지 지속되어온 많은 예수의 가르침들은 예루살렘에서 절정에 이르기 전 갈릴리 사역의 흔적을 여전히 지니고 있다. 아마도 예수의 가르침들이 그런 흔적을 지니게 된 것은 제자들의 모임을 통해서였을 것인데, 그런 회합에는 의심의 여지없이 열두 제자도 참여했을 것이고 또 그들이 전승의 형성에 주도적인 역할을 했을 것이다. 그리고 의심할 여지없이 예수가 떠나고 난 후에는 전승이 더욱 다양한 형태로 발전했을 것이다. 나의 주장이 옳다면 전승은 이미 시작부터 다양했으며, 오늘날 기록된 문서에서 발견되는 다양성은 그 종류에 있어서 전승 수행의 특징이라고 할 수 있는 다양성과 본질적으로 다르지 않다.

달리 말하자면, 예수 전승의 구전 시기로 되돌아가서 침투하는 것이 가능하다는 것이다. 왜냐하면 심연 위를 가로지르는 다리를 건설하는 작업을 한편에서만 시작할 수 있는 것은 아니기 때문이다. 예수가 제자들에게 끼친 영향이 처음부터 구두 전승으로 표현되었다는 사실은 다리의 건설이 건너편에서도 동시에 시작될 수 있다는 것을 뜻한다. 그러므로 우리 자신이 "원본" 이라는 도깨비불에 현혹되거나 잘못 인도되지 않는 한, 현재 우리가 가진 전승 안에서도 여전히 드러나는 예수가 끼친 분명하면서도 다양한 인상을 인정하는 것에 만족한다면, 우리는 이전보다 더욱 확신을 가지고 그런 인상을 만든 이에 대해 명확한 통찰을 얻을 수 있다고 주장할 수 있다.

세 번째 항의

세 번째로 나는 역사적 예수 탐구가 그의 주변 환경과 구별된다거나 다른 예수를 찾아야 한다는 잠정적인 전제에 반대한다. 그 전제에 의하면 "역사적 예수"는 "신앙의 그리스도"와 달라야 할 뿐 아니라 그의 동료들로부터도 구별되어야 한다. 나는 예수의 독특성(distinctiveness)을 폄하하려는 것이 아니다. 예수가 예수 전승 자체의 내용과 성격을 통해 확인될 수 있는 독특한 영향을 끼쳤다는 것이 나의 첫 번째 제안이다. 그러나 여기서 내가 반대하는 전제는 예수가 자신이 속한 환경으로부터 구분될 수 있을 때만 우리의 주목을 받을 가치가 있다는 주장이다(예수가 단지 또 한 명의 유대인 교사여서는 안 된다는 것이다). 예수의 메시지가 다른 교사들의 교훈과 확연히 달라야만 우리는 단지 축적되어온 유대 현인들의 지혜가 아니라 진정한 예수의 음성을 듣고 있음을 확신할 수 있다는 것이다.

부분적으로 이 전제는 반유대주의라는 기독교의 길고 수치스러운 역사에서 비롯된 서글픈 귀결이다. 최근까지도 기독교 성서신학계는 예수와 그의 모태가 되는 유대교 사이의 연속성을 무시하거나 격하시킴으로써 반유대주의적 경향을 반영했다. 수산나 헤셸(Susannah Heschel)이 지적한 것처럼 자유주의 신학자들은 "1세기 유대교를 가능한 한 부정적인 모습으로" 채색했다. 그것은 "예수를 유대 환경과 첨예하게 대립하는 독특한 종교적 인물로서 높이기" 위함이었다.[39] 전형적인 예가, "근본적으로 예수에게는 유대적인 것이 아무것도 없다"라고 주장했던 에르네스트 르낭(Ernest Renan)이다. 그에 의하면 예루살렘을 방문한 예수는 "더 이상 유대 개혁가로서가 아니라 유대교의 파괴자로 나타나며…예수는 더 이상 유대인이 아니었다."[40] 그리고 알브레히트 리츨(Albrecht Ritschl)은 "유대교와 율법에 대한 예수의 비난이…그의 가르침과 유대인의 가르침 사이

39_ Susannah Heschel, *Abraham Geiger and the Jewish Jesus* (Chicago: University of Chicago Press, 1998), 9, 21; H. Moxnes, "Jesus the Jew: Dilemmas of Interpretation," in *Fair Play: Diversity and Conflicts in Early Christianity*, ed. I. Dunderberg et al., H. Räisänen FS (Leiden: Brill, 2002), 83-103.

40_ Heschel, *Abraham Geiger*, 156-57.

를 예리하게 구분하는 선이 되었다"[41]라고 선언했다. 20세기 신학계는 전반적으로 리츨의 그러한 주장을 심각하게 여기지 않았다. 지난 20여 년간 신자유주의자들은 역사적 예수 탐구에서 반유대주의적 성향을 노골적으로 드러내지는 않았다. 그러나 예수가 유대 묵시 사상의 영향을 받지 않았을 뿐만 아니라 받을 수도 없었다는 추측이 지배적이었으며, 예수를 기성세대의 기풍과 종교성을 비판한 그리스 견유학파와 연결시키려는 경향을 보였다. 결과적으로 그들의 입장 역시 반유대주의적 성서신학계의 입장과 크게 다르지 않아서, 그들의 예수는 비배타주의(nonparticularist) 철학과 삶의 방식에 관심을 갖는 자들에게 더욱 잘 받아들여지기 쉬운 그런 예수였다.[42]

내가 곧잘 사용하는 용어 중에도 예수를 그의 정황에서 멀리 떼어놓는 실망스러운 경향을 반영하는 용어가 있는데, 바로 후기 유대교(Spätjudentum)라는 표현이다. 이것은 20세기 후반에 예수 시대의 유대교를 언급하는 흔한 방식이었다. 그리고 이 표현은 지금도 여전히 독일어로 쓰인 몇몇 교과서에 등장한다. 그런데 어째서 제2성전 말기 유대교가 "후기 유대교"라고 불려야 한단 말인가? 그것은 단지 유대교의 역사가 여전히 지속된다는 사실에 비추어볼 때 그 용어가 우스꽝스럽게 들린다는(만일 1세기 유대교가 "후기 유대교"라면 도대체 20세기와 21세기 유대교를 무엇이라 불러야 할까?) 뜻만은 아니다. 이 문제는 단순한 언어상의 실수보다 훨씬 심각한 것이다. 왜냐하면 그 표현은 역사적으로 기독교가 유대교에 대해 취해온 모욕적인 태도를 압축해서 보여주는 것이기 때문이다. 그것은 유대교의 기능

41_ Heschel, *Abraham Geiger*, 123.

42_ Burton L. Mack, *A Myth of Innocence: Mark and Christian Origins* (Philadelphia: Fortress, 1988); John Dominic Crossan, *The Historical Jesus: The Life of a Mediterranean Jewish Peasant* (San Francisco: HarperSanFrancisco, 1991).

이 오로지 (기독교의) 그리스도의 오심을 준비하는 것뿐이라는 신학적인 관점을 드러낸다. 그리스도가 오심과 동시에 유대교의 역할은 완결되었다. 기독교가 확립됨과 동시에 유대교는 파국을 맞았다. 그런 관점에서 1세기 유대교는 최후의 유대교가 된 것이다. 우리는 진작에 이 점에 대해 항의했어야 마땅하다.

두 번째 잠정적인 전제는 앞의 전제에서 파생된 것이다. 만일 1세기 유대교를 거짓 종교성, 율법주의와 위선으로 특징짓는다면, 그리고 만일 유대교가 단지 예수를 통해 오는 계시의 절정을 준비하기 위한 것일 뿐이라면, 역사적 예수 탐구를 통해서 발견해야 할 예수는 유대교와 다른 모습을 지녀야 한다. 아마 예수는 그의 주변 환경에 맞서서 저항하는 인물로 그려질 것이다. 따라서 1950년경에 갱신된 역사적 예수 탐구의 관심은 예수의 독특성을 발견하는 것이었다. 이런 잠정적인 전제로 인해 "비유사성의 기준"(criterion of dissimilarity)이라는 특별한 표현이 생기게 되었다.[43] 어떤 말씀이 예수에게서 유래한 것으로 인정받으려면 그 말씀이 1세기 유대교 사상과 유사하지 않다는 것을 증명해야 했다. 이는 유대교의 전형적인 관심을 드러내는 말씀은 유대교에서 유래했을 것이라는 논리였다. 위와 같은 주장의 배후에 놓인 전제는 우리가 예수를 발견해내기 위해서는 그가 유대 사회 내에서 독특한 존재여야만 했다는 것이다. 결과적으로 역사적 예수 탐구는 유대교 혹은 후기 교회(들)에 기원을 두지 않은 독특하고 두드러진 말씀들, 또는 너무나 당혹스러운 것이어서 예수 자신이 하지 않았다면 어떤 유대인이나 (후기) 그리스도인도 절대로 입에 담지 않았을 법한 말씀들을 발견하는 데 주력하였다.[44]

43_ 고전적인 정의로는 Norman Perrin, *Rediscovering the Teaching of Jesus* (London: SCM Press, 1967), 39을 보라.

44_ 당혹성의 기준이 현저하게 드러난 것으로는 John Meier, *The Marginal Jew: Rethinking*

따라서 탐구의 제2시기에 속한 학자들의 관심은 이 기준을 충족시키면서 그 기반 위에 설득력 있는 역사적 예수를 재구성할 수 있는 어떤 말씀을 발견하는 것이었다. "하나님 나라"와 "인자"는 예수 전승에 깊숙이 자리 잡은 모티프인데, 20세기 후반 들어 탐구의 전형적인 목표는 그 모티프와 관련된 다양한 말씀 중에 어느 것이 더 역사적 예수를 재구성하기 위한 기초로서 안전한지를 결정하는 것이었다. 후기 불트만 세대에서 몇 가지 좋은 예를 발견할 수 있는데, 바로 누가복음 12:8-9이 인자에 관한 말씀 중에 가장 확고하다는 퇴트(H. E. Tödt)와 페르디난트 한(Ferdinand Hahn)의 전제,[45] 마가복음 9:1이 하나님 나라가 임박했다는 예수의 주장을 분명하게 지시한다는 베르너 큄멜(Werner G. Kümmel)의 주장,[46] 그리고 "나라가 임하시오며"라는 주님의 기도(마 6:10 // 눅 11:2)가 하나님 나라에 대한 예수의 이해에 도달하는 가장 확실한 방식이라는 하인츠 쉬르만의 결론 등이 그 예다.[47] 그러나 위와 같은 모든 시도는 하나의 말씀이나 모티프가 예수 메시지를 재구성하는 데 충분히 확고한 기반을 제공할 수 없다

---

the Historical Jesus, vol. 1, *The Roots of the Problem and the Person* (New York: Doubleday, 1991), 168-71.

45_ Heinz E. Tödt, *The Son of Man in the Synoptic Tradition*, trans. Dorothea M. Barton (London: SCM Press, 1965), 42, 55-60(원본은 1963년에 독일어로 발간되었음); Ferdinand Hahn, *Christologische Hoheitstitel: Ihre Geschichte im frühen Christentum* (Göttingen: Vandenhoeck and Ruprecht, 1963, 1995), 24-26, 32-42, 457-58. Anton Vögtle, *Die "Gretchenfrage" des Menschensohnproblems*, Quaestiones Disputatae 152 (Freiburg: Herder, 1994)는 지속적으로 눅 12:8-9을 "인자" 문제를 푸는 열쇠로 간주했다.

46_ Werner G. Kümmel, "Eschatological Expectation in the Proclamation of Jesus," in *The Future of Our Religious Past*, ed. James M. Robinson, Rudolf Bultmann, trans. Charles E. Carlston and Robert P. Scharlemann (London: SCM Press, 1971), 29-48(39-41).

47_ Heinz Schürmann, *Gottes Reich-Jesu Geschick. Jesu ureigener Tod im Licht seiner Basileia-Verkündigung* (Freiburg: Herder, 1983), 135, 144.

는 점에서 잘못된 방향으로 나간 것이다. 그것은 마치 피라미드를 거꾸로 세우는 것과 같다. 결과적으로 기단 위에 세운 첫 번째 돌부터 무너져 내리는 일을 피할 수 없게 된다. 다르게 비유하자면, 서로 다른 말씀들에 대한 주장과 대응하는 주장들은 언제나 역사적 예수 탐구를 도저히 빠져나올 수 없는 수렁에 빠뜨리는 경향이 있다.[48]

세 번째 제안

나는 다시 한 번 정반대의 입장에서 역사적 예수 탐구가 다른 각도에서 과제에 접근해야 한다고 주장한다.

첫 번째로, 우리는 무엇보다도 비유대인 예수가 아닌 유대인 예수를 먼저 찾아야 한다. 이것은 예수의 사역이 당시의 유대교와 완전히 일치했다고 주장해야 한다는 것을 뜻하지 않는다. 적어도 예수 전승에 있어서 어떤 바리새인들과의 논쟁은 두드러진 주제 가운데 하나다. 그리고 예수가 유대인 지도자들의 동의로 십자가에 처형되었다는 것도 사실이다. 그러나 동시에 예수가 갈릴리에서 쉐마를 암송하고 안식일을 준수하며 회당 예배에 참여하고 토라(Torah)를 존중하는 경건한 유대인으로 양육되었다는 사실도 기억해야 한다. 예수가 유대교에 속한다는 대전제에서 출발하는 것이 예수가 유대교와 다르다는 소전제에서 출발하는 것보다 안전하다. 이 점에 대하여 나는 소위 역사적 예수의 세 번째 탐구를 이끌어 가는 중요한 추진력이라고 내가 간주하는 이념과 완전히 일치한다. 그것은 E. P. 샌더스, 제임스 찰스워스와 N. T. 라이트의 연구를 통해 잘 표현

48_ E. P. Sanders, *Jesus and Judaism* (London: SCM Press, 1985), 131. 나도 그가 예측한 결과에 동의한다.

되었다.[49] "예수는 마지막 유대인이었는가, 혹은 최초의 그리스도인이었는가?"라는 옛 탐구의 질문은 전통적인 기독교의 유대교 비하("마지막 유대인")를 내포할 뿐 아니라 역사적이지도 않고 탐구에 도움이 되지도 않는 부자연스러운 양극화로 몰고 간다. 연속성에 대한 관점들이 비연속성에 대한 관점만큼이나 중요하다. 그리고 기독교의 자기 이해를 위해서나 유대인-그리스도인 관계를 위해서도 이 문제의 중요성을 간과하지 말아야 한다.

두 번째로, "특징적인(characteristic) 예수"를 찾는 것이 "독특한(distinctive) 예수"를 찾는 것보다 훨씬 더 현명하다.[50] 여기서 논리는 자명한데, 복음서 전체의 보편적인 특징을 반영하는 어떤 복음서 자료가 있다면 그것은 예수 사역의 보편적인 특징을 반영할 가능성이 높다는 것이다. 물론 예수 전승 내에서 발견되는 특별한 요소나 독특한 문체는 어떤 큰 영향력을 가진 사도나 교사가 전승을 수행하고 재진술하는 방식을 반영할 가능성이 높다. 그러나 다양한 갈래의 전승을 통해 우리에게 전해져서 우리가 분별할 수 있는 모티프, 강조점, 그리고 문체상의 특징은 단일한 발생력 혹은 구성력에 기인한다는 것이 거의 확실하다. 여기서 나의 제안은 명백히 앞의 두 제안과 밀접한 관련을 갖는다. 왜냐하면 우리가 여기서 말하고자 하는 것은, 최초로 예수의 사역에 관한 전승을 도식화하고 전달하기 시작한 자들에게 예수가 끼친 특징적인 영향력이 무엇인가에 관한 것이기 때문이다.

예수 전승의 특징적인 모티프들에 반영된 전형적인 예수의 다양한 모

49_ Sanders, *Jesus and Judaism*; J. H. Charlesworth, *Jesus within Judaism: New Light from Exciting Archaeological Discoveries* (New York: Doubleday, 1988); N. T. Wright, *Jesus and the Victory of God* (Minneapolis: Fortress, 1996).

50_ 여기서 나는 Leander E. Keck, *A Future for the Historical Jesus* (Nashville: Abingdon, 1971), 33의 조언을 따른다.

습을 구체적으로 언급하는 것은 그리 어렵지 않다.

• **특징적인 양식들**(characteristic forms)**은 비유와 경구적인 말로 가장 잘 예시되는데, 아마 예수 자신의 스타일을 가장 잘 반영할 것이다.**

예수가 다른 많은 일을 했지만, 우선적으로 그는 비유를 말하는 자(parabolist)였고 지혜의 교사였다. 예수가 비유나 격언(*meshalim*)을 사용했다는 것을 의심하는 일은 역사적 개연성에 위배되는 행동일 것이다. 예수 전승의 이런 특징들(features)에 초점을 맞추는 것이 특별히 최근 들어 두드러졌다. 나는 예수 세미나의 보다 두드러지는 인물들보다 오히려 비르예르 에르핫손(Birger Gerhardsson)과 데이비드 아우니(David Aune)[51]가 이 문제에 관하여 더욱 좋은 길잡이가 되리라는 것을 의심하지 않는다.[52]

• **"아멘"이나 "인자"와 같은 특징적인**(그리고 특이한) **관용어들은 예수 자신의 연설 습관을 반영하는 것일 가능성이 높다.**

다른 누군가의 말에 동의하는 것이 아니라 자신의 가르침을 소개한다는 것을 보여주기 위해 예수가 "아멘"이라는 독특한 용어를 사용하는 것이 예수 자신의 가르침이 갖는 독특한 성격을 상기시킨다는 점을 의심할 아무 이유도 없다.[53] 마찬가지로 "인자"라는 표현은 예수의 연설에서 너

51_ 특히 David E. Aune, "Oral Tradition and the Aphorisms of Jesus"와 Birger Gerhardsson, "Illuminating the Kingdom: Narrative Meshalim in the Synoptic Gospels," in *Jesus and the Oral Gospel Tradition*, ed. H. Wansbrough, JSNTA 64 (Sheffield: JSOT Press, 1991), 211-65, 266-309을 보라. Idem, *The Reliability of the Gospel Tradition* (Peabody, Mass.: Hendrickson, 2001). 예수의 비유에 대해 Klyne R. Snodgrass, *Stories with Intent: A Comprehensive Guide to the Parables of Jesus* (Grand Rapids: Eerdmans, 2008)를 보라.

52_ 위의 11-13, 42을 보라

53_ *Jesus Remembered*, 700-701. 나는 특별히 Joachim Jeremias, *The Prayers of Jesus* (London: SCM Press, 1967), 112-15을 언급하고자 한다. 그는 예수의 "아멘" 사용에 관한

무나 특징적인 것이기 때문에 그 구절이 예수 전승으로 역투사 되었다고 (retrojected) 말하는 어떤 이들의 주장은 상당히 빈곤하다. 그들은 철저하게 가설에 근거해서, 다른 이유에서라면 그 용어에 전혀 관심을 보이지 않았을 어떤 공동체에 의해 그 표현이 예수 전승에 투입되었을 것이라고 말한다.[54] 예수 자신이 다니엘 7:13-14을 인용했을 것이라는 추측이 그리 자명한 것은 아니지만, 그래도 전반적인 자료를 통해 내릴 수 있는 최상의 학설이다.[55]

• 예수의 설교에 관한 전승에서 가장 특징적인 요소인 "하나님 나라"에 대한 강조는 확실히 예수 자신의 설교에서 가장 특징적인 강조점 중 하나를 반영한다.

하나님 나라 전승을 다룰 때에 하나의 강조점과 다른 하나의 강조점을 대립시키는 것, 다시 말해 이미 임재한 하나님 나라와 장차 도래할 하나님 나라를 대비시키는 것은 예수 전승이 양편에 동시에 깊이 뿌리를 내리고 있다는 사실을 거스르며,[56] 현대인들이 예수 전승에 관한 특징적인 요소들에 합당한 존중을 보여주기보다는 표면적으로 화해시키기 어려워 보이는 강조점들에 대해 인내심을 보이지 못한다는 사실을 드러낸다.

• 예수 사역에서 그와 동일하게 특징적인 요소는 그가 축귀 사역자로서 성공했다는 것이다.

예수가 행한 사역의 다른 특징적인 요소들처럼 성공적인 축귀 사역

유비를 유대 문학 전반과 신약성서의 나머지 부분에서 찾을 수 없다고 지적한다(p. 112).

54_ *Jesus Remembered*, 16.3-5, 특히 735-39을 보라.

55_ Ibid., 747-54, 760.

56_ Ibid., chap. 12.4-6.

자로서의 예수의 명성에는 논쟁의 여지가 없다. 공관복음서에서 축귀 사역은 예수의 치유 사역 가운데 가장 큰 범주였다. 축귀 사역자와 "기이한 일을 행하는 자"로서의 명성은 기독교 자료뿐만 아니라 비기독교 자료를 통해서도 입증된다(예를 들어 막 1:32-34, 39; 3:10-11; Josephus 『유대고대사』 18.63). 예수는 성공적인 축귀 사역자로서 명성이 높았기 때문에 다른 퇴마사들이 그의 이름을 빌어 귀신을 내쫓기도 했다(막 9:38; Origen *Contra Celsum* 1.25; *Papyri Graecae magicae* 4.1233, 3020). 그리고 특히 예수 스스로 자신의 축귀 사역을 언급하면서 그 중요성을 상기시키는 것으로 묘사된다(막 3:22-29; 마 12:22-30 // 눅 11:14-15, 17-23).[57]

• 우리는 예수의 사역이 지리적으로 갈릴리를 거점으로 한다는 특징을 가지고 있으며, 그 특징이 예수의 비유와 윤리적 교훈의 상세한 내용에 반영되어 있음을 무시하지 말아야 한다.

비록 요한복음이 공관복음서와는 다르게, 예수가 예루살렘과 더 잦은 접촉을 가졌을 것이라고 시사하기는 하지만, 공관복음서가 갈릴리에 초점을 두는 것은 예루살렘과는 별개로 예수에 관한 기억을 보전한 갈릴리 공동체가 있었기 때문이라기보다는 확실히 예수 사역의 주된 장소가 갈릴리였기 때문일 것이다.[58] 우리는 초기 기독교의 지도자들이 전적으로 갈릴리 출신이고 유대 출신이 아니라는 점을 통해 그런 양상을 확인할 수 있다.

공관복음 전승의 특징적인 주제들이 예수 사역의 특징적인 주제들을 반영한다고 해서, 그 특징적인 주제들이 담고 있는 모든 요소가 예수

57_ 보다 전체적인 상세한 진술로는 *Jesus Remembered*, 670-71.

58_ 기독교 시작의 역사를 재구성함에 있어 사도행전을 하나의 축으로 삼으려는 시도는 실패로 끝나고 말았다. Ron Cameron and Merrill P. Miller, eds., *Redescribing Christian Origins* (Atlanta: SBL Press, 2004).

의 가르침과 활동에 대한 꾸밈없는 기억이라는 뜻은 아니다. 특징적인 모티프는 전승을 재진술하는 과정에서 그것이 특징적인 것이라는 이유 때문에 확장되었을 것이다. 예수 전승의 특징적인 요소들이 갖는 역사적 가치는 특정한 말씀이나 내러티브의 역사성에 의존하지 않는다. 그와 동시에 예수에게 돌려지는 특정한 말씀이나 행동이 예수 사역에 대한 전승의 특징적인 요소에 속한다는 사실은, 그 특정한 항목이 예수의 실제 말씀과 행동에 대한 기록일 가능성을 높여준다. 말하자면 입증 책임(burden of proof)이 예수 전승의 모든 요소들을 전적으로 회의주의적인 관점에서 접근하는 자들에게 부과된다는 것이다. 그렇다고 해서 나는 예수의 어떤 특정한 가르침이나 사건에서 예수가 실제로 무엇을 말하고 어떻게 행동했는지 우리가 전적으로 확신할 수 있다고 주장하는 것은 아니다. 앞서 제시한 나의 견해를 마음에 새기고서, 우리는 오직 다양한 증인들의 눈을 통해서만 예수를 볼 수 있으며, 예수 전승을 재진술하고 암송하는 소리를 듣던 자들의 귀를 통해서만 예수의 음성을 들을 수 있다는 사실을 기억하는 것이 중요하다.

하지만 내 제안의 요점은, 예수 전승의 특징적인 강조점과 모티프는 우리에게 특징적인 예수(characteristic Jesus)에 관하여 명확하고 설득력 있는 그림을 보여준다는 것이다.[59] 이스라엘을 향하여 회개를 외치고 제자들에게 믿음을 가지라고 요구했던 갈릴리 사람 예수는 자신의 사역을 통하여 하나님의 궁극적인 통치의 축복을 경험케 했으며, 하나님을 대변하면서 그분의 권위로 말씀하였고, 제사장의 권위에 대항하였고 로마인

59_ C. H. Dodd, *The Founder of Christianity* (London: Collins, 1971). 이 책은 나와 동일한 관점을 잘 표현했다. "처음 세 복음서는 전체적으로 일관적이고 논리 정연하며 태도와 형식과 내용에서 고유한 일군의 말씀들을 제공하는데, 따라서 우리는 개별적인 말씀에 대해서는 판단을 유보할 수 있지만 합리적인 비평가라면 전체적으로 여기에서 한 명의 독특한 교사의 사고가 반영되어 있다는 사실을 의심할 수 없을 것이다"(pp. 21-22).

들에 의해 십자가에 처형되었다. 여기서 예수의 특징적인 모습을 계속 나열할 수도 있겠지만, 예수에 관한 그림(portrayal)이 얼마나 방대한지는 이미 충분히 설명되었을 것이다. 그 그림은 1세기 유대교의 다양성 내에 확고하게 자리 잡았고, 분명한 윤곽과 강조점을 지녔으며, 예수와 그의 사역이 미친 영향력이 어떻게 영구적인 추진력을 가진 운동을 불러일으켰는지를 설명해준다.

결론적으로 이 글에서 지지하는 방식으로 예수 전승에 접근할 때 얻을 수 있는 적지 않은 유익은, 우리가 그것을 통해 살아 있는 전승(living tradition)으로서 그 전승의 의미를 발견할 수 있다는 것이다. 예수 전승에서 도식화된 그대로의 예수의 말씀과 행동에 대한 기억이 성스러운 유물처럼 간주되어, 유골함이나 유리 상자에 밀봉된 채 경건한 회중 앞에 진열되거나 숭배받는 대상이 되어서는 안 된다. 그 기억은 그들을 살리는 피요, 생명의 호흡이 되어야 한다. 그 기억은 그들로 하여금 예수를 다시 체험할 수 있게 해주며, 그분의 음성을 생생하게 들을 수 있게 해주고, 또 그분이 말하고 행한 것을 그들 자신이 증언할 수 있게 해준다. 그 기억은 생명을 가진 것인데, 왜냐하면 성도들이 그것에 의존해 살아가고 또 그 기억이 그들로 하여금 제자의 삶을 살 수 있게 해주기 때문이다.

역사적 예수 탐구의 옛 방식과 위에서 지지하는 방식의 차이를 잘 보여주는 전형적인 예는 주기도(Lord's Prayer)와 최후의 만찬 자리에서 하신 말씀이다. 전통적인 탐구는 전형적으로 그것들을 기록된 본문(written texts) 으로 취급하고 또 그것들이 오로지 기록된 본문의 형태로만 알려졌다고 전제하며, 그 본문들 안에 보존된 신앙을 가능한 한 철저하게 분리시키며, 그 본문들의 (기록된) 원자료가 무엇인지를 탐구하며, 그것들을 유대교의 기도문과 유월절 전승과 대비시킴으로써 각각의 독특한 요소들을 발견하려 한다. 그러나 마태와 누가가 기록된 문서(Q 혹은 마가복음)를 사용했다고 해서 그들이 오로지 기록 전승만을 알고 있었다고 가정하거나, 그들이 기록된 형태의 문서를 접하기 전에는 그 말씀들을 알지 못했다고 가정하는 것은 기록문학적(literal) 사고방식에 갇혀서 역사적 상상력을 발휘하지 못하고 있음을 증명하는 것이다. 오히려 이 말씀들이 처음부터 예수에게서 전해 내려온 유산 중에 가장 중요한 두 요소를 기억하고 재연하기 위한 초기 예배 의식의 일부분으로서 정기적으로 사용되었기 때문에 널리 알려졌다고 가정하는 것이 훨씬 그럴듯하다. 우리는 이 본문들의 필사본 전승에서 특히 두드러지는 상이한 전승들과 발전하는 전승들을 대할 때 시험대 위에서 해부를 기다리는 시신처럼 대할 것이 아니라, 그 전승들이 많이 사용되고 또 많이 사랑받은 증거로 간주해야 한다. 그 전승들의 발전은 살아 있는 전승과 살아 있는 교회 간의 공생관계에 대한 증거다. 주기도와 성만찬에 관련된 말씀들이 오늘날까지 지속되는 다양한 예전 속에서 서로 다른 형태로 발전해왔으며 그 말씀들의 기원이 예수 전승에 있다는 사실을 분명하게 인식하고 있다는 사실은, 그 전승이 수세대에 걸쳐 전해져 내려오면서도 그 뿌리를 잃지 않고 그 생생한 특징을 유지할 수 있다는 것을 확증한다.

역으로 이것은 예수 전승을 여전히 살아 있는 전승으로 체험하는 자들이야말로 전승화 과정의 초기 단계를 이해하는 데 가장 적절한 위치를 점하고 있음을 시사하는 것이며, 또한 복음서의 말씀을 가장 효과적으로 듣기 위해서는 신앙의 귀를 가져야 한다는 것, 그리고 예수 전승의 생생한 특징은 예수에 대한 기억을 공유하고 그 기억에 의존하여 살아가고자 함으로써 결과적으로 초기 공동체와 노선을 같이하는 자들에 의해 가장 잘 경험될 것임을 시사한다.

논평

로버트 M. 프라이스

나는 던 교수의 연대기를 나 자신의 "역사적 예수" 탐구의 출발점으로 삼아야 할 필요를 느끼지 않는다. 그의 견해에 따르면 탐구의 전체 과업은 순회 전도자 예수와 함께 시작된다. 많은 사람이 집과 생계를 버리고 그를 따라다녔으며, 일종의 신앙 집단(cult)을 형성했고, 최선을 다해 예수의 가르침들을 따르고 그것을 다른 사람에게 전했으며, 그의 모든 말씀과 행동을 지도와 교화의 원천으로서 소중히 간직했다. 이러한 그의 견해는 결코 비합리적이지 않다. 하지만 그런 시나리오는 결코 예수 전승들("보도들")의 대부분이 실제로 주님(Master)에게서 유래했다는 것을 보증하지는 않는다. 이슬람교 하디스의 넓은 바다에서 예언자 마호메트에게로 소급되는 자료가 있을지 의심스럽다. 그 이유는 간단하다. 말씀이나 행동을 위대한 사람에게 돌림으로써 그 권위가 높아지는 만큼, 더욱더 많은 새로운 말씀과 행동을 위대한 사람에게 돌리게 되기 때문이다. 다양한 배경을 가진 복음서 비평가들의 일치된 견해는, 예수의 완전한 가르침을 포함한다고 자칭하는 나그함마디 문서들이 전적으로 허위라는 것이다. 그것은 위대한 교사의 가르침이 기억되었을 법한 방식으로 우리에게 다가오지 않는다. 왜냐하면 후대에 새로운 가르침이 그의 가르침인 것처럼 잘못 돌려질 수도 있기 때문이다. 석가모니(Buddha)의 경우도 이와 유사하다.

믿음에서 믿음으로

던 교수는 바르게 지적하기를, 스승의 가르침에 전적으로 헌신한 자들은 자연스럽게 그 가르침이나 신앙을 확산시킬 것이라고 주장한다. 여기에 의도적인 왜곡이 개입할 여지는 거의 없을 것이다. 하지만 그것이 전부는 아니다. 우리는 스승에게서 배운 교훈을 전달하는 과정에서 우리가 들었다고 생각한 것에 의존해 그 교훈을 수식할(변경시킬) 여지가 있는데, 왜냐하면 다른 모든 텍스트의 독자가 그런 것처럼 우리도 무의식적으로 내가 이해했다고 믿는 것에 의존하여 이해의 틈을 메움으로써 공동 저자가 되기 때문이다. 플라톤 학자들이 소크라테스의 대화를 세 단계로 나눈 다음 플라톤이 후기 단계로 갈수록 그의 스승의 말씀을 전달하기보다는 스승의 입을 빌려서 자신의 관점을 전달했다고 주장한 것이 독단적인 편견이라고는 생각하지 않는다. 아마도 플라톤은 자신의 이론이 소크라테스의 가르침 속에 내포되어 있던 것이나 혹은 대답되지 않은 질문들 속에 녹아있는 것을 풀이한 것에 지나지 않는다고 생각했을 것이다. 그는 결코 자기가 자기 자신의 사상에 권위를 부여하기 위해 스승의 이름을 도용했다고 생각하지는 않았을 것이다. 그것은 마치 베단타 학파의 철학자인 샹카라(Shankara)가 그의 가르침이 베단타 경전을 설명하는 것이 아니라 전혀 다른 학설이라는 주장을 절대로 받아들일 수 없는 것과 동일한 맥락이다. 마찬가지로 예수의 말씀을 들은 다양한 청중도 순수하게 예수의 가르침을 있는 그대로 전달하려고 의도했음에도 불구하고 무의식중에 그 가르침을 수식하고 변경시켰을 수 있다. 몬티 파이선(Monty Python) 그룹의 작품인 "나사렛 사람 브라이언의 생애"(Life of Brian of Nazareth)에 나오는 한 등장인물은 예수가 "치즈를 만드는 자들은 복이 있도다"라고 말하는 것을 자신이 들었다고 생각한다. 그리고 그의 이웃 중 한 명은 거기에 덧붙여 "낙농업에 종사하는 모든 이는"이라는 주석을 단다. 하지만 나는 그들에 대해 심한 비난을 가하고 싶지는 않다.[60]

던은 예수의 추종자들이 부활 사건의 영향으로 대대적인 신앙의 변화를 체험하게 된 사실을 긍정적으로 평가하는 것처럼 보인다. 던은 그리스도인들이 자신들의 부활 신앙에 비추어 부활 이전의 자료를 혼합하고 재기록했을 것이라는 주장을 거부한다. 던은 상당히 많은 양의 Q 자료가 부활 이전의 예수의 가르침을 다룰 때에 부활 사건과 무관한 방식으로 다룬다는 사실을 지적한다. 그는 (Edgar J. Goodspeed,[61] E. Earle Ellis[62]와 다른 학자들이 주장한 것처럼) 이것이 Q가 부활 전에 이미 기록되었기 때문이라고 생각한다. 그와 유사하게 슈미탈스도 Q가 메시아 이전 시대에 기원을 둘 뿐만 아니라 비메시아적이라고 주장했다. 그는 Q가 갈릴리의 예수 추종자들에게서 유래했는데, 그 추종자들은 나중에야 예수가 죽었다가 부활했다는 말을 들었지만 그 말을 믿지는 않았다고 주장한다.[63] 그러나 그렇다고 해서 그들이 주님의 열렬한 추종자가 아니었다는 뜻은 아니다. 슈미탈스는 마태와 누가가 마가의 케리그마적 내러티브에 Q 자료를 결합한 것은 Q 자료만을 알고 있는 그리스도인들을 예루살렘에 기반을 둔 부활 예수의 종파에 연합시키려는 시도였다고 생각했다. 어떤 의미에서 슈미탈

60_ Graham Chapman, John Cleese, Terry Gilliam, Eric Idle, Terry Jones, Michael Palin, *Monty Python's The Life of Brian (of Nazareth)* (New York: Ace Books, 1979), 14.

61_ Edgar J. Goodspeed, *Matthew, Apostle and Evangelist: A Study on the Authorship of the first Gospel* (Philadelphia: John C. Winston, 1959), 116-17.

62_ 1975년에 이루어진 개인적인 대화의 내용인데, 후에 그의 출판물에도 반영된 것으로 안다.

63_ Walter Schmithals, "The Parabolic Teachings in the Synoptic Traditions," trans. Darrell J. Doughty, *Journal of Higher Criticism* 4, no. 2 (Fall 1997): 3-32.

스의 관점은 던의 주장을 강화시키는 것으로 볼 수 있다. 즉 Q 말씀들은 부활에 대한 가르침을 거의 담고 있지 않기 때문에 Q 자료와 마가 자료는 명백한 대조를 이룬다.

해석학적으로 봉인됨

여기서 우리는 수면 아래 감춰진 거대한 대륙에서 여기저기 솟아오른 봉우리 중에 하나를 보고 있다. 예를 들어, 이미 슈바이처[64]와 디벨리우스[65]는 예수를 묵시적 종말론의 설교자로 특징짓는 한편, 윤리와 경건에 관한 예수의 가르침 가운데 종말 직전의 시기에 관한 말씀은 거의 없다는 (약간의 명백한 예외가 있기는 하지만) 사실을 인정한다. 유대교 내에서 제이콥 뉴스너가 어떻게 메시아주의(Messianism)를 배제한 세계관을 구현하면서 미쉬나를 비종말론적으로 다루는지를 주시할 필요가 있다. 하이엄 매코비(Hyam Maccoby)는 뉴스너의 주장을 반박하면서, 미쉬나의 율법은 단지 주제 중심적일 뿐이라고 지적하였다.[66] 미쉬나는 창세기의 족장 내러티브를 배제한 것 이상으로 종말론을 배제하지는 않았는데, 미쉬나가 족장 내러티브를 다루지 않은 것은 그것이 미드라쉬에서 다루어질 것이기 때문이었다. 사실상 랍비 시대의 어떤 유대인도 하나의 범주를 선호하여 다른 범주를 거부하는 법은 없었다. 그들은 단지 그것들을 개별적으로 하나씩 다루었다. 여기서 문제는 하나의 종파가 깔끔하게 정돈된 범주들 내에 그

64_ Albert Schweitzer, *The Kingdom of God in Primitive Christianity*, trans. L. A. Garrard (New York: Seabury Press, 1968), 100-101.

65_ Martin Dibelius, *The Sermon on the Mount* (New York: Scribner's, 1940), 51-52.

66_ Hyam Maccoby, "Jacob Neusner's Mishnah," *Midstream* 30, no. 5 (1984): 24-32.

종파의 가르침을 보존할 수 있는가 하는 것이다. 나는 이 문제에 확실히 답할 수 없는데, 던은 복음서 저자들이 그렇게 했다고 추측하는 것 같다. 다시 말해 복음서 저자들이 부활 이후 계시가 부활 이전의 자료들을 오염시키거나 변색시키도록 허용하지 않았다는 것이다. 던의 주장은 복음서 저자들과 전달자들이 마치 구약성서와 신약성서가 병존하는 것처럼 부활 이전의 예수와 부활 이후의 예수를 독립적으로 보존했다는 것이다. 불트만이 예수의 설교가 단지 신약성서 신학의 전제일 뿐이지 신약성서 신학에 포함되는 것은 아니라고 주장했을 때, 그도 던과 같은 방식으로 그 문제를 대했던 것이다.[67]

그러나 다른 한편에서는 신구약의 연속성을 극대화하는 데 관심을 가지고 부활 이전의 예수와 부활 이후의 예수 간의 불연속성을 극소화하려는 경향을 보이는 자들이 있다. 요아힘 예레미아스(Joachim Jeremias)는 산상설교에 대한 저술에서 이런 경향을 보여준다.[68] 예레미아스는 만일 산상설교 자료에서 예수가 (예를 들어 Hans Windisch[69]가 주장하는 것처럼) 구원에 이르기 위한 요구 사항들을 규정하는 것으로 해석된다면 신학적으로 큰 문제가 발생한다는 것을 인지했다. 그것은 행위구원을 지지하는 해석인데, 루터파인 예레미아스는 그런 해석을 수용할 수 없었다. 따라서 예레미아스는 산상설교 자료(하나 혹은 여럿의)가 복음서에 실제로 명시되지 않은 신학에 근거하여 진술되었다고 제안했다. 그 신학이란 은혜로 주어지는 구원을 받아 누리기 위해서 믿음으로 반응해야 한다는 것, 예수의

67_ Rudolf Bultmann, *Theology of New Testament*, trans. Kendrick Grobel (New York: Scribner's, 1951, 1955), 1:3.

68_ Joachim Jeremias, *The Sermon on the Mount*, trans. Norman Perrin, Facet Books Biblical Series 2 (Philadelphia: Fortress, 1963), 23.

69_ Hans Windisch, *The Meaning of the Sermon on the Mount: A Contribution to the Historical Understanding of the Gospels and to the Problem of their True Exegesis*, trans. S. MacLean Gilmour (Philadelphia: Westminster Press, 1951).

표현을 빌자면 값없이 주어지는 하나님 나라는 어린아이처럼 가식 없이 손을 벌려 그 나라를 받아들이고자 하는 자에게 주어진다는 것이다. 나는 그런 접근이 주석적으로 타당하지 않다고 생각한다.

분리의 다른 편에서 우리는 자유주의적 예수 탐구에 열정적이었던 하르낙을 발견할 수 있다. 하르낙은 잘 알려진 것처럼 탕자의 비유와 바울의 속죄 설교의 차이점을 연구하였다. 만일 예수가 구원의 조건이 몇 주 만에 그렇게 극적으로 바뀔 것을 미리 알았다면, 과연 그는 구원을 위해서는 단순히 회개하기만 하면 된다는 것을 보여주는 비유를 그렇게 심혈을 기울여 가르쳤겠는가? 그럴 가능성은 거의 없다. 그러나 하르낙의 대비조차도 던의 관점을 강조하는 데 기여한다고 볼 수 있지 않겠는가? 그렇다면 문제는 예수에 대한 다양한 신앙의 표현들 간에 존재하는 차이를 어떻게 설명할 것인가 하는 점이다. 나의 생각에 던은 순차 접근법(sequential approach)을 택하는 것처럼 보인다. 그것은 전통적으로 기독교가 구약성서에 접근하는 방식이었는데, 이 방식에 따라 구약은 결과적으로 신약성서에 의해 폐기된다. 유사하게 코란에서도 연대적으로 후대의 구절이 그와 모순되는 이른 시기의 구절을 폐기한다고 말해진다.

대조적으로 슈미탈스와 맥(Burton L. Mack)은 최대한 과거로 소급하여 돌아가서 다원주의적 구조를 발견해낸다. 맥은 주님이자 교사인 예수 그리스도에 관해 수난과 부활로 이어지는 직선적 진행을 보여주는 전통적 신화를 해체한다. 맥은 그것을 대폭발이라 부르는데, 그 폭발 이후로 서로 다른 그리스도인들이 필론의 유대주의와 영지주의 또는 신비 종교에서 빌려온 개념을 통해 서로 다른 방식으로 부활한 예수에 대한 그들의 (혹은 사도들의) 체험을 해석했다. 그 결과 서로 다른 다양한 예수 상이 등장했다. 예수는 유대인의 왕, 영원한 말씀(eternal logos), 마술적 치유자, 견유 철학자, 페미니스트, 공동체 창시자 등으로 다양하게 나타났다. 우리에게 친숙한 정경의 "예수 그리스도"는 초기 기독교의 기원이 아니라 열매이며, 단일한 수원지가 아니라 혼합물인 것으로 나타났다. 혹자는 그 다양한 관점들을 원형-예수들(proto-Jesuses)에 연결시키려고 시도하면서, 어느 요소들이 "본래적인 것"이고 어느 요소들이 원래는 다른 데 기원을 둔 것인데 조작을 통하여 접목되었는지 밝히려 할 수도 있다.

나의 생각에 던 교수의 역사 시각표(timeline)가 가진 중요한 약점은 서신서의 기독교(Epistle Christianity)를 복음서의 기독교(Gospel Christianity) 이후로 설정하는 것이다. 서신서의 기독교는 분명히 부활 이후의 그리스도, 더 적절하게는 천상의 신적인 그리스도를 전제하지만, 내가 보기에 서신서의 기독교는 포괄적인 의미에서 복음서의 예수 이야기를 전제하지 않는 것 같다. 여기서 나는 그리스도-신화의 관점을 제시하고자 하는데, 그것은 복음서의 나사렛 사람 예수는 신화적인 신 존재가 역사 속으로 투영된 것이라는 가설이다. 마치 사사기에 등장하는 삼손이 히브리 민족의 태양신 신화의 문학적 구현인 것과 유사하다. 천상의 신들과 행성들에 관한 이야기가 전설로 발전하여 인간화된 반신(humanized demigod)이 등장하고, 최종적으로 전설적인 영웅(legendary hero)이 탄생하는 것이 원시 신화의 보편적인 유형이었다. 이런 구도 내에서 볼 때 서신서들은 기적 수행자나 치유자로서의 예수, 심지어는 교사로서의 예수에 대해서도 전혀 알지 못한다. 왜냐하면 그런 요소들은 아직 고안되지도 않았고 통용되지도 않았기 때문이다. 고린도서에 나오는 몇 안 되는 "주님의 말씀"("예수의 말씀"이 아닌)이라는 표현도 고린도전서 14:37에 비추어 볼 때 기독교 예언자들이 만들어낸 예언적 신탁으로 이해하는 것이 가장 나을 것이다.

만약에 서신서들에 도덕적 격언과 계명들이 전혀 없다고 가정한다면, 우리는 앞에서 이미 접했던 장르 논쟁을 떠올릴 수 있을 것인데, 그 주장에 따르면 어떤 자료들은 조직적으로 특정 장르로부터 배제되었다는 것이다. 그러나 서신서에는 충분히 다양한 권고의 양식이 존재한다. 던 교수는 복음서의 말씀과 서신서의 권고나 경구들 간에 발견되는 무수한 평행구절들을 논란의 여지가 없는 예수의 말씀으로 이해한다. 그러나 나는 이 점을 수용할 수 없다. 예수의 가르침을 인용하여 자신의 권면을 강화하고 논쟁의 결말을 내려 하면서 예수의 이름을 언급하지 않는 사람이 어디 있겠는가? 그것은 목적에 어긋날 뿐만 아니라 말이 되지 않는다.

정말 구전으로?

최근의 많은 학자들처럼 던 교수는 앨버트 로드(Albert Lord)와 밀먼 패리(Milman Parry)가 선구자적으로 진행시켰던 구전 연구가 복음서 비평에 준 영향을 심각하게 받아들여야 한다고 주장한다. 우리는 복음서들이 초기 기독교 공동체 내에서 구전되던 전승들을 축적한 것임을 전제하고서 복음서들을 연구할 때 평행 본문을 일대일로 비교하는 방식을 취하지 말아야 한다. 우리가 가진 복음서의 변이들은 구전 이야기꾼의 관행이 허용하는 범위 내에서의 혁신에 기인한다. 그러나 복음서를 구두 전승들의 독립된 저장고로 보는 슐라이어마허 이전의 이론으로 돌아가려 하는 것은 부질없는 일이다. 만일 우리가 복음서를 이런 방식으로 본다면 우리는 자동차 사고 보도에 관한 옛날 주일학교식 변증, 다시 말해 하나의 사고이지만 거리 어딘가에서 네 명의 독립된 증인들이 목격하고 보도했다는 식의 설명으로 회귀하는 것이다. 만일 우리가 이런 식으로 접근한다면 우리는 한 세기 전에 그 방법이 실패했던 것과 동일한 이유로 (아직까지 세르비아의 스타벅스 매장에서 노래하는 전설민요가수들을 언급할 만큼 멋을 내지는 않왔지만) 실패하고 말 것이다. 복음서들은 상호 의존적인 문서로서 접근할 때 많은 의미를 지닌다. 변증가들은 콘첼만(Hans Conzelmann),[70] 마르크센(Willi Marxsen),[71] 페린,[72] 보른캄, 바르트, 헬트[73]와 같은 학자들이 추적해낸 역사적이고 신학적인 의미를 지닌 수많은 편집상의 수정들을 단순히 수많은 실수로 치부해버리기를 바랐다. 그러나 다시 말하지만 그런 수정들은 너무나 의미심장한 것이다. 예를 들어 A. J. 매틸(A. J. Mattill)[74]과 같은 학자들이 누가복음을 놓고 콘첼만에게 의미심장한 도전을 할 수 있었던 것은 그들이 콘첼만보다 더 나은 편집비평 작업을 수행할 수 있었기 때문이다. 우리는 우리가 기록된 문서를 다루고 있음을 보여주는 결과들을 그냥 무시해버릴 수는 없다. 슈미탈스가 질문했듯이, 문제는 구두 전승의 초기 시대에 관한 개념 전체가 이런 문서들을 그들의 영웅과 임시방편적으로 연결시키기 위한 시도인가 하는 것이다.[75] 나는 던 박사가 전혀 다른 편에서 시작하는 것으로 보인다. 그는 구전 모델을 일관되게 추구하면서

70_ Hans Conzelmann, *The Theology of St. Luke*, trans. Geoffrey Buswell (New York: Harper & Row, 1961).

71_ Willi Marxsen, *Mark the Evangelist: Studies on the Redaction History of the Gospels*, trans. James Boyce, Donald Juel, William Poehlmann, with Roy A. Harrisville (New York: Abingdon, 1969).

72_ Norman Perrin, *What Is the Redaction Criticism?* Guides to Biblical Scholarship (Philadelphia: Fortress, 1969); idem, *The Resurrection according to Matthew, Mark, and Luke* (Philadelphia: Fortress, 1977).

73_ Günther Bornkamm, Gerhard Barth and Heinz Joachim Held, *Tradition and Interpretation in Matthew*, trans. Percy Scott, New Testament Library (Philadelphia: Westminster Press, 1963).

74_ A. J. Mattill Jr., *Luke and the Last Things: A Perspective for the Understanding of Lukan Thought* (Dillsboro: Western North Carolina Press, 1979); Eric Franklin, *Christ the Lord: A Study in the Purpose and Theology of Luke-Acts* (Philadelphia: Westminster Press, 1975).

75_ Walter Schmithals, *The Theology of the First Christians*, trans. O. C. Dean Jr. (Louisville, Ky.: Westminster John Knox, 1997), 40-43.

도 자신이 그 모델을 터무니없는 것으로 환원시켜버리는 것을 깨닫지 못한다.

논평

존 도미닉 크로산

기존의 역사적 예수 탐구에 대한 던의 첫 번째 항의는 "신앙의 그리스도"가 "역사적 예수"의 **왜곡**이라는 전제에 반대하는 것이었다. 던은 자신의 항의에 이어서 대안을 제시한다. "예수 탐구는 예수가 사역의 시작부터 신앙을 불러일으켰다는 것과, 이 신앙이 예수가 하신 사역의 역사적 실재이자 결과라는 확실한 증거임을 인식하는 데서부터 시작해야 한다."

한편으로 나는 그의 제안에 전적으로 동의한다. 예수의 하나님 나라 선포는 처음부터 믿음의 도전(faith challenge)이다. 그리고 비록 예수가 자신보다 하나님을 더 강조하기는 했지만, 청중 중에 그들의 믿음의 대상으로 예수를 포함시키는 것을 거부하는 자는 아무도 없었다. 그는 선포하는 자인 동시에 선포되는 자였다. 예이츠(Yeats)가 다른 문맥에서 질문했듯이 어떻게 춤(Dance)으로부터 춤추는 사람(Dancer)을 구분할 수 있겠는가?

두 가지 부연

첫째로, 나는 탐구(quest)보다는 재구성(reconstruction)이라는 표현을 선호한다. 둘째로, 예수에게 하나님 나라는 임박성의 문제라기보다는 임재의 문제였으며, 일방적인 신의 간섭의 문제가 아니라 쌍무적인 신인협동의 문제였다.

다른 한편으로 과거와 현재를 막론하고 "신앙의 그리스도"에 대비하여 "역사적 예수"를 제안하는 자들은 일반적으로 훨씬 구체적인 주장을 하고 있는 것이다. 다시 말해 반대자들이 예수에게서 털어내고자 하는 것은 일반적인 "신앙"이 아니라 그들이 마음에 두고 있는 특정 신학이나 교파(denomination) 혹은 교단(church)이라는 것이다.

개인적인 예를 들자면, 나의 연구에서 "역사적 예수의 재구성"이 의미하는 바는 내가 가진 기독교 신앙의 관점에서 성육신한 하나님을 찾는 것이다. 그러나 하나님의 성품에 근거하여 원수를 사랑하라고 선포한 "역사적 예수"(Q 복음인 마 5:43-45 // 눅 6:27-36에서)가 이미 요한계시록에서는 초월적인 살인자로 귀환하시는 "신앙의 그리스도"로 왜곡되어 나타난다.

폭력적인 "신앙의 그리스도"는 참으로 역사적 예수를 근본적으로 왜곡한 것이다. 빌라도가 그 사실을 증거하는데, 그는 예수가 로마 제국의 통치에 비폭력적으로 저항했다고 이해했다. 그렇기 때문에 그는 예수를 공적·법적·공개적으로 처형했지만 그의 동료들까지 처형하지는 않았던 것이다. 그것이 로마가 비폭력 혁명가들을 다루던 방법이었다. 이와 비교하여 마가복음 15:7을 보라. "폭동을 일으키고 폭동 중에 살인한 자 중에 바라바라 하는 자가 반역자들과 함께 감옥에 있더라"(저자의 번역). 또한 요한복음 18:36의 비유에서 하나님 나라와 로마 제국 간의 중요한 대비가 비폭력과 폭력의 문제라는 사실을 주목하라. 예수가 "나의 나라는 이 세상에 속한 것이 아니다", 그리고 "나의 나라는 여기 속한 것이 아니다"라고 두 번이나 말씀하신 것은 "나의 추종자들"이 나를 보호하거나 나를 풀어주기 위해서라도 "폭력을 사용하지" 않을 것이라는 뜻이다.

그렇다. 역사의 예수는 처음부터 비폭력적인 하나님 나라의 임재에 대한 믿음의 응답을 요구하였다. 그러나 부연해야 할 것이 있다. "신앙의 그리스도"를 역사적 예수에 대한 왜곡으로 간주하고 그것을 거부해야만 한다고 주장하는 해석이 항상 있어왔다는 것이다. 요한계시록을 넘어서는 다른 예로, 그리스도인들이 어린아이로서 종말에 참여하는 것으로 묘사하는 『나니아 연대기』와 군사로서 참여하는 것으로 묘사하는 『레프트 비하인드』(*Left Behind*) 시리즈를 생각해볼 필요가 있다.

던의 두 번째 항의는 "공관복음서의 전승과 예수 전승의 최초 전달의 관계를 이해하는 유일한 방법은 기록된 문서를 통한 것"이라는 전제에 대한 것이다. 여기서 다시 한 번 문서 전승과 구두 전승을 구분할 필요가 있다.

문서 전승

공관복음서 문제의 지배적인 해결책은, 던이 못마땅하게 여기며 언급했던 것처럼, 마가복음과 Q가 문서 자료로서 각각 독립적으로 마태복음과 누가복음에 사용되었다고 주장하는 "두 자료 가설"이었으며 여전히 그러하다는 점을 나도 충분히 인정한다. 나는 그 이론이 옳았으며 아직도 옳다고 생각한다. 그리고 "문자적 사고방식을 벗어나지 못하는 자들에게서 발견되는 역사적 상상력의 편협함"을 비난하는 어떤 과격한 표현도 나로 하여금 그런 결론을 포기하게 만들지 못한다. 지난 200년간의 연구에서 최소한 그것 하나는 바르게 정립되었다.

한편으로 마태나 누가가 마가복음과 Q를 베꼈을 때(여기서 베낀다는 것은 직접적인 필사를 의미할 수도 있고 청각에 의존한 간접적인 복사를 의미할 수도 있다), 그들은 아직도 상당한 구전적 감성(oral sensibility)을 가지고 작업했을 것이고, 따라서 그들이 한 문단을 완전히 수용하고 또 본문에 대해 일말의 의구심이 없었을 때에도 그들은 오늘날 우리가 필사적 감성(scribal sensibility)을 가지고 받아들이는 것보다 훨씬 더 자유롭게 주어진 본문을 형식화하거나 수정하거나 변경할 수 있었을 것이다. 하지만 문서 없이 실행되는 구두 전승(oral tradition)은 문서를 기반으로 작용하는 구전적 감성(oral sensibility)과 동일하지 않다. 그리고 (의도성이 없는) 수행 변이(performative variations)는 해석학적 변이나 논쟁적 변이와는 다른 것이다.

"지금 기록된 본문들에 보존된 변이들은 우리가 수행 전승의 특징이라고 확실하게 주장할 수 있는 종류의 변이들과 본질적으로 차이가 없다"라는 던의 주장은 적절한 요약이 아니다. 우리는 마태와 누가가 구전적 감성을 가지고 마가복음을 사용할 때 보여준 수행 변이를 구분할 수 있는데, 확실히 그것은 일반적인 구두 전승 내에서 일어나는 변이와 다르지 않다. 그러나 우리는 또한 고의적인 생략이나 의도적인 위임을 통해 다양한 본문 형태를 창출하는 신학상의 불일치도 발견한다.

다른 한편으로 우리가 거의 무작위로 선택한 다음의 세 구절에서는 구두 전승도 구전적 감성도 작용하지 않는다. 마가복음 6:2에서는 예수를 "목수"라고 부르지만 마태복음 13:55에서는 예수를 "목수의 아들"이라 부르고 누가복음은 아예 그와 유사한 어떤 호칭도 사용하지 않는다. 같은 방식으로 마가복음 10:35에서는 "세배대의 아들 야고보와 요한"이 예수께 무례한 요청을 하지만 마태복음 20:20에서는 "세배대의 아들들의 어머니"가 요청을 하고 누가복음에서는 그 사건 전체를 생략한다. 마지막으로 마가복음 15:8에서는 빌라도 앞에 "무리"(crowd)가 있었던 것으로 묘사하지만 마태복음은 마가의 자료에 수정을 가하는데, 먼저 27:15에서는 마가와 동일하게 "무리"(crowd)로, 27:20에서는 "무리들"(crowds)로, 마지막으로 악명 높은 27:25에서는 "모든 사람들"(all people)로 확대시킨다("그의 피를 우리와 우리 자손에게 돌리라"). 그것은 순수한 구전상의 수행 변이가 아니라 신학적 대립에서 비롯된 의도적인 논쟁적 변이다.

구두 전승

던은 "예수 전승의 역사에서 구전 단계를 매우 심각하게 다루어야 할 필요성"이 있다고 주장할 뿐만 아니라 "예수 전승의 구전 단계를 파악하는 것"이 사실상 가능하다고 제안한다. 나는 그 말에 동의한다. 하지만 그것은 우리가 현재 갖고 있는 복음서들 간의 문서적인 관계성을 수용하고, 그 관계성 내에서의 구전적 감성과 그 관계성을 벗어나는 구두 전승을 혼동하지 않을 때에 가능한 일이다. 사실 나는 이 문제를 1983년에 쓴 『단편들』(*In Fragments*)에서 시작하여 1998년에 나온 『기독교의 탄생』(*The Birth of Christianity*)에 이르기까지 나 자신의 미묘한 항의로서 지속적으로 표현해왔다. 적어도 바퀴가 이미 발명되었다는 사실도 알지 못한 채 새롭게 바퀴를 재발명하는 일은 없어야 할 것이다.

하지만 나는 『기독교의 탄생』이라는 책에서, 1993년에 나온 갬미(Gammie) 기념 논문집에 실린 스티픈 J. 패터슨(Stephen J. Patterson)의 "Q와 도마복음서의 지혜"에 관한 연구에 의존하여, 그 두 복음서가 독립적으로 사용한 대규모 자료군(37 단위)을 구분할 수 있었다. 그 자료들이 내용상으로는 유사하면서도 상당히 심하게 편집된 데다가 순서상의 유사성이 전혀 없는 것으로 볼 때, 나는 그것들이 구두 전승이자 내가 분별할 수

있는 가장 방대한 말모듬일 것이라고 판단했다.[76]

물론 그런 주장은 Q 복음서가 기록된 문서로 존재하며 마태와 누가에 의해 사용되었다는 것을 전제할 뿐만 아니라 또한 도마복음서가 공관복음서와 독립된 것임을 전제로 한다. 만일 그런 결론이 옳다면, 우리는 기록된 문서의 배후에서 혹은 문서 이전 시기에서 관찰될 수 있는 대규모의 구두 전승 자료군을 가지고 있는 것이다. 그렇다. 우리는 참으로 구두 전승을 심각하게 다루어야 한다. 그러나 그것은 우리가 기록된 복음서와 구별되는 수행 구두 전승(performative oral tradition)과 기록된 복음서 내부의 구전적 감성을 혼동하지 않을 때에, 그리고 수행 구두 전승과 구전적 감성을 신학적으로 동기부여 된 반대 혹은 우리가 가진 복음서들의 전달 과정에서 발생하는 대립적 변이들과 혼동하지 않을 때에 파악될 수 있다.

던의 마지막 세 번째 항의는 다음 제안을 이끌어낸다. "우리는 무엇보다도 먼저 비유대인 예수가 아닌 유대인 예수를 찾아야 한다." 맞는 말이지만 한 가지 부연할 것이 있다. 비유대인 중에 어떤 사람이 예수의 말씀을 들었다고 가정해보자. 그가 예수의 유대 종말론을 이해할 수 있는 유일한 방식은 그리스 로마 문화권 내 견유학파 종말론의 범주 내에서 그를 이해하는 것이다. 만일 비유대인이 결코 예수에 대해 듣지 못했다고 생각하지 않는다면 그런 판단을 철회할 이유는 없을 것이다. 하지만 그런 판단을 예수가 유대인이었다는 것을 부인하는 것으로 이해하는 것은 부적절하다.

그러나 예수가 유대인이었다고 주장하는 것만으로는 충분하지 않다. 왜냐하면 요세푸스도 가야바도 유대인이었기 때문이다. 물론 예수는 유

76_ Stephen J. Patterson, "Wisdom and Q and Thomas," in *In Search of Wisdom: Essay in Memory of John G. Gammie*, eds. Leo G. Perdue, Bernard Brandon Scott and William Johnson Wiseman (Louisville: Westminster John Knox, 1993), 187-222.

대인으로 살았고, 유대인으로 죽었으며, 유대인으로 부활했다. 예수는 로마 제국 내에서 종말론적 유대주의를 신봉하는 본토 유대인이었다. 예수가 사역한 목적, 그리고 예수를 죽게 만든 요인은 로마 제국주의에 대항하여 비폭력적인 방식으로 종말론적 유대교를 수립하려 한 일이었다. 우리가 유대 본토에서의 종말론적 유대주의와 로마 제국주의를 도외시하거나 혹은 후자에 대한 전자의 비폭력적 저항을 염두에 두지 않고서 역사적 예수를 재구성하는 것은 모두 적절하지 못한 접근법이다. 던은 다음과 같이 주장한다. "우리에게는 가야바나 빌라도의 입에서 나온 일차적인 증언이 없다. 우리는 예수가 다른 사람들에게 어떤 영향을 끼쳤는지 모른다." 하지만 내 생각에 그의 주장은 잘못된 것이다. 우리는 예수가 빌라도에게 끼친 영향에 대해 매우 분명한 증거를 가지고 있다. 바로 십자가형이 예수가 빌라도에게 끼친 영향에 대한 증거다.

마지막으로 던은 이렇게 결론짓는다. "예수 전승을 살아 있는 전승으로 여전히 체험하는 자들은 전승화 과정의 초기 단계들을 평가하는 데 가장 적절한 위치를 점유한 것으로 보인다. 초기 교회의 성도들과 함께 둘러앉아 예수에 대한 그들의 기억들을 나누고 그 기억에 의지하여 살아가려 하는 자들이야말로 복음서의 말씀을 가장 효과적으로 들을 수 있는 신앙의 귀를 가진 자이며, 예수 전승의 생명력을 가장 잘 체험할 수 있는 자다."

나는 위의 마지막 문장에서 행동의 순서를 바꾸고자 한다. 예수에 대한 기억에 의지하여 살아가는 자들이 그 기억을 가장 잘 보존하는 자들이다. 그리고 나는 여기서 한 가지 더 미묘한 항의를 하고자 한다. 얼마 전에 나는 이런 말을 한 적이 있다. "예수와 함께 걷고 그와 함께 거하는 자들에게 있어서 그의 말씀을 기억하는 일과 그의 삶을 모방하는 일 중에 어느 것이 더 역사적 예수와 연속성을 유지하는 방식인가? 디다케는…주님의 말씀들(*logoi*)이 아니라 주님의 행동 방식들(*tropoi*)을 진정성의 기준으로 삼았다. 우리는 연속성을 기억보다는 모방에서, 다시 말해 말씀을 기억하는 데서보다는 삶을 모방하는 데서 찾아야 한다."[77]

이 주장을 확증하기 위해 우리 둘보다 더욱 권위 있는 자료를 인용하고자 한다. 예수는 자신의 이름을 고백하면서도 자신의 생활 방식을 모방하지 않거나 문명사회에 만연한 폭력적 불의에 대항하는 그의 비폭력적 저항에 동참하지 않는 추종자들을 질책했다. 추정하건대 Q 복음서(마 7:21 // 눅 6:46)에서 "주여, 주여"라고 외치던 자들은 기억이 부족한 것이 아니라 헌신이 부족했던 것이다.

77_ John Dominic Crossan, *The Birth of Christianity* (San Francisco: HarperSanFrancisco, 1998), 404.

논평

루크 티모시 존슨

이 책에 실린 던의 논문은 그가 『예수와 기독교의 기원』을 저술할 때 거부하거나 수용했던 방법론적 원칙들에 대한 유익한 성찰을 제공함으로써 그 책에 대한 후기(epilogue) 역할을 하고 있다. 그는 현대 역사적 예수 연구를 지배하는 세 가지 전제로부터 거리를 유지한 채 보다 건전하고 상식적이라고 스스로 평가하는 나름의 접근법을 제안한다.

내가 보기에 던의 주장 가운데는 우리가 긍정적으로 받아들일 수 있는 것들이 꽤 많이 있다. 나는 예수가 그의 추종자들에게 끼친 영향력으로 볼 때 복음서의 구성요소들이 예수에게로 소급되는 것이 거의 분명하다는 그의 주장에 원칙적으로 동의한다. 그뿐 아니라 교회 내에서 구두 전승을 통해 예수에 관한 기억을 공유했다는 사실이 중요하다는 점, 다시 말해 복음서의 저술이 단순히 문서를 기록하는 작업만이 아니라 구두 과정도 포함한다는 그의 주장에도 동의한다. 나는 특별히 던이 제시한 두 가지 예, 다시 말해 주기도문과 성만찬 기사의 형태가 그 본문들이 예배를 통하여 전승되었을 가능성을 암시한다는 주장에 동의한다. 나는 역사가가 단편적인 전승들의 진정성을 증명하는 일보다는 예수에 관해 광범위하게 특징적인 모습이 무엇인지를 밝히는 일에 관심을 기울여야 한다는 그의 주장에 전적으로 찬성한다. 아마도 여기에서 던이 강조하는 점은 내가 자료 간의 합일점이라고 부르는 것과 유사한 것처럼 보인다.

그런데 던의 제안들을 면밀히 검토할수록 동의할 수 있는 요소보다는 동의할 수 없는 요소를 더 많이 발견하게 되는 것 같다. 다시 말해, 그의 제안들을 극도로 조건화할 강력한 이유들을 발견한다는 것이다. 내가 보기에 문제는 던의 제안들이 그 자체로만 보면 완벽하게 합리적인 반면에, 복음서를 역사적 예수에 관한 자료로 사용하려 할 때 직면하는 비판적인 문제들을 해결하는 데는 실제적으로 아무런 도움을 주지 못한다는 것이다.

예를 들어 역사의 예수를 신앙의 그리스도로부터 구분하는 것에 반대하는 그의 첫 번째 항의를 살펴보자. 그는 복음서 전체가 부활 신앙과 예수가 주님으로서 승귀하심에 대한 신앙의 전망에서 기록되었다는 것을 인정하면서도, 그 신앙적 전망을 역사적 예수 탐구가들이 적용하는(독자들이 아시는 것처럼 나도 그중 하나다) 독단적인 방식에는 반대한다. 그는 예수가 생존했을 때 그에 대한 일종의 신앙(헌신)이 있었다고, 다시 말해 그가 추종자들에게 깊은 영향을 끼쳤으며 복음서 전승이 바로 그 "역사적으로 의미 있는 예수"에 대한 증언을 담고 있다고 주장했다.

논리적인 측면에서는 던의 입장을 완전히 거부하기가 쉽지 않다. 왜냐하면 그의 입장을 거부하는 것은 교회가 예수에 관해 복음서에 보도된 모든 것을 단지 창작해냈다는 입장을 취하는 꼴이 될 것이기 때문이다. 그런 입장은 분명히 잘못된 것이다. 복음서에는 목격자들로부터 "말씀의 사역자들"(눅 1:2)에게 전달된 "예수에 대한 기억"이 분명히 포함되어 있다. 그러나 그런 자명한 이치로부터 진정한 역사적 요소들을 분별해내는 과정으로 이행하는 작업은 그리 간단하지 않다.

예를 들어 우리는 제자들의 부활 이전 신앙(pre-Easter faith)의 성격에 관해 질문할 수 있다. 우리는 예수가 메시아라는 베드로의 고백이 그런 헌신을 가리키는 것이라고 인정할 수 있다. 하지만 베드로의 고백이 담겨 있는 복음서 자체가 곧바로 그 신앙의 부적절성을 증언하는데, 먼저는 베드로의 고백을 예수의 수난과 부활에 비추어 정정함으로써, 또한 예수가 자신에 대해 예언했던 운명적인 순간이 도래했을 때 제자들이 어떻게 그를 버렸는지를 보여줌으로써 그들의 신앙이 불완전한 것이었음을 밝힌다.

사실 네 권의 복음서가 베드로의 고백을 기록하는 데 사용한 서로 다른 표현들은 각각의 복음서 저자들이 어느 정도로 부활의 관점에 기초하여 베드로의 선언을 구성했는지를 보여준다. 마가복음에서는 베드로가 "당신은 메시아입니다"(막 8:29)라고 말했던 반면에 누가복음에서는 "당신은 하나님의 아들 메시아입니다"(눅 9:20)라고 선언한다. 요한복음에서는 베드로가 "우리가 당신은 하나님의 거룩한 자임을 믿고 알았나이다"(요 6:69)라고 선언한다. 최종적으로 마태복음에서는 베드로가 "당신은 메시아시요 살아계신 하나님의 아들이십니다"라고 말했을 때 예수가 이 고백에 대한 응답으로 그에게 천국의 열쇠를 수여한다(마 16:16-19). 나의 주장은 정확히 그런 변이들로 인해 네 가지의 보도가 만들어내는 합일점이 더욱 인상적이라는 것이다. 그 합일점은 예수의 지상사역 기간 중에 베드로가 예수를 하나님의 기름부음 받은 자로 고백했다는 사실이다. 하지만 이런 해석상의 변이들로 인해 역사가들은 베드로가 정확히 뭐라고 말했는지 그리고 그 말을 통해 무엇을 의미했는지 결정하는 데 어려움을 갖는다.

나의 견해는 사복음서가 예수에 대한 진짜 기억들을 포함하고 있을 뿐만 아니라 그 기억들을 부활의 관점에서, 그리고 구약성서의 시각을 통해서 구성했다는 것이다. 복음서 저자들이 그 사건을 해석하는 데 그처럼 많은 노력을 기울였다는 사실은 참으로 기억할 가치가 있는 무언가가 있었다는 것을 암시한다. 하지만 그처럼 상당한 해석이 반영되었다는 사실 때문에 역사가는 그 기억들의 기초를 묘사하는 데 지나친 확신을 갖는 것을 경계해야 할 것이다.

그러한 해석적인 형성 과정과 무관한 자료를 찾아내려는 던의 노력은 역설적이게도 비유사성의 원칙과 흡사한 어떤 입장을 확증할 뿐만 아니라, **"Q 자료는 갈릴리에서 처음 출현했으며 예수가 예루살렘에서 죽기 전에 갈릴리에서 항구적인 형태를 갖추었다"**(Dunn의 강조)라고 주장하는 결과를 낳고 말았다. 물론 던은 학자들이 Q라고 지칭한 자료가 공관복음 자료와 뚜렷이 구분되는 문학적 산물이 아니라 오히려 공관복음 자료에 대한 비판적 분석의 결과라는 사실을 잘 알고 있다. 더 나아가 그는 Q의 "항구적 형태"가 그런 비판적인 분석을 통해서 명확하게 결정될 수 없는 것이라는 사실도 알고 있다. 그러나 예수를 소란과 죽음으로 이끈 예루살렘에서의 1년에 걸친 혼란스러웠던 사역 기간 중에 예수의 추종자들이 그의 말씀을 수집하여 정리했을 것이라는 던의 제안은 역사적으로 개연성이 없다. 저울추의 균형을 잡아보려고 했던 그의 염원은 불행히도 반대 방향으로 기울어지는 결과를 낳고 말았다.

또한 던은 예수를 기억하기 위한 매개체로서 기록 자료에만 주로 의존하는 것을 반대하고 구두 전승을 심각하게 취해야 할 필요성을 강조했다. 첫머리에 밝힌 것처럼, 나는 공동체 내에서 예수를 기억하기 위한 매개체로서 구두 전승이 중요하다는 주장에 전적으로 공감한다. 그러나 학자들이 구두 전승을 무시했다는 던의 불평은 근거가 없다. 던은 양식비평이 발전하게 된 계기가, 역사적 예수에 접근하기 위한 자료로서 기록된 복음서를 사용하는 것에 대한 회의적 인식 때문이었음을 알고 있을 것이다. 또한 마르틴 디벨리우스와 같은 양식비평가들이 구두 전승이 발생한 사회적이고 교회적인 배경에 상당히 주의를 기울였다는 사실도 인정해야만 할 것이다. 내가 보기에 던이 실제적으로 반대하고자 했던 것은 양식비평가들 역시 예수 전승을 전달한 자들 가운데 부활 이후 관점이 작용했음을 전제했다는 주장일 것이다. 사실 던은 예수의 최초 추종자들에게서 유래한 부활 이전의 구두 전승을 복원하고자 했다.

던의 확신에 찬 제안은 오래전에 리젠펠트와 에르핫손이 양식비평에 반대하여 제시했던 주장을 보다 정교하게 재연한 것이다. 위에 언급한 두 스칸디나비아 학자들이 랍비들 가운데 시행되던 구두 암기의 전통을 비교의 대상으로 삼았던 반면에, 던의 연구는 보다 대중적이고 느슨한 구두 암기의 과정을 상기시킨다. 그러나 각각의 입장에 대한 대답은 동일하다. 복음서의 저작에 선행하는 구전 과정이 무엇이든 간에 오늘날 우리에게 주어진 것은 기록된 본문뿐이다. 실제로 우리가 복음서에서 발견하는 유사성과 비유사성의 모든 형태들은 많은 경우 구전 과정의 변이에 의한 것이라기보다는 보다 자연스럽게 기록의 전달과 편집 과정의 결과로 설명될 수 있다.

구두 전승이 해명 가치(explanatory value)를 지닌다는 점을 증명하기 위해 던이 단 하나의 구체적인 예, 다시 말해 마태복음 25:14-30과 누가복음 19:11-27에 나오는 달란트/므나 비유만을 제시한다는 것은 상당히 충격적이다. 던은 여기에서의 변이들이 예수가 동일한 가르침을 다른 시간에 약간 다른 형태로 주었다는 사실에 기인하며, 따라서 단일한 원본은 존재하지 않았을 것이라고 주장한다. 이 점에 대해 나는 짤막하게 세 가지를 언급하고자 한다. 첫째, "다른 시간, 다른 표현(wording)"에 호소하는 것은 이미 아우구스티누스의 『공관복음 주석』(*Harmony of the Gospels*)의 산상/평지설교에 관한 해석에서도 발견되는 변증적 비평의 특징이다. 둘째, 예수가 자신의 가르침을 반복했을 것이라는 가정이 가능하고 개연적이기는 하지만, 그런 호소는 공관복음서 구절들에서 발견되는 유사성과 비유사성의 특별한 유형들을 적절히 설명하지 못한다. 셋째, 던이 제시한 비유(마 25:14-30 // 눅 19:11-27)의 예에서 누가복음의 보도는 단순한 구전상의 변이가 아니라, 복음서 저자가 자신이 제시하는 예수 이야기를 해석하기 위한 수단으로서 신중하게 고안하여 정확히 그 내러티브 문맥에 위치시킨 것임이 분명하다.

비밀 마르키온파는 율법에 매여 숨 막힐 듯한 "유대주의"에 대항하는 "기독교적" 해방자로서의 예수 개념을 만들어냈고 비평가들은 그 개념이 오래 지속되었다는 사실을 의아하게 받아들였는데, 던은 그의 마지막 항의를 통해 예수가 "유대인임"(jewishness)을 강조함으로써 마르키온적인 오류를 바로잡으려 하는 많은 비평가들의 대열에 합류한다. 역사적 탐구에 있어 신학적 편향성을 극복하는 것이 중요한 문제이고, 특히 이 사건의 경우에는 결정적인 문제라고까지 할 수 있지만, 그런 새로운 주장들이 내재적인 결점들을 완화하는 것 외에 실제적으로 얼마나 많은 기여를 했는지 의심스럽다. 제한된 지면상 세 가지만 언급하고자 한다.

첫째, 유대인 예수를 찾는 일은 역사기술의 원칙이나 기준이 아니라 미리 정해놓은 목표다. 둘째, 그런 목표를 설정함에 있어 1세기 팔레스타인에서 "유대적"이라는 말이 무엇을 의미했는가 하는 참으로 난해한 문제를 검토하지 않은 채로 남겨두었다. 현존하는 증거들에 따르면 제2성전기 시절의 유대인의 삶과 문학에는 상당한 정도의 다양성이 존재했다. 역사적 예수 연구 분야는 이런 다채로운 유대적 삶의 한 양상을 고립시키고 그것을 통해 예수를 규정함으로써 "유대적" 예수를 해석하려는 시도들로 분산되어 있다. 그리하여 우리는 열심당원 예수, 바리새인 예수, 에세네파 예수, 경건파(하시드) 예수라는 개념에 익숙하다.

셋째, 예수의 유대인 됨을 부각시키려 하는 자들도 역사적으로 볼 때 그가 다채로운 유대적 양상들 가운데서 두드러지는 측면을 가지고 있음을 인정하지 않을 수 없다. 만일 예수가 단지 수많은 열심당원 중 한 명으로, 또는 수많은 바리새인 중 한 명으로 환원될 수 있었다면 역사적으로 그를 분별한다는 것은 불가능했을 것이다. 따라서 어느 정도 "비유사성"의 원리를 적용할 수밖에 없다. 다른 많은 랍비들도 비유를 말했지만, 예수가 사용한 비유는 다른 랍비들의 것과 구별될 수 있는 특징을 가지고 있었다. 많은 다른 경건주의자들도 나름대로 이적을 행했지만 그들 중 어느 누구도 예수처럼 단기간에 그토록 많은 치유와 축귀 사역을 행함으로써 명성을 얻지는 못했다. 예수를 다른 유대인들과 구분하는 것은 그를 유대인이 아닌 다른 무엇으로 만드는 것과는 완전히 다른 문제다. 그리고 이 점에 있어 나는 던에게 전적으로 동의한다.

논평

대럴 L. 복

확실히 제임스 던은 오늘날 역사적 예수라는 주제와 관련해서 가장 영향력 있는 학자 중 한 명이다. 그의 『예수와 기독교의 기원』(*Jesus Remembered*)이 기여한 점 중에 하나는 우리가 이 주제를 탐구할 때 파악해야 할 요소들과 관련하여 최신의 정보를 제공한다는 것이다. 던의 논문은 구체적인 논의들을 많이 담고 있지는 않지만 방법론적 관점에서 볼 때 그의 연구를 훌륭하게 요약해놓은 것이라 할 수 있다. 던은 역사적 예수를 발굴하려는 노력에 전형적인 방식으로 찬사와 비판을 동시에 가한다. 그의 논문은 명확한 개요를 가지고 있다. 따라서 나는 논평의 틀로서 그의 개요를 사용할 것이다.

항의 1

역사적 예수 탐구에 뛰어든 다른 많은 학자들과는 대조적으로, 던은 신앙의 그리스도가 역사적 예수에 대한 왜곡이 아니라고 주장한다. 그의 주장은 환원주의적이고 해체주의적인 역사적 예수 탐구가 실제적으로는 큰 도움을 주지 못한다고 했던 루크 티모시 존슨의 불평을 연상시킨다. 나는 던의 항의에 동의하며, 이 책에 실린 나의 발제문에서도 역사적 예수에 관한 자료들이 문화적으로 일관성을 띤다는 사실을 보여주는 세부적인 사건들을 지적함으로써 던의 입장을 지지했다. 예수의 사역에 대한 복음서의 기록을 살펴보면, 역사적 예수와 신앙의 그리스도 간에는 많은 역사적 예수 탐구자들이 제시한 것보다 훨씬 더 긴밀한 연관성이 존재함을 알 수 있다. 신앙의 개입이 예수에 대한 명확한 시각을 방해하는 것은 아니다. 이러한 던의 항의는 예수를 독특한 존재로 만들었던 많은 요소들을 제거해버린 "첫 번째 탐구"에 대한 직접적인 도전이었다. 사실은 그런 독특성이 그를 독보적인 인물로 만들었기 때문에 사람들이 그에게 끌렸던 것이다. 또한 나는 바울이 예수로부터 유래하지 않은 어떤 일들을 했다는 이유로 그를 비난해서는 안 된다는 던의 견해에도 동의한다.

제안 1

던은 예수가 사역의 초창기부터 많은 사람들에게 신앙을 불러일으켰으며 그러한 사실이 곧 그의 사역이 역사적으로 실재했다는 증거라고 주장했다. 이것은 정확한 관찰인데, 그런 관찰은 여러 면에서 프라이스의 예수 신화 이론에 대한 강력한 비판이 된다. 이런 새로운 운동을 출범시키고, 그 운동을 그 배경이 된 유대교로부터 구별되는 방향으로 나아가게 한 어떤 요인, 그리고 어떤 인물이 존재했다. 아마도 예수가 사람들에게 끼친 영향과 결과가 그 출발점이 되었을 것이다. 더 나아가 던은 이러한 전반적인 영향이, 비록 부활 이후 신앙의 관점으로 덧입혀지기는 했지만, 여전히 우리들로 하여금 예수가 본래 끼쳤던 충격에 접근할 수 있게 해준다고 보았다. 왜냐하면 관련 주제들이 여전히 전승 가운데 명백히 남아 있기 때문이다. 나도 그 점에 동의한다. 내가 던과 상세하게 논의해야 할 문제는, 특정 주제에 관련된 전승 속에서 부활 이후의 성찰이 어느 정도나 영향을 미치고 있는가 하는 점이다. 아마도 산상수훈과 예수에게 기원을 둔 말씀전승이 좋은 주제가 될 수 있을 것이다. 이런 전승들은 예수에 기원을 둔 것으로서 부활 이후 신앙의 영향이 거의 발견되지 않는다. 나의 논문에서는 (Dunn이 강조했던 "말씀들"이 아니라) "사건들"에 강조점을 두었다. 이처럼 사건들을 논의에 포함시키는 것은 예수를 이해하는 데 새로운 차원의 의미를 더해준다. 때로는 사건들이 말씀들을 더 잘 이해할 수 있도록 도움을 주는데, 그런 사건들이 유대인 사회의 정황에 잘 들어맞기 때문에 여기에는 부활 이후의 해석을 요청하는 요소들을 덧붙일 필요가 없다.

또 하나의 중요한 문제는 Q에 관한 논의다. 던은 이 교훈 자료가 예수의 죽음 이전에 수집되고 최종적인 형태를 지니게 되었다고 주장한다. 이것은 내가 Q(혹은 그와 유사한 자료)에 대해 오래전부터 가져왔던 생각을 다른 방식으로 표현한 것이다. 나는 이 자료가 복음서처럼 예수에 관한 내러티브로서 의도된 것이 아니라 예수의 가르침을 후대에 전수할 목적으로 수집해놓은 문집으로 간주한다. 따라서 우리는 맨슨(T. W. Manson)이 오래전에 했던 것처럼 Q 자료를 주제별로 묶을 수 있다. (Manson은 Q 자료를 세례 요한과 예수[6 단위], 예수와 제자들[6 단위], 예수와 대적자들[7 단위], 미래의 일들[12 단위], 위의 범주들에 속하지 않는 말씀들[6 단위]로 나누었다.)[78] Q를 예수에 대한 포괄적인 조망으로 간주하는 것은 그 자료의 배후에 존재하는 목적을 오해하는 것이다.

예수에 관해 우리가 가진 최상의 자료가 "신앙" 문서이기 때문에 우리

78_ 언급된 구절들의 Q 자료 도표로는 Darrell, L. Bock, *Studying the Historical Jesus: A Guide to Sources and Methods* (Grand Rapids: Baker Academic, 2002), 174-75을 보라.

는 그것들을 다룰 수밖에 없다고 했던 켈러의 주장을 던이 수용한 것은 올바른 일이었다. 우리는 "역사적으로 의미 있는"(historic) 예수에 도달할 수 있다. 이것은 존슨의 제안과 매우 유사하다.

항의 2

던은 역사적 예수 탐구에서 종종 사용되는 한 가지 주요한 전제에 반대한다. 그는 복음서 발전 과정을 이해하는 데 있어 문학적 모델에 철저히 의존하는 것을 비판하는데, 내가 보기에 그 비판은 예리하고 적절했다. 유대 문화 속에서 구두 전승은 우리가 생각하는 것 이상으로 흔했다. 문학적인 모델에만 엄격하게 의존하는 길에서 벗어나는 것은 1세기의 배경을 고려할 때 역사적으로 적절한 조치인데, 자료와 그 결과라는 관점에서 볼 때에는 문제를 해결하는 데 있어 판도라의 상자와 같은 역할을 한다. 던이 지적한 것처럼, 문제는 구전성과 그것의 한 요소로서의 변이성이 존재한다는 사실이 예측불허의 만능패(wild card)처럼 작용하면서 자료 간의 인과 관계에 대한 확신을 파괴한다는 것이다. 두 문서(더 정확하게는 네 문서) 가설(마가 자료, Q, 마태복음의 특수 자료, 누가복음의 특수 자료)과 그리스바흐(Griesbach) 가설(복음서를 마태, 누가, 마가의 순서로 봄)은 잘 정돈되어 보이기는 하지만 그 자료들과 관련된 구두 전승의 복잡다단한 양상을 반영하지 않는다. 제2성전기에 지중해 연안에 거주하던 유대 문화에서는 그리스 로마 문화에서와 마찬가지로, 중요한 인물과 관련된 사건과 행적을 후대에 전수할 때에 주로 구두 전승에 의존했다. 던이 바르게 지적한 것처럼 구전 모델이 존재한다는 사실은 문서 전승만이 신뢰할 수 있는 유일한 자료가 아님을 보여준다. 이러한 구전 문화는 역사에 뿌리를 둔 실제 사건들에 대한 관심과 기억을 포착하고 붙잡아서 그것을 후대에 전수하는 나름의 방법과 수단을 가지고 있었다. 이 구전성은 불트만이 주장한 것처럼 다층적이지도 않으며, 다른 사람들이 주장한 것처럼 유동적이지도 않다. 던이 올바로 지적한 것처럼 20년이라는 구두 전승 기간으로 인해 자료 전달의 사슬에 단절이 생겼으며, 그로 인해 왜곡되지 않은 순전한 본래의 전승으로 돌아가는 것은 불가능해졌다. 덧붙여서 나는 "본래의" 전승 모델을 탐구하는 자들의 기본 전제가 안고 있는 또 하나의 핵심적인 결점을 지적하고자 한다. 예수는 공생애 기간 중에 여러 지역을 여행하면서 주어진 주제들에 대해 여러 차례 강론을 했을 것이며, 그렇기 때문에 하나의 사건을 묘사하거나 어떤 주제에 대한 그의 가르침을 제시하는 데 단 하나의 "순전한" 방식만 존재할 것이라고 가정하는 것은 잘못된 생각일 수 있다. 따라서 최초의 전승 형태가 반드시 우리를 실제 예수에게로 인도하는 밀봉된 전승 형태라는 보장은 없다.

제안 2

따라서 던은 우리가 예수 전승의 구전 단계를 보다 진지하게 다루어야 한다고 주장한다. 나는 이 점에서도 그에게 동의한다. 구전성에 대한 연구를 재개한 것은 최근 학계에서의 중요한 진보라고 할 수 있지만, 구전성이 어떻게 작용하는지에 대해서는 아직도 많은 연구가 필요하다. 구전이 수행되는 방식은 독서하는 것과는 다르다. 많은 경우 구전 수행은 공동체적이며, 선택된 사람들의 감독하에 시행된다. 그것은 고정성과 유연성을 모두 포함하며 기사 원본(original version of the account)이 아니라 실제 일어난 사건(originating event)에 뿌리를 둔다. 던이 제시한 이 모든 관점들은 적절하다. 나는 실제로 우리가 다루는 자료들 가운데 고정성과 유연성 간의 조화를 염두에 둔 모델이 등장하는 것을 목격한다. 우리가 가진 문서 자료 내에서의 변이들을 살펴보면, 그것들이 세부적인 점에서는 차이를 보이지만 이야기의 핵심이나 요점에 있어서는 놀랍도록 일치한다는 것을 발견할 수 있다. 그뿐 아니라 우리는 이러한 전승 감독관(tradition supervisor)의 역할을 보다 잘 이해할 필요가 있다. 예를 들어 누가는 유다를 대신할 다른 제자를 선발할 때의 기준이 "예수를 오랫동안 직접적으로 경험한 무리"(행 1:21-22)에 속하는 것이었다고 언급한다. 2세기 중반에 순교자 유스티누스가 복음서의 성격을 언급하기 위해 그것들을 "회상록"(memoirs)이라고 부른 것은 우연이 아니었다(『첫 번째 변증』 66-67, 『트리포와의 대화』 103).

항의 3

던은 역사적 예수의 모습을 재연하는 데 비유사성의 기준을 중심으로 삼는 것을 거부한다. 이 기준은 단지 그의 주위 환경과 구별되는 인물로서의 예수만을 제시할 뿐이다. 하지만 예수의 진정한 모습은 "구별되는" 예수가 아니다. 나는 이 점에도 던과 의견을 같이한다. 훨씬 더 중요한 기준들이 있는데, 복수 증언이나 당혹성, 그리고 변형된 비유사성의 기준이 좋은 예다. 그중에 변형된 비유사성의 기준에 의하면 우리는 예수를 유대교와 새롭게 출현한 교회 간의 가교로 제시하는 구절들을 진정성이 높은 구절로 간주할 수 있다.

제안 3

던은 앞선 많은 학자들(Schweitzer와 Caird 등)이 제안했던 것처럼 유대인으로서의 예수를 찾는 것이 연구의 출발점이 되어야 한다고 주장한다. 사실 나의 논문에서 예수와 관련된 사건들을 설명하기 위해 유대적인 배경을 강조하는 데 그렇게 많은 시간을 할애하는 이유도 바로 그것 때문이다. 이것은 또한 크로산의 모델이 실패하는 이유이기도 하다. 그의 모델은 예수의 유대인 됨(Jewishness)을 고려하지 않을 뿐만 아니라, 예수가 유대교의 다양한 종파들, 특히 바리새파와 벌인 유대적인 논쟁 역시 중요하게 다루지 않는다. 특징적인 예수(characteristic Jesus)를 찾아야 한다는 요청 역시 적절하다. 이 점에서는 일관성의 기준이 복수 증언의 기준과 함께 특징적 예수를 찾는 데 도움을 줄 것이다. 물론 우리는 단회적으로 증언되는 가르침—특히 이미 일관성이 있다고 판명된 가르침과 관계된 것일 경우에는 더욱—에도 마땅히 존중을 표해야 한다. 내가 나의 발제에서 어떤 중심적인 사건들에 주의를 기울인 것도 그런 이유에서다. 지면이 허락되었다면 예수의 가르침에 있어서 핵심적인 주제들에 대해서도 동일한 관심을 기울였을 것이다. 던이 특징적인 형식들과 관용구들을 강조한 것은 바람직한 일이었다. 그가 강조해서 다룬 주제에는 인자, 하나님 나라, 축귀 사역자로서의 예수 그리고 갈릴리 사역 전승 등이 포함된다. 이 모든 요소들이 우리를 역사적 예수에게로 인도하는 지침이 될 것이다. 내가 던에게 한 가지 더 바라는 것이 있다면 이런 특징적인 예수의 세부적인 모습을 좀 더 채워주었으면 하는 것이다. 내가 나의 발제에서 제시한 것처럼 이 주제와 관련하여 간단한 개요 이상의 활용 가능한 세부 자료들이 존재한다. 물론 그중에 얼마나 많은 자료가 특정한 방식으로 예수에게로 소급되는가 하는 점에는 이론의 여지가 있다. 기억해야 할 사실이 있는데,

우리는 종종 예수가 실제로 하셨던 말씀이 아니라 전승 속에서의 예수의 "음성"을 듣는다는 점이다. 나는 다른 곳에서도 이런 구분을 인식하고 변호했다.[79] 던이 개요를 제시하고 내가 조금 더 발전시킨 이런 간략한 소개글을 통해서도 예수에 관한 신뢰할 만한 그림을 제시하는 것은 얼마든지 가능하다. 참으로 예수는 복음서 속으로 흘러들어온 전승들 속에서 그의 가장 중요한 사역들에 대한 기억을 통해 기념되었고, 지금도 여전히 기념되고 있다. 던이 주기도와 최후의 만찬 기사를 통해 지적했던 것처럼 그런 전승들은 정기적으로 사용되었을 뿐만 아니라 잘 보존되었다.

던의 논문에는 방법론적 관찰이 풍부하다. 나는 던이 그런 관점을 견지하는 가운데 예수에 대하여 실제로 드러났다고 그가 생각하는 것들을 좀 더 풍성하게 보여주었으면 하는 바람을 갖는다. 우리는 『예수와 기독교의 기원』을 통해 부족한 부분을 채워야 할 것 같다.

79_ Michael J. Wilkins and J. P. Moreland, "The Words of Jesus in the Gospels: Live, Jive, or Memorex?" in *Jesus Under Fire: Modern Scholarship Reinvents the Historical Jesus* (Grand Rapids: Zondervan, 1995), 74-99.

5

역사적 예수

복음주의 관점

_대럴 L. 복

역사적 예수 연구의 가치와 한계 및 근원에 대한 예비적 논평

사자와 양이 함께 누울 수 있는가? 역사적 예수 논의에 대한 복음주의적 관심이라는 아이디어 자체가 모순어법이라고 느끼는 사람이 적지 않다. 많은 비평가들은 성서에 대한 복음주의적 견해가 예수 논쟁에 대한 복음주의자들의 논의를 왜곡시킨다고 생각한다. 많은 복음주의자들, 특별히 평신도 복음주의자들에게 역사적 예수 연구를 둘러싼 회의주의는 하나님의 말씀으로서의 성경을 거절하는 것으로 여겨져서 금지된다. 그런데 역사적 예수에 대한 복음주의 접근이 가능하겠는가?

나의 대답은 "가능하다"는 것이다. 하지만 그것이 가능하기 위해서는 역사적 예수 연구가 성취하고자 하는 목표의 성격뿐만 아니라, 수천 년의 시간을 가로지르는 역사 지향적인 연구의 저변에 놓인 한계에 대한 분명한 인식이 있어야 한다. 부언하자면, "우리가 한편으로는 신앙에 의해서, 그리고 다른 한편으로는 역사적 연구의 궤적을 따른다는 이유로 어떤 것을 믿는다"라는 명제와 "우리의 제안이 예수와 관련된 기사들에 뿌리를 두고 있다"라는 명제는 서로 다른 것이다. 역사적 예수 연구는 시간이 경과하면서 발전하였고, 방법론적으로 많은 상이한 강조점과 전환점을 지닌다. 역사적 예수 연구의 목적은 우리가 현재 가지고 있는 다양한 자료와 대상물(realia)을 통해서 가장 개연성 있는 예수 상이 어떤 것인지를 추적하는 것이다. 그러므로 역사적 예수 탐구는 우리가 사용할 수 있는 자료의 한계 내에서 진행될 뿐만 아니라, 1세기 문화를 이해하는 우리의 능력을 제한하는 시간의 범위 내에서 진행된다. 우리는 그 문화를 그리스 로마적 요소와 유대적 요소의 다원적인 복합성 속에서 재구성하려고 노력해야 한다. 이런 의미에서 그런 연구의 결과들은 성격상 매우 잠정적이다. 새로운 것이 발견되면 "이미 정립된 사실들"이 크게 도전받을 수 있다. 사해 두루마리의 발견이 예수를 유대교의 맥락에서 이해하게 하는 중대한 자극제가 되었던 것처럼 말이다. 이런 발전은 알베르트 슈바이처가 예수를 그런 맥락에서 이해해야 한다고 주장한 지 50년이 넘어서야 찾아왔다. 슈바이처는 이미 그때 교조적인 제1의 탐구에 종말을 알리고 있었다. 이제는 사해 두루마리가 그에게 부족했던 자료를 보충해 줌으로써 예수와 그의 세계를 이해하는 새로운 방식을 제공해주었다.

역사적 예수 탐구는 초대교회가 예수에게 덧입힌 것으로 보이는 교리적인 층위들을 예수에게서 벗겨냄으로써 진정한 역사적 예수를 발견하려는 계몽주의의 프로젝트로 시작되었다. 역사적 예수 연구의 역사가 보여준 과정은 어떤 면에서는 원자(atom)를 쪼개려는 시도나 DNA의 가닥을 명확히 분리해내려는 시도와 유사하다. 그것은 수많은 추측이 난무하는 매우 난해한 작업이다. 한편에서는 탐구 시기가 세 단계로 나뉜다고 말하는 반면에 다른 편에서는 18세기에 탐구가 시작된 이래 결코 중단된 적이 없다고 주장하기도 한다. 결과적으로 예수에 관한 수많은 그림(portrait)들이 등장하게 되었다. 어떤 이는 이런 다양성이 연구 자체를 무효화할 뿐만 아니라 자료를 처리할 능력이 없음을 드러내는 것이라고 주장한다. 그러나 최근의 역사적 예수 연구는 대부분 유대교 맥락에서의 예수 이해를 출발점으로 삼는데, 그것은 예수가 유대인이라는 사실과 제2성전기 유대교에 대한 우리의 점증하는 지식을 고려할 때 적절한 출발점이라 할 수 있다.[1] 이런 접근법은 이전 시기의 탐구가 채택했던 방법을 능가하는 것이다. 첫 번째 탐구에는 결점이 있었는데, 바로 예수 연구에 교리적인 것(dogmatics)이 서 있을 자리가 없다고 (마치 예수가 신학과는 무관한 것처럼) 주장한 것이다. 두 번째 탐구는 예수에 대한 복음서의 묘사에서 그리스적인 층위들을 발견할 수 있고 그것들을 완벽하게 잘라내서 제거할 수 있다고 강력하게 주장했지만, 결국 사해 사본들로 인해 그런 그리스적인 기원의 일부가 상당히 유대적인 것일 수도 있다는 가능성이 제기되었다. 소위 제3의 탐구(그것이 실제로 제3의 탐구인지 아닌지는 별개로 하고)가 가진 강점은 그것이 예수가 생활하고 말했던 바로 그 환경에서 출발한다는 것이다. 이런 방법론은 적어도 예수의 대부분의 공생애 기간 동안 그가 무엇을 주장했으며 또 그 주장을 어떻게 유지시켰는지를 파악하는 길을 새롭게 열어준다.[2]

그러므로 예수와 제2성전기 유대교 정황과의 관계성을 역사적으로 조망하는 것은 성서의 예수가 기억된 예수라는 점을 명심하기만 한다면 가치 있는 작업이 될 것이다. 예수는 자신과 관련된 인물들에 의해, 또는 그와 동행하던 자들에 의해 기억되었다. 그들 중 일부는 우리가 예수에 대해 갖고 있는 전승을 만들어낸 장본인일 것이다. 사도행전 1:21-22에 따르면 사도가 되기 위한 조건 중 하나는 예수에 관한 직접적인 체험을 갖는 것, 다시 말해 예수와 관련된 구두 전승에 책임이 있는 "말씀의 목격자요 증인"(눅 1:2)이어야 한다는 것이다.

1_ 최근에 James Charlesworth가 자신의 저서에서 이러한 출발점을 적극적으로 옹호했다. James Charlesworth, *The Historical Jesus: An Essential Guide* (Nashville: Abingdon, 2008).

2_ Ben Meyer를 위시한 몇몇 학자들은 예수가 공적으로 행한 것과 사적으로 그의 제자들에게 가르친 것을 신중하게 구분하는데, 이런 구분은 예수가 어떤 식으로 자신을 드러냈는지를 논의할 때 주요한 논거가 된다.

어떤 인물에 대한 이런 비자서전적 묘사가 정확하고 가치 있는 기록이라는 것은 어찌 보면 당연하다. 우리는 종종 한 개인에 대하여 가치 있는 유일한 증언은 그 사람 자신의 전기라고 생각한다. 그러나 이것은 오해다. 물론 저자 자신이 일인칭 관점에서 쓴 자료를 보유하는 것은 유익한 일이다. 그런 자료는 저자의 개인적인 동기를 이해하는 데 확실히 도움을 준다. 하지만 예수의 경우, 우리가 지닌 모든 기록은 다른 사람들이 예수에 대해 말한 것이거나 또는 예수가 말한 것을 다른 사람들이 보도한 것이다. 그렇다고 해서 우리가 예수에게 접근하는 길을 완전히 잃어버린 것은 아니다. 생각해보라. 한 위대한 인물의 동료들이 그 인물에 대한 인상을 자신의 말과 행동으로 기록하였다면 그 기록이 역사를 강화시키지 않겠는가. 예수에 대한 이야기의 많은 부분은 예수가 다른 사람에게 끼친 영향력에 관한 것이다. 그 영향력이 아니었다면 예수의 생애와 사역은 그리 중요한 것이 아니었을 것이다. 그렇기 때문에 예수가 끼친 영향과 그가 준 자극을 다룸에 있어 그의 인격(personality)에 대한 다각적인 이해가 매우 중요하다. 복음서들이 우리에게 제공하는 것이 바로 그런 다양한 시각이다. 그리고 그런 다각적인 관점이 가져다주는 인상은 한 개인의 자서전적 언어만큼이나 역사적일 수 있다.

내가 이처럼 영향력을 강조하는 이유는 한 유명한 유대인 학자의 질문 때문이다. 그는 예수가 자신의 기록을 전혀 남기지 않았는데 우리가 어떻게 예수에 대해 뭔가를 알 수 있느냐고 물었다. (그때 우리 두 사람은 예수가 제2성전기 유대교의 맥락에서 의미가 통하는 메시아적 관점에서 파악되어야 한다는 나의 주장에 대해서 논의하고 있었다. 내가 이 소논문에서 개진하려는 것도 그런 주장이다.) 그 유대인 학자는 대학원 학생들과 함께 한 비공식적인 식사 자리에서 나에게 그런 공격적인 질문을 했는데, 역설적이게도 그 식사 자리에 함께 한 학생의 숫자는 열둘이었다. 나는 이렇게 대답하였다. "당신이 아무것도 남기지 않고 죽었다고 가정해봅시다. 내가 당신의 학생들에게 당신이 무엇을 가르쳤고 어떻게 가르쳤는지를 질문할 수 있습니까? 그리하여 당신이 누구였고 무엇을 가르쳤는지에 대해 다양한 차원의 이해를 할 수 있다고 생각하시나요? 내가 역사적 교수(historical professor)에 대하여 가치 있는 어떤 것을 발견할 수 있습니까?" 나는 그렇다고 생각하며, 복음서가 우리에게 주는 것이 바로 그것이라는 점을 보여주고자 한다.

우리가 이런 결론에 도달할 수 있는 방법 중 하나는 역사적 예수 연구 학자들이 사용하는 규칙들을 적용하여 역사를 신중하게 연구하는 것인데, 이 방법론에는 입증이라는 심각한 장애물이 있다는 사실을 염두에 둘 필요가 있다. 흘러가버린 시간 속에서 문화를 재구성하는 과제와 역사적 방법론이 확증되지 않은 단일한 증언으로 인해 맞게 되는 어려움 때문에 많은 특수한 사건과 관련된 결과들이 입증되지 않은 채 남을 수 있다. 단일 증언이 방법론으로 쉽사리 통합될 수 있을 때에는 완전한 그림(portrait)을 얻기가 용이하지만 위에서 말한 방법론과 기준들을 적용한다면 그것이 어려워진다.[3] 주로 다양한 유형의 확증에만 의존하는 접근법에서는 많은 잠정적인 증거들이 상실되거나, 적어도 역사 연구자의 기준에 못 미치는 것으로 간주되어 유보되고 만다.

따라서 진정성의 기준(복수 증언, 다양한 양식에서 발견되는 비유사성, 일관성, 아람어층, 당혹성, 문화적 적응성과 역사적 개연성)을 적용하는 역사적 예수

3_ 그러한 연구에서 요한복음이 중요하게 다루어지지 않는 이유 중 하나는 그것이 "단일 증언"이기 때문이다. 요한복음 자료의 80퍼센트 이상이 요한복음 고유 자료다. 따라서 학자들은, 요한복음의 자료가 몇몇 핵심 구절에 있어서 중요한 기여를 할 수 있다는 인식이 증가하고 있기는 하지만 아직까지는 진정성 연구의 자료로 요한복음을 거의 사용하지 않는다. 하지만 요한의 자료가 진정성의 기준을 충족시킨다는 것이 쉽지 않음을 알기 때문에, 나는 이 연구에서 요한 자료를 드물게 사용할 것이다. 요한 자료를 추가하게 되면 그것을 해명하고 정당화하기 위해 더 많은 자료를 대동해야 할 것이다.

연구의 결과들은 변화의 여지가 많으며, 예수가 동시에 여러 사람에게 끼친 영향을 단편적으로만 다룸으로써 기껏해야 예수의 골격에만 접근하게 해줄 뿐이다. 그런 방법론은 온전하고 만족스러운 이해를 주지 못한다. 역사적 예수 연구는 상이한 방법으로 예수에 접근하는 사람들 간에 대화의 출발점이 될 수 있다. 이런 이유로 역사적 예수에 대한 논의는 탐구할 가치가 있다. 비록 그 결과들의 범위가 언제나 제한적이긴 하지만 말이다.

예수가 존재했다는 것

이따금씩 예수가 과연 존재했는가라는 질문이 제기된다. 사실 예수가 존재했다는 광범위한 증거가 있다. 요세푸스는 『유대고대사』 18:63-64에서 빌라도의 팔레스타인 통치를 다루는 맥락에서 예수에 대해 논의한다. 현존하는 본문은 그리스도인 필사가에 의해 부분적으로 수정된 것이기는 하지만, 그 본문의 핵심적인 내용은 요세푸스 자신의 글이라는 점을 대부분의 학자들이 인정한다. 요세푸스는 여기서 기적 수행자로서 예수의 명성을 언급하고("예수는 놀라운 일을 행하는 자였다"), 예수를 십자가형으로 이끈 유대인 지도자들의 반대("빌라도가 우리 지도자들이 제안한 대로 예수에게 십자가형을 언도했을 때")에 대해 논할 뿐만 아니라, 예수의 죽음이 새로운 회심자의 출현을 멈추게 하지 않았음("그의 이름을 따라 그리스도인이라 불리는 무리가 오늘날에도 사라지지 않았다")을 관찰한다. 책 뒷부분에서 야고보에 대해 언급하면서 그를 소위 그리스도라 불리는 인물의 형제라고 말하는 것으로 볼 때 우리는 요세푸스가 이미 그리스도라는 인물에 대해 논의했다고 가정할 수 있다(『유대고대사』 20.200: "그[베스도]가 산헤드린 재판관을 소집하고 그들 앞에 그리스도라 불리는 예수의 형제인 야고보와 다른 이들을 데려왔다"). 2

세기 초반에 나온 로마의 타키투스[4]와 수에토니우스[5]의 저술에서는 요세푸스와 유사한 노선에서 기본 요소들을 분석한다. 이처럼 예수가 속한 세기를 다룬 유대와 로마의 자료가 공히 예수의 존재를 증언한다. 보다 후기의 유대인 자료들 역시 예수의 존재를 전제한다(b. *Sanhedrin*, 43a, 107b). 예수 운동을 반대한 자들이 그의 존재 자체를 부인했다는 증거는 없다.

예수에 대한 복음주의 해석: 예수 사역의 뼈대를 보여주는 핵심 주제들

이런 간략한 발제에서 역사적 예수에 관한 논의에 포함되는 모든 요소들을 세밀하게 다룰 수는 없다. 그래서 나는 예수의 주된 관심이 무엇이었는지에 집중할 수 있도록 도와주는 핵심 주제, 사건, 말씀을 선택적으로 다루고자 한다. 여기서 핵심은 예수가 유대적 요소와 그리스 로마적 요소가 혼합된 복잡한 문화적 정황 속에서 출현했으며 그 요소들이 때로는 서로 분리할 수 없을 정도로 밀접하게 융합되어 있다는 것이다. 예수 자신은 실천적인 유대 문화권에서 출현했으며, 적어도 유대적 개혁이라고 부를 만한 운동을 일으켰는데 그것은 많은 선지자들과 맥을 같이하는 국가적이고 종교적인 개혁에의 부름이었다. 예수에 대한 진짜 논쟁은 예수가 자신을 예언자 이상의 존재로, 다시 말해 약속된 하나님 나라의 도래와

4_ *Annals* 15, 44: "그들[그리스도인들]은 자신들의 이름을 그리스도에게서 빌어왔는데, 그는 티베리우스의 통치 기간에 총독 본디오 빌라도의 선고로 처형되었다. 그러자 잠시 지독한 미신이 가라앉는 듯했으나 다시 새롭게 발흥했는데, 이번에는 그 재앙의 본거지였던 유다 지역뿐만 아니라 세상의 모든 끔찍하고 수치스러운 것들이 몰려 있는 로마에까지도 퍼졌다."

5_ *Life of Claudius* 25, 4: "클라우디우스는 유대인들을 로마에서 축출했다. 왜냐하면 유대인들이 크레스투스(Chrestus)의 선동에 이끌려 끊임없이 폭동을 일으켰기 때문이다." 대부분의 해석가들은 크레스투스(Chrestus)가 그리스도(Christ)를 잘못 표기한 것으로 간주한다.

관련된 중심인물로, 심지어 그 나라의 도래와 유지를 가능케 하는 인물로 보았는가 하는 것이다.

예수가 자신이 기록한 문서를 일절 남기지 않았기 때문에, 우리가 어떻게 그의 의도를 파악할 수 있을까라는 질문이 가능하다. 그 대답을 요약하자면 이런 것이다. 우리는 예수의 행동들을 통해 그의 의도를 가장 잘 파악할 수 있는데, 그의 행동 가운데 많은 부분은 유대인의 기대(Jewish expectation)를 상징하고 또 그런 맥락에서 취해진 것들이다. 이 사건들 중에 특히 여러 차례 증언되는 사건들이나 혹은 다른 진정성의 기준을 충족시키는 사건들은 그의 행동들과 그 행동들이 미친 영향력의 핵심에 접근할 수 있는 적절한 통로가 된다. 그래서 우리는 예수의 생애에서 중심이 되는 주제들과, 예수가 취하신 행동들의 역사적인 윤곽을 보여줄 것으로 생각되는 사건들로 우리의 시선을 돌릴 필요가 있다.

세례 요한과의 관련

세례 요한이 그 나라의 백성에게 회개를 선포했던 맥락 안에 예수도 자리하고 있었기 때문에, 세례 요한과의 관련성을 논의의 출발점으로 삼는 것은 중요하다. 예수가 요한에게 세례를 받았다는 전승은 여러 차례 증언된다. 마가 전승과 요한복음, 그리고 심지어 복음서 외부 자료에서도 그런 암시를 발견할 수 있다.[6] 이 사건의 정확한 의미와 그 사건이 무엇을 보여주는가에 대한 논의는 전체 장면(하늘에서 나는 소리에 대한 기록을 포함해서) 중 얼마나 많은 부분이 원래의 체험을 반영하느냐에 달려 있다.[7] 그렇지

6_ 어떤 이들은 Q에서 그런 암시를 발견할 수 있다고 주장한다. 그뿐 아니라 *The Gospel of Ebionites*에서도 그런 언급을 발견할 수 있다고 말한다(Epiphanius, *Against Heresies* 30. 13.7-8).

7_ 만일 "하늘에서 나는 소리"가 제자들에게 전해진 예수의 체험을 반영하는 것이라고 한다면, 당시에 예수를 하나님으로부터 위임받은 "종으로 오신 아들"(Servant-Son)로 인식하고

만 예수가 세례 시에 요한에게 복종하는 것으로 묘사되는 점을 볼 때 예수가 실제로 그런 세례에 참여했을 가능성이 매우 높다. 그런 점을 인정할 때 예수에게 절대적인 최고 지위를 부여하는 공동체가 이런 장면을 창작해냈을 것이라고 가정하는 것은 상당히 당혹스럽다(당혹성의 기준을 충족시킴). 사실 복음서 전승 내에서도 마태복음 3:14-15에서 볼 수 있는 것처럼 이 문제에 대해 민감한 반응을 보인다.

역사적 예수 논의에서 중요한 점은, 역사적으로 상당히 개연성 있는 예수와 세례 간의 연관성을 통해 예수가 요한의 사역과 자신의 사역을 동일시했다는 것을 짐작할 수 있다는 것이다.[8] 예수는 국가 갱신의 요청을 요한과 공유했으며 스스로 그 사역에 헌신했다. 이것은 예수가 단지 윤리적 지혜를 가르치는 도덕 교사가 아니라는 것을 의미한다. 도덕 교사라는 이미지는 실제로 역사적 예수를 다루는 모든 연구들이 나름대로 수용하는 두 번째 범주다.[9] 예수의 사역과 관련된 사건들은 보다 직접적으로 다

있었다고 말할 수 있다. 예수는 시 2편을 암시하는 메시아로 그려지는데, 이것은 그에 대한 초기의 사도적 전승이 확증하는 바다(행 10:37-38). 또한 예수는 사 42장의 암시를 통해서도 종(Servant)과 동일시된다. 하지만 나는 여기서 그러한 측면에 초점을 맞추지 않을 것이다. 내가 강조하고 싶은 것은 예수의 공생애의 출발점에 관한 다양한 전승들이 일관성을 갖는다는 사실에 비추어볼 때, 이스라엘로 하여금 언약의 충실성으로 돌아올 것을 촉구할 필요성에 대해 예수와 세례 요한이 일치된 견해를 가지고 있었다는 것이다.

8_ 세례 요한의 사회학적 정황에 대한 신중한 변론으로는 Robert L. Webb, *John the Baptizer and Prophet: A Sociological Study* (Sheffield: Sheffield Academic Press, 1991); idem, "Jesus' Baptism: Its Historicity and Implications," *Bulletin of Biblical Research* 10, no.2 (2000): 261-309.

9_ 어떤 역사적 예수 연구에서는 예수를 오직 지혜 교사로 제한하고 싶어한다. 이런 경향을 보여주는 가장 잘 알려진 최근의 노력으로는 1990년대의 예수 세미나를 들 수 있다. 예수의 사역에서 발견할 수 있는 모든 종말론적인 특징들은 후기 공동체의 산물이다. 심지어 어떤 학자들은 유명한 Q 자료마저 Q1, Q2로 나눈다(어떤 이는 Q에 더 많은 갈래가 있다고 주장하기도 한다). 나는 이런 주장들에 개연성이 없다고 생각한다. 종말론적 예수에 대한 증언은 너무 많은 전승 자료와 형식에서 발견되기 때문에, 그런 자료들이 예수에게서 온 것이 아니라고 배제하는 것은 상당한 무리다. 이 점은 내가 역사적이라고 인정하는 다른 사건들에

음과 같은 부가적인 차원들을 지시한다.

예수 사역의 특성: 주변인에게 다가서기

예수의 사역에서 여러 번 증언되는 또 하나의 요소는 사회의 주변에 있는 자들을 향해 다가서는 것이다. 예수가 부정한 자나 버림받은 자처럼 사회의 주변인으로 간주되는 자들에게 관심을 가졌다는 사실은 그에 대한 반발과 관심을 동시에 불러일으키는 요소였다(예를 들어 세리들과 관련하여 Mk: 막 2:15-16 // 마 9:10-11 // 눅 5:30, Q: 마 11:19 // 눅 7:34, M: 마 21:31, L: 눅 15:1. 나환자와 관련하여 Mk: 막 1:40 // 마 8:2; 10:8; 막 14:3 // 마 26:6, Q: 마 11:4-5 // 눅 7:22-23, L: 눅 17:10-17. 가난한 자들과 관련하여 Q: 마 5:3 // 눅 6:20; 마 11:4-5 // 눅 7:22-23, Mk: 막 10:21 // 마 19:21, 막 12:41-42 // 눅 21:2-3, L: 눅 4:16-19; 14:13-14, 21; 16:19-31; 19:1-10). 예수가 사회에서 버림받은 자들에게 관심을 가지고서 그런 사람들에게까지 식탁 교제를 확장시키고, 제자들에게도 그와 동일하게 행하라고 촉구한 사실은 예수의 사역이 사회의 관심에서 배제된 자들에게까지 열려 있었음을 보여준다. 예수는 사람들에게 비난을 살 만한 방식으로 동료를 택했다(Q: 마 11:19 // 눅 7:34, L: 눅 15:1). 이것은 예수가 잃어버린 죄인을 찾아 구원하려고 왔기 때문에 그의 메시지가 넓은 범위의 사람들을 향한 것임을 암시하는 방식이다(Mk: 막 2:17 // 마 9:13 // 눅 5:32, L: 눅 5:8; 15:1-32; 눅 19:10). 바로 이 점에서 그의 가르침은 일단의 유대교 무리가 추구했던 정교한 경건생활의 모범과 대립한다. 어떤 이는 쿰란 공동체에서 요구하는 장기간의 입문 과정을 하나의 예로 생각한다. 죄, 경건, 순결에 대한 정교한 논의는 유대교 내에서 발생한 운동의 일부로서 제2성전 함락 이후에 미쉬나와 같은 작품에서 오히

의해 더욱 강화된다.

려 더 완전한 형태로 나타났다. 그보다 이른 시기에 나타난 희년서와 같은 작품도 이스라엘 내의 다른 무리로부터 분리되는 방식으로 의로움에 이르는 것에 대한 관심을 반영한다. 예수의 접근법은 거룩함에 대한 그런 접근과 대조를 이룬다.

예수의 가르침에 담긴 요청: 전적인 헌신

적어도 공관복음서를 통해 발견할 수 있는 예수의 가르침이 갖는 한 가지의 특징은, 예수가 자신을 명백한 소망의 대상으로 밝히지 않은 채, 많은 시간을 그가 선포하는 것(하나님 나라)과 그가 가져올 것(하나님의 용서와 자비)에 대해 논의하는 데 보냈다는 점이다. 그의 가르침에서 발견되는 이런 특징은, 그의 행동과 다른 활동들이 그가 바로 장차 올 일의 중심에 있음을 암시한다는 점을 생각할 때 꽤나 교묘하다. 사실 여러 측면에서 하나님 나라와 그 나라의 유익은 예수의 임재와 활동에 수반한다. 그런 하나님으로부터 오는 기회의 열린 문은, 하나님이 예수를 통하여 가져다주시는 것을 전적으로 붙잡고 받아들이라는 부름(call)을 통해 오는 것이다. 그래서 예수는 모든 것을 요구하는 제자도에 대해 가르친다. 그것은 자기의 가족에게보다 하나님께 우선적으로 충성하는 것을 의미한다. 일련의 본문에 이런 생각이 표현된다(Mk: 막 8:34-9:1; 마 16:24-28 // 눅 9:23-27, Q: 마 8:19-22 // 눅 9:57-60; 마 10:37-38; 눅 14:25-26, L: 눅 9:61-62). 예수가 이것을 표현하고 실천하는 방식의 독특성은 그의 가르침에서 비유사성의 원칙이 적용되는 다른 요소다. 전승 속에서 예수는 사람들이 추종한 한 분의 선생이며, 사람들이 예수에게 찾아오기보다는 그가 사람들을 초청한다.[10] 성

10_ Samuel Byrskog, *Jesus the Only Teacher* (Stockholm: Almqvist and Wiksell International, 1994); Martin Hengel, *The Charismatic Leader and His Followers* (Edinburgh: T & T Clark, 1981).

서 밖의 전승에서 의미 있는 유일한 "가르침"은 예수의 "가르침"이다. 우리는 복음서에서 예수와 나란히 서서 하나님 나라의 도래에 대한 가르침을 전파하는 다른 교사를 발견할 수 없다. 오직 예수의 말씀만이 중요하다. 그가 인도하는 길로 들어오라는 부름에 응답하라는 요청과, 그의 교훈에 순종하라는 한결같은 주장은 그분이 가져오고 선포하는 내용의 중요성을 보여준다. 오직 예수의 가르침만을 따르라는 그런 강조는 "귀 있는 자는 들을지어다"와 같은 친숙한 후렴구와 그것의 변이들(마 11:15; 13:9, 15-16, 43; 막 4:9, 23; 8:18; 눅 8:8; 14:35. Mk와 M, L 전승이 여기에 포함된다)을 통해서 가장 잘 암시되고 있다.

예수가 행한 사역의 주제: 하나님 나라와 하나님의 약속이 성취되는 시대

이 책의 기고자 중 한 명은 "하나님 나라"가 예수에 관해 가장 논란이 적은 주제 중 하나라고 말했다.[11] 비록 히브리 성서에서 흔한 구절은 아니지만, 하나님이 통치한다는 사상은 성서와 제2성전 시기의 유대교 내에서 흔한 개념이었다.[12] 그렇지만 예수가 사용한 방식에서 이 개념은 하나님이 창조자로서 지닌 본래적인 통치권에 관한 것이 아니다. 오히려 그 개념은 새롭게 동터오는 평화의 시대에 그가 약속하신 구속적 통치가 이 세상에서 새롭게 표현될 것을 의미한다.[13] 이 나라는 의인을 신원(vindicate)

11_ James D. G. Dunn, *Jesus Remembered*, Christianity in the Making 1 (Grand Rapids: Eerdmans, 2003), 383.

12_ Charlesworth, *The Historical Jesus*, 56.

13_ 예수가 하나님 나라를 제시하는 방식은 여러 가지인데, 우리는 각각의 표현을 평가할 필요가 있다. 그 핵심에는 하나님의 통치하에 있는 백성을 그분이 신원하셔서 그들에게 궁극적인 평화를 가져다주신다는 사상이 자리 잡고 있다. 하나님의 나라는 이미 시작되었다는 점에서 현재인 동시에, 아직 완성을 기다린다는 점에서 미래다. 그 나라는 "하나님의 임재"와 "통치받아야 할 영역"에 관계된다. 하나님 나라에의 부름은 사람들을 아버지에게 헌신하고 봉사하는 삶으로 이끌어준다. Darrell L. Bock, *Jesus According to Scripture* (Grand Rapids: Baker Academic, 2002), 565-93.

하며 궁극적인 정의를 실현한다. 이런 나라가 가까이 왔거나(Mk: 막 1:14-15), 혹은 그 나라가 누군가에게 임했다(Q: 마 12:27-28 // 눅 11:19-20). 그 임재는 왕들과 예언자들이 보기를 학수고대했던 것이며(Q: 마13:17 // 눅 10:24), 하나님이 새롭게 시작한 어떤 일이 도래했음을 보여주는 행동들을 동반한다(Q: 마 11:2-6 // 눅 7:18-23에서는 이사야가 지적했던 구원행위에 대한 암시들과 함께; 쿰란에서도 4Q521을 통해 확인되는 사실인데, 예수에게서처럼 아직 실현된 것은 아니며 단지 기대로만 존재한다).

여러 비유들이 지적하듯이 이 나라는 작게 시작하지만 결국 거대한 나라가 된다. 이것은 왕국에 대한 유대인들의 일반적인 기대를 반영하지 않는다. 그들의 기대가 다양한 형태를 띠고 있었지만 "작게 시작해서 거대해지는 나라" 개념은 익숙한 것이 아니었다. 유대인들이 기대한 왕국은 강력하고 모든 것을 포함하는 왕국이요 승리의 왕국이었다(솔로몬의 시편 17-18장은 아마 가장 잘 알려진 예일 것이다). 그러나 예수가 선포한 왕국은 아주 작은 것에서 시작할 것이며, 그것이 자라서 모든 것을 에워쌀 때까지는 거의 눈에 띄지도 않을 것이다(Mk: 막 4:2-9 // 마 13:3-9 // 눅 4:4-8, Mk: 막 4:30-32 // 마 13:31-32 // 눅 13:18-19, M: 마 13:24-30, Q: 마 13:33 // 눅 13:20-21).[14]

이 나라가 완성의 단계에 이르면 그 모습은 유대인의 일반적인 기대를 상당히 반영한다. 의인들은 원통함을 풀 것이며, 악인들은 심판받을 것이고, 평화가 수립될 것이며, 사탄이 패퇴함으로 말미암아 질서가 회복될 것이다. 이 모든 일은 유대교에서도 기대하던 방식으로 이루어질 것이다(모세의 유언 10:1-2, Q: 마 11:21-24 // 눅 10:12-15, Q: 마 8:11-12 // 눅 13:28-29, Q: 마 5:3-6, 11-12 // 눅 6:20-23, Mk: 막 13 // 마 24 // 눅 21, L: 눅 16:19-31, L: 눅 16:1-8, M: 마 18:23-25, M: 13:24-30; 평화가 축제로 그려짐, Q: 마 22:2-10 // 눅

14_ 도마복음에서도 이런 요소가 발견된다. *Gospel of Thomas* 9, 20, 21, 57, 96.

14:16-24, M: 마 25:1-13, L: 눅 12:37; 15:24; 22:30).

사람들은 이런 메시지를 전달받고 수용하고 포용하고 경험한다. 예수가 행한 기적들의 의미가 바로 이런 것이다. 예수가 주는 것임을 인정함으로써 그가 구하던 선물을 받아 누리는 것이다. 비록 열두 제자가 예수의 이름으로 그런 사역을 하도록 위임받았음에도 불구하고 복음서들은 이들이 행한 그 어떤 치유 사역에 대해서도 상세하게 말하지 않는다.[15] 왜냐하면 그 능력의 근원이 예수이기 때문이다. 하나님의 능력과 영으로 사탄을 쫓아내는 것은 왕국이 이제 도래했음을 의미한다(Q: 마 12:27-28 // 눅 11:19-20). 중풍병자의 치유는 죄를 용서하는 권세를 보여준다(Mk: 막 2:1-10 // 마 9:1-8 // 눅 5:17-26). 여기서 사람들이 예수에게서 구해야 할 것이 무엇인지를 확증하는데, 후에 삭개오의 경우도 마찬가지다(L: 눅 19:1-10).

이제까지 예수에 대하여 말한 모든 것은 구원의 약속이 실현되는 특별한 시기의 도래를 설교하고 체현한 한 인물을 지시한다. 예수가 전한 메시지의 핵심이 예수 자신이었다는 것이다. 이런 이유로 어떤 이들은 예수의 주된 사역이 예언자적인 것이라고 말한다. 물론 예수는 예언자적이었다. 하지만 예수의 행동은 "예언자"라는 호칭이 제시하는 것보다 훨씬 독특하다. 예수와 그의 생애를 종합적으로 요약하는 데 예언자의 범주를 적용하는 것은 예수가 누구였으며 그의 행동이 무엇을 의미하는지에 대해 지나치게 축소해서 진술한 것이다. 예수가 스스로를 어떤 분으로 드러냈는지를 이해하는 것은 예수가 무엇을 가져왔는지를 이해하는 것만큼이나 예수의 사역을 이해하는 데 중요하다. 왜냐하면 왕국에 대한 약속을 가져온 그는 하나님의 계획(program) 내에서 독특한 지위를 지니기 때문이다. 그것이 다음 단락의 주제다.

15_ 제자들의 사역이 요약적인 형태로 나타나기는 하지만, 반드시 그것은 "예수가 그들에게 위임한 결과"라는 사실을 명시한다.

시대의 초점: 고난 당하기 위해 기름 부어 보낼 자로 선포된 장차 오실 예수

여기서는 특별히 중요한 아래 사건들의 진정성을 다룰 것이다. 가장 중요한 사건 중 하나는 가이사랴 빌립보에서 베드로가 했던 선언이다. 이 사건에는 예수를 일종의 예언자로 바라보는 대중적인 시각과 예수를 약속의 중심인물인 메시아(=그리스도)로 바라보는 시각 사이에 근본적인 대조가 나타난다. 이 주제는 "오실 그분"(Q: 마 11:12-14 // 눅 7:18-20, Jn: 요 6:14)과 예언자보다 크신 분(요나, Q: 마 12:41 // 눅 11:32) 혹은 왕보다 크신 분(솔로몬, Q: 마 12:42 // 눅 11:31)을 포함해 다양한 명칭으로 나타난다. 예수는 자신을 예언자로서 행동하는 분 그리고 약속된 구원을 가져오는 분으로 묘사한다(L: 눅 4:16-30, 이것은 마가 전승 본문의 확장된 설명이다: 막 6:1-6 // 마 13:45-58). 이 구원이 종말의 도래와 관련될 때 예수의 역할을 메시아적이라 부를 수 있다. 비록 예수가 그 명칭을 공적으로 그리 자주 사용하지는 않았지만 말이다.

예수는 자신의 메시아적 역할을 대중에게는 밝히 드러내지 않았는데, 부분적으로는 그것이 예수를 정치적 혁명가로 혼동하게 만들 여지가 있기 때문이었다. 하지만 승리적이지 않은(atriumphal) 예루살렘 입성 사건과 성전 정화 사건에서처럼 그것이 드러나는 때가 전혀 없는 것은 아니다. 아래에서 다른 두 사건을 자세히 살펴볼 것인데, 그것은 우리가 마가를 통해 받은 전승에 기원을 둔 것이다.[16] 요한복음 역시 6:14-15에서 장차 오실 예언자와 왕 사이의 유사성을 지적한다. "그 사람들이 예수께서 행하신 이 표적을 보고 말하되 이는 참으로 세상에 오실 그 선지자라 하더라 그러므로 예수께서 그들이 와서 자기를 억지로 붙들어 임금으로 삼

16_ "승리적이지 않은"(*atriumphal*)이라는 표현을 통해 내가 의미하고자 하는 바는, 다른 고위 공직자들이 주요 관리들의 영접을 받았던 반면에 예수의 예루살렘 입성은 주요 관리들이 꺼려하는 사건이었다는 것이다.

으려는 줄 아시고 다시 혼자 산으로 떠나 가시니라." 그처럼 주저하는 모습을 우리는 베드로의 신앙고백 후에 예수가 제자들에게 침묵을 지키라고 요청하는 장면에서 다시 발견할 수 있으며(Mk: 막 8:30 // 마 16:20 // 눅 9:21), 또한 변화 산 위에서 하늘로부터 세 명의 제자에게 음성이 주어진 후에 예수가 하시는 말씀에서도 발견할 수 있다(M: 막 9:9 // 마 17:9; 약간 변형된 형태로 눅 9:36).

예수가 대중에게 자신을 알리기를 주저하는 모습이 논쟁의 근원이 되었다. 브레데는 예수에게서 메시아적이 아니었던 어떤 일을 메시아적인 사역으로 만들기 위해 마가가 "메시아 비밀"(messianic secret)이라는 것을 창안했다고 주장했는데,[17] 그의 주장으로 인해 이 주제가 사람들의 관심을 끌게 되었다. 하지만 만일 그 주저함의 동기가 예수에게서 온 것이 아니었다면, 우리는 초기 교회가 왜 그렇게 해야 했는지 이해하기 어렵다. 만일 예수가 그의 가르침 속에서 자신이 메시아임을 암시하지 않았다면, 그리고 특별히 그가 메시아라는 주제에 대해 사적으로 혹은 공적으로 논의하는 것을 금했다면, 초기 교회에서 예수에게 메시아라는 호칭이 어떻게 그처럼 신속하고 깊숙이 연결 지어졌는지 우리는 이해할 수 없다. 사실 역사적 세부 사항들이 거의 알려지지 않은 채로, 브레데는 죽기 전에 아돌프 하르낙에게 보낸 개인 서신에서 자신의 비밀 관점을 포기했다.[18]

예수가 메시아라는 용어를 조심스럽게 사용하는 이유 중 하나는 그

17_ William Wrede, *The Messianic Secret* (London: James Clarke, 1971).

18_ Martin Hengel, *Studies in Early Christology* (Edinburgh: T & T Clark, 1995), 7-15. 보다 자세한 설명으로는 Martin Hengel and Anna Maria Schwemer, *Jesus und das Judentum* (Tübingen: Mohr Siebeck, 2007), 507-10; H. Rollmann and W. Zager, "Unveröffentliche Briefe William Wredes zur Problematisierung des messianischen Selbstverständnis Jesu," *Zeitschrift für neure Theologiegeschichte* 8 (2001): 274-322, esp. 317; Andrew Chester, *Messiah and Exaltation*, WUNT 207 (Tübingen: Mohr Siebeck, 2007), 309.

용어가 정치적으로 로마에 대항해서 반역을 일으키도록 백성을 선동하는 데 사용될 수 있었기 때문이었다. 마치 다음 세기에 나타난 바르 코크바(Bar Kochba) 폭동처럼 말이다. 그렇지만 또 다른 이유는 예수가 자신의 메시아 사역을 제2성전기 유대인들이 지닌 다양한 메시아 기대보다 훨씬 더 복합적인 것으로 여겼다는 것이다.[19] 예수는 이 중심인물이 승리를 가져올 뿐만 아니라 동시에 고난 당하기도 할 것이라는 견해를 수용했다. 복음서는 예수 소명의 이런 차원을 교회가 예수의 부활 이후에 창안했다고 설명하기에는 어려운 방식으로 소개하고 있다. 복음서에서 이 주제를 다루는 장면을 보면 예수가 수제자 베드로를 "사탄"이라고 부른다. 그런 꾸지람은 예수의 소명에서 수난이 한 부분을 차지한다는 사실을 제자들이 부인했을 때 주어진 것이다. 그 장면은 역사적 예수 탐구에서 당혹성의 기준(criterion of embarrassment)에 근거해서 진정성을 인정받는다. 교회가 예수의 수제자를 악마의 전형과 비교하는 사건을 과연 창안했을까? 아마 아닐 것이다. 그러므로 "장차 오실 이의 수난"이라고 하는 독특하게 강조되는 주제야말로 예수의 자기 묘사에 있어 핵심적인 요소다. 여기서 여러 번 증언되는 고난 받는 인자에 관한 말씀들은 그것을 적절하게 보여준다(Q: 마 12:40 // 눅 11:30 [강조점의 변화], Mk: 막 9:9, 12 // 마 17:12, Mk: 막 9:30 // 마 17:22 // 눅 9:44, Mk: 막 10:33 // 마 20:18 // 눅 18:31-32, M: 마 26:1-2, Mk: 막 14:21 // 마 26:24 // 눅 22:20, Mk: 막 14:41 // 마 26:45, Mk: 막 8:31 // 눅 9:22, L: 눅 24:7[예언을 상기시킴]). 이 주제에는 예수가 많은 사람을 위한

19_ 쿰란 공동체가 어떤 종말론적인 인물에게 고난 받는 역할을 부여했는가라는 문제에 대해 토론이 진행되고 있지만 좀처럼 확실한 결론을 얻지는 못하고 있다. 여기에서 예수가 강조하는 것은 유대교 맥락에만 해당되는 고유한 것이다. John J. Collins, *The Scepter and the Star: The Messiah of the Dead Sea Scrolls and Other Ancient Literature*, Anchor Bible Reference Library (New York: Doubleday, 1995); Jacob Neusner, W. S. Green and E. Frerichs, eds., *Judaism and Their Messiahs* (Cambridge: Cambridge University Press, 1987).

속죄물로 자신의 생명을 주러 왔다는 생각이 포함된다(Mk: 막 10:45 // 마 20:28). 그것은 예수가 최후의 만찬 자리에서 떡과 포도주를 통해 강화시키게 될 과제인데, 이는 또 다른 핵심 사건으로서 후에 자세히 다루게 될 것이다.

예수는 구원의 도래를 선포했으며 그 구원이 실현되도록 도울 것을 강조했다. 그 구원을 통한 신원(vindication)은 원초적인 힘만으로 이루어지는 것이 아니라 자비와 수용과 희생을 포함하는 섬김을 통해서도 이루어진다. 예수의 사역에서 외형상의 능력 부재는 예수의 가르침을 받아들이려는 마음을 가지고 있던 많은 사람들을 당황하게 한 특징 중 하나다. 세례 요한이 예수에게 "당신이 오실 분이십니까?"라고 묻는 장면에서 우리는 다시 한 번 당혹성의 기준을 발견할 수 있다. 그 질문에 대해 예수는 직접적인 응답 대신에 그가 그때를 지시하는 표적으로서 행한 일들을 언급함으로써 간접적인 답변을 준다. 간단한 추론으로 예수가 자신을 어떤 인물로 보았는지를 규정할 수 있다(Q: 마 11:2-6 // 눅 7:18-23).

그 구절에서 예수는 아주 신중한 태도로 세 가지 과제를 수행하고 있다. 첫째, 예수는 사람들이 자신을 오해하여 그의 노력을 과격한 정치적 운동으로 탈바꿈시키지 못하도록 조심하였다. 예수는 사회적으로 급진적이고 심지어 혁명적이기까지 한 일들을 수행하고 있었다. 그러나 예수의 관심은 엄격히 정치적 의미에서 로마에 도전하는 것이 아니라, 강압적인 정치권력을 배제하고서 이스라엘 백성에게 하나님 앞에서 구별된 백성이 되도록 호소하는 데 있었다. 예수의 사역은 변화된 성품과 변화된 공동체를 통해서 변화된 사회를 만드는 것을 목표로 하는데, 그것은 칼날로써 이루어지는 것이 아니라 헌신된 삶과 섬김과 사랑을 통해서만 수행될 수 있는 과제다. 둘째, 예수는 그가 하는 모든 일을 통해서 자신이 이스라엘의 모든 예언자보다 더 큰 자임을 분명히 하고자 했다. 셋째, 그러면서도 그는 유대인들이 당시에 다양한 형태로 마음에 품고 있던 메시아 상을 재구성하고 개선하려고 노력했다. 예수가 때때로 메시아라는 호칭을 거절하거나 대중이 그 호칭을 자신과 관련시키는 것을 외면하는 것처럼 보이는 것은 그런 이유에서다. 제자들도 재구성되고 개선된 메시아 상에 대한 인식을 얻은 후에야 예수에 대해 공개적으로 그와 같은 방식으로 말할 수 있었다. 예수는 예루살렘에서 자신의 이런 역할을 완전히 공개할 때까지 그것을 대중에게는 거의 드러내지 않는다.

시대를 위한 준비: 하나님의 섭리를 반영하는 삶, 죄 사함과 성령

그렇다면 하나님 나라의 삶이 추구하는 목표는 무엇인가? 하나님 나라의 바람직한 열매는 하나님을 섬기고 그분께 영광을 돌리는 것이다. 예수의 생애에서 가장 유명한 장면 중의 하나인 산상설교(마 5-7)에 그 점이 분명히 묘사되어 있다. 산상설교가 하나의 연설이든 혹은 예수를 따르라는 가르침들을 모아서 편찬한 것이든, 그 말씀은 청중을 이례적인 성품과 자질을 갖춘 삶으로 초대한다. 이런 삶은 죄인이 세상에서 어떻게 살아야 하는가라는 질문을 넘어서는 (고매한) 답변을 우리에게 준다. 이런 삶은 조건 없는 용서를 베풀며, 타인의 필요를 충족시키고자 하고, 죄를 평가할 때 외적인 기준에서가 아니라 "예"를 "예"라고 말할 수 있는 마음의 신실함에 비추어서 평가하며, 분노를 마음에 품어두지 않으며, 원수를 위해 기도하고, 사람들을 욕망의 대상으로 바라보지 않는다. 그런 속성들은 하나님의 인격을 반영할 뿐만 아니라 개인이 진정한 하나님의 자녀임을 반영하는 증거로 간주된다.

예수가 제자들에게 가르쳤다고 말해지는 두 가지 형태의 기도(마 6:9-13, 눅 11:2-4)는 그들로 하여금 합심하여 하나님이 유일한 분이시며 자상한 아버지와 같이 친밀하신 분임을 인정하도록 촉구한다. 또한 그 기도는 하나님을 우리의 삶에 기본적인 필요를 제공해주시는 분으로, 그리고 우리에게 용서를 베푸심으로써 우리를 용서하는 자리에 서게 하시는 분으로 인정하라고 권면한다. 또한 하나님은 우리가 유혹에 빠지지 않도록 보호하시는데, 유혹에 빠지지 않게 해달라는 간구는 실상 하나님의 보호와 인도를 바라는 요청이다. 정치적인 지위가 가져다주는 명예와 수치심에 의해 운행되는 세상에서, 예수는 제자들에게 하나님이 그들의 보호자요 공급자임을 믿는 믿음을 가지고, 생명을 창조하고 유지하시는 분께 궁극적인 영광을 돌리도록 요청한다.

은혜에 보답할 힘이 거의 없는 사람들의 필요까지 충족시키는 예수의 사역은 모든 인간 존재가 고귀함을 보여주었다. 이런 행동은 도움을 필요로 하는 자들에게 도움의 손길을 펼치시기 원하시는 하나님의 뜻을 보여준다. 예수 전승에는 예수가 그들이 일반적으로 얻을 수 없는 것들을 공급해주시는 분임을 깨닫고서 예수를 간절히 찾아다니는 사람들에 관한 기사가 넘쳐난다. 하나님의 통치와 새로운 구원의 시대가 시작되는 것을 알리는 이런 표지들은 그 자체가 제자들의 봉사를 위한 모델이 되었다. 예수가 파송한 전령들의 사역은 거의 모든 면에서 예수의 사역을 비추는 거울과도 같았다. 그들이 행하는 능력의 근원이 예수의 권위에서 온 것이라는 한 가지 사실을 제외하고서 말이다.

오늘날 예수의 사역 중에 가장 논쟁의 여지가 많은 것 가운데 하나는 그가 행한 기적이다. 그렇지만 우리가 보유하고 있는 고대 자료들은 예수가 비상한 일을 행했다는 것에 대하여 전혀 반론을 제기하지 않는다. 예수를 반대하는 자들이 문제 삼은 것은 그런 기적을 행하는 능력이 어디에서 왔는가 하는 점이었다. 유대인들이 예수의 능력을 마술이나 주술 혹은 사탄에게 돌리는 것은 기적이 일어났음을 부인하는 것이라기보다는 기적 행위의 근원을 하나님의 자애로운 행위와 무관한 것으로 돌려보고자 하는 몸부림이었다.[20] 요세푸스는 분명 그리스도인이 아니었음에도 불구하고 보다 중립적으로, 예수가 행한 일은 특별했다(*paradoxan*)고 간단히 표현하였다. 그런 일들이 정말로 일어났는지를 따지는 현대의 논쟁에서 자주 놓치는 것이 있는데, 바로 예수를 따르는 자들은 하나님이 우리를 돌보신다는 것을 말씀과 행동으로 보여줄 수 있는 일에(반드시 기적이 아니더라도) 자신을 드려야 한다는 메시지다.

예수는 인간의 고질적인 병폐라 할 수 있는 죄의 문제가 하나님께로 다시 나아가는 데 있어서 넘을 수 없는 장벽이 아니라고 여겼던 것 같다. 그래서 예수는 중요한 시점에 반복해서 용서에 대하여(Mk: 막2:1-12 // 마 9:1-8 // 눅 5:17-26, L: 눅 7:36-50), 또는 (위에서 주시한 것처럼) 잃어버린 자를 다시 찾는 것에 대하여 말한다. 병자를 치유하는 것은 위대한 의사가 할 일이지만, 그전에 먼저 환자가 자신이 아프다는 사실과 자신의 상태를 치유하기 위해서는 의사가 필요하다는 사실을 인식할 필요가 있다.(Mk: 막 2:17 // 마 9:12 // 눅 5:31, 병든 자들에게 행하신 예수의 사역에 대한 여러 증언들이 묘사하는 것처럼, L: 눅 5:1-11). 예수는 자신이 치유 사역을 어떻게 해왔는지를 설명하는 데 시간을 허비하지 않았다. 단지 예수가 방문하는 곳에서 치유가 일어났을 뿐이다. 그가 말씀했을 때 그 말씀이 곧 자신의 길을 여는 능력이 되었다. 이 사실을 가장 웅변적으로 말해주는 사건이 바로 죄

20_ 이 논쟁은 수세기에 걸쳐 지속되었는데, 복음서 전승의 바알세불 논쟁으로, Justin Martyr와 Trypho의 논쟁으로, 심지어 예수로부터 수세기 후에 탈무드 전통에서도 다루어졌다. 이 지속적인 일련의 반응을 다룬 것으로는 Graham Stanton, "Jesus of Nazareth: A Magician and a False Prophet Who Deceived God's People," in *Jesus of Nazareth Lord and Christ: Essays on the Historical Jesus and New Testament Christology*, ed. Joel B. Green and Max Turner (Grand Rapids: Eerdmans, 1994), 164-80. 제2성전기 유대교 맥락에서 예수의 기적을 다룬 것으로는 Eric Eve, *Jewish Context of Jesus' Miracles*, Journal for the Study of the New Testament Supplement Series 231 (Sheffield: Sheffield Academic Press, 2002). Eve는 예수가 행한 기적에서는 직접적인 권위가 부각되는 반면, 그와 평행하는 대부분의 유대교 기적에는 그런 요소가 결여되어 있다는 점을 강조한다.

후의 만찬 장면이다. 최후의 만찬 제도는 부분적으로는 마가-마태 전승의 언어와, 부분적으로는 그것의 변형된 형태인 누가-바울 전승의 언어를 바탕으로 수립되었다. 예수가 자신의 죽음이 새로운 언약 관계를 발효시켰다는 점에서 그 죽음을 속죄와 대속의 능력을 지닌 유월절 희생으로 간주했다는 것이 위의 모든 전승들에서 일치되는 견해다. 따라서 용서와 자비는 왕국의 핵심 가치다. 예수의 비유들에서도 이 주제가 잘 드러난다(M: 마 18:21-35, L: 눅 15:1-31). 여기에는 또한 하늘에 계신 아버지의 자비하심같이 너희도 자비하라는 요청과, 우리가 용서받은 것처럼 용서하게 해달라는 기도가 녹아 있다.

그러나 사람이 어떻게 이런 가치의 전환을 달성할 수 있을까? 여기서 새로운 주제가 대두된다. 예수가 새 시대에 발효한 새로운 계약은 하나님이 새 마음을 창조하시리라는 기대를 담고 있었다(렘 31:31-33; 겔 36:25). 우리는 반복적으로 증언되는 전승을 통해 예수가 그런 맥락에서 이 문제를 다루고 있다는 사실을 발견하게 된다. 이 주제가 마가 자료에서 지배적이지는 않지만 예수가 성령으로 세례를 줄 것이라는 세례 요한의 선언에서 그 흔적을 발견할 수는 있다(막 1:8 // 마 3:11). 누가는 그것을 예수가 성령을 가져오는 사실을 어떻게 알 수 있는가라는 질문에 대한 답변으로 제시하기까지 한다(눅 3:15-17). 다른 복음서에서는 암시적으로만 이것을 표현했던 반면에 누가는 그것을 명백히 밝히고 있다. 성령에 대한 약속은 제자들이 핍박 가운데서도 흔들리지 않게 해줄 뿐만 아니라(막 13:11 // 마 10:20 // 눅 12:12), 증인이 될 수 있게 만들어주기도 한다(L: 눅 24:49). 이것이 바로 요한복음의 다락방 강화와 보혜사의 오심에 대한 약속에 담긴 예수의 발언이 담고 있는 주제다(요 14-16장). 그 장면은 정결 예식을 통해 정화된 그릇을 하나님의 임재로 가득 채우는 것을 연상시키는데, 그것은 초기 교회에서 새로운 공동체를 "장소적 제약을 초월하여 하나님이 임재하시는" 거룩한 장소로 여겼던 전통의 전조가 된다. 이것은 작은 것에서 시작해서 포괄적인 실재로 성장하는 왕국에 관한 비유(겨자씨와 누룩의 비유)의 묘사와 다르지 않다. 말씀과 씨와 성령의 연합이 여기서 역사한다(유대인 메므라[*Memra*]와 신의 지혜).

지금까지 핵심적인 주제들을 간략하게 살펴보았다. 그러나 이런 이야기가 예수와 관련된 주요 사건들에서 일관성 있게 발견될 수 있을까? 예수 연구에서 잘 알려진 문제 중 하나는 예수의 사역에서 사건들의 순서를 정하는 것이다. 유사한 가르침을 다양한 장소에서 베풀었다는 점이 이 문제를 다루는 데 중요한 요소가 된다. 예수는 순회 설교자였다. 그는 여기저기를 옮겨 다니면서 그런 주제들에 대해 설교했다. 특히 구두 전승에서는 동일한 가르침을 여러 장소에서 반복했다는 사실 때문에 가르침의 현장에 대한 기억이 예수가 강조했던 사실들에 가려서 묻혀버릴 수 있었다. 전승들이 기록하는 것은 예수가 그것들을 가르쳤다는 사실이다. 따라서 사건 현장이 구체적으로 보도되지 않는다는 사실은 어떤 이들이 주장하는 것만큼 큰 문제는 아니다. 우리가 가진 전승들에서 어떤 사건이 일어난 시기에 대해 약간의 불일치를 보이는 것은 혹자가 주장하는 것처럼 사건들에 관한 전승이 획일화 된 틀을 통해 주어졌기 때문이 아니라, 그 전승들이 순회 사역의 결과를 반영하기 때문이다. 따라서 예수의 가르침을 요약하면서 내가 주장하고자 하는 것은, 이것들이 왕국에 관한 메시지의 핵심 요소라는 것이다.

마지막 단락에서는 핵심 사건들을 살펴보고 그 사건들 간에 일관성이 있는지 탐색해보려 한다. 여기서는 예수의 죽음을 초래한 원인이 무엇인지에 대해 상당히 세밀하게 다룰 것이다. 내가 살펴보려는 사건들은 예수의 사역에서 최종 단계에 속하는 것이다. 그 사건들은 전체 주제의 흐름을 압축해서 보여주고 있다. 문화적 정황 속에서 그 사건들은 예수가 왜 죽었으며 또 그 상황에서 중대한 문제가 무엇인지를 드러내주고 있다. 사건의 추이는 예수에 대한 두 가지 상반된 견해가 충돌했다는 것을 보여준다. 예수는 하나님의 구원 계획의 핵심 인물로서 장차 하나님이 신원하시고 높여주실 분이라는 견해가 있었는가 하면, 그런 주장은 신학적으로 과장된 것이어서 오히려 그에게 신성모독죄를 적용해야 한다는 주장도 있었다. 이러한 대립의 핵심 논제는 예수가 가진 권위의 성격과 범위에 관한 것이었다. 이 주제는 앞에서 이미 언급한 것과 일맥상통할 뿐 아니라, 요세푸스가 제공하는 역사적 결말처럼 예수가 유대 지도자들의 압력과 유대 땅에서 사형을 언도할 권한을 가진 본디오 빌라도의 판결에 의해 십자가에 못 박힘으로 최후를 맞았다는 사실과도 조화를 이룬다. 하나님이 예수의 명예를 회복시키셨으며 십자가에 못 박힌 그리스도를 장사한 무덤을 비우셨다고 그리스도인들이 주장함으로 말미암아 예수에 관한 역사적·신앙적 논쟁은 초기 교회와 이어지는 교회 역사의 메시지로 확장되었는데, 그 메시지는 역사적 예수가 이미 보여준 그림을 따르고 있었다.

예수의 주장을 증명함에 있어서의 결정적 갈등—수난 주간의 핵심 사건과 그 전조

예수는 그리스도라는 베드로의 선언

이 장면은 공관복음서의 기록 중에서 예수가 제자들이 자신을 누구라고 여기는지를 묻고 있는 몇 안 되는 본문이다. 이 사건의 몇몇 측면은 전승의 사용과 진정성의 문제와 관련된다. 이스라엘 영역 밖의 장소를 구체적으로 명기한 것은 마가에게는 어울리지 않는 모습인데, 그는 좀처럼 구체적인 장소를 명시하지 않기 때문이다. 그뿐 아니라 이 세부 묘사는 마가가 예수의 사역 대상이 이스라엘임을 강조했다는 점과도 잘 맞지 않는다. 아마도 누군가가 이스라엘에게 보다 직접적으로 호소하기 위해서 사건을 창조했을 것이라고 여기는 자들도 있을 것이다. 가이사랴 빌립보(Caesarea Philippi)는 로마 신들의 영향으로 가득했으며, 예수 시대에 이르기까지 수세기 동안 다신 숭배가 시행되던 장소였다. 그러므로 예수에 대한 베드로의 고백은 단지 이스라엘에 대한 것만이 아니었다. 그렇지만 어떤 이들이 주장하듯이 후기 교회가 이 기사를 창안했다면 이처럼 애매모호한 본문을 만들지는 않았을 것이다. 따라서 이 사건이 창안되었다는 주장은 모순이다. 게다가 이어지는 장면에서 예수가 베드로를 사탄이라고 꾸짖는데, 그것은 베드로의 고백을 담고 있는 구절과 대립된다. 예수가 베드로를 책망하는 내용이 교회의 창작품이 아니라는 점은 거의 분명한데, 교회가 선임 사도를 그처럼 당혹스런 방식으로 묘사할 리가 없기 때문이다(당혹성의 기준). 그 기사가 확실히 의미하는 바는, 베드로가 예수를 어떤 식으로 이해했든지 간에 그는 아직도 예수를 이해하는 데 있어 중요한 요소들을 놓치고 있다는 것이다. 이런 종류의 책망을 교회에서 창안한 내용으로 간주할 수는 더더욱 없을 것이다. 예수가 정치적·군사적으로 강력한 왕이 되기를 주저하는 것 역시 다른 본문들과 일맥상통하는 점이다(요 6:13-14).

예수가 베드로의 선언을 수용했는가? 대답은 양면적이다. 그 질문에 대한 긍정적인 대답은 예수가 민중이 생각했던 것과 같은 단순한 예언자를 넘어서는 분임을 베드로가 깨달았다는 사실에 중점을 둔다. 베드로에게 예수는 단지 하나님의 사자가 아니라, 하나님 나라 계획의 핵심에 위치한 "약속된 분"(Promised One)이었다. 예수가 인정한 것은 이 점이었다. 그러나 베드로의 관점에는 보완이 필요했는데, 그런 점에서 예수는 베드로의 생각을 거부하고 침묵을 요구했던 것이다. 예수는 베드로의 기대를 재설정하고, 거기에 고난에 대한 언급과 고난 뒤에 찾아올 신원

(vindication)에 대한 설명을 덧붙일 필요가 있었다. 교회는 확실히 예수의 답변을 긍정적으로 이해하였다. 왜냐하면 그렇지 않고서는 일반적으로 예수가 그리스도와 동일시되거나 더 나아가 "예수 그리스도"라는 호칭이 그를 지칭하는 주요한 방식이 되는 일은 불가능했을 것이기 때문이다.

그 점은 예수가 행한 사역의 궤도를 정해준다는 점에서 의미심장하다. 예수는 새 시대의 핵심 인물이요 하나님의 구원 계획의 중추다. 예수는 단지 많은 예언자 중 한 사람이 아니라, 오랫동안 고대하던 메시아(anointed one)다. 그렇지만 예수에 대한 가르침이 선포되기 전에 사람들이 알아야만 하는 측면이 있었다. 그 점은 예수가 제자들에게 침묵을 요구하고, 곧바로 찾아올 고난에 대한 가르침을 늘려갔던 이유를 설명해준다. 예수는 자신을 메시아적 인물로 보았다. 하지만 그의 메시아적 역할은 자신의 섬김을 포함시키는 방식으로 신중하게 정의될 필요가 있다.

승리적이지 않은(atriumphal) 예루살렘 입성

이 사건의 역사성에 관한 주된 의심은 예수가 그의 입성에서 왕처럼 행동했음에도 불구하고 그를 멈춰 세운 자들이 없었다는 사실에 집중된다. 만일 예수가 그런 당돌한 방식으로 예루살렘 성에 들어갔다면, 즉시 제지당하였을 것이 분명하다. 그래서 어떤 사람들은 이 사건이 복음서에 묘사된 방식대로 일어나지는 않았으리라고 주장한다. 그렇지만 그 장면에 대한 이런 관점은 지나친 상상일 수 있다. 예수는 예루살렘으로 모여 들던 많은 순례자 중 한 사람이었다. 그런 순례 축제 기간에는 예루살렘에 머무는 사람들의 숫자가 평소의 세 배나 되었다고 한다. 즉, 적게는 수만 명에서 많게는 십만 명에 이르렀을 것이다. 도시로 들어오는 순례자들은 축제 분위기를 맛보며 때로 춤을 추기도 하면서 평소와는 다른 모습을 보이기도 했을 것이다. 그들은 입을 모아 소리를 지르기도 했을 것인데, 마태복음 21:11에 따르면 그런 행동은 예수를 선지자로 여겼음을 보여주는 것이었다. 하지만 선지자라는 이유만으로 그런 행동들을 취했다고 보기에는 무리가 있다. 어떤 무리는 다윗의 아들이 입성하신다고 외치면서 제자들과 합류했을 것이다(마 21:9). 아마도 예수가 대중 사이에 불러일으켰을 왕국에 대한 희망 때문에 사람들이 이런 반응을 보인 것이라고 짐작할 수 있다. 하지만 얼마나 많은 사람이 예수가 보인 행동의 의미를 제대로 이해했는지는 알 수 없다. 누가의 본문에서 종려나무 가지를 펼치는 행동을 (군중이 아닌) 제자들에게 돌리는 것은 그런 점에서 의미심장하다. 사도행전에 따르면 제자들의 무리는 백 명 남짓한 숫자였다. 그처럼 소란스러운 기간 중에 고립된 소수의 무리가 취했던 그런 행동에 관심을 보일 사람들이라고는 예수를 주목하고 있던 자들, 다시 말해 누가복음 19:39-40에서처럼 예수의 행동을 비난하던 종교 지도자들을 제외하고는 별로 없었을 것이다. 설사 그들이 행동을 취하고 싶었다 해도 그와 같은 상황에서 즉시 예수를 체포하는 일은 정말로 폭동을 일으킬 위험이 있었을 것이다.

두 번째로 문제가 되는 것은 예수가 한 행동의 명시적인 의미가 무엇인가 하는 점이다. 그 행동은 예수 사역의 일반적인 성격과 차이를 보이는 것은 아닌가? 물론 차이를 보인다. 하지만 여기에서는 그 대조가 핵심이다. 지금 예수는 자신의 정체성을 밝히 드러내기 위해 수도 예루살렘을 향하여 가는 중이다. 예수가 예루살렘 성에 들어갈 때 취한 행동들은 솔로몬의 경우처럼 왕권을 상기시키는 동시에(왕상 1:33-37) 스가랴 9:9에 나오는 것처럼 장차 오실 왕에 대한 희망을 불러일으켰다. 그러나 다른 고위 관리의 도착 때와는 달리 예루살렘 거주민들이 예수를 만나러 나왔다. 분명 백성의 지도자들은 나오지 않았을 것이다. 또한 고대에 고위 관리들이 위풍당당한 모습으로 도시에 입성할 때 행해지던 것과 같은 연설도 없었다. 예수는 그다지 화려하지 않은 방식으로 왕권을 주장했다. 비록 예수를 존중한 이들이 그를 송축하기는 했지만 예수의 입성 장면에는 다른 고관들이 받았던 것과 같은 경외심과 찬사가 부족했다. 예수의 예루살렘 입성을 "승리적이지 않은"(atriumphal)이라고 묘사하는 이유가 바로 여기에 있다.[21]

이 사건은 사복음서 모두에서 언급되는 몇 안 되는 사건 중 하나인데, 이로 볼 때 그 중요성을 짐작할 수 있다. 복음서 기사들 간에 발견되는 차이들로 볼 때 하나 이상의 자료가 존재했을 가능성이 있다. 이 이야기는 초기 교회가 창작한 내용일 것 같지는 않는데, 초기 교회는 로마를 자극하는 일에 매우 조심스러웠기 때문이다. 거부당할 가능성이 높은 이야기를 왜 굳이 만들어내겠는가? 모든 자료에 그 이야기가 실려 있다는 것은 그 일이 그곳에서 실제 일어났다는 것을 암시한다. 또한 그 이야기는 예수의 의도가 사람들로 하여금 그에 대해 곰곰이 생각해보고 저울질하도록 하기 위함이라는 것을 보여준다. 그의 제자들은 예수가 세상에 오셔서 말씀을 전하신 이유를 알았다. 그러나 우리가 누가복음의 기록을 받아들인다면 예수의 반대자들은 그의 주장을 거부했는데, 후에 그들이 보인 행동이 그 사실을 확증한다. 예수가 여기서 취한 행동들이 결정적인 반대를 불러일으킨 배경이 되었다.

성전 사건

21_ Brent Kinman, *Jesus' Entry into Jerusalem: In the Context of Lukan Theology and the Politics of His Day* (Leiden: Brill, 1995). 위 연구의 요약 개정판으로는 "Jesus' Royal Entry into Jerusalem," *Bulletin for Biblical Research* 15, no. 2 (2005): 223-60. 이것은 "Institute for Biblical Research Jesus Group"이 2009년에 발행할 논문집의 일부다. 이 모음집에 실릴 논문들은 예수와 관련된 핵심 사건들을 취하여 문맥상의 의미를 밝히고 학문적인 논쟁을 펼친다. 아직 제목이 정해지지 않은 이 책의 편집은 Robert Webb과 Darrell L. Bock이 맡았다.

예수를 이해하는 데 이 사건이 중요하다는 것은 대부분의 학자들이 인정하는 점이다. 소수의 학자들만이 성전 사건의 역사적 진정성을 의심한다. 이 사건은 복음서에서 여러 차례 증언되는데 적어도 두 가지의 서로 다른 판본(versions)이 존재한다(Mk: 막 11:15-19 // 마 21:12-17 // 눅 19:45-48, Jn: 요 2:13-22).[22] 그리고 이 사건도 사복음서 모두에 등장하는 드문 사건 중에 하나다. 공관복음서에서 성전 사건은 예수의 체포를 재촉한 촉매제 역할을 하는 것으로 나타난다. 더욱이 그런 사건이 실제로 일어나지 않았다면 왜 그런 이야기를 창작했을지 이해할 수 없다. 그런 사건을 창작해서 무슨 이득을 얻을 것인가? 초기 교회는 선동적으로 보이지 않으려고 조심했다. 그런데 이 사건은 바로 그런 위험스러운 연출인 것이다. 따라서 그 사건이 실제로 일어났다고 가정할 때에만 그것이 복음서에 기록되었다는 사실이 가장 합리적으로 설명될 수 있다.

그 행동을 중요하게 보는 이유는 명백하다. 유대인들에게 성전은 세상에서 가장 거룩한 장소다. 그곳은 유대교 신앙의 고향이 되는 유일한 성전이며, 그들에게는 그곳이 바로 하나님이 임재하시는 장소였다. 가장 내부에 있는 장소는 너무나 거룩한 곳이어서 대제사장이 일 년에 단 한 차례만 속죄제물을 가지고 들어갈 수 있었다. 그렇기 때문에 그 장소는 특히나 민감한 곳이었고, 성전 서북부에 위치한 로마군의 안토니아 요새에서는 항상 그곳에서 무슨 문제가 발생하는지 감시하고 있었다. 그렇지만 그 지역의 통제권은 제사장들이 가지고 있었는데, 그들은 성전 주변에,

22_ 하나의 이슈는 요한복음에서 이 사건이 연대기적으로 공관복음과 차이를 보인다는 것이다. 소수의 학자들만이 두 번의 독립적인 성전 정화 사건이 있었다고 본다. 한 번의 성전 정화 사건을 선호하는 학자들은 일반적으로 요한이 그 기사를 앞당겨 기록함으로써 예수가 성전에 대해 또 다른 차원에서 언급할 기회를 주었다고 생각한다. 하지만 공관복음의 기록들 간에도 차이점이 존재하는데다가 이 사건이 중요한 의미를 가진다는 점을 고려할 때, 이것은 필시 구전 전승을 통해 회자되었던 보다 널리 알려진 사건이었을 것이라는 견해도 가능하다.

특별히 대부분의 백성이 성전에 들어갈 때 사용하는 훌다(Huldah) 문 주위에 거주하고 있었다. 이런 배치로 말미암아 그들은 사건이 위험하고 혼란스럽게 전개되기 전에 신속하게 반응할 수 있었다. 그들이 목표로 삼았던 것은 로마군이 성전 지역에 진입해야 하는 상황을 미연에 방지하는 것이었다.

헤롯 대왕은 성전 산(temple mount)을 재건축하고 마당의 넓이를 128,000m^2(약 4만 평)로 확장시켰다. 예수의 행동은 성전 뜰의 남단에 위치한 주랑(Royal Portico) 가까이에서 발생한 것으로 보인다. 여기에 환전상들과 장사꾼들이 있었을 것이다. 성전 예배에는 순결한 비둘기와 동물이 필요했다. 환전상들은 성전세를 지불하려는 자들에게 두로 세겔(Tyrian Shekels)로 환전해주었는데, 두로 세겔은 비록 유대인들에게 반감을 일으키는 상징을 담고 있기는 했지만 최고의 품질과 함께 은의 함량도 가장 높았다. 그것이 당시에 구할 수 있는 가장 반감을 덜 일으키는 주화였다.

이제 성전 주변에 질서를 유지하는 로마 관리들이 상존했다는 사실 때문에 그 장면이 실제로 발생한 사건임을 받아들임에 있어서 한 가지 반론이 제기된다. 예수가 정말로 그런 소란을 일으켰다면 어째서 관리들이 현장에서 즉시 금지시키고 체포하지 않았을까? 그 질문에 답하기 위해서는 먼저 성전의 크기와 환전상들이 위치한 장소, 그리고 예수가 취한 행동의 성격에 대해 생각해볼 필요가 있다. 사건이 일어난 장소는 성전 맞은편 끝자락의 사람들로 북적거리는 상업 지역 중심부였기 때문에 그 소요는 멀리 광장 건너편 요새에 있는 로마 군인들의 관심을 끌지 못했던 것 같다. 그뿐 아니라 로마 군인들이 눈치를 챘다 해도 대중적인 지지를 받는 어떤 인물을 그렇게 신속하게 체포하기를 주저했을 것이다. 아마도 그들은 섣부르게 개입하여 상황을 더욱 악화시키기보다는 상황을 주시하면서 그를 고소할 더 좋은 시기를 기다리는 것이 현명한 일이라고 생각했을지도 모른다.

환전상들에 대한 예수의 반대를 바라보는 다양한 시각이 있다. 성전의 상업화에 대한 항의, 성전 그 자체에 대한 항의, 혹은 성전에서 시작하는 영적 개혁에의 요청 등이다. 예수가 환전상들의 테이블을 뒤엎은 것은 예언자적이고 상징적인 행위로서 종교 지도자들과 그들이 성전을 운영하는 방식을 책망하는 것이었다. 이처럼 예수는 공식적인 종교적 권위에 도전하였고, 그렇기 때문에 이어지는 장면에서 유대의 종교 지도자들은 예수에게 그가 어디서 그런 일을 행하는 권세를 받았는지 묻고 있는 것이다.[23]

예수가 그처럼 행동한 이유는 복합적일 수 있다. 비록 예수가 예루살렘 파괴를 예언했고, 이후에 희생제물이 불필요하게 될 것이라고 여기기는 했지만, 예수가 바로 그 사건을 통해서 성전의 파괴나 희생제사의 중지를 선언한 것은 아니었다.[24] 쿰란 두루마리들을 포함하여 다양한 자료의 증언에 따르면 많은 사람이 성전 제도가 타락했다고 믿고 있었다. 그러나 성전 부패에 책임이 있는 자들은 성전에서 일과를 수행하는 일반 제사장들이 아니라 거의 전적으로 지도급 제사장 가문인 것으로 드러난다(1QpHab VII, 7-13, IX, 2-16, XI, 2-15, XII, 1-10, 4QpNah Frag.3-4, 1.10 [=4Q169], CD-A VI, 134-17, 4QPs37 II, 14, 또한 III, 6, 12, 4Q MMT 82-83, 에녹1서, 모세의 유언 5:3-6:1).

예수와 종교 지도자들 간의 충돌이 이 장면의 한 요소인 것은 사실이

23_ 예수가 개혁을 추구했는지 혹은 성전 파괴를 예견했는지에 대한 논쟁적인 질문과는 별개로 여기에서 말해진 것은 모두 사실이다. E. P. Sanders, *Jesus and Judaism* (Philadelphia: Fortress Press, 1985), 61-76은 성전 파괴 예언을 주장하는 반면 Craig A. Evans, "Jesus' Action in the Temple: Cleansing or Portent of Destruction," *Catholic Biblical Quarterly* 51 (1989): 237-70은 성전 정화를 주장한다.

24_ 예수의 죽음 이후에 새로운 공동체가 성전 의식에 참여한다는 사실도 이러한 결론을 암시하는 증거 중 하나다.

지만 그것이 전부는 아니다. 따라서 부패의 문제가 하나의 관건일 수는 있겠지만 예수의 목적은 보다 포괄적인 것으로서, 종말론적 희망을 지향하는 예언자적 항의까지도 포함하고 있다. 예수는 미래를 내다보면서 성전이 만민(nations)을 위한 기도의 집이 될 것이라고 말한다. 그의 앞서 활동했던 선지자들처럼 예수는 성전에서 전략적인 행동을 취함으로써 성전과 성전 예배에 관한 사람들의 의식을 재정립하려 했다. 많은 유대교 문헌이 종말의 시기에 성전 예배가 회복될 것이며 여러 나라의 백성이 예배하기 위해 그곳으로 몰려올 것이라는 기대를 표현한다(겔 40-48장, 4Q174에 보면 다윗 왕가가 다시 일어나고 성전이 재건되는데, 그것은 회복을 예견하는 행위다). 예수의 행동은 당시의 예배와 지도적인 제사장들에 대한 비판인 동시에 성전의 신성함에 대한 신념의 표현이기도 했다. 그 행동은 비할 데 없는 권위를 암시했는데, 그 사건이 예루살렘 입성 직후에 일어났다는 점과 그의 행동들이 종말론적 성격을 가진다는 점 때문에 메시아적인 색채를 띨 수밖에 없었다. 또한 그 행동은 하나님이(혹은 메시아가) 성전 제도를 바로잡을 것이라는 약속의 성취를 시사한다. 유대인들이 열네 번째와 열다섯 번째의 기도문에서 회복된 예루살렘에 대한 기대를 다윗 왕조의 부활과 연결시킨 것은[25] 유대교 내에 자리 잡고 있던 그런 희망을 반영한다. 정화를 통하여 의에 이른다고 말하는 솔로몬의 시편 17-18편의 언어도 같은 맥락에서 이해되어야 한다. 성전 사건은 성만찬이나 예루살렘 입성처럼 상징적인 메시아적 행위였다.

최후의 만찬

25_ 열네 번째와 열다섯 번째 기도문은 유대의 국가 기도문인 "18 기도문"(Shemoneh Esreh)의 일부분이다. 모든 유대인은 하루에 3번씩 이 기도문을 암송했으며 그것을 "The Prayer"라고 불렀다. 다윗의 도성과 예루살렘을 연결시킨 것은 70년 이후의 일이지만, 도시와 다윗을 연관 지은 것은 보다 이른 시기에 시작된 것으로 보인다.

성전 사건과 마찬가지로 최후의 만찬에 대한 기록도 두 가지의 약간 다른 형태로 존재하기는 하지만 기본적으로 전승에 깊이 뿌리를 내리고 있다. 예수가 체포되던 밤에 중요한 식사 자리가 있었다는 점에는 거의 의심의 여지가 없다. 그러나 이 식사의 시기와 성격에 관한 논쟁은 상당히 복잡하다. 그것은 유월절 식사였는가? 공관복음 전승에서는 그렇게 말하는 반면(막 14:1-2, 12-17), 요한복음이 주는 인상은 조금 다르다(요 18:28). 확실히 말할 수 있는 점은 유월절 절기의 분위기가 그 배경의 일부라는 사실이다. 적어도 그 사건이 유월절 즈음에 일어났음을 생각한다면 당연한 일일 것이다.[26]

성만찬의 제정과 수난에 관한 언급으로 인해 그 식사 자리는 예수의 행동들을 성찰하게 해주는 방편이 된다. 예수의 고난은 새로운 언약을 실현시키는 도구가 되었으며, 그의 죽음은 많은 사람을/너희를 위한 대리적(representative) 행동이었다(많은 사람: 마 26:28 // 막 14:24, 너희: 고전 11:24 // 눅 22:19, 20). "많은 사람"을 언급한 것은 이사야 53장을 염두에 둔 것으로 보인다.[27] 또한 거기에는 새 언약에 대한 암시가 있는데, 바울과 누가의 본문에서는 그 점이 보다 명백하게 드러난다(고전 11:25 // 눅 22:20). 예수는 자신의 죽음을 이사야서에 묘사된 무고한 자의 고난과 관련시켰다(눅

26_ 오늘날 12월에 일어나는 많은 사건이 성탄절의 강력한 이미지 때문에 빛을 잃는 것과 마찬가지다. Scot McKnight, *Jesus and His Death: Historiography, the Historical Jesus and Atonement Theory* (Waco, Tex.: Baylor University Press, 2005), 259-73; Martin Hengel and Anna Maria Schwemer, *Jesus und Judentum*, Geschichte des frühen Christentums 1 (Tübingen: Mohr Siebeck, 2007), 582-86. Hengel과 Schwemer는 유월절 식사를 제안하는 반면에 McKnight는 유월절 절기(season)를 제안한다. 한편 Hengel은 이러한 상징 속에 언약적 제사의 개시가 암시되어 있다고 주장한다.

27_ 사 53장에는 "많은"이라는 단어가 5회 등장하는데, 그것은 상당히 절제된 숫자다. 한 가지 지적해둘 점은, 이 본문이 예수의 고난을 암시하는 것으로 보기에는 근거가 충분하지 않다고 여기는 사람들도 있다는 것이다.

23:37).[28]

예수가 유월절을 배경으로 새로운 구원과 언약 의식을 제정한 것은 자신의 권위에 대한 의미심장한 주장이었다. 그 사건은 예수가 제자들과 함께 사적인 자리에서 발전시킨 운동이었다. 그것은 그가 말썽 많은 예루살렘 여행길에 자신의 권위를 선포하기 위해 수행했던 다양한 활동들을 각인시키는 역할을 한다. 예수는 예언자가 예루살렘 밖에서 죽을 수 없다고 이미 가르쳤는데(L: 눅 13:33, Q: 마 23:37 // 눅 13:34), 바로 지금 여기에서 일어나고 있는 일들이 그 주장과 일맥상통한다. 이것은 예수가 자신을 종말 사건의 중추요, 수난을 통해 새 시대를 가져올 자로 여겼다는 것을 보여준다. 적어도 이것은 "모세와 같은 지도자적 선지자", 다시 말해 바로 그 종말론적 선지자(the eschatological prophet)에게 어울리는 행동이었다. 시편 110:1에 대한 언급을 포함하여 예수가 그 주간에 행했던 다른 일들을 정리해보면 역시 거기서도 메시아적인 암시를 발견할 수 있다. 예수는 종말에 대한 약속을 몸소 체현함으로써 구원을 이루는 지도자적 선지자(leader-prophet)로서 행동했다. 성만찬을 통해 예표된 희생제사는 새로운 언약의 출발점이 된다. 그런가 하면 이스라엘을 하나님께로 돌이키기 위한 사역의 맥락에서, 성만찬에는 회개의 길을 예비하기 위하여 죄를 없이 하는 방편으로서의 희생제사 개념 또한 존재했을 것이다. 따라서 예수가 희생제사에 대해 "너희"를 위한 것이라고 말하든 혹은 "많은 사람"을 위한 것이라고 말하든 간에, 그것이 표현하려는 의미는 대동소이하다. 이 만찬을 장차 다가올 미래에 기념하게 될 것이라는 생각은 종말론적 혹은 메시아적 연회를 연상시킨다. 이것은 예수가 자신을 단지 예언자적인 인물로

28_ 이 본문이 전체 문맥의 흐름을 방해하고 있으며, 초기 교회의 산물로 보인다는 주장은 여기에서 실제적으로 주장되는 것이 거의 없다는 사실을 해명해야 한다. 초기 교회의 산물이라는 주장은 이 본문보다는 사 53장에 더 적절할 것이다.

만 간주한 것이 아니라 새 시대를 여는 지도자로 여겼음을 암시한다.

예수에 대한 유대인의 조사

나는 이 사건을 단행본 한 권의 주제로 삼았을 뿐만 아니라, 뒤이어 몇 편의 논문에서도 같은 사건을 다루었다.[29] 이 사건의 성격을 파악하는 것이 중요하다. 그것은 공식적인 유대교 재판이 아니었다. 유대교의 지도자들이 자신들의 미쉬나 법을 어겼다는 점을 부각시키려는 노력은—그런 자료를 제시하는 것이 시대착오적인 것이 아니라고 전제할 때—그들에게 사람을 처형할 권한이 없었다는 사실을 고려하지 않은 것이다. 우리가 이 장면을 통해 알 수 있는 것은 종교 지도자들이 로마 총독에게 제출할 증거를 모으기 위해 많은 노력을 기울였다는 점이다. 왜냐하면 사람을 처형할 권한이 총독에게 있었기 때문이다. 그 모임이 그처럼 신속하게, 그것도 밤에 이루어진 것은 그런 이유에서였다. 유대인들에게 예수를 오래 붙잡아두거나 또는 결정을 내리기 위해 모임을 연장하려는 생각은 없었다. 예루살렘에 있는 빌라도에게 보내기만 하면 모든 문제가 신속히 처리될 것이었기 때문이다. 따라서 이 장면은 예수에 대한 (심문이라기보다는) 조사(examination)라고 말하는 것이 더 적절하다.

어떤 학자들은 그 장면에 대한 제자들의 목격담이 없다는 점을 들어 이 사건의 진정성을 받아들이지 않는다. 하지만 이 사건이 알려질 수 있는 다양한 경로들이 있었다. 첫째, 니고데모나 아리마대 사람 요셉처럼 이 사건에 대해 증인이 될 만한 인물들이 있었다. 둘째, 바울과 같은 인물이

29_ 첫 번째 연구서는 *Blasphemy and Exaltation in Judaism and the Final Examination of Jesus* (Tübingen: Mohr Siebeck, 1998)이다. 뒤이어 나온 핵심적인 저술로는 "Blasphemy and the Jewish Examination of Jesus," *Bulletin of Biblical Research* 17, no. 1 (2007): 53-114이 있다. 나는 이 논문에서 진정성의 문제를 관심사로 다루었다.

새로운 도(기독교)에 반대하던 시절에 유대의 종교 지도자들과 접촉하면서 얻은 정보들도 잠정적인 증거 자료가 될 수 있다. 셋째, 초창기 예수 운동과 예루살렘 지도층 사이에는 수십 년간 논쟁이 지속되었는데, 아마도 그 논쟁에서 핵심 주제들이 다루어졌을 것이다. 안나스(Annas)와 가야바(Caiaphas)의 후손인 안나스 2세는 60년대 초 야고보의 처형에 관여하기도 했는데, 이를 통해 그 새로운 운동에 대한 논의가 얼마나 오랫동안 지속되었는지 짐작할 수 있다(『유대고대사』 20.200). 예수에 대한 대중적인 논쟁을 통하여 그에게 반대하는 세력이 존재한다는 사실이 공공연해졌을 것이다. 아마도 그런 사안들은 소문을 통해 예루살렘에 널리 퍼졌을 것이다.

사건의 핵심에는 예수와 대제사장 사이에 벌어진 언쟁이 자리 잡고 있었다. 대제사장은 예수에게 당신이 누구냐고 물었다. 공관복음서에 기록된 예수의 대답은 시편 110:1을 상기시키는데(마 26:64; 막 14:62; 눅 22:69), 특히 마가복음과 누가복음에서는 다니엘 7:13에 대한 암시도 발견할 수 있다. 이 장면에서 가장 문제가 되는 점은 바로 그 구절들에 대한 암시다. 예수가 본래 그 구절들을 암시했을 가능성은 상당히 높은데, 두 본문 모두 예수가 특별한 관심을 보였던 구절이기 때문이다(단 7:13에 대해 MK: 막 13:26 // 마 24:30 // 눅 21:27, Q: 마 24:27 // 눅 17:22, 24. 시 110:1에 대해 마 22:41-45; 막 12:35-37; 눅 20:41-44).[30]

하지만 역사적 예수 논쟁의 관점에서 보자면, 예수가 두 본문 중에 하나라도 언급했다는 사실은 예수에 대한 반감을 증폭시키기에 충분했다.

30_ 시 110:1이 수수께끼처럼 제시되고, 고백적인 방식이 아니라 이론적인 방식으로 진술된 것으로 볼 때 그것은 초기 교회의 창작물이 아니라 진정성 있는 본문으로 받아들일 수 있다. 예수가 자신을 인자(Son of Man)라고 부르는 장면이 여러 번 등장하는데, 아마도 그는 이 구절을 염두에 두고 있었을 것이다. 하지만 그가 성경적이 배경을 고려하지 않고서 그 구절을 사용했을 것이라는 주장은 수용하기 어렵다. 나는 그가 시편과 다니엘서 두 구절 모두를 염두에 두고 있었다고 생각한다.

만약 예수가 두 본문 중에 하나라도 언급했다는 점이 분명해진다면 대제사장은 예수에 대해 신성모독죄를 적용할 수 있었을 것이다.

예수가 시편 110:1의 "하나님 오른편 자리에 앉음"에 관한 구절에 호소했다는 사실은 그가 하나님의 신원(vindication)을 예견했으며, 어떤 의미에서 하나님의 임재와 영광을 함께 누리며 그분의 존전으로 인도될 것을 기대했다는 것을 의미한다. 그런데 하나님의 영광과 임재에 동참한다는 사상은 유대인들 사이에서도 논쟁의 소지가 되었다. 일부 유대인들은 몇몇 잠재적인 인물이 그런 영광을 누렸을 가능성을 염두에 두었는가 하면,[31] 다른 유대인들은 피조물을 그렇게까지 높이는 것은 생각할 수 없는 일이라고 반박했다.[32] 유대교 지도자들은 갈릴리 출신의 일개 교사인 예수가 그런 높임을 받을 자격은 없다고 생각했다. 설사 사람이 하나님의 임재와 영광에 동참하는 것이 가능하다 해도 예수는 그런 위대한 인물의

31_ *The Exagoge of Ezekiel* 68-62은 모세가 하나님의 "보좌들"에 앉았을 가능성을 제시한다(단 7:9을 암시하는 보좌들이라는 복수명사를 주시하라). 이 본문은 종말론적인 것이 아니라 출 7:1에 대한 미드라쉬인데, 그 구절을 히브리어로 문자적으로 읽으면 "내가 너를 바로에게 신으로 만들리라"라는 뜻이다. 따라서 그 본문에서 모세는 재앙을 선포할 때 꿈을 통하여 하나님의 권위를 나누어 갖는 것으로 묘사된다. 이것은 직접적인 찬미는 아니지만 그런 방향성을 지닌 것이다. 에녹1서에 등장하는 인자는 천상에서 제2의 권세를 가지고 하나님과 함께 심판을 집행하는 자로 묘사되는데, 이는 단 7:9-14에서 발전한 사상이다. 이 권위는 예수가 그의 재판에서 확언한 것과 매우 유사하다. 나는 에녹1서의 저작 시기가 예수의 공생애 기간 전후였을 것이라고 주장하는 논문을 발표할 예정이다.

32_ 여기서 두 구절에 주목할 필요가 있다. 첫 번째 본문은 에녹과 동행하는 메타트론(*Metatron*)이라는 천사가 스스로를 "작은 야웨"라고 주장하고, 후에 그 주장으로 인해 하나님의 유일성을 침해한 죄로 벌을 받는 것으로 묘사하는 에녹3서다. 이 본문은 하나님과 영광을 나눈다(sharing-glory-with-God)는 개념을 반대한다. 두 번째 본문은 랍비 아키바(Rabbi Akiba)와 관련된 유명한 대화다. 그는 하나님 옆에 어떤 인물이 앉아 있을 가능성을 제시한 댓가로 동료 랍비들에게 도전을 받았고 다음과 같은 책망을 들었다: "아키바, 당신은 얼마나 더 하나님의 보좌(Shekinah)를 모독할 셈이오?" 이런 본문의 저자들은 예수가 시 110:1이나 단 7:13에 호소하여 대답했을 때 그 대답을 도전과 도발로 받아들였을 것이다.

후보가 될 수 없다는 것이었다.

예수가 다니엘서 7:13-14에 등장하는 "구름을 타고 오는 인자"에 관한 구절에 호소했다면, 그때도 대제사장은 즉각적으로 반응했을 것이다. 왜냐하면 히브리 성경에서 구름을 타는 것은 오직 신적인 존재에게만 해당되기 때문이다. 예수의 대답이 암시하는 것은 그가 인자로서 심판을 집행하러 온다는 것이다. 그 말에는 지금 예수를 대적하는 자들을 심판한다는 뜻도 포함되어 있다! 따라서 이것 역시 신적 특권에 대한 주장인 동시에 종교 지도자들에 대한 직접적인 도전으로 간주되었을 것이다. 만일 예수가 두 구절 모두를 언급했다면, 그것은 곧 예수가 어느 날 하나님의 존전에 앉아서 심판하는 권세를 행사할 것을 강조하기 위함이었을 것이다.[33]

위의 세 가지 시나리오(시 110:1 또는 단 7:13-14 또는 두 본문 모두) 중 어느 것을 택한다 해도 예수의 대답은 하나님과의 동등성을 주장하는 것이었기 때문에 유대 지도자들은 예수의 대답을 하나님의 유일한 영광에 대한 모독으로 간주했을 것이다. 다니엘 7:13-14에 대한 언급은 유대 지도자들에 대한 보다 직접적인 도전이었다. 왜냐하면 예수가 비록 지금은 피고로서 심문을 받고 있지만 언젠가는 유대 지도자들의 재판관이 될 것임을 뜻하기 때문이다. 이것 역시 출애굽기 22:28("너는 하나님을 모독하지 말며 백성의 지도자를 저주하지 말지라", NET)에 비춰보면 신성모독으로 보일 수 있었다. 예수의 대답을 곰곰이 살펴보면 그것은 하늘에 거하시는 하나님을

33_ 단 7:9-14은 권세를 받으러 "하늘로 올라가는" 것을 암시하지만, 예수의 답변에서는 권위를 시행하기 위해 "하늘로부터 내려온다"고 주장한다. 따라서 예수는 아마도 시 110:1을 통해 예견하고 표현했던 신원에 힘입어 다니엘서를 발전시켰다고 말할 수 있다. 나는 누가복음이 다니엘서의 호칭과 시 110:1을 단지 인용했을 뿐이라고 생각한다. 왜냐하면 그 본문이 "하나님과 함께 하늘에 머문다"는 모티프를 보여주는 핵심 본문이기 때문이다. 여기서 예수가 사용하는 표현은 그가 그 본문들을 지상 사역에서 그가 맡은 역할을 보여주는 은유적인 표현으로가 아니라 실제 하늘에서 존귀함을 얻고 지위를 회복하는 것으로 받아들였음을 보여준다.

상징하는 지상의 매개체인 지성소에 거할 수 있다는 주장보다 더 심각한 것이었다. 예수의 말 중에 유대 지도자들을 특별히 자극했던 부분은 하늘이라는 장소의 설정이었다. 예수는 하나님의 임재의 상징을 거론하는 것에서 그치지 않고 자기 자신이 실제로 영광스러운 하나님 바로 곁에 있음을 암시했던 것이다.

예수의 대답을 신성모독으로 간주할 수 있다고 해서 유대 지도자들이 예수를 그런 죄목으로 로마 법정에 고소할 수 있는 것은 아니었다. 그들이 예수를 고소할 수 있는 방법은 그가 유대 땅에서 로마의 평화(*pax romana*)에 위협을 가한다는 죄목을 씌우는 것이었다. 만일 유대 지도자들이 예수가 로마의 권위에 복종하지 않는 인물이라고 고소한다면, 빌라도는 그를 로마의 식민지 통치에 해를 끼치는 암적인 존재로서 심각하게 다루어야만 했을 것이다. 빌라도의 관심을 끌기 위해서는 예수의 발언이 로마로부터 독립된 왕권을 요구하는 것이라고 주장하기만 하면 되었다. 그래서 지도자들은 빌라도에게 가서 예수를 선동죄로 고소할 만한 충분한 근거를 갖추었다고 생각했다. 그들이 고소를 제기하면 빌라도는 카이사르의 권익을 보호하는 대리자로서 행동해야 할 책임이 있었을 것이다.

빌라도의 심문과 십자가에 못 박힘

이 장면은 시간을 거슬러 올라가면서 살펴보는 것이 이해에 도움이 된다. 명패(titulus)에는 일반적으로 죄목이 기록되었다.[34] 십자가형은 가장 끔찍한 처형 방법이었다.[35] 로마인들은 범죄 억제를 목적으로 십자가형을 이용했는데, 그런 형벌을 통해 식민지 주민에게 "너희는 이처럼 행동하지

34_ 명패(titulus)란 공개적으로 십자가형에 처해진 죄수의 죄목을 적어놓은 표찰을 뜻한다.

35_ Martin Hengel, *Crucifixion in the Ancient World and the Folly of the Message of the Cross* (Philadelphia: Fortress, 1977).

말라. 그렇지 않으면 너희도 이런 죽음을 당할 것이다"라는 교훈을 주고자 했던 것이다. 명패에 죄목을 기록한 이유는 백성들로 하여금 그런 끔찍한 형벌을 받게 되는 범죄가 어떤 종류의 것인지를 널리 알리고자 함이었다. 예수가 고소당한 죄목은 "유대인의 왕"이라는 것이었다. 다시 말해 빌라도로 하여금 그의 권위를 실행하게 만든 것이 실제로 무엇이었든지 간에 공식적인 죄목은 "유대인의 왕이라는 주장"이었다. 예수의 십자가 처형은 그의 생애 가운데 가장 확실한 사건 중 하나다. 십자가 처형은 로마에 대한 반역이나 선동을 처벌하기 위한 것이었다. 따라서 예수는 단지 선지자라는 이유로 처형당한 것은 아니라는 말이다.

십자가 처형과 관련하여 의아한 점은, 예수가 로마를 위협할 만한 군대를 거느리지 않았음에도 불구하고 왜 빌라도가 예수를 대적했는가 하는 것이다. 빌라도는 로마의 군대를 거느리고 있었기 때문에 예수가 무력으로 로마 세력을 타도할 것이라는 두려움을 가지지 않았음이 분명하다. 예수는 반역을 일으키기 위해 강력한 군대를 거느리려 했다는 암시를 전혀 주지 않는다. 예수에 관한 초기 자료들은 이 핵심적인 문제에 대해 일치된 견해를 보인다. 빌라도는 예수와 그의 주장이 유대 지방을 어지럽힐 잠재적인 가능성이 있다고 확신하게 되었다. 사실 그 지역은 종교적인 열정과 다양한 종류의 헌신으로 말미암아 이미 불안정한 상태였다.[36] 빌라도에게 협조하던 유대 지도자들은 갈릴리 사람 예수를 그에게 데려와서 그가 유대의 안정을 위협하는 자라고 고발했다. 그들은 이런 주장을 완고하게 펴나갔다. 그들이 고소한 내용은 예수가 백성을 선동했다는 것이었다. 우리가 자료들을 통해 발견할 수 있는 사실은 예수가 스스로를 유대

36_ 빌라도는 예루살렘에 규범을 제시하려는 그의 노력에 대한 유대인의 반응을 통해서 처음 이것을 간파했다. 대량 살육이 벌어질 것이 명백해지자 빌라도는 뒤로 물러섰다(Josephus, 『유대고대사』 18.55-59).

인의 왕이라고 주장했는가라는 것이 논쟁의 일관된 주제였다는 점이다(막 15:3 // 마 27:11. 눅 23:2-3에 공교히 진술되었음). 예수가 왕으로 지명되는 것은 로마로부터 온 것이 아니다. 그런 주장을 계속하도록 허용하는 것은 잠재적으로 불안정한 지역에서 좋지 못한 선례를 남기는 일이 될 것이다. 특별히 빌라도의 최우선 과제가 평화를 유지하고 카이사르의 이익을 보호하는 것이었기 때문에 더욱 그러했다.

예수가 당한 여러 심문에서 그에게 가해진 조롱도 왕이라는 주장과 관련된 것이었다(막 15:18 // 마 27:29; 요 19:3). 이런 고소와 조롱에 관한 이야기 역시 초기 교회가 꾸며내었을 것 같지는 않다. 만일 그것이 실제 역사의 일부분이 아니었다면, 그처럼 정부에 대해 호의적이지 않고 문제의 소지가 많은 이야기를 일부러 조작할 이유는 없었을 것이다.

어떤 사람들은 이 사건에서 빌라도의 역할이 어떤 것이었는지를 해명하기 어렵다고 주장하는데, 자료에 따르면 아마도 그는 현실적인 선택의 문제에 직면했을 것이다. 예루살렘의 종교 지도자들을 벌써 동요시켰을 뿐만 아니라 대중의 흥분과 종교적 열광주의를 불러올 잠재력을 가진 예수를 체포할 것인가, 아니면 유대의 종교 문제와 관련하여 그에게 협조하던 지도자들의 반발을 감수하고서라도 그를 놓아줄 것인가? 부연하자면, 스스로를 왕이라고 주장하면서 로마로부터의 독립이라는 망령을 일깨운 것으로 간주되는 예수에 대하여 공격적인 태도를 보이는 것은 대중에게 좋은 선례가 되었다. 빌라도가 동전을 주조하고(유대 땅에서 최초로 로마의 상징물을 담은 동전을 주조함), 종교적 반감을 불러일으킬 정도로까지 로마의 권위를 확증하기 위하여 행동한 것은 단지 그 지역에 대한 통치권을 누가 가지고 있는지를 분명히 보여주기 위한 행동에 불과했다. 빌라도가 그런 일들을 유대 종교 지도자들의 후원하에 추진할 수 있었다는 사실에 비추어볼 때, 예수에 대해 공권력을 남용하는 것도 그들에게는 별로 큰 문제가 되지 않았을 것이라 추측할 수 있다.

여기서는 유대교 지도자들이 어떤 상황에 처해 있었는지를 이해하는 것도 중요하다. 그들은 로마 당국으로 하여금 예수에 관한 문제를 처리하도록 떠맡길 기회를 어렵사리 만들었는데, 만약 로마가 예수를 심문한 후에 그냥 풀어줘버린다면 그것은 유대교 지도층에게 아주 끔찍한 결과를 가져다주었을 것이다. 그처럼 예견되는 재앙을 방지하기 위해서 유대 지도자들은 우리가 성경에서 발견하는 것처럼 자신들의 주장을 끈질기게 고집했던 것이다. 그 이야기에서 발견되는 이런 요소들은 상당한 신뢰성을 가지는데, 그것들은 예수 자신의 행동을 이해하고 확인하는 데 유익할 뿐만 아니라 타인들이 예수의 주장을 어떻게 받아들였는지 살펴보는 데도 도움을 준다. 유대교 지도자들과 빌라도 간의 이런 연합에 대한 정보는 초기 기독교 자료 내에서만 발견되는 것은 아니다. 요세푸스 역시 예수에 대한 간략한 설명에서 이런 연관성을 보여준다(『유대고대사』 18:63-64). 우리는 이념적인 노선을 넘어서 광범위하게 분포된 여러 증언을 가지고 있다. 예수의 죄는 스스로를 유대인의 왕이라고 주장했다는 것이었다. 예수를 믿지 않는 자들에게 이런 주장은 그 지역의 평화와 안정을 위협하는 요소로 보였을 것이다. 예수를 고소하게 된 배경에는 그런 요인들이 자리 잡고 있었다.

여기서 주목해야 할 또 하나의 특징은 새로운 공동체가 신속하게 예수를 그리스도라 부르기 시작했다는 것이다. 여기서 한 가지 질문이 발생한다. (1) 만일 예수가 그리스도와의 관련성을 부인했고, (2) 예수가 자신이 그런 역할을 지녔다고 가르치지 않았으며, (3) 그런 호칭을 사용하는 것이 권세자들의 반발을 불러일으키는 도전으로 받아들여질 수 있다면, 공동체는 어째서 예수를 그런 이름으로 부르기로 선택한 것일까? 납득할 만한 설명은 예수 자신이 그런 관련성을 인정했기 때문에 사람들이 그것을 대중화했다는 것이다. 비록 예수가 자신의 사역 가운데 점진적으로 자신의 생각을 드러내었고 사역의 막바지에 이르러 자신을 대중적으로 더 드러내었다 할지라도 위의 설명이 가장 개연적이다. 따라서 예수의 명패에서 시작하여 거꾸로 소급해 올라가는 것은 사람들이 예수의 사역 말기에 그를 어떻게 바라보았는지를 이해하는 데 있어 중요한 방법 중 하나다. 그들의 눈에 예수는 스스로를 메시아라고 주장하는 인물이었다.

죽음 이후의 신원으로서의 부활

어떤 의미에서 부활에 관한 논의는 역사적 예수 연구의 범위를 벗어난다. 여기에는 두 가지 이유가 있다. 첫째, 예수는 부활 사건에서 아무것도 능동적으로 행하지 않고 단지 신적 행위를 수혜하는 자로 묘사된다. 둘째, 일반적인 역사적 방법론을 통해서는 그런 주장을 확인할 방법이 없다. 우리가 할 수 있는 것이라고는 그 사건의 영향을 추적하는 것뿐이다. 그럼에도 부활이라는 주제는 너무나 중요해서 우리가 다루지 않을 수 없는데, 왜냐하면 예수가 유대인들에게 심문받을 때에 제기했던 신원에 대한 주장을 완성한 것이 부활 사건이고, 예수가 일으킨 운동의 신학적 성찰에 촉매제 역할을 한 것도 부활 사건이기 때문이다. 그렇기 때문에 부활 사건은 역사적 가치를 지닌다.[37]

부활을 다루기에 앞서 우리는 먼저 예수가 죽었으며 장사되었을 것이라는 점을 확증해야 한다. 예수의 매장에 대한 성경의 세부적인 진술들이

37_ Richard Hays, *The Moral Vision of the New Testament* (San Francisco: HarperSanFrancisco, 1996), 165-66을 보라. 여기에 나오는 Hays의 판단에 동의한다: "나는 부활을 역사적 사건으로 묘사하는 것이 부적절하다고 생각하는 신약학자나 신학자들과 결별한다." 그는 계속해서, 낙심한 제자들을 다시 일으킬 수 있는 비범한 일이 벌어졌으며, "예수를 죽은 자 가운데서 일으키심으로써 인간의 상상력을 초월하는 어떤 일을 행하셨다"라고 말한다.

유대인의 관습과 일치하는가?[38] 간략하게 말하자면 서로 일치한다.

예수의 매장에 대해 우리가 검토할 수 있는 다양한 세부적 진술들은 당시의 문화적 배경에 아주 잘 들어맞는다. 미쉬나(*Sanhedrin* 6:5-6)에서는 시체를 매장할 것을 요구한다. 설사 유죄 판결을 받은 죄인의 시신이라 할지라도 해가 지기 전에 매장해야 했다. 로마인들은 그런 매장을 허락했던 것으로 알려졌다. 그렇지만 죄인의 시신을 가족에게 양도하지도 않았고, 죄인을 가족 묘지에 안치할 수도 없었다. 아리마대 사람 요셉이 관여하게 된 것도 그런 이유에서일 것이다. 매장 후 7일에 걸쳐 시신을 물로 씻고 헝겊으로 싸매고 기름을 발랐는데, 그것은 애도를 위한 방편이었다. 그리하여 여인들은 여건이 허락하는 한 최대한 빨리 무덤으로 달려갔다. 안식일로 인해 장례가 중단되었고, 또한 그녀들은 기름을 붓는 작업이 안식일 전에 이미 시작되었음을 알고 있었기 때문에 그렇게 서두를 수밖에 없었다. 이런 점들로 미루어 볼 때, 그 장면에 관한 성경 자료들은 여인들이 왜 기름을 붓기 위해 기다려야만 했으며 예수가 안치된 무덤의 종류가 어떤 것이었는가 하는 세부적인 부분에 이르기까지 문화적으로 신뢰할 만한 것이다.

이 사건의 특징들을 역사적 차원에서 평가해볼 때, 이 사건은 초기 교회가 고안한 것은 아니라고 주장할 수 있다.

1. 복음서 자료에 따르면 무덤이 비었다는 사실을 처음 발견한 증인은 여인들이었다. 여인들에게 증인의 자격을 부여하지 않던 문화권에서 육체적 부활과 같이 납득시키기 어려운 생각을 만들어서 회의적인 대중을

38_ 예수가 처형당한 죄인으로서 더 큰 수치를 당하게 할 목적으로 십자가 위에서 부패하도록 내버려두었다고 주장하는 자들이 있다. 그뿐 아니라 예수가 채찍질과 십자가형에도 불구하고 살아남았다는 주장도 존재한다. 하지만 우리가 가진 모든 자료는 그가 죽었다고 증언한다. 십자가형의 성격이 어떤 것인가 하는 것만으로도 예수가 틀림없이 죽었다는 사실을 확증할 수 있을 것이다.

설득시키려는 사람이 있었다면, 그가 그 사건의 증인으로서 당시에 증인의 자격이 없던 여인들을 등장시키는 시나리오를 만들었겠는가? 그 사건에 대한 세부 묘사는 예수 운동에서 여인들이 차지하는 위치를 보여줄 뿐만 아니라, 그 여인들이 이 사건을 드러내는 데 핵심적인 역할을 했기 때문에 이야기 속에 등장한다는 점을 시사한다.[39]

2. 유대교 내에서 예수의 신원에 관한 이야기를 만들되 보다 문제가 덜 되는 형태로 만들었을 가능성을 제시해볼 수 있다. 유대교에서는 부활이 역사의 종말에 일어날 것이라고 믿는다. 그런데 만일 그 이야기가 정말로 창작된 것이라면 어째서 "부활이 종말에 찾아올 것이며 그때에 예수가 심판을 주도할 것이다"라고 설명하는 이야기를 만들지 않았을까? 그것이 유대교 신학에 맞는 접근법이다. 빈 무덤을 주장할 이유도 없을 것이다. 그런데 우리가 가진 자료를 유대교의 기준에서 본다면 기대를 벗어나는 "돌연변이"(mutation)다. 우리가 가진 자료에 따르면 예수는 역사 속에서 일으킴을 받았다. 이것은 유대교에서는 선례가 없는 예외적인 사건이었다. 왜 그런 돌연변이를 창작하겠는가? 더욱 설득력 있는 설명은, 제자들이 체험한 어떤 사건이 그런 관점의 전환을 가져왔다는 것이다. 더 나아가 초기의 제자들은 이 믿음을 위해 죽음을 불사할 각오가 되어 있었다. 만일 제자 중 누군가가 그 이야기를 창안한 것이라면 그런 만들어진 이야기를 위해 죽음을 감수한다는 것이 가능했겠는가?

3. 여인들에 대한 제자들의 반응은 당혹성의 기준을 반영한다. 여인들이 제자들에게 빈 무덤에 관한 이야기를 들려주었을 때, 그들의 반응은 "그래, 그분은 예수다"라는 것이 아니었다. 오히려 미래에 교회의 지도자가 될 그들은 여인들이 히스테리를 일으켰다고 생각했다. 새로운 공동체

39_ 고전 15:3-9에서 여인들에 대한 언급을 빠뜨린 이유는 이런 문화적인 문제로 설명될 수 있다.

의 지도자들은 현대의 회의적인 불신자들과 유사한 반응을 보였다. 만일 그것이 창안된 이야기였다면, 미래의 지도자들이 그런 식으로 반응한다고 그렸겠는가? 오히려 그들에 대해 경외감을 느끼도록 그리지 않았겠는가?

4. 만약에 이 사건이 창작되었다는 것이 확고부동한 설명이라면, 어째서 교회의 중요한 두 지도자인 베드로와 야고보에게 예수가 나타나시는 장면을 이야기에 넣지 않은 것일까? 만약 이런 이야기들을 만들어내는 일이 그렇게 쉬운 일이었다면, 왜 초기 교회에서 가장 중요한 두 지도자에게 부활한 예수가 나타나는 장면을 상세하게 묘사하지 않는 것일까? 자료에서는 그들이 예수를 만났음을 보여주는데도 말이다.[40]

부활을 신원(vindication)의 관점에서 다루게 되면 하나님이 역사적 예수를 신원하시고 그의 선포와 사역에 신뢰성을 더하신다는 결말로 이어진다. 나는 이 글에서 이 사역이 역사적 차원에서 확증될 수 있다는 점을 주장하고자 했다. 예수의 사역은 이스라엘을 강권하여 그들의 하나님께 대한 언약의 신실성으로 돌아오도록 요청하는 일과, 약속된 구원의 새 시대가 예수의 메시지와 행동을 통해 다가온다는 사실을 인식하도록 요청하는 일에 집중되었다. 이 구원은 궁극적으로 열방에게까지 확장되었다. 하나님의 계획의 중심에 서 있는 자로서, 또한 하나님 나라의 창시자로서 예수는 많은 유대인들이 메시아적이라고 생각했을 법한 역할을 담당하고 있었다. 그렇지만 예수는 자신에 대해 선택적이고 제한적인 방식으로 계시된 그림에 더하여 이 구원자가 새로운 시대의 언약을 작동시키기 위해 고난을 받아야 할 것이라는 생각을 추가했다. 예수의 행동들은 그가 이 세상의 악을 지속적으로 역전시키고 있다는 것을 보여주었는데, 그의 행동들은 사탄의 패배와 새 시대의 도래로 해석될 수 있었다. 예수의 주

40_ 야고보의 체험이 고전 15:7에 암시된 반면에 베드로의 체험은 눅 24:34에 암시되어 있다. 두 경우 모두 놀랄 만큼 간결하게 서술되었다.

장이 경험적인 방식으로 사람들에게 입증될 수는 없었기 때문에, 예수는 눈에 보이는 것을 통하여 보이지 않는 것을 믿을 수 있게 만들기 위하여 말과 행동을 연결 지었다. 만일 하나님이 예수에게 역사하셔서 그가 하고 있는 일을 하도록 만드신 것이라면, 그런 사실은 예수의 말과 행동에 신뢰성을 더해줄 수 있다. 새로운 공동체에서 예수의 메시지를 입증하는 궁극적인 예는 부활 사건이다. 따라서 그들은 이 예수가 하나님의 계획의 중심인물이었으며, 사역과 존재를 하나님과 공유하면서 그분 곁에 거하시는 분이라고 설교했다. 부활의 결과는 예수가 누구이고, 누구였으며, 왜 하나님을 그의 아버지로 불렀는지, 그리고 예수가 어떻게 해서 안식일 문제나 토라와 결부된 다른 문제들에 대한 하나님의 뜻을 설명하고 도전할 권위를 지니게 되었는지를 드러내준다. 역사의 예수(Jesus of History)와 신앙의 그리스도(Christ of Faith)는 불가해하게 서로 연결되어 있다. 이 글에서는 이런 연관성과 결론이 역사적 차원에서도 우연이 아니라는 점을 논증했다. 그 자신이 하나님 계획의 중심에 서 있으며, 또한 하나님 곁에 선 인자로서 철저하게 신원되는 것으로 여겼던 메시아적 예수는 초기 교회 내에서 일관성 있고 확증적인 내러티브를 형성했다. 예수에 대한 그런 이야기는 역사적 예수가 실제로 말하고 행동한 것 속에 견고히 뿌리를 내리고 있다.

논평

로버트 M. 프라이스

유대적 환경

보수적인 비평가들과 변증가들이 1세기 유대교에서 유대교와 헬레니즘 간의 경계를 제거하기 위해 마르틴 헹엘의 저서[41]에 호소하는 것은 특별한 일이 아니다. 그들의 목표는 팔레스타인 예수에게서 약간의 그리스적 요소를 확보한 후에 그들의 눈에 위험하거나 어색하게 여겨지는 요소들(신인 기독론, 전도를 위한 선전 도구로서의 기적 이야기, 영지주의)로부터 예수(혹은 초기 기독교가 바라본 그리스도)를 단절시킬 필요가 있다고 생각될 때에는 다시 예전의 이분법으로 돌아가는 것이다. 내가 보기에 그처럼 수시로 입장을 바꾸는 것은 복음서 전승(이야기들 혹은 말씀들)의 역사적 정확성을 옹호하고자 하는 그들의 공동 목표를 달성하기 위해 기회주의적인 태도를 취하는 것이 아닌가 하는 인상을 풍긴다. 역사적 예수가 제2성전기의 유대교 안으로 편하게 몸을 숨겼을 것이라는 가정은 얼핏 보기에 합리적인 것처럼 느껴진다. 복음서의 예수가 유대적으로 비치는 것은 그런 이

41_ Martin Hengel, *Judaism and Hellenism: Studies in their Encounter in Palestine During the Early Hellenistic Period* (Philadelphia: Fortress, 1981).

유에서라는 것이다. 그러나 이것은 상당히 우회적인 논증이다. 내가 보기에 그런 주장은 종교 간의 대화 차원에서 만들어낸 타협점인 것 같다. 유대인들과 그리스도인들은 수세기 동안의 적대 관계를 청산하고 모종의 조화와 일치를 이루고자 했는데, 그러한 노력의 일환으로 가능한 한 유대교에 대해 적대적이지 않은 예수 상을 수용하기로 결정했다. 그것은 신구약성서 연구에서 미니멀리스트에 대항하는 연합 전선을 구축하고자 했던 「성서 리뷰」(*Bible Review*)의 기본 방침이었다. 전통주의 학자들이 누리는 또 다른 이점은 그런 "최대한 유대적인 예수"를 전제할 때, 정경을 벗어나는 분파들(예를 들어 신비 종교 등)로부터 이질적인 요소들이 유입될 염려 없이, 순수하고 직접적인 방식으로 구약에서 신약으로의 이행이 가능하다는 것이다. 그리하여 당분간은 "유대적 예수" 개념이 유대교-헬레니즘의 양분법을 제거하는 데 유용하게 사용될 듯하다.

대럴 복을 비롯하여 많은 쿰란 이후의 학자들은 요한 문서에 사용된 용어와 개념을 영지주의나 헤르메스주의와 연관 지을 필요가 없다는 사실에 고무된다. 왜냐하면 그런 용어와 개념의 대부분이 사해 사본에도 등장하기 때문이다. 그러나 불트만은 그런 요소들이 사해 사본에서 발견되는 것은 그가 요한복음 내에 존재한다고 상정한 헬레니즘과 유대교 간의 혼합주의를 반영한다는 것을 이미 간파했다.[42] (또한 Kurt Rudolf가 요단 강에서 세례 의식을 행하던 영지주의 분파의 거주지를 쿰란 공동체의 세례지와 동일시한다는 사실에 주목하라. 그것은 우리가 만다교의 세례 요한 전설을 통해서도 확인할 수 있는 사실이다.)[43] 대럴 복은 역사적 예수가 인도의 마하트마 간디처럼 천

42_ Rudolf Bultmann, *The Johannine Epistles: A Commentary on the Johannine Epistles*, trans. R. Philip O'Hara with Lane C. McGaughy and Robert W. Funk, Hermeneia (Philadelphia: Fortress, 1973), 178.

43_ Kurt Rudolf, *Gnosis: The Nature and History of Gnosticism*, trans. P. W. Coxon, K. H. Kuhn and R. McL. Wilson (Harper & Row, 1983), 227, 280, 363.

대받은 부랑자, 죄인과 문둥이에게 다가갔다는 사실을 즐겨 강조하는데, 이것은 최소한 암시적으로 비유사성의 기준에 부합하는 실례가 될 수 있다. 사회의 주변인들에게 대해 이처럼 열린 태도를 보이는 것은 제2성전기 유대교의 특징이 아니었던 것으로 보이며, 따라서 그것은 예수 자신의 독특한 통찰에서 나온 것임에 틀림없다는 주장이다. 복의 주장이 옳을 수도 있지만, 복음서의 예수에게서 발견되는 그런 측면이 유대적인 예수-메시아주의를 "이방 죄인들"(갈 2:11-21)에게까지 확장시킬 수 있는지, 그리고 어떻게 확장시킬 것인지에 대한 거대한 논쟁의 결과였다고 이해하는 것이 더 자연스럽지 않겠는가? 로버트 아이젠맨(Robert Eisenman)은, 외견상 유대적인 메시아가 자기 백성의 지도자를 반대하고 그들의 신성한 제도들을 조롱하며 반로마적인 폭력을 부정하고 심지어는 그들의 배낭을 징발해가는 로마의 관리들에게 반발하지 말고 왼편 뺨까지 돌려 대라고 충고하기까지 한다는 시나리오를 납득하기 위해서는 기독교가 전반적으로 로마화를 채택했다고 간주하는 것 외에는 다른 방법이 없다고 주장하는데, 나는 그의 견해가 설득력 있다고 느낀다.[44] 유대인 메시아가 로마에 세금을 바치라고 명령할 뿐만 아니라 나라를 팔아먹은 세금 징수자들과 로마의 백부장을 환영하다니!

복은 마가복음 8:27-30에 나오는 가이사랴 빌립보 고백의 핵심을 (마가가 이 장면을 막 6:14-16의 장면에 기초하여 창안해냈다는 Gerd Theissen의 강력한 주장을 무시한 채) 기꺼이 수락한다.[45] 그는 이 장면에서 예수가 유대인의 "메시아" 개념을 고난 받는 종의 개념으로 재정의했다고 여긴다. 하지만

44_ Robert Eisenman, *James the Brother of Jesus: The Key to Unlocking the Secrets of Early Christianity and the Dead Sea Scrolls* (New York: Viking Press, 1996), xx-xxxiii.

45_ Gerd Theissen, *The Miracle Stories of the Early Christian Tradition*, trans. Francis McDonagh, (Philadelphia: Fortress, 1983), 170-71.

그것은 패튼(Patton) 장군을 "평화주의자"로 재정의하는 것이나 마찬가지다. 내가 보기에 그 장면은 명백하게 후기 기독교의 합리주의화의 산물인데, 어쨌거나 복음서에서는 그 구절의 출처를 결코 확실히 밝히지 못했다. 사실 그것은 마가가 자신의 "메시아 비밀"을 통해 수행했다고 브레데가 간주했던 일과 많은 공통점을 지니고 있다.[46] 말하자면 메시아에 관한 두 가지의 경쟁적인 주요 관점들을 조정하고 조화시키는 일인데, 마가는 두 가지의 기독교적 관점(예수는 지상 생애 내내 메시아였다 / 예수는 오직 부활 후에야 메시아로 선포되었다)을 제시하였고, 복은 유대적 관점(신정국가의 왕)과 기독교적 관점(자신을 희생하는 구속자)을 제시하였다. 복은 브레데의 재구성에 대하여 회의적인 태도를 보였지만, 사실상 그를 위시한 모든 보수주의자들은 그와 짝을 이루는 가설을 당연한 것으로 받아들인다. 복의 회의론은 불트만의 논증을 무시하는데, 내가 보기에 불트만의 논증은 상당한 설득력을 가지고 있다. 복의 관점에서 볼 때 메시아라는 명칭이 그토록 빨리 예수라는 이름과 관련지어진 사실은 예수 자신이 스스로를 메시아와 연결 지었다고 가정하지 않고서는 납득하기 어려운 것이다. 그러나 불트만을 비롯한 많은 학자들은 신약성서에서(롬 1:3-4; 행 2:36; 3:19-21) 예수가 그의 부활 이후에야 메시아의 영예를 얻었다고 간주하는 일종의 양자론(adoptionism)이 등장한다는 사실을 간파했다. 이런 사실은 즉위 시편인 시편 110편의 광범위한 사용을 통해서도 잘 드러난다.[47] 불트만은, 만일 예수가 이미 제자들에게 자신이 메시아였다는 사실을 가르쳤다면 그런 기독론이 어떻게 나올 수 있었겠느냐고 묻는다. 그리고 보다 최근의

46_ William Wrede, *The Messianic Secret*, trans. J. C. G. Greig, Library of Theological Translations (London: James Clark, 1971, orig. German 1901).

47_ Rudolf Bultmann, *Theology of the New Testament*, trans. Kendrick Grobel (New York: Scribner's, 1951, 1955), 1:26-27.

것으로는 레베(Lubavitcher Rebbe Menachem Mendel Schneerson)와 관련된 유명한 사건이 있는데, 은사주의적 경건파(하시드)인 그는 자신이 메시아일지도 모른다는 암시는 전혀 하지 않은 채 다가오는 메시아 왕국에 대해 설교했다. 그의 제자들 사이에는 자신들의 스승이 메시아일 것이라는 기대가 만연했는데, 그는 그런 기대를 확증하지도, 부인하지도 않았다. 그러나 레베가 죽자 그를 추종하던 자들의 믿음은 마치 나비가 고치를 벗고 나오는 것처럼 발흥했으며, 그들은 레베를 메시아로 추앙하기 시작했다. 이것은 불트만이 예수에 대하여 마음에 품었던 시나리오와 거의 일치한다. 나는 불트만의 재구성을 그렇게 쉽사리 배제할 수는 없다고 생각한다.

이 반석 위에 나의 예수를 세우리라

복은 우리가 예수에 대해 성경에서 읽는 그대로의 모든 주장을 받아들인다. 일례로 그는 예수가 정말로 존재했다고 믿는다. 내가 보기에 그는 요세푸스의 저서에 나오는 예수와 관련된 본문들이 진정성 있는 것인지에 대한 활발한 논의들이 별로 언급할 만한 가치가 없다고 생각하는 것 같다. 나는 수에토니우스가 언급한 "크레스투스"를 예수와 관련시키는 것이 적절하다고 여기는 사람들이 있다는 사실에 놀라움을 금치 못한다. 수에토니우스는 확실히 크레스투스를 클라우디우스 황제 시대의 선동자로 묘사한다. 나는 타키투스의 기록을 진정성 있는 것으로 간주한다(비록 유세비우스 이전의 기독교에 대한 박해의 목록에서 이 구절을 전혀 언급하지 않는 것이 예상 밖이기는 하지만 말이다). 그러나 요세푸스와 타키투스의 저술에 등장하는 구절들이 원본을 반영한다고 가정한다 하더라도, 그 문헌들이 증언하는 것은 기껏해야 그 책이 기록되던 시점에 기독교의 설교가들이 역사적 예수를 전파했다는 것이다. 그 점에는 의심의 여지가 없다. 문제는 신격화된 예수(a Jesus-god)가 역사의 탈을 쓴 것은 아닌가 하는 점이다. 이미 다른 사람들이 헤라클레스와 오시리스에게도 그런 호의를 베풀었다는 것을 고려한다면, 그런 설교에 대한 기록들은 예수의 역사성을 보증하는 데 큰 도움이 되지 못한다. 그리고 유대인 반대자들 중에 예수의 역사성을 부인한 자가 정말 아무도 없었는가? 랍비 트리포에 관한 순교자 유스티누스의 기록을 그런 식으로 해석하는 것이 자연스럽고 타당하지 않은가? 대부분의 사람들이 "너희는 너희 자신들을 위해 메시아를 고안해냈다"라는 문장을 "너희 기독교인들은 잘못된 사람을 메시아로 간주했다"라는 의미로 받아들이는데, 그 문장이 그런 의미를 지녔을 수도 있지만, 내가 보기에 그것은 변증적인 목적으로 부풀려진 해석인 것처럼 보인다.

예수가 요한의 세례를 받았다는 주장을 "비평을 통해 확증된 결론"으로 인정할 수 있는가? 나는 위의 장면도 마태복음의 대위임령을 부차적인 것으로 규정했던 동일한 양식비평적 회의주의의 검증 절차를 면제받을 수 있다고 생각하지는 않는다. 예수의 세례 장면을 통해서는 지원자에게 침례를 권장하기 위해 예수의 모범을 상기시키는 반면, 대위임령에서는 직접적으로 예수가 세례를 명령했다고 가르친다. 하지만 복이 학자들의 전통을 대표하여 확언한 것처럼 예수의 세례 장면은 의심의 여지없이 당혹성의 기준을 통과하는 것이 아닌가? 만약에 예수가 실제로 요한에게 세례를 받지 않았다면, 뒤따르는 기독교인들에게 두고두고 신학적인 골칫거리가 될 이야기를 누가 지어냈겠는가? 하지만 어째서 예수가 자신보다 더 뛰어난 다른 인물의 사역 대상이 되어야 한단 말인가? (세례 요한의 추종자들은 이 사실을 결코 잊지 않았다.) 그리고 왜 예수가 자신의 죄를 고백하고 면죄를 받았다고 말해져야 한단 말인가? 전승이 근거를 잃게 되면 그 어떤 것도 문제가 되지 않는다. 세례 요한이라는 유명인사와 친분이 있다는 사실이 초창기에는 그의 자랑거리가 될 수 있었을 것이다. 고린도전서 1:14-16(참조. 고전 16:15-18)에 의하면 어떤 교회 지도자들은 자신들이 바울에게서 세례 받았다는 사실을 드러내고자 한다. 세례 요한과의 관련성이 변증을 위한 이점으로 간주되기 시작한 것은 후대에 두 종파 사이에 갈등이 시작되고서부터다. 그리고 "죄의 용서"와 관련하여서는 마가조차도 이 부분에서 문제점을 발견하지 못하는 것 같다. 왜냐하면 본문에서 예수가 자신을 "선하다"고 간주하지 않는(막 10:18) 것처럼 보이는데도 그가 이 점을 시정하기 위해 아무런 노력도 하지 않는 것처럼 보이기 때문이다.

복은 "내가 왔다" / "인자가 왔다"라는 말씀들과 그 외에도 인자와 관련된 많은 말씀들을 수용하는 데 아무런 부담을 느끼지 않는 것처럼 보인다. 나는 이 문제와 관련하여 다시 한 번 불트만의 판단을 적절한 것으로 수용해야 할 것 같다.[48] "당신은 이 모든 '내가 왔다'라는 구절들이 예수의 성육신에 대한 신학적이고 구원론적인 회고적 요약을 전제한다는 것을 눈치채지 못했는가?" 그 말씀들은 아직 사역을 진행 중이던 예수에게서 온 것일 수가 없다. 왜냐하면 그것들은 후기(postgame stuff)의 성격을 지니기 때문이다. 덧붙여서 우리는 인자에 관한 말씀들이 다니엘 7:13을 시편 110:1과 스가랴 12:10에 연결시켰던 기독교 필사가의 주석에 근거한 것이라고 보았던 노먼 페린의 신중한 해체주의적 분석에도 관심을 기울여야 한다.[49] 시편 110:1은 십자가에 못 박힌("찔린") 예수의 즉위식을 언급하는 것으로 해석된다(그의 부활에서도 마찬가지다[행 2:34-35]). 스가랴

48_ Rudolf Bultmann, *History of the Synoptic Tradition*, trans. John Marsh (New York: Harper & Row, 1968), 155.

49_ Norman Perrin, *A Modern Pilgrimage in New Testament Christology* (Philadelphia: Fortress, 1974), chap. 2, "Mark 14:62: The End Product of Christian Pesher Tradition?" 10-22.

12:10은 그가 미래에 심판하러 오실 것을 언급하는 것으로 해석되는데, 그때에는 최후의 심판을 위하여 예수가 앉을 천상의 보좌가 공중에 나타날 것이고 모든 사람이 그것을 볼 것이다(마 24:30; 막 14:62; 계 1:7). 참으로 인자의 오심에 관한 복음서의 말씀들은 이런 미드라쉬적인 배경에서 온 것이다. 복음서에 등장하는 인자의 말씀들(Son of Man sayings) 중에 실제 역사적 예수가 말한 것은 한 구절도 없다.

성령이 말씀하신다. "나의 시기가 다하고 있으니, 서둘러라"

우리는 예수가 종려주일에 스가랴 9:9에 예언된 대로 나귀를 타고 예루살렘에 입성했다고 확신할 수 있는가? 그 이야기는 사무엘상 9:5-14에 근거한 것으로 보이는데, 그 구절에서 사울과 그의 동료들도 나귀를 찾기 위해 도시에 들어간다. 군중의 환호는 시편 118편에 근거하는데, 그 시편은 예루살렘에 도착한 순례자들의 입장 예식을 위한 것이다("주의 이름으로 오시는 이여"). 심지어 종려나무 잎에 대한 언급마저도 시편 118:27에 대한 암시로 보인다. 그렇다면 그 이야기에서 (독창적인 요소로서) 남는 것은 무엇일까? 만일 마가복음의 기사가 역사적인 내용을 조금이라도 보존하고 있다면, 그 역사적인 요소들은 환영받는 자를 왕으로서의 특징과 전혀 결부시키지 않을 것이다. 실제로 마가복음의 군중은 예수를 왕으로서 전혀 언급하지 않으며 단지 다가오는 다윗 왕국에 대해서 언급할 뿐이다. 마태, 누가와 요한은 마가복음에 눈에 띄게 결여된 요소를 모두 두드러진 방식으로 덧붙이고 있는데, 바로 예수를 왕으로서 인정한다는 점이다.

그리고 철저하게 유대 사람인 역사적 예수가 (상징적이라 하더라도) 사람의 살과 피를 먹고 마시는 의식을 제정한다는 것이 가능한 일이었겠는가? 이것은 디오니소스나 오시리스의 제의가 아니고서는 어디에도 어울릴 것 같지 않다. 이것은 누구에게나 자명하다. 여러분이 잠시만 변증적인 기준을 내려놓으면 여러분도 그것을 볼 수 있을 것이다. 확실히 디다케의 편찬자는 완전히 다른 성만찬 의식을 소개하는데(9장), 그는 살과 피를 다루는 성만찬 제도에 대해서는 전혀 들어본 적이 없는 것 같다. 그뿐 아니라 빵과 물 혹은 빵과 소금으로 성만찬을 시행하는 다양한 기독교 그룹도 마찬가지일 것이다.

예수의 재판은 어떠한가? 니고데모는 그 사건이 일어난 후에 복음서 저자와 짧은 회합을 가지기라도 한 것인가? 자신을 메시아라고 선포하는 것은 큰 희생이 따르는 실수이기는 하지만 신성모독은 아니었다. 하지만 예수는 정말로 자신을 메시아라고 선포했는가? 마태와 누가의 애매모호한 "고백"에 따르면 그렇지 않다. 예수는 단지 종교 지도자들에게 "만일 네가 그렇게 말한다면!"이라고 대답했을 뿐이다. 마태와 누가는 이 구절을 마가복음의 사본들에서 가져왔는데, 그 동일한 독법이 오늘날에도 여전히 사용되고 있다. 나는 주요 사본에 등장하는 "나는… 이다"(I am)를 후대의 첨가로 간주한다. 전체 장면뿐만 아니라 빰 때림에 관한 세부적인 요소까지도 열왕기상 22:24-27에서 온 것이다. 여기서 예수는 이믈라의 아들 미가야가처럼 샌드백 역할을 맡는다.

논평

존 도미닉 크로산

우선적으로 밝히고 싶은 중요한 사실은, "역사의 예수"와 "신앙의 예수" 사이의 오래된 반목이 정중하게 매장되어야 한다는 복의 주장에 나 자신도 동의한다는 것이다. 사실 그러한 반목은 신학적 해석이 역사적 재구성을 통제하던 상황을 타개한다는 본래의 목적을 충실하게 수행해왔지만, 이제는 해석과 재구성 모두에게 장애가 되고 있는 것이 현실이다. 역사가로서 내가 "역사적 예수"라 부르는 인물은 그리스도인으로서 내가 "성육신한 말씀"이라고 부르는 인물과 정확하게 일치한다. 물론 내가 재구성한 "역사적 예수"는 자신이 선포한 하나님 나라의 임재에 신앙으로 응답할 것을 요구한다. 물론 역사가는 역사가의 입장에서, 신앙을 수용하라는 그런 요구를 거부할 수 있다. 하지만 유능하고 정직한 역사가라면 그 누구도 역사적 예수가 그런 요구를 했다는 점을 부인할 수 없다.

하지만 몇 가지 점에서는 그의 제안에 동의할 수 없다. 여기서는 방법론에 관련된 한 가지 문제만 짧게 언급하고자 한다. 여기서 한 가지의 문제만 언급하는 이유는 내가 복의 분석에 대해 실망감을 가지는 주된 문제가 다른 곳에 있기 때문이다.

복이 "당혹성의 기준"을 어떻게 사용하는지 살펴보자. 그것은 이론상으로는 가치 있는 판별 기준이다. 예를 들어 요한이 베푼 예수의 세례에 그 기준을 적용하는 것은 절대적인 가치를 지닌다. 복이 언급한 것처럼, "오직 예수에게만 최고의 지위를 부여하는 공동체가 이런 장면을 꾸며냈을 것이라고 가정하는 것은 상당히 당혹스러운 일이다(당혹성의 기준을 충족시킴)." 그처럼 점증하는 당혹감을 우리는 시대순으로, 혹은 기원적으로(genetically) 마가복음에서 시작하여 마태와 누가를 거쳐 요한에게까지 추적할 수 있다. 요한은 최종적으로 예수의 세례 사건을 완전히 생략해버린다.

그러나 "당혹성의 기준"은 (특히 마가복음을 다루는 데 있어서) 사용하기에 아주 조심스러운 기준이기도 하다. 마가복음의 저자는 열두 제자에 대해 반복적으로 무자비한 비평을 가한다. 몇 가지 예를 들어보자. 마가복음 6:52; 8:17에서 저자는 열두 제자가 "둔한 마음"을 지녔다고 기록하는데, 이것은 아주 심각한 비난이다(막 4:12과 8:17-18을 비교하라). 더욱이 열두 제자 가운데 출중한 인물이었던 베드로, 야고보, 요한 이 세 사람은 예수의 수난과 부활에 대한 세 번의 예고에 별다른 관심을 보이지 않는 것으로 묘사된다. 마가복음 8:31-9:1에서는 베드로가, 다음으로 9:31-37에서는 열두 제자 모두, 마지막으로 10:33-45에서는 야고보와 요한이 예수의 수난 예고를 무심하게 받아들인다. 우리는 마태복음 기자가 그 마지막 구절을 얼마나 당황스럽게 받아들였는지를, 그가 그 사건을 마태복음 20:20-28에서 (비난을 세베대의 아들들의 어머니에게 돌리는 것으로) 재진술한다는 사실을 통해 짐작할 수 있다. 누가복음 기자는 18:31-34 이후에 그 사건을 완전히 생략해버렸다. 마지막으로, 마가복음 14:66-72에 의하면 베드로는 예수를 세 번이나 부인한다. 게다가 마가가 수시로 상기시키는 것처럼(막 3:19, 14:10, 43) 예수를 배반한 사람은 "열두 제자 중에 하나"인 유다다.

어떤 이는 열두 제자에 대해 표현된 그런 적대감을 70년대 초 마가의 관점에서 설명하기도 하는데, 나는 결코 그런 사건들을 기원후 20년대 말의 예수에게서 온 역사적인 것으로 판단하기 위해 "당혹성의 기준"을 사용하지는 않을 것이다. 나의 역사적 재구성에 의하면, 열두 명의 제자와 세 명의 출중한 제자, 그리고 특히 베드로를 (혹은 그들의 신학적 후계자들을) "곤혹스럽게" 할 목적으로 마가 자신이 그러한 기사의 많은 부분을 창작했다는 것이 최선의 설명이다. "교회가 지도적 위치에 있는 사도를 악의 전형으로 묘사하는 사건을 창작했을 리가 있겠는가?" 복은 예수가 가이사랴 빌립보에서 베드로를 "사탄"이라 부른 사건과 관련하여 위와 같은 질문을 던진다. 물론 교회는 그런 일을 하지 않았을 것이다. 하지만 마가는 그럴 수 있었고 실제로 그렇게 했다. 마태복음 기자도 마가를 따라서 예수가 베드로를 사탄이라고 책망하는 구절을 인용하지만(마 16:23), 그에 앞서 16:17-19에서 예수가 베드로를 칭찬하는 장면을 삽입한다. 누가복음은 "사탄으로서의 베드로" 단락과 평행하는 일체의 구절을 생략함으로써 문제를 해결한다.

마지막으로 복의 견해 중에서 내가 받아들일 수 없는 가장 중요한 문제를 밝히고자 한다. 아직 확정적이지는 않지만 복이 그의 논문에서 제안하는 역사적 재구성을 수용한다고 가정해보자. 복이 제안한 모든 것을 예수가 실제로 행했다고 해도, 여전히 나는 어째서 사람들이 예수에게 관심을 가졌는지, 왜 그를 추종하는 자들이 있었는지 전혀 이해할 수 없다. 복의 분석에 의하면 역사적 예수는 시공간을 초월한 그림자처럼 움직인다. 그런 "역사적 예수"를 통해서는 어떤 "성육신한(incarnate) 그리스도"도 만날 수 없다. 내가 보기에 그것은 성육신(incarnation)이 아니라 외육신(excarnation)이며, 육화(in-flesh-ment)나 체현(em-bodi-ment)도 전혀 아니다.

나의 관점을 분명히 하기 위해 복의 논문 중에서 꽤 긴 구절을 인용해야 할 것 같다. 내가 보기에 이 단락에서는 특별히 예수와 관련하여, 그리고 일반적으로 다른 이들과 관련하여 상당히 심각한 용어상의 혼란이 발견된다.

> 예수의 [메시아적이고 종말론적인] 역할을 대중에게는 밝히 드러내지 않았는데, 부분적으로는 그것이 예수를 정치적 혁명가로 혼동시킬 여지가 있기 때문이었다.
>
> 예수는 구원의 도래를 선포했으며 그 구원이 실현되도록 도울 것을 강조했다. 그 구원을 통한 신원(vindication)은 "원초적인 힘"만으로 이루어지는 것이 아니라 자비와 수용과 희생을 포함하는 섬김을 통해서도 이루어진다. 예수의 사역에서 외형적인 "힘"의 부재는 예수의 가르침을 받아들이려는 마음을 가지고 있던 많은 사람들을 당황하게 한 특징 중에 하나다.
>
> 예수는…사람들이 그를 오해하여 그의 노력을 "과격한 정치적 운동"으로 탈바꿈시키지 못하도록 조심하였다. 예수는 사회적으로 급진적이고 심지어 혁명적이기까지 한 일들을 수행하고 있었다. 그러나 예수의 관심은 엄격히 정치적 의미에서 로마에 도전하는 것이 아니라 폭압적인 정치권력을 배제하고서 이스라엘 백성에게 하나님 앞에서 구별된 백성이 되도록 호소하는 데 있었다. 예수의 사역은 변화된 성품과 변화된 공동체를 통해서 변화된 사회를 만드는 것을 목표로 하는데, 그것은 칼날로써 이루어지는 것이 아니라 헌신된 삶과 섬김과 사랑을 통해서만 수행될 수 있는 과제다.

내가 보기에 그런 혼동은 예수에 대한 역사적 재구성과 그에 대한 신앙적인 고백을 모호하게 만들어버릴 뿐만 아니라, 개인적으로는 그 단락에 대해 내가 긍정적으로 평가했던 부분까지 모호하게 만들어버렸다.

우선 연속되는 세 문장에서 용어의 변천을 발견할 수 있다. 첫째로 "원초적 힘", 이어서 단순히 "힘" 그리고 마지막으로 "과격한 정치적 운동." 복이 "raw"(원초적/과격한)라는 단어의 의미를 명시하지 않기 때문에 그것이 정확히 무엇을 의미하는지를 확실히 알 수 없다. 만일 복이 그 단어를 통해 "힘을 얻기 위한 힘에 대한 운동"을 지칭하고자 했다면, 나도 그의 견해에 어느 정도 동의할 수 있을 것이다. 확실히 예수는 "하나님"에 대해, 그리고 이 땅 위에 "하나님"의 이름으로 "하나님"의 나라를 세우는 데 관심을 가졌다. 하지만 다른 한편으로 그것은 "힘"에 관한 것이라고 말할 수도 있지 않겠는가? 혹은, 만일 예수가 일상적인 담화에서 자주 그러했던 것처럼 "힘"이라는 용어를 강압과 폭력의 의미로 사용했다면, 복의 견해는 나와 완전히 일치한다고 할 수 있다. 하지만 그런 등식은 성립하지 않는다. "힘"은 무력행사와 폭력을 의미할 수도 있지만, 동시에 선포와 설득의 행위를 의미할 수도 있다.

다음으로, 복은 예수가 "정치적 혁명가"였다는 점을 부인하고서 곧바로 그가 "사회적으로 급진적이고 혁명적이기까지 했다"라고 확언한다. 우리가 만일 "정치적 혁명"은 폭력을 수반하고 "사회적 혁명"은 폭력을 수반하지 않는다고 주장하지 않는 이상 이 둘을 구분하는 것은 의미가 없다. 예수가 "엄밀하게 정치적인 차원에서는 로마에 도전하기를 원하지 않았다"고 말했을 때 그가 염두에 두었던 것이 그런 구분이었을 것이다. 복은 예수가 "강압적인 정치적 권력"이나 "칼날"을 사용하기를 원하지 않았다고 강조한다.

마지막으로, 용어와 개념상의 혼동을 뛰어넘어 역사와 신학으로서 그의 핵심에 내가 찬동한다는 것을 표현하기 위해, 나는 그의 주장을 다음과 같이 재진술하고자 한다. 예수는 비폭력적인 하나님 나라의 능력이 지금 여기 이 땅 위에서 로마 제국과 직접적으로 대치한다고 선포했을 뿐만 아니라 그 능력을 체현(incarnate)했다. 그런 대치관계는 정치-경제적이고 사회-종교적이며 또한 급진적이고 혁명적이지만, 무엇보다도 절대적으로 비폭력적이다. 마태복음 5:45에 의하면 그 비폭력적인 프로그램의 목표는 창조세계를 "해를 악인과 선인에게 비추시고 비를 의로운 자와 불의한 자에게 내리시는" 하나님께 돌려놓는 것이다.

예수의 비전과 사역에 대한 증인으로서 신약성서에서 가장 중요한 인물은 빌라도다. 그는 로마 제국의 관점에서 예수의 비전과 사역의 본질을 정확히 간파했다. 그는 예수가 반제국주의적인 급진파이자 반로마적인 혁명가라는 사실을 인지하고서 예수에게 공식적이고 법적이며 대중에게 본보기가 되는 십자가형을 언도했다. 그러나 동시에 빌라도는 예수가 비폭력적이라는 사실을 알고 있었다. 그래서 그는 예수의 추종자들까지 체포하려 하지는 않았다. 그러한 사실은 마가복음 15:7에 나오는 웅장한 비유적 병렬(parabolic juxtaposition)을 통해 명확해지는데, 그 병렬의 한편에는 "바라바라 불리는 자가 폭동 중에 살인을 저지른 반역자들과 함께 옥에 있는지라"라는 구절이 있고, 다른 한편에는 빌라도가 예수의 동료 중에 어느 누구도 체포하려 하지 않았다는 사실이 존재한다. 한 인자(one Son-of-the-Father, 바라바)는 폭력적인 혁명가였던 반면에, 또 한 명의 참된 인자(the true-Son-of-the-Father, 예수)는 비폭력 혁명가였다.

동일한 십자가 처형 내러티브에서 우리는 위의 것과 똑같은 관점을 보여주는 또 하나의 동등하게 웅장한 비유적 병렬을 발견할 수 있는데, 이번에는 요한복음을 통해서다. 예수는 빌라도에게 "나의 나라는 이 세상에 속한 것이 아니다"라고 말한 후에 곧바로 "나의 나라는 여기 속한 것이 아니다"(요 18:36a, c)라고 말한다. 하지만 만일 예수가 오직 그것만을 말했거나 혹은 누군가가 그렇게만 인용을 한다면 그 의미가 무엇인지는 상당히 불투명하다. 그 말은 여러 가지 의미로 해석될 수 있다. 하나님 나라는 땅에 있지 않고 오직 하늘에만 있다는 뜻일 수도 있고, 현재에 있는 것이 아니라 오직 미래에 있다는 뜻일 수도 있고, 육신과 외형적인 삶에 대한 것이 아니라 오직 영혼과 내면적인 삶에 대한 것이라는 뜻일 수도 있다. 하지만 그 두 구절 사이에 이런 문장이 끼어 있다. "만일 내 나라가 이 세상에 속한 것이었더라면 내 종들이 싸워 나로 유대인들에게(더 정확하게는 유대인의 대제사장들에 의해 빌라도 당신의 손에) 넘겨지지 않게 하였으리라"(요 18:36b). 무슨 설명이 더 필요하겠는가? 최종적인 선언은 이런 것이다. "빌라도여, 하나님의 나라는 당신이 속한 로마 제국과 그 전후의 모든 제국에 대립하는 나라요. 또한 그 나라는 비폭력적인 종교-정치적 급진주의와 정치-종교적 혁명의 가공할 힘에 관한 것이오!"

논평

루크 티모시 존슨

내가 보기에 대럴 복이 발제한 논문의 도입부는 충분히 설득력이 있다. 그는 예수에 대해 진정한 역사적 지식을 얻는 것이, 비록 자료의 성격으로 인해 제한적이기는 하지만, 원칙적으로 가능하다고 주장한다. 그는 유대인 예수를 탐구하는 것이 전도유망한 작업이라는 데 던과 의견을 같이할 뿐만 아니라, "역사적으로 의미 있는"(historic) 예수, 다시 말해 예수에게서 영향을 받은 추종자들이 듣고 보도하는 관점에서의 예수를 상정하는 점에서도 던과 입장을 같이한다. 하지만 복은 그런 이차적인 자료에 의존하는 것이 "우리가 예수에게 접근하는 길을 잃어버렸음"을 뜻한다는 주장은 거부한다. 사실은 그 반대다. "그런 다양한 관점이 제공하는 인상은 한 개인의 자서전적 기록처럼 역사적일 수 있다." 복은 다양한 진정성의 기준을 적용하는 것이 "예수의 뼈대"를 추려내는 데 도움을 줄 수는 있지만 "전적으로 완전하고 포괄적인 이해를 주"지는 못한다고 말한다. 나는 첫머리의 이런 논평들에 상당히 동의한다. 그리고 이 곳에서 그 점들을 강조하고자 하는데, 왜냐하면 그가 논문의 후반부에서 결정적으로 자신의 입장을 바꾸기 때문이다.

도입부에 이어지는 본론도 대체적으로 흠잡을 데가 없다. 복은 정경

외의 자료를 통해 예수의 존재 사실을 증명하고, 내가 나의 논문 첫머리에서 했던 것처럼 예수에 관해 역사적으로 증명 가능한 사실들의 목록을 제공하려 한다. 복은 그 목록에 예수와 세례 요한의 관련성, 예수가 유대 사회의 주변인들에게 다가갔다는 사실, 전적 헌신에 대한 요청, 하나님의 통치와 하나님의 미래 시대에 관한 예수의 메시지 등을 포함시킨다. 사실 내가 제시한 목록은 좀 더 광범위한데, 나는 거기에 덧붙여 예수가 비유를 말하고, 토라를 해석했으며, 제자들을 선택했을 가능성도 포함시켰다. 하지만 그의 접근법과 나의 방식이 가지는 차이점은 그가 그의 목록에 붙인 명칭에서 분명히 드러난다. "예수 사역의 뼈대를 보여주는 '핵심 주제들'('사실'이나 '유형'이 아니라는 점에 유의하라)."

나는 역사가의 시각에서 합리적이라는 확신을 가질 만한 사실들을 열거하는 데 만족하고, 그런 사실들이 (개별적으로 혹은 그룹으로) 무엇을 의미하는지에 대한 결론을 내리는 일은 자제하려 했다. 하지만 복은 반대의 입장을 취한다. 그는 이 주제들이 "예수의 주된 관심이 무엇이었는지에 집중할 수 있도록 도와준다"고 주장한다. 나의 연구에서는 "역사가들이 상당한 개연성을 가지고 책임 있게 증명할 수 있는 것의 총합"으로 간주되는 목록이, 복에게 있어서는 "예수에 대해 보다 충분한 이해에 도달하도록 초대하는 문"이 된다. 벤 메이어를 따라 그는 예수의 "의도가 그의 행동에서 가장 잘 드러난다"라고 주장한다. 그는 모든 진정성의 기준을 충족시키는 사건들은 "그의 행동들과 그 행동들이 미친 영향력의 핵심에 접근할 수 있는 적절한 통로가 된다"는 말로써 이 단락을 온건하게 결론짓고 있지만, 그럼에도 불구하고 그는 복음서들이 역사가에게 예수의 의도와 심지어 그의 생각에까지 접근할 수 있는 특권을 부여한다고 생각했음이 분명하다.

사실 이 전제가 복의 논문 전체를 지배하고 있다. 그리고 내가 보기에는 그 전제로 인해 그 논문은 역사 연구로서 진지하게 고려될 만한 가치를 상실하게 된다. 결과적으로 그는 복음서를 대할 때 그것이 모든 면에서 신뢰할 만하고 예수의 내적 사고와 동기까지도 드러낼 수 있는 것이라고 간주한다. 더욱이 그는 어떤 타당한 역사기술(historiographical)의 기준을 제시하거나 채용하지도 않은 채 그런 일을 감행한다. 만일 그가 어떤 시점에서 복음서의 어떤 구절이 진정한 역사적 지식을 산출하지 못할 수 있다는 가능성을 수용하기만 했더라면 그의 논문은 더 큰 신뢰를 얻을 수 있었을 것이다. 그의 소위 "복음주의" 해석은 복음서의 본문으로부터, 아무런 비평도 필요 없이, 역사뿐만 아니라 예수의 개인적인 심리 상태까지 직접적으로 읽어올 수 있는 것으로 간주한다.

복은 "메시아 비밀"이라고 불리는 마가복음의 독특한 주제를 논한다. 그는 "메시아 비밀"을 마가의 창작이라는 관점이 아니라 역사적으로 예수의 실제 용법을 반영하는 것으로 취급한다. 더 나아가 그는 예수가 왜 제자들에게 자신의 메시아 신분을 드러내지 말라고 가르쳤는지 안다고 주장한다. 다음 인용에서 특별히 문제된다고 여기는 부분을 굵은 글자로 강조했다.

> **예수가 메시아라는 용어를 조심스럽게 사용하는** 이유 중 하나는 그 용어가 정치적으로 로마에 대항해서 반역을 일으키도록 백성을 선동하는 데 **사용될 수 있기 때문이었다**. 마치 다음 세기에 나타난 바르 코크바(Bar Kochba) 폭동처럼 말이다. 그렇지만 또 다른 이유는 예수가 자신의 메시아 사역을 제2성전기 유대인들이 지닌 다양한 메시아 기대보다 훨씬 복합적인 것으로 **여겼다는 것이다**. 예수는 이 중심인물이 승리를 가져올 뿐만 아니라 동시에 고난당하기도 할 것이라는 **견해를 수용했다**.

위의 인용문에서 강조한 부분을 차례대로 언급하겠다. 첫째, 복은 마가 자료의 주제를 예수 자신에게 그리고 그의 "조심스런 용어 사용"에 적용시킬 뿐만 아니라, 예수가 그렇게 조심하는 동기가 백성들을 정치적으로 선동하지 않기 위해서였다는 사실도 안다고 주장한다. 복은 예수가 자신을 메시아로 선포할 때 어떤 정치적 결과가 초래될지 알고 있었다고 가정하는데, 사실 그런 결말에 대한 지식은 우리가 요세푸스와 다른 역사적 자료들을 통해서 얻게 된 것이다. 크로산이나 라이트와 유사한 방식으로, 그는 예수로 하여금 예수 자신이 참조할 수 없었던 각본에 따라 행동하도록 만든다. 그러면서 그는 예수가 왜 그 각본에 따라 행동했는지를 안다고 주장한다. 둘째, "예수가 자신의 메시아 사역을 제2성전기 유대인들이 지닌 다양한 메시아 기대보다 훨씬 복합적인 것으로 여겼다"라고 진술함으로써 복은 한 번 더 그가 실재에 대한 예수 자신의 인식에 접근했다고 주장한다. 게다가 그의 주장은 예수가 "유대인의 메시아 대망의 다양성"을 알았으며 그 중에서 자신의 입장을 선택할 위치에 있었다고 가정한다. 셋째, 복은 예수가 이 중심인물이 고난을 당하리라는 "견해를 수용했음"을 자신이 알고 있다고 주장한다. 그뿐 아니라 그는 "이 중심인물"에 관한 그런 "견해"가 존재했으며, 예수가 그런 경쟁적인 견해들 중 하나를 선택할 수 있었고, 복음서는 우리에게 예수의 선택에 직접적으로 접근할 수 있는 여지를 제공한다고 주장한다.

나는 그의 글에서 사소한 흠을 잡으려는 것이 아니라, 그가 구상하는 프로젝트의 핵심에 반론을 제기하려 한다. 그는 단순히 글을 서툴게 쓰는 것이 아니라, 역사기술학적 오류를 범하고 있는 것이다. 다른 예수 탐구가들(Crossan, Meier, Wright를 포함하여)이 지속적으로 동일한 오류를 범해왔다고 해서 그의 잘못이 용납될 수 있는 것은 아니다. 체스터턴(Chesterton)이 말했던 것처럼, "오류가 유행한다고 해서 오류가 덜 오류가 되는 것은 아니다."

동일한 논의에서 복은 초기 교회가 예수의 사역에 있어 고난 당하는 측면을 창안해냈을 것 같지는 않다고 주장한다. 복은 예수가 수난과 부활을 예고하는 장면에서 베드로를 "사탄"으로 규정했다고 복음서가 묘사한다는 사실을 증거로 제시한다. 복은 당혹성의 기준을 적용한다. 즉 교회가 지도적인 사도를 사탄이라고 부르는 그런 사건을 창작하지는 않았을 것이라는 논리다. 복은 그 구절이 "예수의 자기 묘사에서 핵심적인 요소를 지적"한다고 결론짓는다. 복은 여기서 논리의 형태를 따르는 것처럼 보이지만 실제로는 그렇지 않다. 첫째, 마가복음에 의하면 예수는 베드로를 "사탄"이라 부르는데, 왜냐하면 그가 고난과 부활을 모두 부인했기 때문이다. 둘째, 교회가 예수의 수난을 꾸며내지 않았다는 것은 분명한 사실이다. 그것은 교회가 붙들어야만 했던 역사적 사실의 일부였다. 셋째, 선택할 수 있는 대안이 "교회가 그것을 만들어냈다"와 "예수가 자신을 이런 방식으로 보았다"라는 것밖에 없다고 추정하는 것은 잘못이다. 여기에 개입할 수 있는 것이 바로 부활 이후 회중 가운데서 예수에 관한 기억의 "구두 전승"과, 무엇보다도 우선적으로 복음서 저자에 의한 예수의 "이미지 만들기"다. 후자가 우선인 이유는 예수의 수난이라는 이미지가 예수에 대한 기억 속으로 복음서 저자가 만들어낸 방식대로 완벽하게 침투했기 때문이다. 하지만 신약성서의 다른 모든 주요한 증언들을 고려한다면 "예수가 고난을 자신의 사역이 갖는 하나의 측면으로 보았다"라고 진술하기가 망설여지는 것이 사실이다.

하지만 복은 그렇게 주장하는데, 그는 자신의 통찰을 세 가지의 구별되는 요소로 분해한다. 첫째, "예수는 자신의 의도가 잘못 이해되어서 정치적으로 로마에 대항해서 반역을 일으키도록 백성을 선동하는 데 사용되지 않도록 조심했다." 둘째, "예수는 그가 행한 모든 일 가운데서 자신이 유대의 어떤 예언자보다 더 뛰어난 자임을 분명히 하고자 했다." 셋째, "예수는 당시 유대 백성이 다양한 형태로 수용했던 메시아 상을 재형성하고 재투사하기 위해 노력했다." 그는 계속해서 말한다. "예수가 침묵을 요청하고 곧이어 다가올 수난에 대한 가르침을 늘려간 것은 바로 그 수정된 메시아 상 때문이었다. 예수는 자신을 메시아적 인물로 보았는데, 한 가지 조건은 메시아로서의 그의 역할이 그의 섬김을 포함하는 방식으로 신중하게 정의되어야 한다는 것이다."

이 모든 진술을 통해 볼 때, 복은 복음서 저자들(특히 마가)이 "기사를 창작하고 구성하는 작업"을 단순히 "예수의 말씀과 의도와 심지어 내면의 생각을 보도하는 행위"로 간주하는 듯하다. 복은 실제적으로 복음서들을 자료로서 비평적으로 다루지 않는다. 그가 그의 논문을 시작하면서 했던 선언에도 불구하고 그는 역사적 분석이 무엇을 요구하는지 아직 파악하지 못한 듯하다.

논평

제임스 D. G. 던

나는 대럴 복이 "기억된 예수"와 예수가 끼친 "영향"에 대해 강조하는 것에 대해 기쁘게 생각한다. 이 두 가지는 내가 나의 논문에서도 강조한 점이다. 나는 예수에 대한 비그리스도인의 언급에 가치를 두는 것에 대해, 비록 제한적이기는 하지만, 그에게 동의한다. 나는 예수의 사역이 갖는 성격에 대한 그의 견해에 대해, 그리고 예수의 하나님 나라 선포(복이 "시대를 위한 준비"라 부르는)가 갖는 다양한 측면에 대한 그의 견해에 대해서도 동의한다. 또한 나는 예수와 메시아 직분의 관계 문제, 그리고 예수를 처형으로 이끈 사건들의 중요성에 대해서도 전체적으로 그와 유사한 견해를 피력한다("승리적이지 않은" 예루살렘 입성에 대한 그의 주장은 꽤 적절하다). 그가 "복수 증언의 기준"에 깊이 의존하는 것은 납득할 수 있는 일이다. 비록 나의 논문에서 밝힌 것처럼 나 자신은 예수가 끼친 "영향"과 "특징적인 예수"의 관점에서 연구를 진행하는 것을 선호하기는 하지만 말이다. 실제로 복은 그런 방식으로 연구를 진행했으며, 예수의 사역에 대해서 나와 비슷한 결론을 제시하였다.

우리의 의견이 서로 나뉘는 부분은 사실상 심각한 문제들은 아니다. 나는 그가 자신의 논의를 전개시키는 방식에 대해서 의문을 갖는다. 예를 들어, 가이사랴 빌립보("가이사랴 빌립보의 마을들")라 불리는 행정 관리 구역이 광범위하다는 점을 고려할 때, 마가복음 8:27의 사건이 가이사랴 빌립보라는 도시 자체에서 일어났다고 결론지을 필요는 없다. 예수가 행하신 기적과 관련하여, 나는 그러한 사건들이 처음부터 기적으로 이해되고 경험된 것이지, 기적이 아닌 평범한 사건에다가 후대에 기적적인 색채가 덧입혀진 것이 아니라는 점을 강조함으로써 내가 『예수와 기독교의 기원』에서 했던 것처럼 분명한 노선을 밝히고자 했다. 예수의 재판 내러티브와 관련하여 나는 예수에게 가해진 신성모독이란 죄목에 대한 그의 설명은 인정하지만, 마가복음 14:62이 시편 110:1의 도식에서 유래했다는 주장은 받아들이기 힘들다. 그리고 마지막으로, 예수의 부활을 "역사적"인 사건이라고 주장하기 위해서는 좀 더 구체적인 설명이 필요하다. 특히 "부활체의 현현"을 개념화하는 방식이 그리 분명하지 않다는 점을 고려할 때(하늘로부터인가, 아니면 구체적인 형태로 계속 지상에 현존하면서 간헐적으로만 사람들에게 나타나는 것인가?), 부활체의 현현을 역사적인 것으로 묘사할 때 우리는 역사적 방법론으로 탐구하거나 평가할 수 있는 자료들에 의존하는가? 다시 말해 우리는 부활이 역사적이라고 주장할 때 단순히 그러한 사건들이 관련자들에게 미친 영향(물론 그 영향도 사건의 일부다)이 원칙상으로는 역사적 탐구와 분석의 주제가 된다는 것만을 의미하는 것은 아닌가? 주지할 점은 그러한 주장에는 예수가 죽은 자들로부터 부활했다는 확신을 낳게 한 사건들도 포함되며, 그 사건들은 역사적으로 개연성이 없고 신학적으로 복합적인 문제라는 사실이다. 같은 맥락에서 우리는 그리스도의 부활 사건이 원칙적으로 역사적 탐구의 대상이 될 수 있다고 말하는 것은 아니다. 예수가 누웠던 무덤이 비었다는 주제는 별개로 하더라도, 부활 사건 그 자체도 더더욱 역사적 탐구의 대상은 아니다.

복이 "역사적 예수"(historical Jesus)라는 용어를 다소 무분별하게 구체적이지 않은 방식으로 사용하기 때문에 여기에서 역사적(historical)이라는 말이 무엇을 의미하는지 질문해볼 필요가 있을 것 같다. 여기서 역사적 탐구의 역할을 분명히 하는 것이 중요하다. 먼저 우리는 "역사적 예수"가 역사적 연구를 통해 분별되는 예수를 가리킨다는 것을 전제해야 한다. 역사적 예수 탐구에 종사하는 자들, 적어도 "역사적 예수"라는 용어가 무엇을 가리키는지 명확히 하기를 원하는 자들은 일반적으로 그 용어가 "역사적 연구를 통해 재구성된 예수의 삶과 사역"을 암시한다고 여긴다. 그런 의미에서 "역사적"이라는 것이다. 하지만 "역사적 예수"는, 일반적이고 대중적인 차원에서, 1세기에 나사렛에 살았던 실제 역사 인물 예수를 가리키는 것으로 이해되었다는 것도 분명한 사실이다. 복이 "역사적 예수를 세부적으로 묘사"한다고 말할 때 그는 아마 이런 사고방식에 빠져드는 것 같다. 하지만 우리는 여기서 역사주의(historicism)의 위험성, 다시 말해 예수가 마치 역사를 통해 발굴할 수 있는 고고학적 유물이기라도 한 것처럼 다루는 위험성을 조심해야 한다. 역사적 예수가 마치 고고학적 텔(tell)의 바닥에 있는 물체이기라도 한 것처럼 그것(예수)에 달라붙은 흙과 후기의 층들(later strata)을 벗겨내고 원시적이고 실제적인 그것(예수)의 모습을 드러내려 한다는 것이다.

여기서 몇 가지 점을 분명히 해둘 필요가 있는데, 그중 하나는 내가 『예수와 기독교의 기원』에서 했던 것처럼 "자료"(data)와 "사실"(facts)을 구분해야 한다는 것이다. 자료란 우리가 현재까지 보존하고 있는 다양한 보도들(특히 복음서), 그리고 1세기 팔레스타인과 이스라엘에 관한 지식을 뜻한다. 역사적 방법은 그런 자료들로부터 "사실"을 추출한다. 따라서 "사실"이란 언제나 자료에 대한 해석일 뿐이며, 그 이상도 이하도 아니다. 덧붙여서 우리는 마치 우리가 다루는 것이 고고학적/역사적 탐사를 통해 밝혀낼 수 있는 유형의 실체들이기라도 한 것처럼 "명백한 사실"(brute facts) 혹은 "굳건한 사실"(hard facts)에 대해 말하는 지나친 단순화를 피해야 한다. 그런 용어들(명백한, 굳건한)을 굳이 사용하려면 "자료"에나 적용할 수 있을 것이다. 복음서 기사(accounts)들이 바로 그런 "자료"들이고, 당신이 정 원한다면 "굳건한 사실들"(hard facts)이라고 부를 수도 있을 것이다. 그러나 복음서가 언급하는 사건들(events)은 그 자체로 "굳건한 사실"이라고 할 수 없다. 그 "사건들"은 우리가 가진 자료들을 동원하여 합리적인 결론에 도달하기 위해 최선을 다하면서 그 사건을 담은 본문을 해석한다는 의미에서 "사실들"이 되는 것이다.

그것들은 배심원단의 판결이 사건에 대한 "사실", 다시 말해 그러한 판결을 내리도록 만든 증거에 대한 해석을 확정하는 것과 동일한 의미에서 "사실"이다. 여기서 우리는 역사적 방법론이 오직 개연성만을 산출한다는 사실을 기억해야 한다. 또한 특정 상황하에서 어떤 사건이 일어났을 개연성은 자료의 질과 탐구가의 관점에 따라 커질 수도 있고 작아질 수도 있는 것이다. 배심원단이 더 이상 타당한 의심의 여지가 없다는 결정을 내렸다는 것은, 명쾌한 판결을 내리기에 충분할 만큼 개연성이 높다고 판단했다는 것이다. 신앙의 문제에서 "확실성"을 구하기를 좋아하는 사람들은 이런 사실에 불편함을 느낄 것이다. 그러나 신앙은 "굳건한 사실들"에 대한 지식이 아니다("우리는 시각으로가 아니라 믿음으로 걷는다"). 그것은 오히려 자료의 신빙성과 그 자료로부터 도출된 해석의 진실성에 대한 확신과 확증과 신뢰다. 새롭게 깨닫게 되는 것은 개연성이라는 것이 전에 생각했던 것보다 훨씬 더 매일의 삶에 필수불가결한 요소라는 사실이다. 따라서 우리가 역사적 탐구 작업에서 확실성이 아니라 개연성을 다루고 있다는 사실이, 신앙인들에게 그들이 우려했던 것만큼 큰 문제가 되는 것은 아니라는 사실을 깨달을 필요가 있다.

내가 보기에 복음주의적 기독교를 표방하는 자들에게 정말 중요한 것은 이 쐐기풀을 굳게 붙잡는 것이다. 설령 그 가시가 아프게 하더라도 말이다! 그것은 복음주의자들이 지성적으로 진실성을 유지하는 데 중요하다. 물론 모든 그리스도인(특별히 복음주의적 그리스도인)은 1세기 20년대 후반에 갈릴리에서 사역하던 예수에게 가능한 한 가까이 접근하기를 원할 것이다. 그리스도인들이 믿는 것처럼, 만일 하나님이 그 사람(예수) 안에서 그리고 그 사람을 통해서, 다른 어느 시기에 다른 어떤 매체를 통해서 말씀했던 것보다 더 확고하게 최종적인 방식으로 말씀한 것이 사실이라면, 그들은 당연히 그가 말한 것을 가능한 한 정확하게 듣고 그가 행한 일을 가능한 한 정확하게 봄으로써 그들 자신이 목격자(eyewitness)와 전문[傳聞] 증인(earwitness)이 되기를 원할 것이다. 만일 하나님이 기원후 첫 수십 년경의 갈릴리 유대인이라는 역사적 특수성 속에서 가장 확고한 방식으로 자신을 계시하셨다면, 그 사실을 믿는 사람들은 자연스럽게 예수의 삶과 사역이 가지는 역사적 특수성과 실재를 면밀하게 탐구하기를 원할 것이다. 후대의 신앙이 그런 역사적 실재를 어느 정도 은폐시켰을 가능성을 완전히 배제시켜서는 안 된다. 따라서 우리가 역사적 실재에 최대한 근접하기 위해서는 순수하게 비평적인 연구가 필요하다. 중요한 점은 여기서 "비평적"(critical)이라는 용어를 부정적인 비판이나 해석학적 의혹, 또는 부활 신앙의 어조를 띠는 자료에 대한 무조건적인 거부를 뜻하는 것으로 받아들여서는 안 된다는 것이다. 단도직입적으로 그것은, 가능한 한 정확하고 역사적으로 신뢰할 만한 그림(picture)을 얻기 위해 모든 유효한 자료들을 신중하게 조사하는 것을 뜻한다.

복음주의자들, 심지어 그리스도인들이 종종 성경에 대해 과격한 우익이나 보수주의 또는 근본주의적 태도를 지닌 것으로 여겨지는 지금과 같은 때에는, 책임 있는 복음주의 학자들이 그런 비평적이고 역사적인 탐구를 방어하는 동시에 그들의 작업을 통해 비평적 탐구의 긍정적인 결과물과 유익을 보여줄 필요가 있다. 우리가 긍정적으로 비평할 줄 아는 성숙한 신자가 되기 위해서는 (1) 탐구의 영역에는 질문에 대한 명확한 해답이 주어지지 않는 회색지대가 있음을 인정해야 하며("우리는 거울을 통해 희미하게 본다 / 희미한 잔상"), (2) 정말 중요한 문제와 보다 덜 중요한 문제를 구별할 수 있어야 하며, (3) "진리를 구하고 심오한 이해를 추구하는 신앙"을 소유했거나 그런 신앙을 존중할 줄 아는 사람들과 진지한 대화를 나눌 수 있어야 한다.

그런 과정을 통해 우리는 다시금 그리스도인들(특히 복음주의자들)이 세상의 귀감이 되어서, 모든 진실하고 선량한 사람들이 다른 누구보다도 그리스도인들을 존중하고 스승으로 삼기를 원하는 날이 찾아올 것을 고대할 수 있을 것이다.

인명 색인

A

B

E

F

G

H

I

J

L

M

N

O

P

R

S

T

V

W

X

Z

역자 후기

하늘에 별들이 빛나고 있다. 별들은 왜 저 높은 우주 공간에서 끝도 모르면서 계속 반짝거리는가? 이 책을 번역하면서 기독교 신앙의 중심인 "예수"에게 더욱 가까이 가기를 소망해 왔다. 예수! 우리를 사랑하고 우리가 구세주로 고백하는 예수! 1세기의 유대인 예수는 누구였을까?

『역사적 예수 논쟁』은 18세기 이래 진행된 역사적 예수 연구사에서 오늘날 제3의 탐구(세 번째 탐구)에 속한 대표적인 5명의 학자들이 각각의 견지에서 역사적 예수 탐구를 제시한 것으로, 2011년 크리스채너티 투데이의 우수도서상을 수상하기도 했다. 편집자의 서론 "역사적 예수 탐구의 간추린 역사"는 각 시기의 핵심 내용을 요약해주는데 매우 유익하다. 서론에 이어 예수 탐구에서 저명한 다섯 학자들이 각자의 탐구를 제시하며 이에 대해 동료 학자들이 공개적으로 비평하며 응답한다. 이 얼마나 멋지고 환상적인가!

좌편 극단에 "예수 신화"를 주장하는 예수 세미나 회원 로버트 프라이스가 있는데, 역사적 예수는 결코 없었으며, 예수 존재의 가능성이 소실점에 이르렀다고 한다. 만일 역사적 예수가 있었다면, 그 예수는 "자신의 영광으로 채색된 스테인드글라스 이면에 복구 불가능할 정도로 왜곡되어 있다."

방법론적 전제로 5가지를 제시하며, 유비의 원칙을 중시하는데, 현대인의 체험에서 유비를 발견하지 못한다면, 그 설명은 가망성 없는 것으로 판단된다. 비유사성의 원칙을 통해 복음서 에피소드를 거절하며, 유비의 원칙을 적용해 기적 이야기의 사실성을 부인한다. 더 나아가 서신이 증언하는 예수는 죽었다가 살아나는 신들의 신화(고대 근동 종교)에 근거했다고 하고, 심지어 복음서의 예수 이야기가 고대 신화적 영웅의 원형(22가지)과 유사하다고 역설한다. 그래서 예수는 신화였을 것이라고 결론짓는다. 이 극단적인 주장에 던이 "예수 신화 -소실점에 이른 논제"라고 역공한 것은 참 상쾌하다.

다음 좌편에 예수 세미나의 회원 존 도미닉 크로산이 있다. 크로산은 여기서 거시적인 사회-문화적 접근법을 이용해 역사적 예수를 밝히려 하면서 방대한 로마 제국 정황의 분석, 유대교 분석과 당시의 문화, 종교, 사회 정황의 관련성 속에서 역사적 예수를 조명한다. 역사적 예수는 로마 제국에서 유대교 내에 갈릴리 유대인이었다. 크로산은 하나님의 종말론적 왕국을 로마 제국에 대립시킨다. 역사적 정황을 열거하면서 헤롯 안티파스의 생애를 여섯 장면의 격한 드라마로 묘사한다! 유대교로 와서 요한과 종말론을 다루고, 이제 역사적 예수에게로 돌아온다. 예수에게서 유대 종말론의 변이가 생겼다! 크로산은 요한이 독점(monopoly)한 반면, 예수는 분산(franchise)시켰다는 표현을 사용한다. 역사적 예수에게 가장 중요한 것은 공동 종말론의 비전이며, 하나님 나라와 로마 제국의 차이는 예수의 비폭력적 정의와 빌라도의 폭력적 불의다. 동료 프라이스는 비판한다. "크로산이 제안한 예수의 진정한 말씀은 비 내린 연못의 수면위에 떠다니는 가을 낙엽과 같은 것이다."

탐구의 중간에 새 지평을 여는 루크 티모시 존슨이 있다. 존슨은 『누가 예수를 부인하는가?』에서 예수 세미나와 예수 연구를 혹독히 비판한 것으로 유명하다. 존슨은 역사비평과 문학비평에서 역사와 역사비평의 한계를 심각히 지적하면서 내러티브 접근법을 제안하는데, 내러티브 구도를 해체한 자료비평을 통해 나온 역사적 탐구 결과들은 너무 순환적이고 논쟁적이기 때문이다.

존슨은 던과 복처럼 성서의 보도를 존중하며, 성서의 내러티브를 인간 예수에 대한 고귀한 증언과 해석으로 간주한다. 이런 성서자료의 성격상 예수 연구가 제한되는데, 복음서 각 이야기들에서 예수에 관해 수렴되는 부분이 중요하다. 이런 수렴을 통해 일치된 예수를 제안한다. 문학적 인물 예수에게 접근하는 것이 역사적 예수에 가장 잘 접근하도록 해준다고 선언한다! 존슨의 제안에 던이 자료비평을 옹호하는데, 존슨의 관점은 탐구에서 내러티브 구도를 해체함으로써 일어난 심각한 현상을 지적한 것이다.

다음 중간에 제임스 던이 있다. 던은 깊은 연구를 진행해 왔는데, 역사적 예수 탐구가 잘못된 세 가지 전제로 인해 길을 잃은 방식을 지적하면서 잘못을 정정할 제안을 내놓았다. 1) "신앙의 그리스도"가 "역사적 예수"의 왜곡이라는 전제가 잘못이며, 반대로 신앙이 역사적 예수에게서 온 것임을 인정할 것. 2) 공관복음과 예수 전승의 초기 전달을 문학적 측면에서만 이해한다는 전제가 잘못이며, 전승의 구전 단계를 심각히 다룰 것. 3) 환경과 상이한 예수를 찾아야 한다는 전제가 잘못이며, 비유대인 예수가 아니라 유대인 예수를 우선적으로 탐색할 것. 던은 켈버처럼 탐구의 심각한 오류 중 하나가 구두 전승을 현대 문서시대의 감각으로 파악했던 점이라고 지적하는데, 양식비평의 선구자 불트만조차 그러했다. 던은 강조한다. 성서 전승에서 구두 전승에 도달할 수 있으며 구두 전승에서 역사적 예수를 만날 수 있다!

탐구의 마지막 클라이맥스에 복음주의자 대럴 복이 있다. 복은 DNA를 분리하는 것처럼 복잡한 역사적 예수 연구가 판단으로 가득하기에 다양한 결과들이 나왔음을 직시한다. "역사의 예수"와 "신앙의 예수" 사이에 대립이 사라져야 한다. 복은 탐구에서 당혹성과 복수 증언의 기준을 사용하는데, 중심 주제와 사건을 통해 예수의 의도와 행동과 영향의 중요한 관점에 적절히 접근할 수 있다고 강조한다.

역사적 예수! 그는 자신을 하나님 계획의 중심에 서 있는 것으로 보았다! 그렇게 보았던 메시아 예수는 초기 교회에 일관성 있고 확증되는 내러티브들을 생성해놓았다. 예수에 대한 그런 이야기들은 역사적 예수가 실제로 행한 것들 속에 견고히 뿌리를 내리고 있다!

역사적 예수는 신앙을 일으킨 그리스도다. 역사적 예수 탐구가 얼마나 난해한 과업인가? 하지만 이 탐구는 계속해야 하는 소중한 과업이다. 예수를 구세주로 고백할수록, 이 신앙의 뿌리를 알고 싶기 때문이다.

역사적 예수 탐구의 잘못된 전제가 정정되어야 한다고 던과 복이 바르게 지적했다. 예수가 신화라는 프라이스는 탐구의 난해성을 인정한 반면, 유사한 이야기에 논리가 부족한 연결을 보였다. 크로산은 로마 제국 시대와 유대교 정황을 잘 설명한 반면, 현대 정황에서 동일한 거시적 접근법이 한 인물을 적절히 설명할 수 없다는 유비의 방법으로 제한된다. 존슨은 내러티브 구도 그대로의 접근 방법을 통해 역사적 예수에 접근하자고 제안했다.

성서의 이야기들 자체에 충실하자. 성서의 내용을 무시하는 것이야말로 비역사적 예수를 향한 것이 아니겠는가?

세계적 명성을 지닌 5명의 역사적 예수에 대한 관점을 번역할 수 있게 해주신 하나님께 감사드린다. 부족한 제자에게 학문의 새 시야를 일깨

워 주신 스승 존슨 교수님께 감사드린다. 이 책이 매우 진귀한 보배임을 인식하고 편집에 고귀한 관심을 기울여주시며 발간을 서둘러 주신 새물결플러스 출판사의 김요한 대표님께 감사드린다. 곁에서 도움을 주신 홍진표 목사님께 감사드린다. 또한 진리 탐구의 먼 여행을 기쁘게 함께하는 사랑하는 지혜와 슬기에게 깊이 감사를 보낸다.

기독교가 때로 도전받는 이 시기에 이 책은 기독교의 중심인 예수에 관해 심오하고 다양하며 진지한 탐구의 문을 열어줄 것이다! 이 저서가 우리들 모두에게 정말로 얼마나 매혹적인가!

이 모든 일을 예수 그리스도와 진리를 위해서…

역사적 예수 논쟁

예수의 역사성에 대한 다섯 가지 신학적 관점

1쇄 발행 2014년 6월 25일
5쇄 발행 2022년 12월 15일

지은이 로버트 M. 프라이스·존 도미닉 크로산·루크 티모시 존슨·제임스 D. G. 던·대럴 L. 복
옮긴이 손혜숙
펴낸이 김요한
펴낸곳 새물결플러스

편 집 왕희광 정인철 노재현 정혜인 이형일 나유영 노동래
디자인 박인미 황진주
마케팅 박성민 이원혁
총 무 김명화 이성순
영 상 최정호 곽상원
아카데미 차상희

홈페이지 www.holywaveplus.com
이메일 hwpbooks@hwpbooks.com
출판등록 2008년 8월 21일 제2008-24호
주 소 (우) 04118 서울시 마포구 마포대로19길 33
전 화 02) 2652-3161
팩 스 02) 2652-3191

ISBN 978-89-94752-71-6 93230

책값은 뒤표지에 있습니다.